„Tuet auf die Pforten"

Die Neue Synagoge 1866 ▪ 1995

פתחו שערים ויבא גוי צדיק שמר אמנים

Tuet auf die Pforten, daß einziehe das gerechte Volk, das bewahret die Treue. Jesaja 26,2

„Tuet auf die Pforten"
Die Neue Synagoge 1866 ▪ 1995

Begleitbuch zur ständigen Ausstellung der
Stiftung „Neue Synagoge Berlin – Centrum Judaicum"

Stiftung „Neue Synagoge Berlin – Centrum Judaicum"
Museumspädagogischer Dienst Berlin

Impressum

Herausgeber
Hermann Simon, Stiftung „Neue Synagoge Berlin –
Centrum Judaicum"
Jochen Boberg, Museumspädagogischer Dienst Berlin

Text- und Bildredaktion
Oliver Bätz, Maren Krüger

Gestaltung
Marion Meyer, Büro für Gestaltung, Berlin
Mitarbeit: Vivien Heinz

Lithographie und Druck
DruckVogt GmbH, Berlin

© Stiftung „Neue Synagoge Berlin – Centrum Judaicum"
Berlin 1995

Die Deutsche Bibliothek – CIP-Einheitsaufnahme

„Tuet auf die Pforten" : die Neue Synagoge 1866 ·1995 ;
Begleitbuch zur ständigen Ausstellung der Stiftung
„Neue Synagoge Berlin – Centrum Judaicum" /
Stiftung „Neue Synagoge Berlin – Centrum Judaicum" ;
Museumspädagogischer Dienst Berlin.
[Hrsg.: Hermann Simon ; Jochen Boberg]. –
Berlin : Stiftung Neue Synagoge Berlin – Centrum Judaicum ;
Berlin : Museumspädag. Dienst, 1995

ISBN 3-930929-02-3

NE: Simon, Hermann [Hrsg.]; Stiftung Neue Synagoge Berlin –
Centrum Judaicum

Umschlagvorderseite:

Kuppel der Neuen Synagoge, 1995
Foto Friedhelm Hoffmann

Ruine der Neuen Synagoge, 1960
Landesbildstelle Berlin

(Fotomontage)

Umschlagrückseite:

Rückwärtige Ansicht der Neuen Synagoge, 1994
Foto Margit Billeb

Grundriß der Neuen Synagoge, 1867

Inhalt

Grußwort

Im September 1996 wird es 130 Jahre her sein, daß die Jüdische Gemeinde zu Berlin in der Oranienburger Straße im Bezirk Mitte eine neue, die größte in der Stadt je erbaute Synagoge einweihen konnte. Sowohl im jüdischen als auch im nichtjüdischen Leben der Stadt fiel dieses Ereignis in eine dramatische Zeit. Nur noch fünf Jahre trennten Berlin zum Zeitpunkt der Einweihung vom Status der Hauptstadt des neuen deutschen Kaiserreiches. Im innerjüdischen Bereich war eben die Konzeption dieser neuen Synagoge mit dem Wandel hin zum reformierten Gottesdienst verbunden. In dem damals vielfach bewunderten und bestaunten Prachtbau mit seinen modernen Bauelementen und einer Kuppel, die zu einem der – nach der soeben erfolgten Restaurierung erneuerten – Wahrzeichen der Stadt werden sollte, hatte die jüdische Gemeinschaft Berlins das neue Selbstverständnis und Selbstbewußtsein zum Ausdruck gebracht. Nach dem zwölfjährigen Wüten des nationalsozialistischen Terrorregimes blieb von dem Leben, das dieses Gebäude jahrzehntelang beseelte, und von den Menschen, welche die Träger dieses Lebens gewesen sind, noch weniger übrig als von dem Haus selbst.

Es ist unser Bestreben, dieses Gebäude mit geistigem jüdischem Leben zu füllen. Hier soll unter anderem das Leben und die Leistung der Berliner Juden bis 1945 historisch aufgearbeitet werden. Es sollen die vorhandenen historischen Materialien über das Berliner und das deutsche Judentum einschließlich der musealen Exponate, die sich in unserem Besitz befinden, archiviert und zugänglich gemacht werden. Ferner ist es unsere Absicht, an dieser Stelle eine Stätte zu bilden, die es jüdischen Menschen ermöglichen und ihnen dabei helfen soll, ihre jüdische Identität auf religiöser, wissenschaftlicher und traditioneller Basis zu finden und zu bewahren. Ein solches Unterfangen ist besonders wichtig für eine dezimierte Gemeinde wie die unsere, die bis vor kurzem kaum Institutionen besaß, die den hier lebenden Juden eine Gelegenheit hätten bieten können, sich Wissen über jüdische Kultur, Religion und das Wesen des Judentums anzueignen. Neben den in den letzten Jahren gegründeten jüdischen Schulen für Kinder und Heranwachsende soll hier mit erhöhter Intensität auch den Erwachsenen die Möglichkeit geboten werden, nachzuholen, was ihnen in ihrer Jugend an Wissen und Identität vorenthalten wurde, wobei ich insbesondere die neuen Zuwanderer aus den Ländern der ehemaligen UdSSR meine. Es bleibt zu hoffen, daß es uns gelingen wird, dieses Haus mit Inhalten auszustatten, mit denen es den Erwartungen gerecht werden kann, die wir damit verknüpfen.

Jerzy Kanal
Vorsitzender der Jüdischen Gemeinde zu Berlin

Zum Geleit

Fast ein halbes Jahrhundert ist es her, als mich zu Beginn des Jahres 1946 mein Weg in das der Neuen Synagoge benachbarte Verwaltungsgebäude der Berliner Jüdischen Gemeinde, Oranienburger Straße 28, führte. Hier befand sich damals unter anderem die „Abteilung Opfer der Nürnberger Gesetzgebung", eine Unterabteilung des „Hauptausschusses Opfer des Faschismus". Der Name des langjährigen Vorsitzenden der Berliner Jüdischen Gemeinde, Heinz Galinski, ist mit dieser Institution des noch Gesamtberliner Nachkriegsmagistrats engstens verbunden.

Deutlich erinnere ich mich, als ich von der zerbombten Friedrichstraße kommend in die Oranienburger Straße einbog, an den Anblick der einst das Stadtbild prägenden Neuen Synagoge. Noch immer zog sie die Blicke auf sich; die einstige Pracht des Gotteshauses, das ich von früher her nicht kannte, ließ sich erahnen. Geradezu gespenstisch ragte die zerstörte Kuppel in den Himmel; auf der Spitze neigte sich der Magen David, der Davidstern, dem Betrachter entgegen, drohte umzufallen und auf die Straße zu stürzen, wohl symbolisch für die Situation, in der wir uns damals befanden.

Ich war gerade neunzehn Jahre alt geworden und sah eine ungewisse Zukunft vor mir, aber ich hatte das Grauen der Jahre zuvor lebend überstanden. Oft habe ich damals darüber nachgedacht, wie die errungene Freiheit aussehen wird. Wie werde ich sie nutzen? Vieles ging mir besonders nach dem 14. März 1946 durch den Kopf, als ich die zuvor in der Oranienburger Straße beantragte Bescheinigung erhielt, mit diesem Tage „als Opfer des Faschismus anerkannt" worden zu sein. Dieses Dokument hat der von mir unvergessene Julius Meyer, eine der wichtigsten Persönlichkeiten der unmittelbaren Berliner jüdischen Nachkriegsgeschichte, unterschrieben. An viele Erlebnisse der Vergangenheit habe ich mich wieder und wieder erinnert. Im großen und ganzen aber waren meine Gedanken vorwärts, auf die Zukunft gerichtet, so unklar diese auch schien. Nicht in meinen kühnsten Träumen habe ich damit gerechnet,

daß Berlins schönste und größte Synagoge – einst als Sinnbild deutsch-jüdischer Gemeinsamkeit verstanden – eines Tages aus den Trümmern wiedererstehen könnte. Daran, daß wir zum 8. Mai 1995, also 50 Jahre nach unserer Befreiung, ein Drittel des ursprünglichen Baukörpers dieses die Silhouette der Stadtmitte prägenden Bauwerks einweihen können, war damals im Jahre eins unserer (Wieder)Geburt nicht zu denken. Dies lag einfach außerhalb jeglicher Vorstellungskraft. Damals wäre es mir nicht in den Sinn gekommen, für die Dauer in Deutschland zu leben, so daß die Synagoge in der Oranienburger Straße für mich eine existentielle Bedeutung bekommen würde.

Welches Schicksal haben die Mauern dieser Synagoge! Der vorliegende Band versucht, verschiedene Aspekte der bewegten Geschichte dieses Gotteshauses nachzuzeichnen. Er erinnert an die Menschen, die mit dieser Synagoge verbunden waren: an die, die das Gotteshaus geplant und errichtet, an die, die hier gewirkt haben, und an diejenigen, die den Verhältnissen so gut es ging widerstanden. Am Ende vieler Lebensläufe steht auch in diesem Band Auschwitz. Es ist unsere Pflicht, immer das Gedenken an die Schoa zu bewahren. Gleichzeitig dürfen wir jedoch nicht die Zukunft außer acht lassen.

Mit dem Centrum Judaicum ist eine Institution entstanden, die es sich zur Aufgabe gemacht hat, als Bindeglied zwischen Vergangenheit und Zukunft zu wirken. Dies soll in den kommenden Jahren gleichermaßen zum Wohle der jüdischen Gemeinschaft in der Bundesrepublik wie der uns umgebenden Gesellschaft geschehen. Das Centrum Judaicum hat also sowohl Aufgaben nach innen als auch nach außen zu erfüllen.

Mir ist es ein Bedürfnis, all denen, die in den vergangenen sieben Jahren die Arbeiten zur Restaurierung der Neuen Synagoge vorangetrieben haben, herzlich zu danken. Insbesondere gilt mein Dank dem Direktor der Stiftung „Neue Synagoge Berlin – Centrum Judaicum", Hermann Simon, und seinen Mitarbeitern.

Mit der Geschichte der Neuen Synagoge ist das Handeln des beherzten deutschen Polizisten Wilhelm Krützfeld verbunden. Mich hat ein in diesem Band zitierter Brief eines der Söhne des mutigen Reviervorstehers sehr beeindruckt. Er schrieb anläßlich einer Gedenkveranstaltung zum 125. Jahrestag der Neuen Synagoge: „Der Feierstunde wünsche ich einen segensreichen, würdigen Verlauf. Möge dieser Segen des Allmächtigen fortan auf diesem schönen Gotteshaus und seiner Gemeinde ruhen! Uns Menschen bleibt nicht mehr als Dankbarkeit für das, was wieder ist, und Hoffnung für das, was kommt."

Möge in diesem Sinne von dem wiedererstandenen Bauwerk, bedeutend für das Stadtbild Berlins und für das jüdische Leben in dieser Stadt, eine segensreiche Wirkung ausgehen.

Ignatz Bubis
Vorsitzender des Direktoriums des Zentralrats
der Juden in Deutschland

Geschichte
und
Architektur

Die Neue Synagoge
einst und jetzt

„Pitchu sch'arim w-jawo goi zadik schomer emunim"

Diese hebräischen Worte des Propheten Jesaja (26,2) sind seit der Eröffnung der Synagoge in der Oranienburger Straße am 5. September des Jahres 1866 und wieder – im Zuge der Restaurierung – seit dem 5. September des Jahres 1991 über dem Eingang in goldenen Lettern zu lesen. In der deutschen Übersetzung des aus Glogau stammenden, später in Prag und Berlin als gefeierter Prediger wirkenden Michael Sachs (1808–1864) lauten sie folgendermaßen:

„Tuet auf die Pforten, daß einziehe das gerechte Volk, das bewahret die Treue."

Etwa 28.000 Juden gab es um das Jahr 1866 in Berlin; das waren knapp vier Prozent der Berliner Gesamtbevölkerung.[1] Ihnen galt der Aufruf der Inschrift. Das neue Haus bot über 3.200 Personen Platz.

Planung und Bau

Spätestens seit Oktober 1295, als in einem Innungsbrief den Berliner Wollenwebern untersagt wurde, „sich bei Juden Garn zu verschaffen"[2], muß es in Berlin Juden gegeben haben. Von einer Jüdischen Gemeinde können wir allerdings erst seit September des Jahres 1671 sprechen: Damals wurde den beiden aus Österreich vertriebenen Juden Abraham Ries und Benedikt Veit mit ihrem Familienkreis vom Kurfürsten Friedrich Wilhelm das Recht eingeräumt, sich in Berlin niederzulassen.[3] Zur Ausübung ihrer Zeremonien sollten sie in einem Privathaus zusammenkommen; „soll ihnen nicht verstattet sein, eine Synagoge zu halten", wie es in dem „Edict wegen auffgenommenen 50 Familien Schutz-Juden, jedoch daß sie keine Synagogen halten" heißt. So etablierte sich in Berlin zunächst eine Reihe von Privatsynagogen.

Am 9.5. des Jahres 1712 – nach jüdischem Datum war dies der 3. Ijjar 5472 – wurde in der Berliner Heidereutergasse der Grundstein für die erste Gemeindesynagoge der Stadt gelegt. Im Gegensatz zu den bis dahin bestehenden kleinen Privatsynagogen bezeichnete man sie als die „Große Synagoge". Die Einweihung dieser Synagoge, die die Juden volkstümlich „Großschul" nannten und die erst nach 1866 im Unterschied zum neuen Gotteshaus in der Oranienburger Straße „Alte Synagoge" hieß, fand am 7.9.1714 statt. Damals bestand, wie die Historikerin Selma Stern ermittelt hat, die Berliner Jüdische Gemeinde aus 111 Familien; das waren mindestens 500 Menschen. Schon Anfang des 19. Jahrhunderts erwies sich die Synagoge als zu klein. Die Zahl jüdischer Einwohner wuchs kontinuierlich.

Weitgehend unbekannt ist offenbar ein Plan, den „die Aeltesten und Vorsteher der Judenschaft" sowie „die zur Erbauung und Einrichtung einer neuen Synagoge erwählte Commission" am 26.3.1846 in einer gedruckten Verlautbarung bekanntgaben. Dieser Plan sah vor, die „erforderlichen Mittel zur Erbauung einer neuen

Abb. links unten:
Inschrift über dem Hauptportal
der Synagogenruine

Synagoge der hiesigen jüdischen Gemeinde, insonderheit zur Erwerbung eines dazu geeigneten Platzes und zur Bestreitung der Bau- und Einrichtungskosten" aufzubringen. Es sollte den Berliner Juden "sofort freistehen, Sitze in der neu eingerichteten Synagoge zu erwerben". In dem heute in Jerusalem verwahrten Dokument heißt es weiter: "Vorläufig werden jedoch nur 600 bis höchstens 800 Sitze von Gemeindemitgliedern erworben werden können, und zwar so, daß für einen Sitz der Klasse A 150 Thlr. und für einen Sitz der Klasse B 100 Thlr. einzuzahlen sind."[4] Die staatliche Erlaubnis für einen Synagogenneubau lag zu jenem Zeitpunkt noch gar nicht vor.

Wie diese Idee von den Berliner Juden aufgenommen wurde, ist mir nicht bekannt; die erwähnten Akten verzeichnen, daß der Seidenwarenfabrikant Joel Wolff Meyer, der Mitglied der Kommission für den Neubau des Gotteshauses war, schon am 1.4.1846 mit gutem Beispiel voranging und je zwei Männer- und Frauenplätze der Klasse A sowie je einen Männer- und Frauenplatz der Klasse B erwarb. Das war ein Betrag von 800 Talern, zu jener Zeit sehr viel Geld. Der Berliner Bankier Alexander Mendelssohn, ein Enkel des Philosophen, spendete zwei Tage später 200 Taler mit dem Wunsch, "daß der Erlös der zu vermiethenden oder zu verkaufenden Sitze der Gemeinde zu gut kommen" möge.[5]

Wilhelm Beer "retournierte" für seinen Bruder Giacomo Meyerbeer und sich am 13.5. die "Zeichnungsliste (...), worauf wir unseren Betrag vermerkt, 2 Sitze A und 100 Th. Geschenk".[6]

Die Zeit für einen Neubau war aber offenbar noch nicht gekommen; er scheiterte wohl am Widerstand orthodoxer Gemeindemitglieder, die besorgt waren, daß in der Synagoge der Kultus reformiert werden sollte. Das hatte Wilhelm Beer schon befürchtet, als er in dem eben zitierten, vermutlich an Joel Wolff Meyer gerichteten Brief schrieb: "Es soll uns Brüdern zur Freude gereichen, wenn ein ehrenwerther Mann, der sich so eifrig in

dieser Sache bemüht, wie Ew. Hochwohlgeboren, sich zuletzt nicht doch getäuscht findet, wenn die Zeit es lehren wird, daß mit der Halsstarrigkeit orthodoxer Juden nichts auszurichten ist."[7]

In der Tat, im Jahre 1850 wurde ein neuer Vorstand gewählt, der sich Reformen und Neuerungen widersetzte. Die Zahl der Berliner Juden hatte in den fünfziger Jahren weiter zugenommen. So entschloß man sich, wenn schon nicht zu einem Neubau, die Synagoge in der Heidereutergasse wesentlich zu verändern. Dieser tiefgreifende Umbau erfolgte im Jahre 1856 durch Eduard Knoblauch, der wenig später auch die Neue Synagoge entwarf. Die Veränderung "bestand im Wesentlichen", wie Knoblauchs Sohn Gustav in dem von ihm mitherausgegebenen Baualbum mitteilt, "außer der Renovirung und Ausschmückung des Innern in der Anlage von neuen Emporen und Treppenvorbauten. Die hierdurch erzielten Verbesserungen zeigten sich zwar für die gewöhnlichen Bedürfnisse ausreichend, aber für den so bedeutend vermehrten Besuch des Gotteshauses an den Feiertagen konnte dies von dem so gewonnenen Raum in dem selben noch immer nicht gelten. (...) Die Umstände führten schließlich zu dem Plan, eine ganz neue, den veränderten Verhältnissen, der Größe, der Bedeutung und dem Reichthum der jüdischen Gemeinde Berlins entsprechende Synagoge zu errichten."[8]

Zunächst wurde 1857 eine Kommission gegründet. Bereits ein Jahr zuvor hatte die Berliner Gemeinde das Grundstück Oranienburger Straße 30 gekauft. Als der preußische König der Gemeinde vorschlug, die neue Synagoge im heutigen Berliner Bezirk Kreuzberg, einer damals abgelegenen Gegend, zu bauen, lehnte die Gemeinde ab. Sie schlug stattdessen die Oranienburger Straße in der Spandauer Vorstadt vor, dem traditionellen Wohngebiet der jüdischen Bevölkerung. Für den Neubau wurde ein Wettbewerb ausgeschrieben; Eduard Knoblauch führte den Vorsitz.

Offenbar erbrachte der Wettbewerb nicht die erhofften Resultate, denn Knoblauch wurde beauftragt, einen neuen Entwurf vorzulegen. Eine der Hauptschwierigkeiten bestand darin, daß das schmale, längsrechteckige Baugelände sehr ungünstige Voraussetzungen für einen Kultbau bot. Um die Gebetsrichtung nach Jerusalem zu ermöglichen, mußte die Längsachse in westöstlicher Richtung verlaufen.

Der Kunsthistoriker Harold Hammer-Schenk beschreibt in diesem Band, wie der Architekt dieses schwierige Problem gelöst hat: Knoblauch legte die Räume für den Gottesdienst in die Tiefe des Grundstücks; der Grundriß hatte, wie zwar auf den Zeichnungen, nicht aber im Gebäude selbst bemerkbar, einen Knick.

Unter dem 20.5.1859 meldete die „Allgemeine Zeitung des Judentums", daß drei Tage zuvor in der Oranienburger Straße 30 mit den Bauarbeiten begonnen worden war: „Der erste Spatenstich geschah im Beisein des Predigers der Gemeinde, Herrn Rabbinats-Assessor Dr. Sachs, der Vorsitzenden des Vorstandes und der Repräsentantenversammlung, sowie der Mitglieder der zur Leitung des Baues eingesetzten Commission in ernster Feierlichkeit, bei welcher von Herrn Dr. Sachs Worte der Weihe gesprochen wurden. Nach Vollendung der Erdarbeiten, die wohl einen Zeitraum von sechs Wochen erfordern, werden die Mauerwerke unverweilt in Angriff genommen werden."[9]

Erst wenige Wochen, bevor diese Zeitungsmeldung erschien, hatte dieselbe Zeitung melden können, daß die jahrelangen Verhandlungen der Gemeinde mit den preußischen Behörden ihren Abschluß erreicht hatten. „Die Staatsbehörde hat, von der Dringlichkeit des Bedürfnisses überzeugt, die Ausführung des Baues genehmigt (...)", hieß es weiter.[10]

Ferner wies das Blatt darauf hin, daß der Gemeindevorstand mit Genehmigung der Behörden für den Bau eine mit fünf Prozent verzinsliche Anleihe in Höhe von 300.000 Talern ausgeschrieben hatte; die Mitglieder der Gemeinde wurden um Beteiligung gebeten.

Diese Bitte hatte Erfolg: Am 17.7.1861 konnte bei herrlichem Wetter das Richtfest der Neuen Synagoge

gefeiert werden. Die Mitglieder des Vorstandes und die Repräsentanten der Gemeinde waren erschienen. Die „Allgemeine Zeitung" meldete lobend, daß der Bau „rüstig" vorangeschritten sei. Baurat Knoblauch war abwesend, und so berichtete Baumeister Hähnel über das bisher auf der Baustelle Geschehene.

Der Vorsitzende des Vorstandes, Kommerzienrat Carl Heymann, betrat das Gerüst und hielt eine Rede, in der er den Wunsch äußerte, „das Haus zum Ruhme Gottes und zur Zierde der Stadt" zu vollenden. Das Gotteshaus möge „noch nach Jahrhunderten Zeugniß davon geben, daß der Sinn für Gottes Verehrung und Andacht in Israel nicht erstirbt; möge es sein ein Tempel, geweiht und geheiligt dem Herrn der Welt und des Lebens, würdig dessen, dem er geweiht; mögen die Gebete, welche darin zum Lenker aller Dinge emporsteigen, inbrünstig und aufrichtig sein und Erhörung finden, wenn diese zum Wohl der Betenden, mögen sie aber auch zeitgemäß sein in Form und Inhalt!"

Nachdem Carl Heymann in patriotischen Worten Wilhelm I. und das „ganze deutsche Vaterland" hatte hochleben lassen, „begann unter Trompetenschall das Fest in üblicher Weise, die bekränzte Krone ward empor gezogen (...), die zahlreichen beim Bau beschäftigten Techniker und Arbeiter wurden reich beschenkt".[11]

War der Rohbau der Neuen Synagoge 1863 beendet, so sollte der Innenausbau noch einmal fast ebensolange dauern. Anfang März 1866 fand eine Beleuchtungs-, Gesangs- und Redeprobe in der Neuen Synagoge statt. Das Beleuchtungssystem war modern und besonders beeindruckend:

Die Synagoge wurde „von innen nur in geringem Maße durch Flammen in mattgeschliffenen Gläsern erleuchtet; bei weitem wichtiger sind die Flammen, welche ihr Licht von der Seite durch die buntgemalten Fenster und von oben durch mit mattgeschliffenen Gläsern verdeckte Öffnungen in der Decke fallen lassen. Es wird durch diese Einrichtung der grelle Schein der Gas-

Die Neue Synagoge, 1865
Ölgemälde von Emile de Cauwer

flammen vermieden, ein mildes wohlthuendes Lichtmeer durchfluthet die weiten Räume. Bei dem Eintritte in die Synagoge fand man die Flammen etwas gedämpft, doch noch so hell, daß man bequem lesen konnte; und so hoben sich die phantastischen und doch harmonischen Formen des Gebäudes nur um so schöner und weihevoller ab."[12]

Die Gasbeleuchtung war in den Doppelfenstern angebracht, wobei durch ein damals neues System ständig für frische Luft gesorgt war. In den Fensterleibungen waren Kanäle, durch die die verbrauchte Luft abzog. Mit diesem System waren alle Fenster der Synagoge beleuchtet, „und zwar die fünf großen Oberlichte des Mittelschiffes in der Weise, daß ein großer Reflector, unter welchem sich die Gasflammen befinden, die ganze Lichtöffnung bedeckt. Der ganze Apparat ruht auf Rädern und wird in Schienen geführt. Er wird bei Tage auf die Seite gerückt, so daß das Tageslicht frei einfallen kann; am Abend wird dann, nachdem die Flammen angezündet worden, der ganze Beleuchtungsapparat über das Oberlicht geschoben. Der durch diese Art der Beleuchtung erzielte Lichteffect ist außerordentlich überraschend, für die reiche Farbengebung im Innern des Tempels ganz besonders günstig."[13]

Einweihung

Etwa ein halbes Jahr später, am Mittwoch, dem 5.9.1866 fand um 10.30 Uhr endlich die feierliche Einweihung der Neuen Synagoge statt. Jüdische und nichtjüdische Presse berichtete gleichermaßen ausführlich über die Weihe der Neuen Synagoge, die eigentlich besser „Große Synagoge" geheißen hätte. Sie erhob sich in der Oranienburger Straße mit einer Front von 92 Fuß (28,87 m) und einer Tiefe von 308 Fuß (96,66 m). Der eigentliche Synagogenraum hatte eine Länge von 143 Fuß (44,88 m) und eine Breite von 126 Fuß (39,54 m), so die „Königl. privilegirte Berlinische Zeitung" vom 6.9.1866 in ihrer ersten Beilage. Der Vollständigkeit halber sei hinzugefügt, daß die Hauptkuppel eine Höhe von 160 Fuß hatte, das entspricht 50,21 m. Die Baukosten, ursprünglich waren 125.000 Taler veranschlagt, betrugen schließlich 750.000 Taler.

Erst Mitte August hatte der Gemeindevorstand zum großen Fest eingeladen; die entsprechenden Schreiben an den preußischen Staatsminister und Minister der geistlichen, Unterrichts- und Medizinal-Angele-

Liturgie für die Einweihungsfeier der Neuen Synagoge,
Berlin 1866

v.d. Heydt, den Grafen Wrangel, den Polizei-Präsidenten v. Bernuth, den Geheimen Rath Lüdemann, die Mitglieder des Magistrats und der Stadtverordnetenversammlung. (...) Die Gallerien waren dicht besetzt von den Frauen der Gemeinde."[17]

So beeindruckend die feierliche Einweihung war, ging es aber doch nicht ohne eine kleine Panne ab: Der Organist Hugo Schwantzer hatte ein Orgelpräludium komponiert, das der „Spenerschen Zeitung" zufolge gegen 12 Uhr den Festgottesdienst eingeleitet habe.[18] Emil Breslauer, der über die Einweihung in der „Allgemeinen Zeitung des Judentums" berichtet, teilt ganz

genheiten, Dr. von Mühler sowie an den Berliner Magistrat haben sich in den entprechenden Archiven erhalten.[14] Wie aus der Einladung an den Magistrat hervorgeht, gab es zu dem Ereignis Einladungskarten, die aber bisher noch nicht gefunden werden konnten.

Der Gemeindevorstand hatte sich auch um die Teilnahme des preußischen Königs bemüht, aber, wie aus einer internen Mitteilung an Staatsminister von Mühler vom 27.8.1866 hervorgeht, war es zu diesem Zeitpunkt bereits klar, daß „Seine Majestät der König der am 5. September d.J. stattfindenden Feier der Einweihung der neuen Synagoge (...) nicht beiwohnen werden".[15] Wilhelm I. hatte gemeinsam mit seiner Frau Augusta die Synagoge bereits einige Monate zuvor, und zwar am 28.12.1865 besucht.[16] Der Innenausbau war damals noch nicht vollendet, das Gebäude aber im großen und ganzen bereits fertiggestellt.

Über die Eröffnung und auch darüber, wer denn nun den zahlreichen Einladungen gefolgt ist, berichtete die „Allgemeine Zeitung des Judentums":

„Der stattliche, strahlende, dreifach gegliederte Raum war von der jüdischen Gemeinde und den eingeladenen Gästen dicht gefüllt. Unter Letzteren bemerkten wir den Minister-Präsidenten v. Bismarck, den Minister

15

Einweihung der Neuen Synagoge
Bildunterschrift: „Opening of the
New Jewish Synagogue, Berlin"
Nachträglich kolorierter
Holzstich aus „The Illustrated
London News", 22.9.1866

versteckt in einer Fußnote folgendes mit: „Leider konnte Herr Schw. nur die ersten Takte seiner vortrefflichen
Komposition spielen, da die Träger der Thorarollen un-
erwartet schnell eintraten, welche mit dem Gesange des
'boruch habboh' empfangen werden mußten."[19] Der
Chor, der, begleitet von der Orgel und von Blechblas-
instrumenten, das „boruch ha-bo" und „ma tauwu" ange-

OPENING OF THE NEW JEWISH SYNAGOGUE, BERLIN.—SEE PAGE 171.

stimmt hatte, stand unter der Leitung von Louis
Lewandowski, auf den noch eingegangen werden wird.

Die Einweihungspredigt hielt der neue Rabbiner
der Gemeinde, Dr. Joseph Aub. Von ihm stammt auch
das für das neue Gotteshaus verbindliche Gebetbuch,
dessen erster Band zur Einweihung vorlag.[20] Aub übergab seine Arbeit „nur mit großer Schüchternheit (...)
dem Publicum", wie er im Vorwort mitteilt,
denn in weniger als zwei Monaten war sie entstanden und gedruckt worden.[21] Im Vorwort
teilt Rabbiner Aub weiterhin mit:

„Das Verlangen nach einem Gebetbuche, aus
dem alle Klagen, zu welchen wir in der Jetzt-
zeit keine Ursache, somit keine Berechtigung
haben, entfernt sind, und das keine Bitten und
Hoffnungen enthält, welche, weil wir in deren
Erfüllung kein Heil erblicken, von uns mit Auf-
richtigkeit nicht ausgedrückt werden können
– dieses Verlangen spricht sich tagtäglich lau-
ter und kräftiger aus in den meisten israelitischen Gemeinden Deutschlands, und fand bereits in vielen die ersehnte Befriedigung.

Auch in unserer Gemeinde haben ähnliche,
seit Jahren kundgegebene Wünsche und Anforderungen zu dem Beschluß geführt, für die
neue Synagoge ein Gebetbuch einzuführen,
das, geläutert von den andachtsstörenden
Klagen, Bitten und Hoffnungen, auch dem
deutschen Elemente Rechnung trage."[22]

Reaktionen

Der Neubau des jüdischen Gotteshauses wurde im großen und ganzen von der Öffentlichkeit begeistert aufgenommen. Bereits vor der
Eröffnung meldeten sich einige Zeitungen zu
Wort. Bemerkenswert ist, daß selbst die konservative „Kreuz-Zeitung" ausführlich berich-

Straßenansicht der
Neuen Synagoge, um 1875
Kolorierter Stahlstich von
Joseph Max Kolb nach einem
Foto von Ludwig Rohbock

Entwurf für die Ausmalung
der Ostwand in der
Neuen Synagoge, 1863
Handzeichnung (Bleistift und
Tusche, aquarelliert) von
August Stüler

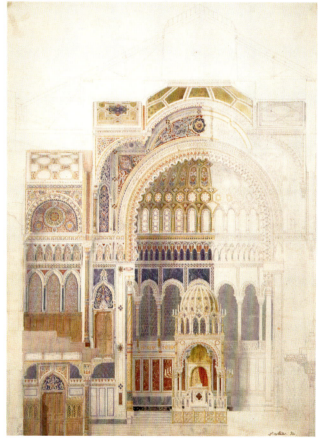

deren technischen Mittel, die unsere Zeit der Erfindungen in so reichem Maße geboten hat, in zum Teil überraschender Weise benutzt worden; dabei ohne alle Ostentation. Die Benutzung des Eisens als des charakteristischen Baumaterials unserer Epoche hat zu höchst originellen Decken-Constructionen geführt, die vor Einführung des Eisens in die Baukunst unmöglich gewesen wären."[23] Der Artikel ist nicht gezeichnet; wir wissen aber, daß er von keinem Geringeren als Theodor Fontane stammt.[24]

tete. Einundeinhalb Jahre vor der Eröffnung wies sie ihre Leser auf die beeindruckende Architektur des Bauwerks hin:

„Bekanntlich bauen die Berliner Juden seit einigen Jahren an einer neuen Synagoge, die in der Oranienburger Straße ihren Platz hat. Ueber diesen Bau geht uns von einem Kunstverständigen der folgende Artikel zu: Wer sich für architektonische Dinge interessiert, für die Lösung neuer, schwieriger Aufgaben innerhalb der Baukunst, dem empfehlen wir einen Besuch dieses reichen jüdischen Gotteshauses, das an Pracht und Großartigkeit der Verhältnisse alles weit in den Schatten stellt, was die christlichen Kirchen unserer Hauptstadt aufzuweisen haben. (...) Bei der Ausführung sind die beson-

Die „Illustrirte Berliner Morgenzeitung" schreibt am 24.11.1865 über die Synagoge: „Es ist ein Gebäude, welches mitten in die moderne prosaische Welt die Wun-

der des Orients uns vor das Auge zaubert, ein Tempel im edelsten maurisch-byzantinischen Styl, das Bethaus unserer Berliner Mitbürger mosaischer Religion." Nach einer ausführlichen Beschreibung der Synagoge und ihrer Baugeschichte fährt das Blatt fort: „Der ursprüngliche Voranschlag (...) war zwar ungemein überstiegen, doch die Synagoge steht auch als glänzendes und dauerndes Document des Gemeinsinnes und der Leistungsfähigkeit unserer jüdischen Mitbürger da."[25]

Die meisten Besucher waren von dem neuen Gotteshaus beeindruckt; es gehörte sehr schnell zu den Berliner Sehenswürdigkeiten. Ein Haus, das „es sich unbedingt lohnt zu besichtigen", schrieb der Autor von „Alice im Wunderland", der englische Schriftsteller Lewis Carroll, am 19.7.1867 während eines Berlinbesuches in sein Tagebuch.[26]

Die Neue Synagoge, ein Symbol der Gleichberechtigung der Berliner Juden, fand aber auch Kritiker. Es war ein Unterschied, ob man in die unauffällige, 1714 eingeweihte Alte Synagoge in der Heidereuter-

gasse, die nicht höher gebaut werden durfte als ein einstöckiges Bürgerhaus und deshalb unter das Niveau der Straße gelegt worden war, hinabstieg oder die stolze Neue Synagoge betrat. Ihre Pracht empfanden Antisemiten als Provokation. Harold Hammer-Schenk ist darauf in seinem Beitrag ausführlich eingegangen.

Auch von jüdischer Seite gab es Kritik an dem neuen Gotteshaus. Sie betraf vor allem kultische Fragen, also den reformierten Ritus, d.h. ein etwas gekürzter hebräischer Gottesdienst, in den einige deutschsprachige Stücke integriert waren, mit Orgel und vierstimmigem Chor. Dieser bestand zunächst aus Knaben und Männern, später – frühestens nach April 1895 – setzte er sich aus Frauen und Männern zusammen.[27]

Daß die Auffassungen hinsichtlich des Kultus sehr weit auseinandergingen, wird aus unterschiedlichen Interpretationen der Portalinschrift deutlich: Der eingangs zitierte, möglicherweise von Michael Sachs ausgewählte, programmatische Vers aus Jesaja wurde von orthodoxen Mitgliedern der Gemeinde anders gele-

Abb. linke Seite:
Blick von der Frauenempore
in den Synagogenhauptraum

Blick auf den Toraschrein
mit Kanzel und Bima
Foto Abraham Pisarek

sen. Darüber informiert Aron Hirsch Heymann (1802–1880) in seinen Memoiren, die er im Alter auf Anraten seines Arztes im Jahre 1873 verfaßt hat. Heymann, ein streng orthodoxes Mitglied der Berliner Jüdischen Gemeinde, war von 1838 bis 1866 ihr erster Vorsteher. Im Juni 1869 gehörte er zu den Begründern einer orthodoxen Separatgemeinde, die sich zunächst „gesetzestreue jüdische Religionsgesellschaft Adass Jisroel" nannte.[28] Er schreibt nun, nicht ohne eine gewisse Verachtung für das liberale Gotteshaus:

„Unseres Erachtens wird ein jüdisches Gotteshaus für diejenigen errichtet, welche das Bedürfnis haben, solches zu besuchen, aber nicht bloß für Bewunderer von Prachtbauten. Der Vorstand jedoch, der seine Absichten lediglich für letzteren Zweck durchgeführt, hat für die neue Synagoge den bisherigen jüdischen Kultus in der Gemeinde zerstört, so daß kein konservativer Jude den Gottesdienst dort besucht und Auswärtige, welche aus Neugier die Synagoge einmal besuchen, erklären, daß es ihnen nicht möglich sei, darin sich auch nur einen Augenblick der Andacht hinzugeben; das Gebäude sei ein schönes Theater, aber keine Synagoge. (...) Unbewußt hatte ein prophetischer Geist aus dem Prediger Mich[ael] Sachs gesprochen, als er die über dem Hauptportal befindliche Inschrift wählte, welche lautet:

pitchu sch'arim w-jawo goi zadik schomer emunim.
(Öffnet die Pforten, daß eintrete das gerechte Volk, das bewahrt die Treue.) (Jes. 26, 2.)

Dieses wird jetzt wie folgt gelesen:

pitchu sch'arim w-jawo goi zadik schomer emunim.
'Öffnet die Pforten, daß eintrete der Nichtjude. Der Fromme dagegen bewahrt seine Treue', d.h. er kommt nicht hierher."[29]

Heymann erreicht diese Umdeutung der Synagogeninschrift durch eine Verschiebung der Zäsur, wodurch eine andere Übersetzung möglich wird. Durch den Zusatz „d.h. er kommt nicht hierher" verstärkt er noch seine Interpretation.

Um die Einführung der Orgel hatte es einen erbitterten Streit gegeben. Schon im September 1861 – also etwa zwei Jahre nach Baubeginn und fünf Jahre vor der Eröffnung – hatte der Vorstand der Berliner Jüdischen Gemeinde beschlossen, in der Neuen Synagoge das Orgelspiel einzuführen. In meinem in diesem Band enthaltenen Artikel über Louis Lewandowski, der sich in den

fast 25 Jahren, die er an der Neuen Synagoge als Chor-dirigent tätig war, um die Ausgestaltung des modernen jüdischen Gottesdienstes bleibende Verdienste erworben hat, ist davon ausführlich die Rede. Hier sei zur Bedeutung Lewandowskis lediglich Ismar Elbogen zitiert, der so treffend über den Chordirigenten schreibt:

„Der gesamte Gottesdienst wurde von ihm für die Berliner Gemeinde für Vorbeter, Chor und Orgel bearbeitet, seine Kompositionen wurden weithin verbreitet und im besten Sinne populär. Die Gesänge Lewandowskis brachten der Glaubensgemeinde die Gedankenschätze der Vorfahren nahe, sie wurden zum getreuesten Dolmetscher für die prophetischen Offenbarungen, von denen unser Gottesdienst durchzogen ist."[30]

In der Auseinandersetzung um die Einführung der Orgel behielten die Befürworter die Oberhand: Das neue Gotteshaus erhielt ein modernes und überaus prächtiges Instrument, über das Hans Hirschberg in diesem Band berichtet.

Ein lebendiges Zentrum

Für zahlreiche Juden wurde die Neue Synagoge Stätte der Einkehr, der Andacht und des Gebetes. Zu ihnen gehörte auch der Kunsthistoriker Lothar Brieger (1879–1949), der „hier seine ersten starken religiösen Eindrücke empfing"[31], wie er in einem Artikel schreibt, der zum 70jährigen Jubiläum des Gotteshauses im Berliner Gemeindeblatt erschien. Er erinnert sich „an die Kälte und Kraft, aus erhabenem Sichverlieren im göttlichen Raum und massiger Stärke eigentümlich gemischte Wirkung der 'Neuen Synagoge' auf die empfängliche Seele".[32]

Wie die Oranienburger Straße ausgesehen haben muß, wenn Tausende von Betern in das Gotteshaus strömten bzw. es nach dem Gottesdienst verließen, ist heute kaum vorstellbar. Einen gewissen Eindruck vermittelt eine alte Postkarte: Die Straße war schwarz vor

Menschen! Wir verdanken die Kenntnis dieses wichtigen Bilddokumentes dem vor einigen Jahren erschienenen Buch „Gruß aus Berlin".[33] Es handelt sich hierbei um den Druck eines numerierten Postkartenalbums des Berliner nichtjüdischen Bankiers Theodor Hellwig aus den Jahren 1899/1900. Er richtete die Postkarten an seine Nichte Charlotte und bereitete mit ihnen eine gemeinsame Droschkenfahrt durch die preußische Residenz mit ihren Sehenswürdigkeiten vor, zu denen das jüdische Gotteshaus in der Oranienburger Straße gehörte. Die Postkarte trägt die Nummer 117.

Gruss aus Berlin.
240
L. Saalfeld, Berlin S.W. 20.   Synagoge in der Oranienburgerstrasse

Makkabi-Handballmannschaft
aus Petach Tikwa in Palästina
auf dem Weg in das Synagogengebäude, Juni 1937
Foto Abraham Pisarek

Die Neue Synagoge stand mitten im jüdischen Berlin. In einem Umkreis von 10 Minuten Fußweg befanden sich bzw. entstanden neben dem repräsentativen Gotteshaus mit seinem liberalen Ritus viele private kleine Betstätten, die berühmte gesetzestreue Gemeindesynagoge (die Alte Synagoge), die Synagoge der Adass Jisroel, der Tempel der Reformgemeinde, die Hochschule für die Wissenschaft des Judentums und das Rabbinerseminar. Das Scheunenviertel, in dem eine Vielzahl osteuropäischer jüdischer Einwanderer lebte, war nicht weit. In der Nachbarschaft befanden sich das Altersheim der Gemeinde in der Großen Hamburger Straße 26 und daneben der erste Friedhof, dessen Gelände einer der ersten aus Wien Eingewanderten 1672 der Gemeinde geschenkt hatte. In der Oranienburger Straße 28/29 befand sich das Verwaltungsgebäude der Jüdischen Gemeinde; Oranienburger Straße 31 war seit 1933 Sitz des Jüdischen Museums. Es wird deutlich – und die Aufzählung ist nicht vollständig –, daß in unmittelbarer Nähe der Neuen Synagoge das gesamte religiöse und kulturelle Spektrum vertreten war, der Inbegriff jüdischen Lebens. Welche Fülle von Institutionen sich in unmittelbarer Nähe der Synagoge befand und welche Bedeutung ihnen damals zukam, beschreiben Maren Krüger und Regina Rahmlow in ihrem Beitrag „Das Leben im Umkreis der Neuen Synagoge".

Nichts ist schwieriger für den Historiker, als das Alltägliche nachzuzeichnen. Vielleicht gehört dazu ein Dokument, das sich im Archiv der Stiftung „Neue Synagoge Berlin – Centrum Judaicum" befindet. Es handelt sich um ein Schreiben des Gemeindevorstandes an die Repräsentantenversammlung vom 18.7.1907:

„Dem Fräulein Rose Schramm, Gormannstrasse 3 wohnhaft, ist am 20. Mai d. Js. ein Schirm, den sie in der Garderobe der neuen Synagoge abgegeben hatte, dadurch abhanden gekommen, dass die Beschliesserin ihn verwechselte. Den zurückgebliebenen Schirm, nach dem keine Nachfrage gehalten worden, will Fräulein Schramm als minderwertig nicht in Tausch nehmen, sie verlangt vielmehr Schadenersatz. Den Wert des in Verlust geratenen Schirmes kann sie jedoch nicht mit Sicherheit nachweisen, da er nach ihren Angaben geschenkweise in ihren Besitz gelangt sei. Es sei ein ungewöhnlich schöner Schirm gewesen, den man auf ihre Nachfrage in einem Schirmgeschäft auf 15–18 Mark geschätzt habe. Sicherlich, meint Fräulein Schramm, habe er 12–15 Mark gekostet, wenn nicht mehr.

Diese unbestimmten Angaben wie auch die Beschreibung des Schirmes durch die Verliererin konnten uns nicht davon überzeugen, dass der Anschaffungswert die übliche Höhe überstiegen habe.

Wir haben daher in unserer Sitzung vom 3. d. Mts. beschlossen: dem Fräulein Rose Schramm als Ersatz für den in Verlust geratenen Schirm einen Betrag von 7,50 Mark zu bewilligen und ersuchen unter Beifügung der Vorgänge die geehrte Versammlung ergebenst, unserem Beschlusse beizutreten."[34]

Diese Geschichte hätte damals wie heute in jedem Gotteshaus passieren können. Das tragisch Besondere besteht in diesem Fall nur darin, daß es sich bei diesem Brief um das einzige Zeugnis der Existenz von Rose Schramm handelt. Lediglich das Geburtsdatum 26.12.1888 steht fest; der Geburtsort ist schon nicht mehr eindeutig. Am 14.11.1941 ist Rose Schramm nach Minsk deportiert worden; ihr weiteres Schicksal ist nicht bekannt.[35]

Vor einigen Jahren fand ich in einem Antiquariat ein Gebetbuch der Neuen Synagoge, das sich heute im Besitz des Centrum Judaicum befindet. Es ist häufig benutzt worden und dokumentiert eine Bar Mizwa. Auf einem den Üblichkeiten entsprechenden eingeklebten Blatt steht folgender Text: „Max Pinkuffs (handschriftlich eingesetzt) zur Erinnerung an die am 18. Dezember 1915 in der Neuen Synagoge erfolgte Einsegnung überreicht von der Jüdischen Gemeinde zu Berlin". Wie zum Trotz hat der Knabe deutlich in das Buch hineingestempelt, daß sein Familienname Pincoffs lautet. Bisher habe ich über ihn kaum etwas in Erfahrung bringen können:

Gebetbuch für die Neue
Synagoge in Berlin, Berlin 1913
Abb. links:
Titelblatt
Abb. rechts:
Eingeklebte Widmung
der Jüdischen Gemeinde zur
Einsegnung

Am 21.9.1902 wurde er in Berlin geboren. Zuletzt wohnhaft in Berlin NO 55 (Prenzlauer Berg), Straßburger Straße 12, mußte Max Samuel Pincoffs bei IG-Farben in Rummelsburg Zwangsarbeit leisten. Am 1.3.1943 wurde er nach Auschwitz deportiert und dort ermordet. Vielleicht ist dieses Gebetbuch des Max Pincoffs das einzig erhalten gebliebene Zeugnis seiner Existenz.

Wie viele Knaben mögen in der Neuen Synagoge ihre Bar Mizwa erlebt haben, zum ersten Mal zur Tora aufgerufen worden sein? Wir wissen es nicht. Leider geht aus der Widmung nicht hervor, welcher Rabbiner zur Bar Mizwa von Max Pincoffs amtiert hat.

Herren eingeteilt: Dr. Samson Weisse, Dr. Louis Blumenthal und Dr. Malvin Warschauer.

Warschauer war sicher einer der populärsten Berliner Rabbiner. Biographische Angaben zu ihm wie zu einigen anderen Personen, die an der Neuen Synagoge wirkten, finden sich in den Kurzbiographien in diesem Band. Fast vierzig Jahre, von 1900 bis zu seiner Emigration nach England im Jahre 1939, stand Warschauer im Dienst der Berliner Jüdischen Gemeinde. Sie feierte am 1.1.1925 das 25jährige Amtsjubiläum ihres Rabbiners. James Yaakov Rosenthal erinnert sich 1981 an dieses Ereignis: „Es war Freitag-Abend. Die Synagoge überfüllt. Vom jüdischen 'Wer ist wer' einschließlich Wissenschaft, Kunst, Politik, Publizistik, Wirtschaft (...) bis zu Menschen aus allen jüdisch interessierten Schichten, alt und jung. In den 'Ehrenbänken' seitlich vom Aufgang zum Toraschrein die Gemeinderabbiner und die Wahlkörperschaften. Feierlicher Schabbat-Gottesdienst, bei dem man nicht einmal ein Flüstern selbst aus den ebenfalls dicht gefüllten Gängen hörte. Und, nach Ansprachen, Warschauers Predigt, mit dreifacher Thematik: der 'laufende' Schabbat, wie althergebracht, dann das Resümee fast eines Menschenalters und zuletzt der Auf- und Mahn-Ruf an die Gemeinde. Manches haftet noch im Gedächtnis, unauslöschlich aber das von der Gemeinde stehend gehörte und unhörbar aus aller Herzen widerhallende Gebet um die lebensspendende Erhaltung all der großen, einzigartigen diese Gemeinschaft flügelstark machenden Worte 'unseres deutschen Judentums'."[36]

Im Sommer 1912 hatte der Vorstand der Berliner Gemeinde beschlossen, Amtsbezirke zu schaffen. Mit der Einweihung der Synagoge Fasanenstraße am 26.8. 1912 durfte jeder Gemeinderabbiner nur noch an zwei Synagogen amtieren; in jeder Synagoge durften drei Rabbiner predigen. Vorher war es üblich, daß alle Gemeinderabbiner in allen Synagogen amtierten. Mit der neuen Ordnung waren für die Neue Synagoge folgende

Fünf Jahre nach diesem Jubiläum fand am 29.1.1930 in der Neuen Synagoge ein kulturelles Ereig-

nis von Rang statt, und zwar das „Synagogenkonzert Jadlowker" zugunsten der Wohlfahrtseinrichtungen der Berliner Jüdischen Gemeinde. Hermann Jadlowker, im Jahre 1912 auf Anregung des deutschen Kaisers für die Berliner Oper verpflichtet, war seit den zwanziger Jahren Synagogenkantor in Riga. Nun gab er ein Konzert in Berlin, und sein Name zog Tausende in die Neue Synagoge. Im Rahmen dieses Konzertes trugen Albert Einstein und der Mediziner Alfred Lewandowski, ein Sohn Louis Lewandowskis, zwei Violinduos von Händel und Bach vor.

Es war übrigens nicht das erste Mal, daß in dem Gotteshaus ein Konzert veranstaltet wurde. Die erste Veranstaltung dieser Art fand bereits am Sonntag, dem 25.4.1869 statt, und zwar ein geistliches Konzert zugunsten der notleidenden russischen Juden. Die „Allgemeine Zeitung des Judentums" wies in einer Mitteilung vom 22.4.1869 auf dieses Ereignis hin:

„Die Billets gehen stark ab, doch will man auch hier bemerkt haben, daß nicht ein Zwanzigtheil von Christen genommen worden ist; Überzeichnungen über den Preis der Billets sind verhältnißmäßig wenig vorgekommen. (...) Eine große Frage war es, ob man den Hut

auf dem Kopf behalten oder abnehmen sollte; für das erstere schien der Ort, für das zweite die Art der Feierlichkeit zu sprechen. Obwohl nun bestimmte Vorschriften hierüber nicht gegeben werden, ist man doch im Publicum übereingekommen, den Hut abzunehmen, da ja von einem Gottesdienste nicht die Rede ist und es lächerlich und unanständig wäre, ein Concert mit dem Hut auf dem Kopfe anzuhören. Jedenfalls ist dieses ganze Ereigniß als Präzedenzfall höchst merkwürdig."[37]

In der folgenden Nummer dieser Wochenzeitung war zu lesen, daß das Konzert „überaus befriedigend in jeder Beziehung ausgefallen" sei. „Die prächtige Synagoge in ihrer glänzenden Beleuchtung, mit wohlgekleideten Leuten gänzlich gefüllt, bot einen herrlichen Anblick (...). Der Reinertrag des Concertes beträgt, nach Abzug aller Kosten, 3000 Thaler." Stolz vermeldet die „Privatmittheilung" weiter: „Auch Ihre Maj. der König [Wilhelm I.] und die Königin [Augusta] beehrten mit der Großherzogin von Baden [Luise, ihrer Tochter] das Concert mit ihrer Gegenwart und waren dazu besonders von Potsdam herübergekommen. Man war hierdurch um so angenehmer überrascht, als der Monarch sich bisher von allen jüdischen Feierlichkeiten stets ferngehalten hatte. Man hatte sich schließlich doch zum Aufbehalten der Hüte entschlossen, und so bedeckte sich auch der König wieder, nachdem er einige Augenblicke hindurch den Helm zum Gruße abgenommen hatte."[38]

Eine diesem Band beigegebene chronologische Übersicht über Konzerte, Vorträge, Feierstunden und Jubiläen in der Neuen Synagoge zeigt die Vielfalt der Veranstaltungen, die in der Neuen Synagoge stattfanden. Häufig war aber auch die Predigt eines Sabbatgottesdienstes einem bestimmten Ereignis gewidmet, wie z.B. der Ehrung Graf Moltkes zu seinem 90. Geburtstag, der, wie „Der Gemeindebote" schreibt, „stets den Gedanken der Humanität hochgehalten und (...) immer von der Idee der Gleichberechtigung aller Konfessionen erfüllt" war.[39] Synagogenkonzerte waren allerdings vor 1933 eher selten.

Konzert in
der Neuen Synagoge, 1937
Foto Abraham Pisarek

Nach 1933

Die wenigsten der über 3.000 Besucher des „Synagogenkonzertes Jadlowker" ahnten, daß nur drei Jahre später, etwa ein Menschenalter nach der Einweihung der Neuen Synagoge, mit dem 30. Januar 1933 die Lebensbedingungen für die deutschen Juden vollkommen verändert sein würden. Auch dieses Gotteshaus wurde nun im wahrsten Sinne des Wortes „Bet ha-Knesset", Haus der Versammlung, Heimat der Verfolgten; Solidarität, brüderliche Hilfe, Gleichklang der Gesinnung kennzeichneten die Atmosphäre.

In einer Zeit, in der die Juden immer mehr aus dem öffentlichen und kulturellen Leben verdrängt wurden, waren Konzerte und Oratorienaufführungen in der Neuen Synagoge von besonderer Bedeutung. Erwähnt seien an dieser Stelle die von der Künstlerhilfe der Gemeinde veranstalteten Aufführungen des Oratoriums „Elias" von Mendelssohn-Bartholdy am 6.3.1934, die deutsche Erstaufführung von Ernest Blochs „Awodass hakodesch" (Der Heilige Dienst) am 25.6.1934 und die Aufführung von Händels „Saul" im Frühjahr 1938. Das Berliner Gemeindeblatt vom 8.5.1938 berichtete, daß diese Aufführung „einer andächtig und hingerissen lau-

schenden Zuhörerschaft eine seelische Feierstunde" bereitete.[40] Derartige seelische Aufrichtungen wurden immer nötiger. In diesem Sinne äußert sich eine mir nicht weiter bekannte Leserin des Gemeindeblatts namens Lisa Meyer, indem sie schreibt[41]:

Das Oratorium „Saul"
Zu der vor kurzem erfolgten Aufführung in der Neuen Synagoge

Wir alle kamen,
im Innern leer und ausgebrannt
von Zukunftsbangigkeit,
und leidverdunkelt unsre tiefste Seele.
Und dennoch — dennoch glomm
im Herzen allen uns, die kamen,
ein Hoffnungsfunke,
lebensvoll, hell und niemals ganz verlöschbar.
Denn wären sonst wir vielen je gekommen?
Wir dürsteten nach Schönheit,
nach Überwindung unsrer Seelennot. —
Verschwenderisch ergoß sich Händels Klanggebilde
in unsre willig offne Seele.
Sie fror nicht mehr.
Sie jubelte, sie weinte,
sie jauchzte mit den Tönen.
Beglückt verließen wir das Gotteshaus,
beglückt, daß unser Herz noch jubeln, weinen kann! —
Und dann, daheim, scheint uns kein Zufall
des Königs David Sieg,
der Saul, den erdvoll Ich-beschwerten, überwand.
Wir denken, hoffen, beten,
daß Gott den Saul in uns,
als strenger, aber doch gerechter Richter,
richten möge;
und daß er Davids Kraft und Reinheit,
Davids Glauben
den hart Geprüften schenke
und ihre Kraft erstarke.
Hilf Gott uns gnädig,
unser Selbst zu finden!   Lisa Meyer.

Es ist erwähnenswert, daß in jenen Jahren die Geschichte der Neuen Synagoge auch mit dem Wirken einer Rabbinerin verbunden ist: Fräulein Rabbiner Regina Jonas, wie sie sich selbst nannte. Sie wurde am 3.8.1902 in Berlin geboren, am 6.11.1942 nach There-

sienstadt verschleppt, von dort am 12.10.1944 nach Auschwitz deportiert und ermordet.

Maren Krüger hat Regina Jonas, die seit dem 1.11.1936 „unter Berufung in das Beamtenverhältnis als akademisch gebildete Religionslehrerin" bei der Berliner Jüdischen Gemeinde angestellt war, in diesem Band einen Beitrag gewidmet.

In unserem Zusammenhang halte ich es für mitteilenswert, daß sich der orthodoxe Berliner Rabbiner Dr. Felix Singermann sehr für Regina Jonas eingesetzt hat. Mehrfach hat er, wie mir eine Zeitzeugin zu Protokoll gab, „in Predigten gesagt, daß es für das Judentum ein großer Schade sei, daß Frauen nicht wie Männer lernen dürfen. Wir brauchen auch Frauen. Es sei weder gesetzestreu noch fromm, dies abzulehnen, sondern schlicht falsch. Man ist nicht dadurch fromm, daß man falsche Auslegungen trifft. Dies hat er mit großem Nachdruck, an eine bestimmte Adresse gerichtet, gesagt."[42]

Im Nachlaß von Regina Jonas ist eine Postkarte vom 1.1.1936 in hebräischer Sprache von Rabbiner Singermann überliefert, die Bezug auf das am 27.12.1935 erfolgte Rabbinerexamen nimmt. Der Text lautet in deutscher Übersetzung:

„Mit Gottes Hilfe.
Mittwoch der Woche, an deren Ende der Abschnitt
'Wa-jiggasch elaw Jehuda' gelesen wird, 5696

An die geehrte Rabbinerin Frau Riwka
aus der Familie Jonas.
Die gute Nachricht habe ich gehört und habe mich gefreut über die Wohltat, die der Ewige Euch getan hat. Eine solche Angelegenheit ist eine Neuerung, und dergleichen ist in unserem ganzen Land nicht gehört worden, und vor allem sende ich meinen tief empfundenen Glückwunsch, und es erscheint mir die Sache, daß es auch in dieser Zeit Wunder gibt. Es möge dieser Fall dazu angetan sein, die Tora zu verherrlichen und groß zu machen.

Blick auf die
Frauenempore

*Am Sabbat um die Mittagszeit werde ich gewiß zu
Hause sein und werde mich freuen, Euch zu sehen.
Mit Gruß auch für Eure Mutter
und Gefühlen der Hochachtung
Dr. Singermann".*[43]

Regina Jonas hat sich im Juni 1938 auf Bitten
einer Journalistin der C.-V.-Zeitung zur Frage „Was haben
Sie zum Thema Frau zu sagen?" folgendermaßen geäußert: „Wenn ich nun aber doch gestehen soll, was mich,
die Frau, dazu getrieben hat, Rabbiner zu werden, so
fällt mir zweierlei ein: mein Glaube an die göttliche Berufung und meine Liebe zu den Menschen. Fähigkeiten
und Berufungen hat Gott in unsere Brust gesenkt und
nicht nach dem Geschlecht gefragt. So hat ein jeder die
Pflicht, ob Mann oder Frau, nach den Gaben, die ihm
Gott schenkte, zu wirken und zu schaffen. – Wenn man
die Dinge so betrachtet, nimmt man Weib und Mann als
das, was sie sind: als Menschen. Mit den besten Grüßen
Ihre Rabbiner Regina Jonas".[44]

Jahrzehnte später äußert sich Pnina Navè Levinson folgendermaßen zur Rolle der Frau im Judentum:

„Ich erinnere mich aus meiner Kindheit an die
Synagoge in der Oranienburger Straße in Berlin, die jetzt
wieder aufgebaut wird. Ich saß mit meiner Mutter auf
der Empore und lernte im Laufe der Zeit mit ihrer Hilfe,
der langen hebräischen Liturgie zu folgen. Wollte ich
etwas genau verstehen, befand sich die deutsche Übersetzung daneben. Da ich von klein auf Hebräisch lernte,
ging das recht gut. Vor allem aber war es eine emotio-
nale Erfahrung, ein Eingehülltsein in die Schönheit der
Gesänge und Worte, das Gefühl, ganz inmitten einer Gemeinde zu stehen, die meine eigene Identität mitprägt.
Mein Vater und Bruder waren unten bei allen Männern.
– Wohl keine der Frauen, die dort andächtig beteten,
fühlte sich 'diskriminiert'. Das hätte nicht in das selbstbewußte Bild und die entgegengebrachte Achtung und
Zärtlichkeit der Männer gegenüber den Frauen gepaßt.
Es gab bestimmte Rollen für Frauen und für Männer. Die
ganze Familie fühlte sich zur Toralesung gerufen, wenn
ein Vater oder Bruder hervortrat, um die Segenssprüche
zu singen."[45]

In der Nacht vom 9. zum 10. November 1938
blieb auch die Neue Synagoge nicht verschont: Wilhelm
Krützfeld, der „beherzte Reviervorsteher" vom zuständigen Polizeirevier Nr. 16 am Hackeschen Markt, bewahrte die Synagoge in jener Nacht vor einer Brandstiftung
größeren Ausmaßes. Wie aus den in diesem Band erstmals veröffentlichten Erinnnerungen von Harry S. Rowe
(früher Harry Siegfried Rosenthal), dem Sohn des letzten
Hausmeisters der Synagoge, hervorgeht und wie auch
andere Quellen bestätigen, war von SA-Leuten in dem
Raum, der unmittelbar vor dem Eingang zur Hauptsynagoge lag, Feuer gelegt worden. „Doch nicht lange",
schreibt der Schriftsteller Heinz Knobloch, „da erschien
der Vorsteher des zuständigen Polizeireviers mit ein
paar Mann am Tatort und verjagte die Brandstifter."[46]
Knobloch hat Krützfeld in diesem Band ausführlich ge-
würdigt.

Blick in den
Synagogenhauptraum,
um 1935
Foto Abraham Pisarek

Die heutige Berliner Polizei hat sich mehrfach des beherzten Reviervorstehers erinnert. So wurde am 5.5. 1995 am Haus Oranienburger Straße 29 eine Gedenktafel für ihn und seine Tat angebracht.

Zwar hatte er die Synagoge vor größerem Schaden bewahrt, aber dennoch bot das Innere der Synagoge ein schreckliches Bild. Harry S. Rowe beschreibt dies in seinem Beitrag ausführlich.

Auch aus anderen, allerdings bisher nicht oder nur teilweise publizierten Lebensberichten kennen wir Einzelheiten. Jacob Jacobsohn (1888–1968), Leiter des Gesamtarchivs der deutschen Juden (siehe dazu den Beitrag von Barbara Welker „Das Gesamtarchiv der deutschen Juden"), berichtet über den 10.11.1938: „Eine meiner Sekretärinnen teilte mir am frühen Morgen mit, daß auch die Oranienburger Synagoge brannte. Ich eilte sofort dorthin, um zu sehen, was mit dem Archiv geschehen war. Ich wurde aber (...) am Betreten des Gebäudes gehindert."[47]

Alexander Szanto (1899–1972), der in den Jahren 1923–1939 im Dienste der Berliner Jüdischen Gemeinde war und 1923–1933 die Sitzungen der Repräsentantenversammlung stenographisch aufnahm, berichtet über den Pogrom in seinen zum größten Teil unveröffentlichten Erinnerungen ausführlich:

„Am frühen Morgen des 10. November (...) schrillte in meiner Wohnung das Telephon. Eine erregte Männerstimme, die ich als die des Portiers [Wainschel] unseres Gemeindehauses erkannte, rief in den Hörer: 'Nicht herkommen. Brand in 30' und verschwand sofort wieder. Den Sinn dieser stichwortartigen Botschaft zu enträtseln war nicht schwer. In der Oranienburger Straße 29 war das Hauptbüro der Gemeinde, in Nummer 31 das der Wirtschaftshilfe. Dazwischen lag Nummer 30, das stolze schöne Gebäude unserer altehrwürdigen Synagoge. Offenbar dort mußte ein Feuer wüten. Aber weshalb dann die Mahnung, nicht hinzugehen? Konnte nichts gerettet werden? Offenbar war der Rufer mit der angstvollen Stimme, der es nicht gewagt hatte, seinen Namen anzugeben, nicht nur selbst in Gefahr, sondern wußte, daß jeder sich in Gefahr begeben würde, der an die Stätte des Unheils eilte. Nicht um Hilfe rufen wollte er, sondern warnen."[48]

Szanto berichtet weiter, daß er, nachdem immer weitere Hiobsnachrichten eingetroffen waren, mit dem Leiter der Wirtschaftshilfe, Dr. Bruno Mendelsohn, „eine Zusammenkunft für 12 Uhr mittags an einem neutralen Ort in der Nähe des Gemeindebüros" verabredete.

„Von dort holten wir weitere Informationen über die Situation ein, setzten uns mit dem Gemeindevorsitzenden Heinrich Stahl (...) in Verbindung. Wir fanden nur Bestätigung dessen, was an Nachrichten bereits eingelaufen war. Sämtliche Berliner Synagogen waren in Brand gesteckt worden, einige mehr andere weniger niedergebrannt. In der Hauptsynagoge Oranienburger Straße 30, von wo der erste Alarmruf gekommen war, hatte das Feuer nur im Innern gewütet; durch das schnelle Eingreifen des Portiers [Julius] Wainschel [geb. 22.4. 1899] und einiger anderer beherzter Leute waren die Flammen im Keime erstickt worden. Ein Wachposten der Feuerwehr befand sich zurzeit im Gebäude. Nebenan das Büro der

Die übermalte Kuppel
der Neuen Synagoge,
nach 1945
Foto Abraham Pisarek

Wirtschaftshilfe, war scheinbar intakt, jedoch von SS-Leuten besetzt. Das auf der anderen Seite der Synagoge gelegene Hauptbüro war inzwischen von der SS verlassen worden, doch waren wir dessen nicht sicher, da das Tor verschlossen war. Die Fensterscheiben des Erdgeschosses waren eingeschlagen, das Innere der Räume demoliert. Wir suchten schließlich, durch Nebenstraßen gehend, von einem Hintereingang in den Hinterhof des Gebäudekomplexes zu kommen, und es gelang uns, in Kontakt mit Wainschel zu gelangen, der uns erzählte, daß die SS-Leute vorne in den Büroräumen (...) herumlungerten und sich nach ihren 'Heldentaten' der vergangenen Nacht an Bier und Wein gütlich taten. Seine Frau [Berta geb. Landbrand, geb. 18.10.1902] und seine Kinder [Isidor, geb. 3.7.1927 und Leo, geb. 27.12.1930] mußten die 'Helden' bedienen, die Getränke heranschaffen, ihnen die Stiefel putzen. Viel mehr war aus dem völlig verstörten Mann nicht herauszubringen".[49]

Häufig findet sich in der Literatur ein Foto der brennenden Neuen Synagoge mit der Unterschrift, dies zeige das Gotteshaus in der Nacht vom 9. zum 10. November. Allein die Tatsache, daß auf diesem Bild die östliche kleine Kuppel mitsamt dem ganzen Turm fehlt, beweist, daß diese Datierung nicht stimmen kann. Heinz Knobloch hat in dem eben zitierten Buch über den Reviervorsteher Krützfeld schlüssig nachgewiesen, daß es sich bei diesem Bild um eine Fotomontage aus der frühen Nachkriegszeit handelt: Flammen und Qualm sind in ein Nachkriegsfoto hineinretuschiert. Knobloch faßt seine Untersuchungen zusammen: „Bis nicht jemand den Beweis der Echtheit vorlegt, behaupte ich: Das Foto der qualmenden Synagoge ist eine Fälschung."[50]

Zu Pessach 1939 konnte die Neue Synagoge nach ihrer Schändung in der Pogromnacht wieder in Betrieb genommen werden. Beim ersten Pessach-Vorabend-Gottesdienst, am 3.4.1939, hielt Rabbiner Dr. Max Wiener eine auf die Situation bezügliche Rede, die jeder verstand.

Bis zum Beginn der Wiederaufbauarbeiten im Jahre 1988 konnte man sehen, daß die damals noch stehende, einstmals golden glänzende, westliche kleine Kuppel mit grauer Farbe übertüncht war. Dies wies auf eine Schikane der Nationalsozialisten hin: Bei Kriegsausbruch verlangten die Behörden aus Luftschutzgründen die Übermalung sämtlicher Kuppeln. Diese Arbeiten mußten ausgerechnet am ersten Tag des jüdischen Neujahrsfestes, Rosch ha-Schana 5700, am 14.9.1939 ausgeführt werden, während im Innern des Gebäudes der Gottesdienst stattfand. Es war in jenem Jahr zum letzten Mal Neujahrs-Gottesdienst in dieser Synagoge.

Unter ständig sich verändernden, d.h. sich verschlechternden Bedingungen ging dennoch das Leben der Juden in Berlin weiter: Geburt, Hochzeit und Tod waren von religiösen Zeremonien begleitet, wenn auch ohne Gepränge.

Das „Jüdische Nachrichtenblatt" veröffentlichte zunächst noch regelmäßig Familienanzeigen. Am 19.12.1939 steht auf Seite drei folgende kleine Annonce:

RABBINER HEINZ ISRAEL MEYER
INGEBORG SARA MEYER
geb. SILBERSTAEDTER
danken für die anläßlich ihrer Vermählung erwiesenen
Aufmerksamkeiten
BERLIN-WEISSENSEE,   im $\frac{\text{Tewet 5700}}{\text{Dezember 1939}}$
Berliner Allee 234

Hochzeit von Rabbiner
Heinz Meyer und seiner
Frau Ingeborg in der Neuen
Synagoge, 17.12.1939

Abb. rechts:
Blick auf den Traubaldachin
und die Kanzel, Postkarte

Kurz vor Erscheinen dieser Anzeige haben also die beiden in Berlin geborenen Heinz Meyer (am 25.8. 1907) und Ingeborg Silberstädter (am 29.9.1922) geheiratet. Durch einen glücklichen Zufall sind Hochzeitsfotos erhalten geblieben, da die Eheleute Meyer sie Berliner Freunden schickten, die sich nach England retten konnten und die Bilder dankenswerterweise dem Archiv der Stiftung „Neue Synagoge Berlin – Centrum Judaicum" geschenkt haben. Auf dem hier reproduzierten Foto sind die Brautleute am 17.12.1939 unter der Chuppa der Neuen Synagoge zu sehen. Es ist auf diesem Foto nicht genau zu erkennen, in welchem Raum des Synagogenkomplexes das Paar unter die Chuppa, den Traubaldachin, trat der transportabel und daher nicht an einen bestimmten Platz gebunden ist. Daß Hochzeiten mit zahlreichen Gästen nicht in dem relativ kleinen Trausaal, sondern im Synagogenhauptraum stattfanden,

zeigt mit aller Deutlichkeit eine alte Postkarte, die unlängst in den Besitz der Stiftung „Neue Synagoge Berlin – Centrum Judaicum" gelangt ist. Vergleicht man beide Bilder, so sieht man die Übereinstimmung der Umgebung der Chuppa. Daß Rabbiner Meyer und Ingeborg Silberstädter im Synagogenhauptraum die Ehe geschlossen haben, wird auch durch einen unserem Archiv vor kurzem übergebenen Brief bestätigt, den Heinz Meyer seinen Freunden nach England geschickt hat. Er schreibt am 14.1.1940:

„Stell Dir vor: das riesige G'tteshaus in der Or-str. bis in die letzten Reihen gefüllt!! Löwenthal und Jakubowski haben amtiert." Ich vermute, Hans Löwenthal als Rabbiner und Jakubowski, dessen Vornamen ich nicht ermitteln konnte, als Kantor.

Welche Zukunftsgedanken, welche Zukunftssorgen mögen die Eheleute an diesem Dezembersonntag des Jahres 1939 gehabt haben?

Ganz sicher konnten sie sich das Ausmaß des bevorstehenden Grauens nicht vorstellen.

Solange es ging, hatte Rabbiner Heinz Meyer kleine jüdische Gemeinden im Berliner Umland betreut, assistiert von seiner Frau, die, wie mir eine Zeitzeugin berichtete, „mit geschultem Sopran, die wenigen Anwesenden mitreißend, Gemeindegesang ermöglichte".[51] Heinz Meyer gab, wie mir diese Zeugin sagte, vielen Menschen „seelischen Halt, ja wirkte wie ein Lichtstrahl in der Finsternis".

In der sog. Vermögenserklärung, die er wie jeder zur Deportation Bestimmte ausfüllen mußte, gab er am 10.5.1943 als Beruf „Ordner" an[52]; er war als solcher im Deportationssammellager in der Großen Hamburger Straße tätig. Heinz und Ingeborg Meyer wurden mit dem 38. Osttransport am 17.5.1943 nach Auschwitz deportiert. Während seine Frau dort umgebracht wurde, er-

Rabbiner Meyer,
um 1940

mordeten die Nazis Rabbiner Meyer am 27.1.1945 in Dachau. Auch diese tragischen Lebensgeschichten gehörten zur Geschichte des Gotteshauses in der Oranienburger Straße.

Der letzte Gottesdienst in der Neuen Synagoge hat am 30.3.1940 stattgefunden. Das eben erwähnte „Jüdische Nachrichtenblatt" meldete am 5.4.1940: „In der Neuen Synagoge wird bis auf weiteres kein Gottesdienst abgehalten. Die Plätzeinhaber werden hierdurch aufgefordert, ihre Gebetutensilien bis Montag, den 8. April, mittags 12 Uhr aus den Pulten herauszunehmen. Kultusverwaltung".[53]

Die Redaktion dieses letzten jüdischen Blattes, das unter schwierigsten Bedingungen bis zum 4.6.1943 erscheinen durfte, mußte alle Mitteilungen – und darauf war das Blatt im wesentlichen unfreiwillig beschränkt – von der „Aufsichtsbehörde", wie es damals hieß, genehmigen lassen. Täglich mußte Hanna Marcus, in deren Händen die Geschäftsführung lag, und zweimal wöchentlich Leo Kreindler, der Redakteur des „Nachrichtenblattes", beim Propagandaministerium erscheinen und Anordnungen entgegennehmen.[54]

Am 6.8.1940 findet sich im „Jüdischen Nachrichtenblatt" folgende Mitteilung der Kultus-Verwaltung:

„Eigentumsplätze in der Neuen Synagoge. Wir geben hierdurch bekannt, daß infolge anderweitiger Inanspruchnahme der Neuen Synagoge die Abhaltung von Gottesdiensten zur Zeit nicht möglich ist. Es kann daher den Inhabern von Eigentumsplätzen in dieser Synagoge ohne Anerkennung eines Rechtsanspruchs, ein Ersatzplatz in einer anderen Synagoge der jüdischen Gemeinde in gleicher Güte zum halben Preis oder ein solcher in der halben Preislage des bisher innegehabten Platzes ohne besondere Zuzahlung überlassen werden. Entsprechende Anträge sind umgehend an die Kultus-Verwaltung Oranienburger Straße 31 zu richten."[55]

Scheinbare Normalität unter sich immer weiter verschlechternden, lebensbedrohenden Bedingungen!

Wie aus den Ankündigungen des „Jüdischen Nachrichtenblattes" hervorgeht, wurden in der Folgezeit sowohl in einem kleinen Betraum in der Oranienburger Straße 31 als auch im Repräsentantensaal, der über das Haus Oranienburger Straße 29 zu erreichen war, Gottesdienste abgehalten, zum letzten Mal am 27.9.1942.

Unlängst schrieb mir Werner Max Jacobsohn (Jahrgang 1930), der heute im Staat New York lebt, über seine Bar Mizwa, die vermutlich in dem Betsaal Oranienburger Straße 31 stattfand, und zwar am 1.5.1943. Jacobsohn teilte mir mit:

„Meine Mutter und ich gingen am 5. März 1943 in den Untergrund. Danach waren wir mit Erich Scheffler (...) in Kontakt. Das Gespräch kam auf mein Alter und die Tatsache, daß es normalerweise Zeit für meine Bar Mitzwah wäre. Scheffler bestand darauf, unglaublich wie es scheinen mag, daß die Bar Mitzwah stattfinde. Durch seine Hilfe wurden wir vorübergehend legalisiert (...), konnten aber natürlich nicht in unsere Wohnung zurück. Im Souterrain der Oranienburger Straße war ein kleiner Gebetsraum, in dem einige Juden, meist aus Mischehen, Samstag morgens einen kleinen, wenn auch nicht offiziellen Gottesdienst abhielten. Und so wurde ich am ersten Mai 1943, den Umständen gemäß in verkürztem Verfahren, eingesegnet. Der Rabbiner, dessen Namen ich nie erfuhr, schenkte mir einen Siddur mit einer Widmung."[56]

Dieses Gebetbuch hat überdauert; leider war es mir bisher nicht möglich, die Unterschrift unter der Widmung „Zur Erinnerung an den 1. Mai 1943 – 26. Nissan 5703" zu entziffern.

Zur Zeit der Einsegnung des Knaben durfte die Neue Synagoge, „infolge anderweitiger Inanspruchnahme", wie das bereits zitierte „Jüdische Nachrichtenblatt" schrieb, nicht mehr als Gotteshaus genutzt werden. Es hat vermutlich der Naziwehrmacht, für die das Gebäude 1940 beschlagnahmt worden sein soll, als Lagerhalle für Textilien und Lederwaren gedient, was Harry Rowe in seinem Beitrag in gewisser Weise bestätigt. Bisher konnten dafür allerdings keine schriftlichen Belege gefunden werden.

In diesem Zusammenhang ist eine Aktennotiz vom 30.2.1942 von Interesse. Vertreter der Jüdischen Gemeinde – Anfang April 1941 mußte der Name in „Jüdische Kultusvereinigung zu Berlin" geändert werden – oder der „Reichsvereinigung der Juden in Deutschland" hatten sich regelmäßig beim Reichssicherheitshauptamt einzufinden, um Befehle entgegenzunehmen. Über diese schikanösen „Gespräche" ist häufig geschrieben worden; wir verweisen auf die bereits zitierte Arbeit von Ball-Kaduri. In der Aktennotiz heißt es unter „k) Oranienburgerstrasse 28,29,30":

„Bericht der JKV [Jüdische Kultusvereinigung] Berlin mit dem Gutachten des Vermessungsingenieurs Stumpf wird übergeben. Darin wird ausgeführt, daß eine Teilung der drei Grundstücke nicht zweckmäßig erscheine. HSTF [Hauptsturmführer] Gutwasser behält sich eine Entscheidung vor, zumal die Synagoge Oranienburgerstrasse 30 voraussichtlich an die Stadt Berlin zum Verkauf gelangen werde. Über die Besichtigung des Grundstücks 28/29 durch Herrn Krüger (von der Hitlerjugend) wird berichtet."[57]

Der Berliner Historiker Laurenz Demps hat anhand von im Landesarchiv Berlin bewahrten Berichten über britische Luftangriffe auf Berlin festgestellt, daß die Neue Synagoge in der Nacht vom 22. zum 23.11. 1943 durch Bomben schwer beschädigt wurde.[58] Unter der Rubrik „Öffentliche Gebäude" ist verzeichnet: „Heeresbekleidungsamt III Bln. C 2, Oranienburger Str. 30 Totalschaden".[59]

Wahrscheinlich kurz vor der Zerstörung wurden alle vor dem Synagogenhauptraum befindlichen Räume luftschutzsicher gemacht. Aus diesem Grunde wurde eine sog. Trümmerschutzdecke aus Beton eingebracht. Wann dies geschehen ist, läßt sich nicht mit Sicherheit sagen. Auf meine Frage, ob er sich daran erinnere, teilte mir Harry Rowe, der schon mehrfach erwähnte Sohn des Hausmeisters, mit, daß er sich an eine derartige

Decke nicht erinnern könne, sie unter keinen Umständen eingebracht worden ist, während er dort war: „Meine Eltern und ich lebten hier bis zum Nachmittag des 7. Mai 1943, an dem wir verhaftet und in das Sammellager Große Hamburger Straße gebracht wurden."[60]

Einen Hinweis in dieser Sache bekam ich im Frühjahr 1990 von Henri Higuet, der im belgischen Kapellen lebt. In der Kriegszeit war er Zwangsarbeiter und wurde damals mehrfach von der SS in den Räumen der Synagoge verhört. Nach seiner Erinnerung war die Betondecke im Frühjahr 1943 schon gebaut, „aber mit einem Bretterboden überdeckt".[61] Wie weit man sich auf die Zeitangabe dieses Zeugen verlassen kann, bleibt unklar.

Es kann als sicher gelten, daß die Trümmerschutzdecke nach dem 7. Mai 1943 und wahrscheinlich vor dem großen Bombenangriff desselben Jahres eingebracht worden ist und die so geschützten Räume als Luftschutzkeller dienten – vermutlich um Akten zu schützen, nicht die Bevölkerung. Es ist durchaus möglich, daß hier das Heeresbekleidungsamt besonders wichtige Dinge gelagert hat bzw. lagern wollte. Wahrscheinlicher scheint mir hingegen, daß die Kellerräume Unterlagen des Reichssippenamtes beherbergten. Diese dem Reichsinnenministerium nachgeordnete Behörde, deren Hauptaufgabe es war, sog. Ariernachweise zu prüfen und genealogische Quellen zu sichern, verwaltete seit 1939 die nach dem Novemberpogrom beschlagnahmten Akten des Gesamtarchivs der deutschen Juden. Dieses Archiv befand sich in der Oranienburger Straße 28. Waren zunächst dort nur einige Mitarbeiter des Sippenamtes tätig, und zwar die der Abteilung „Jüdische Personenstandsregister", wurde später das ganze Haus von dieser Behörde übernommen.[62]

Dafür, daß die Trümmerschutzdecke zu dem genannten Termin eingebracht worden ist, könnte auch ein geheimes Schreiben von Dr. Mayer, dem Direktor des Reichssippenamtes an den Reichsminister des Innern vom 5.8.1943 sprechen.[63] Es betrifft „Luftschutzmaßnahmen des Reichssippenamtes". Zur „Sicherung des

Protokoll der Ostberliner
Jüdischen Gemeinde vom
6.8.1958, in dem über die
Sprengung des Synagogenhaupt-
raumes berichtet wird.
Abbildungen rechts:
Der Synagogenhauptraum kurz
vor der Sprengung, 1958

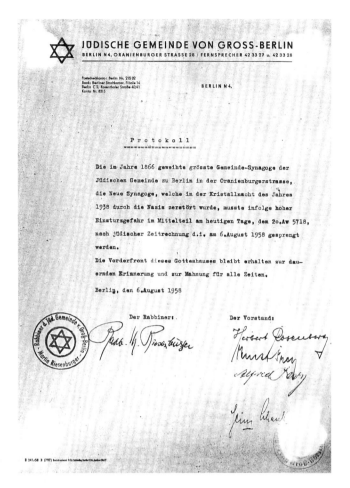

Materials, das z.Zt. in dem Archivgebäude Berlin N 4, Oranienburger Str. 28, verwahrt wird", wurde angeordnet, einen großen Teil der Bestände in ein Schloß bei Mährisch-Budwitz (Moravské Budějovice) zu verlagern. Dazu gehörte z.B. das beim Reichssippenamt „verwahrte Drittstück der rund 1 Million umfassenden jüdischen Kennkarten".[64] Im Stammhaus Schiffbauerdamm 26 verblieben die „Abteilungen Auskunft und Bildstelle". In dem Schreiben ist ferner festgelegt, daß „alle übrigen Abteilungen (...) nach dem Archivgebäude Berlin N 4, Oranienburger Str. 28, verlegt" werden.[65] Vielleicht ist für dieses Material die Trümmerschutzdecke eingebracht worden?

Die Ruine

Nach der Befreiung durch die Rote Armee lebte in Berlin nur noch ein Bruchteil der einstmals in dieser Stadt beheimateten Juden. Halten wir uns einmal die Situation vor Augen und erinnern uns: Für 1933 nennt Bruno Blau eine Zahl von 160.564 Berliner Juden.[66] Etwa 90.000 gelang die Auswanderung; 55.000 wurden ermordet.[67] Bruno Blau schreibt zur Nachkriegssituation: „Am 1. April 1945 (...) zählte Berlin noch 5100 Glaubensjuden, von denen etwa 1000 Geltungsjuden und nur 160 jüdisch verheiratet oder ledig waren; die übrigen lebten in Mischehen."[68] In seinem Bericht vom 13. November 1946 teilt Siegmund Weltlinger mit:

„Die hier befindlichen Juden setzen sich wie folgt zusammen: 4.600 leben in Mischehen, 1.900 kehrten aus den Konzentrationslagern zurück, 1.400 haben von 5.000 hier versteckt Lebenden die Zeit der Illegalität überstanden."[69]

Ein anonymer Bericht der neu entstandenen Berliner Jüdischen Gemeinde, der etwa im April 1946 verfaßt sein dürfte, zeigt die Lage nach dem 8. Mai 1945:

„Nach der Befreiung waren zunächst die Verkehrsverbindungen in Berlin unterbrochen, und es be-

stand keinerlei Zusammenhang zwischen den einzelnen Bezirken. Zur Betreuung der jüdischen Menschen, die aus dem Verborgenen auftauchten, die aus den Konzentrationslagern zurückkamen und die Kämpfe um Berlin überlebt hatten, bildeten sich in verschiedenen Bezirken Stellen, welche die Betreuung übernahmen, die Verhandlungen mit den Bezirksämtern führten und die jüdischen Menschen mit Geldbeträgen unterstützten. In Zusammenhang mit diesen Betreuungsstellen bildeten sich in einzelnen Bezirken örtliche Gemeinden zur Abhaltung von Gottesdiensten. Diese Gemeinden hatten mit Rücksicht auf die erwähnten Verkehrsschwierigkeiten und mit Rücksicht auf die räumlichen Entfernungen zunächst untereinander keine Verbindungen. Nach Behebung der Verkehrsschwierigkeiten fanden sich die örtlichen Gemeinden zusammen und bildeten die Jüdische Gemeinde zu Berlin, die ihren Sitz in dem Verwaltungsgebäude der früheren Jüdischen Gemeinde zu Berlin, Oranienburger Straße 28, nahm."[70]

Es ist klar, daß die Berliner Jüdische Gemeinde vor diesem Hintergrund ihrer einstigen größten Synagoge keine Aufmerksamkeit schenken konnte. Auch das Interesse der Öffentlichkeit schien gering. Hinzu kam die politische Entwicklung in Europa, speziell in Berlin. Die Berliner Jüdische Gemeinde spaltete sich in den Jahren 1952/53 im Verlauf des kalten Krieges in eine Ost- und eine Westberliner Gemeinde; die Oranienburger Straße lag im Osten der Stadt. Die immer kleiner werdende Ostberliner Jüdische Gemeinde war diesem Erbe allein nicht gewachsen. Warum der Hauptraum der Neuen Synagoge im Sommer 1958 gesprengt wurde, ist nicht festzustellen. Unterlagen über die Sprengung konnten bisher nicht aufgefunden werden. So ist es auch nicht sicher, ob die Sprengung und der anschließende Abriß wirklich zwingend notwendig waren oder ob man damals noch den Gesamtbau hätte retten können.

Ein Protokoll vom 6. 8. 1958 mit den Unterschriften von Rabbiner Martin Riesenburger und den Vor-

standsmitgliedern Herbert Rosenberg, Ernst Frey, Alfred Levy sowie von dem damaligen Gemeindesekretär Heinz Schenk hat sich erhalten.

Dieses Dokument ist nun ebenso Teil der ständigen Ausstellung wie mehrere Fotos des Synagogenhauptraumes kurz vor der Sprengung. In der Tat ist der Zustand dieses Raumes desolat, eine Sprengung scheint aber, zumindest aus heutiger Sicht, kaum gerechtfertigt gewesen zu sein. Ein gravierender Fehler war es, daß das Vorhandene nicht dokumentiert worden ist. Die Beseitigung von Synagogenruinen entsprach dem Zeitgeist, für den es keine unüberschreitbare Grenze zwischen östlicher und westlicher Welt gab.[71]

Im März 1961 wandte sich der Gemeindesekretär Heinz Schenk an die Dienststelle des Staatssekretärs für Kirchenfragen der DDR-Regierung und schlug, da der Gemeindevorstand nach der Sprengung des einstigen Synagogenhauptraumes beschlossen hatte, „dieses Got-

Abb. linke Seite:
Der beschädigte Gebäude-
komplex Oranienburger
Straße 28 bis 30 mit
der Neuen Synagoge, 1960

Hofansicht der Ruine
mit der Loggia

Abb. rechts:
Beschädigte Fassade
im Hauptgesimsbereich

teshaus als Erinnerung und Mahnung für alle Zeiten zu erhalten", vor, „an dieser Stelle ein jüdisches Museum (...) entstehen zu lassen". Im Januar 1967, Schenk ist inzwischen Vorsitzender der Ostberliner Gemeinde, wendet er sich erneut an das für die Gemeinde zuständige Staatssekretariat für Kirchenfragen. Er bezieht sich dabei auf seinen sechs Jahre vorher an diese Behörde geschickten Brief. Seiner Auffassung nach habe sein damaliger „Vorschlag nach wie vor nicht an Aktualität verloren". Es sei vielmehr notwendig, den vorderen Teil „der Synagoge vor dem Zerfall zu retten". Eine Antwort überliefern die Akten nicht. Es hat in jenen Jahren – ohne daß dies aktenmäßig belegt ist – Tendenzen gegeben, das ganze Haus abzureißen und an seine Stelle

einen Gedenkstein zu setzen; das ehemalige Gotteshaus sollte dem Neubau einer Straße weichen. Diesen Tendenzen entgegenwirkend, hatte der Vorstand der „Jüdischen Gemeinde von Groß-Berlin" (so die offizielle Bezeichnung der Ostberliner Gemeinde in jener Zeit) im September 1966, zum 100. Jahrestag der Einweihung des Hauses, an der Fassade des östlichen Turms eine Tafel angebracht. Darauf heißt es u.a., daß die „Vorderfront dieses Gotteshauses (...) für alle Zeiten eine Stätte der Mahnung und Erinnerung bleiben" solle. Mehr konnte (oder wollte?) die kleine Gemeinde nicht erreichen.

Ohne von den zitierten Briefen der Jahre 1961 und 1967 Kenntnis zu haben – sie waren in der Gemeinde nicht mehr als Kopie vorhanden –, hat sich Dr. Peter

Kirchner, der seit 1971 bis zur Wiedervereinigung beider Berliner Gemeinden im Januar 1991 Vorsitzender der Ostberliner Gemeinde war, um die Rettung der Ruine bemüht. Im Februar 1981 wandte er sich an den Ostberliner Oberbürgermeister, Erhard Krack, und fragte an, ob es seitens der Stadt „ein Konzept für die gesamte Bebauung der Oranienburger Straße" gebe. Kirchner regte wie schon sein Amtsvorgänger an, ein jüdisches Museum zu schaffen.

Erst 1988, im Zusammenhang mit dem Gedenken an den Novemberpogrom vor fünfzig Jahren, hatten die Vorschläge Erfolg. Sie paßten in den Rahmen der Gedenkveranstaltungen: Diese hatten zuweilen den Charakter einer Kampagne, deren außenpolitische Aspekte nicht zu übersehen waren.

Wiederaufbau

Im Juli 1988 wurde die Stiftung „Neue Synagoge Berlin – Centrum Judaicum" ins Leben gerufen. Dies mußte im Weg der Verordnung geschehen, da Stiftungen in der DDR vom Gesetzgeber nicht vorgesehen waren. Aufgabe der Stiftung ist es seitdem, „die Neue Synagoge in der Berliner Oranienburger Straße für gegenwärtige und künftige Generationen als bleibendes Mahnmal wiederaufzubauen und ein Zentrum für die Pflege und Bewahrung jüdischer Kultur zu schaffen". Lassen wir an dieser Stelle noch einmal Heinz Knobloch zu Wort kommen:

„Es tat weh, im Spätherbst 1988, als im Gedenken an den Jahrestag der Pogromnacht vielerlei Aktivitäten stattfanden, als die Stiftung NEUE SYNAGOGE – CENTRUM JUDAICUM gegründet wurde und an der Ruine der Grundstein gelegt – es tat weh, vom Volksmund das Wort 'Judenwelle' zu hören. Das war kein Antisemitismus, kein gegen solches Gedenken gerichtetes Empfinden. Im Gegenteil. Das, und nehmen wir es beim Wort, Volksempfinden mit seinem gesunden Menschenverstand nahm die von oben befohlenen Kampagnen nicht mehr ernst. Es gab sie mehrmals im Jahr. Mal zu diesem, mal zu jenem Anlaß."[72]

Mit großem propagandistischem Aufwand, unter Teilnahme von Erich Honecker, fand am 10. November 1988 eine symbolische Grundsteinlegung statt. Der 1966 am östlichen Turm angebrachten Tafel wurde am Westturm ein Pendant mit folgendem Text hinzugefügt:

> „50 Jahre nach der Schändung
> DIESER SYNAGOGE
> und 45 Jahre nach ihrer Zerstörung
> wird dieses Haus nach unserem Willen,
> mit Unterstützung vieler Freunde
> in unserem Lande
> und aller Welt neu erstehen.
>
> Jüdische Gemeinde Berlin
> 9. November 1988"

Seit diesem Tag wird an dem Haus gebaut; viele haben dafür gespendet. Zunächst mußten die Trümmer beseitigt und stabilisierende Decken eingezogen werden, bevor das Haus überhaupt zu betreten war. Von Anfang an waren denkmalpflegerische Aspekte zu berücksichtigen, wie Robert Graefrath in seinem Beitrag ausführlich beschreibt. Es galt, alle originalen Bauteile zu konservieren. Unbekannte Teile sollten nicht nachempfunden, sondern – nach heutigen Entwürfen ersetzt – indirekt als Verlust markiert werden. Eine gewisse Ausnahme in diesem Konzept bildete die große Kuppel; sie ist nach Zeichnungen und Fotos rekonstruiert worden, denn sie hatte – und hat nun wieder – Signalwirkung.

Am 29. Oktober 1990 wurde die komplizierte Stahlkonstruktion fertiggestellt: Das letzte Kuppelsegment war montiert. Anschließend wurde eine mit blauen und weißen Bändern geschmückte Richtkrone hochgezogen. Im Rahmen einer Feier sprach Heinz Galinski

Richtfest
am 29.10.1990

Wiederaufbau
der Hauptkuppel,
September 1990

davon, daß dieser Tag „ein großes Fest für die Silhouette Berlins" sei. Er fuhr fort:

„Die Stiftung Centrum Judaicum hat sich zum Ziel gesetzt, diesen symbolträchtigen Ort wieder in einen jüdischen Ort zu verwandeln. Was wir anstreben, ist kein Versuch der Wiederherstellung – man kann die Vergangenheit nicht ungeschehen machen und die Dahingemordeten nicht zum neuen Leben erwecken. Wir wollen lediglich der einst dem Geist geweihten Stätte wieder geistigen Charakter verleihen und Judentum wieder einkehren lassen, wo Judentum früher beheimatet war. Ein Archiv, ein Dokumentationszentrum, eine Bibliothek und ein Museum sollen Zugang zur Geschichte, eine kleine Synagoge soll den Übergang in die Zukunft mit einem Schimmer von Hoffnung ermöglichen."

Zu einem Fest gestaltete sich eine Veranstaltung zum 125. Jahrestag des Gotteshauses am 5.9.1991. Die Fassade wurde an diesem Tag übergeben. In seiner aus diesem Anlaß gehaltenen Ansprache sagte Rabbiner Ernst M. Stein:

„Es gilt, alte Mauern mit neuem Geist zu füllen, wie es bei jedem immer wieder notwendigen Aufbau im Judentum über die Jahrhunderte hinweg notwendig war. (...) Wir wollen dazu mit dem Psalmisten, dem Sänger des 90. Liedes, um die Hilfe bitten, die dem Menschen in seinen Bemühungen, seiner Arbeit, Stütze und Unterstützung ist (...). 'Möge die Huld des Ewigen, unseres Gottes, auf uns sein, und fördere Er unserer Hände Werk, für uns, ja, das Werk unserer Hände fördere Er.'"

Bernhard Apelt, Polier der Berliner Denkmalpflege, trug, wie es bei derartigen Anlässen üblich ist, einen Weihespruch vor, den Manfred Steinicke, Mitarbeiter der Baufirma Heitkamp, verfaßt hatte:

„In der Oranienburger Straße von Berlin,
im Brandenburger Land,
von 1859–66, die Synagoge einst hier entstand.

Geplant, gebaut von Baurath Knoblauch,
von Baurath Stüler vollendet dann
in ihrer Schönheit und Größe erstaunte sie jedermann.
Geweiht am 5. September gleichen Jahres,
ein Kunstwerk als Zeugnis für handwerklich Wahres,
als Centrum für jüdisches Leben im deutschen Land,
war sie in der ganzen Welt bekannt.

Dann erlitt sie Schaden durch gelegte Flammen –
wir dürfen nie aufhören, die Urheber zu verdammen.
Und 43 – Kriegsbomben fielen auf dieses Haus,
nun war die Andacht, ja das Leben völlig aus.

Und heute? Die Spuren des Grauens sollen bleiben –
zum Gedenken – das Böse auf immer zu vertreiben!
Ein neuer Davidstern im goldenen Glanze
und drei neue Kuppeln vervollkommnen das Ganze.
Die Fassade, mit Mühe und Liebe wiederhergestellt.
Das Innere der Synagoge – noch unvollendet,
bis Sonnenlicht auch diese Räume dann erhellt,
noch viel Kraft und Arbeit wird aufgewendet.

Vor 125 Jahren, auf den Tag genau,
wurde er eingeweiht, dieser Prachtwerksbau!
Auch wenn für alle Menschen viel Zeit vergeht, das
Vergängliche zur Erinnerung hier neu ersteht.
Geschickte Hände ersetzten, – heilten jedes zerstörte Stück.
Ein gelungenes Werk, die Freude kehrt zurück!
Kluge Köpfe und Spender halfen beim Gestalten, für
Generationen das Ganze zu erhalten.

Der Herrgott möge dieses Gebäude bewahren,
in diesem und in kommenden Jahren!
Daß niemand wieder das mühsam Geschaffene
zerstört, weil es unserer Zukunft schon gehört!

Ich erhebe mein Glas – und mit Wein wird geweiht
die Neue Synagoge in ihrer Herrlichkeit."

Montage des Davidsterns
auf der Hauptkuppel
am 5.6.1991

Beide Söhne des Reviervorstehers Wilhelm Krützfeld nahmen an der Feierstunde Anteil. Konnte der Berliner Artur Krützfeld persönlich anwesend sein, so war es dem in Hamburg lebenden Walter Krützfeld nicht möglich, nach Berlin zu kommen. Er schrieb mir am 27.8.1991 u.a.:

„Durch Ihre Einladung zu der Feier des 125. Jahrestages der Einweihung der altvertrauten Berliner 'Neuen Synagoge' fühle ich mich außerordentlich geehrt und danke Ihnen von Herzen. (...) Ich freue mich, daß nunmehr das äußere Erscheinungsbild der Neuen Synagoge wieder so sein wird, wie ich es aus meiner Jugendzeit kenne, auch wenn die Herrichtung der inneren Räume sicher noch viel Zeit und Mühe kosten wird, bis die Gemeinde alles wieder so haben wird wie in den ersten 72 Jahren ihrer Geschichte. Der Feierstunde wünsche ich einen segensreichen, würdigen Verlauf. Möge dieser Segen des Allmächtigen fortan auf diesem schönen Gotteshaus und seiner Gemeinde ruhen! Uns Menschen bleibt nicht mehr als Dankbarkeit für das, was wieder ist, und Hoffnung für das, was kommt."

Seit dem 5. September 1991 ist nicht nur, wie eingangs betont, die ursprüngliche Inschrift wieder sichtbar, sondern auch die Fassade ist rekonstruiert. Dazu mußten etwa 150 verschiedene Formsteine hergestellt werden. Auch die Kuppeln glänzen nun wieder über der Stadt. Die 6,35 m hohe, von der Schweriner Denkmalpflege gefertigte Bekrönung der Kuppel mit dem Davidstern ist schon seit dem 5.6.1991 von vielen Punkten aus sichtbar. Für mich war die Montage des Davidsterns, des Magen David, sicher einer der bewegendsten Momente.

An eine Wiederherstellung des ursprünglichen Hauptraumes ist vorerst nicht gedacht. Die Möglichkeit dazu soll aber nicht „verbaut" werden. Die Grundrißfigur dieses Raumes wurde auf der Freifläche in Stein ausgelegt. Es ist lange diskutiert worden, ob man versucht, den alten Sakralbau möglichst originalgetreu zu rekonstruieren, so daß die Zerstörungen nicht mehr sichtbar

sind, also beim Betrachter eine Illusion ungebrochener Kontinuität erzeugt wird, oder ob die Geschichte ablesbar sein soll. Als Lösung wurde ein Kompromiß akzeptiert: Rekonstruktion der Fassade und der Kuppeln in alter Pracht, somit Wiederherstellung der Silhouette. Auf der anderen Seite aber soll die gläserne Einhausung des letzten Restes Mauerwerk, mit dem die eigentliche Synagoge begann, die Narben, die die Geschichte verursacht hat, deutlich zeigen und zum Denken anregen durch die optische Konfrontation des Gewesenen mit dem Seienden.

Durch den Ende Juli 1993 fertiggestellten Neubau, der die historischen Häuser Oranienburger Straße 28 und 30 verbindet, ist das Straßenbild verändert worden: Modernes und Historisches sind miteinander vereint. So auch in dem großen Vortragssaal, der am 28.11. 1993 übergeben werden konnte. Es ist ein historischer Raum, dessen Geschichte an der Gestaltung ablesbar ist. Während der feierlichen Übergabe konnte dem Architekten, Bernhard Leisering, und, für die Umsetzung seiner Pläne, dem Bauleiter der Stiftung „Neue Synagoge Berlin – Centrum Judaicum", Michael Stade, gedankt werden. Beide waren von Beginn an an dem gewaltigen Bauprojekt tätig. Jetzt ist es nach fast siebenjähriger Bauzeit leise auf unserer Baustelle geworden: Am 16.12. 1994 übergaben die Generalübernehmer dem Bauherrn den fertigen Bau.

Am 19. Oktober 1989 machten zwei umsichtige Bauarbeiter bei Enttrümmerungsarbeiten im Eingangsbereich des ehemaligen Trausaales (Männervestibül) einen sensationellen Fund: Die Ewige Lampe (Ner Tamid) wurde im Beton der bereits erwähnten Trümmerschutzdecke entdeckt, und zwar etwa 80 m von ihrem eigentlichen Platz vor der Heiligen Lade des Synagogenhauptraumes entfernt. Das grenzte nahezu an ein Wunder. Zur Einweihung des Gotteshauses im Jahre 5626 (1866) war dieses Zeichen göttlicher Gegenwart von den Berliner Juden Adolph und Cäcilie Jacoby sowie Julius und Lydia Jacoby gespendet worden. Birgit Jerke geht in ihrem Beitrag auf die Entdeckung der Ewigen Lampe wie auch auf eine Reihe anderer Fundstücke ein. James Walters-Warschauer, der Sohn des erwähnten bekannten Rabbiners Malvin Warschauer, schrieb mir damals zu dem hoffnungsfroh stimmenden Fund: „Es ist doch, als ob sich die Geschichte, unsere Geschichte, immer wiederholt – fast ein modernes Chanukkah! Ich (...) glaube, daß dies ein gutes Omen zum Gelingen Ihres Projektes ist und sein wird."

Die Ewige Lampe ist nun Teil unserer ständigen Ausstellung über die Neue Synagoge, mit der das Haus jetzt einer breiten Öffentlichkeit zugänglich gemacht wird. Dort soll sie Gegenwärtigen und Kommenden von ihrer Geschichte und der dieses Gotteshauses künden.

Perspektiven

Die Stiftung „Neue Synagoge Berlin – Centrum Judaicum" steht nun vor neuen, ganz anderen Aufgaben: Wir wollen in Anknüpfung an die Tradition dieses Hauses, der Neuen Synagoge Berlin, Neues schaffen, das der heutigen Zeit gerecht wird. Durch die Vereinigung der beiden Jüdischen Gemeinden Berlins ist die Zahl der Mitglieder, die bei Baubeginn im Ostteil der Stadt lediglich 200 betrug, auf über 10.000 angewachsen. Von entscheidender Bedeutung ist es, für die jüdische Gemeinschaft identitätsstiftend wirksam zu werden und sie so im Innern zu stärken. Die Arbeit der Stiftung hat sich als Bindeglied zwischen Vergangenheit und Zukunft zu bewähren. Ein „Bet ha-Knesset", eine Synagoge, war immer nicht nur Betstätte, sondern auch Versammlungshaus, Lehr- und Lernstätte. Das Centrum Judaicum hat in diesem Sinne die Aufgabe, die Geschichte der Juden in Berlin und seinem Umfeld aufzuarbeiten. Es will an die Leistungen der jüdischen Bevölkerung erinnern und das Gedenken an die jüdischen Opfer bewahren. Es archiviert die entsprechenden Dokumente, arbeitet sie auf und publiziert laufend. Dazu arbeitet die Stiftung mit anderen jüdischen wie nichtjüdischen Institutionen zusammen. Wechselnde Ausstellungen sollen über die ständige Präsentation hinaus bewirken, daß jüdische Geschichte plastisch und begreifbar wird. Ferner ist das Centrum Judaicum eine Informationsstelle für jüdisches Leben und transportiert jüdische Positionen zu Problemen unserer Zeit.

Als Brücke zwischen ost- und westeuropäischem Judentum werden sich in Anbetracht der zu befürchtenden Probleme für organisiertes jüdisches Leben in Osteuropa für die Stiftung „Neue Synagoge Berlin – Centrum Judaicum" besondere Aufgaben ergeben.

Unser Bemühen wird es sein, uns im Sinne des Jesajawortes als „das gerechte Volk, das die Treue bewahrt", zu erweisen.

Hermann Simon

Anmerkungen

1 Angabe nach Bruno Blau, „Die Entwicklung der Jüdischen Gemeinde Berlins", in: Der Weg, 29.3.1946, ohne Pag. [S. 3]

2 „Ita prohibemus, ne aliquis erga Judeos fila sibi audeat comparare." Urkundenbuch zur Berlinischen Chronik, hrsg. von F[erdinand] Voigt und E[rnst] Fidicin, Berlin 1880, S. 21. Vgl. auch Hermann Simon, [Geschichte der Juden Berlins 1871–1945/46] Vorwort zur Reprint-Ausgabe von Ludwig Geiger, Geschichte der Juden in Berlin, Berlin 1871 (Reprint Leipzig 1988), S. VII.

3 Vgl. Moritz Stern, „Die Niederlassung der Juden in Berlin im Jahre 1671", in: Zeitschrift für die Geschichte der Juden in Deutschland, 2 (1930), S. 149.

4 The Central Archives for the History of the Jewish People, Nachlaß Moritz Stern, P 17/573, Bl. 1.

5 Ebd., Bl. 4

6 Ebd., Bl. 5.

7 Ebd.

8 Vorwort von Gustav Knoblauch, in: Die Neue Synagoge in Berlin entworfen und ausgeführt von Eduard Knoblauch, vollendet von August Stüler, hrsg. von G. Knoblauch und F. Hollin, Berlin 1867 (Reprint Berlin 1992), ohne Pag.

9 Allgemeine Zeitung des Judentums, 30.5.1859, S. 332.

10 Allgemeine Zeitung des Judentums, 25.4.1859, S. 265.

11 Allgemeine Zeitung des Judentums, 30.7.1861, S. 447.

12 Allgemeine Zeitung des Judentums, 20.3.1866, S. 184.

13 Knoblauch, a.a.O., ohne Pag.

14 Geheimes Staatsarchiv Preußischer Kulturbesitz, I. HA, Rep. 76 III, Sekt.12, Abt. XVI, Nr. 7, Bd. 1, Bl. 417;
Landesarchiv Berlin, Außenstelle Breite Straße, Rep. D1-D2, Nr. 415, Bl. 148.

15 Geheimes Staatsarchiv, a.a.O., Bl. 418.

16 Vgl. Hermann Simon, „Majestäten in Berliner Synagogen", in: Deutsch-jüdische Geschichte im 19. und 20. Jahrhundert, hrsg. von Ludger Heid und Joachim H. Knoll, Stuttgart und Bonn 1992, S. 183; siehe auch den Beitrag von Harold Hammer-Schenk in diesem Band.

17 Allgemeine Zeitung des Judentums, 18.9.1866, S. 604.

18 Berlinische Nachrichten von Staats- und gelehrten Sachen (Spenersche Zeitung), 6.9.1866, S. 3.

19 Emil Breslauer, „Die Einweihung der neuen Synagoge zu Berlin", in: Allgemeine Zeitung des Judentums, 25.9.1866, S. 623. Schwantzers Komposition ist gedruckt worden und hat sich in der Musikabteilung der Staatsbibliothek Unter den Linden erhalten.

20 Gebetbuch für den öffentlichen Gottesdienst im ganzen Jahr nach dem Ritus der neuerbauten großen Synagoge in Berlin. Bearbeitet und herausgegeben von Dr. Joseph Aub, Rabbiner der jüdischen Gemeinde in Berlin, Bd. 1: Gebete für die Werk- Sabbath- und Festtage, Berlin 1866.

21 Ebd., [S. III].

22 Ebd.

23 Neue Preußische (Kreuz-)Zeitung, Nr. 62, 14.3.1865.

24 Den Beleg, daß Fontane der Verfasser ist, liefert Hermann Fricke: „Theodor Fontane als Kunstbetrachter", in: Zeitschrift des Vereins für die Geschichte Berlins, 59. Jg., Berlin 1942, S. 84.

25 Illustrirte Berliner Morgen-Zeitung, 24.11.1865, The Central Archives for the History of the Jewish People, Nachlaß Moritz Stern, P 17/574.

26 Lewis Carroll [Pseudonym für Charles Lutwidge Dodgson], zit. nach der Übersetzung von Hans Hirschberg, in: Synagogen in Berlin. Zur Geschichte einer zerstörten Architektur, hrsg. von Rolf Bothe, Berlin 1983, Bd. 1, S. 95.

27 „Zur Prüfung der Klangwirkung eines gemischten Chores in der neuen Synagoge fand am 29 v. M. dort ein Abendgottesdienst statt, bei welchem der gemischte Chor aus der Synagoge Lindenstraße die Gesänge ausführte. Der Versuch muß als gut gelungen bezeichnet werden. Wir sind der Überzeugung, daß in dieser Synagoge der Gesang eines gemischten Chores noch besser zur Geltung kommen wird als in der Synagoge Lindenstraße." Der Gemeindebote. Beilage zur Allgemeinen Zeitung des Judentums, 12.4.1895.

28 Vgl. Max Sinasohn, Adass Jisroel Berlin – Entstehung, Entfaltung, Entwurzelung 1869–1939, Jerusalem 1966, S. 14.

29 Aron Hirsch Heymann, Lebenserinnerungen, hrsg. von Heinrich Löwe, Berlin 1909, S. 340f. Es handelt sich bei dem von Löwe herausgegebenen Druck nur um Teile der heute im New Yorker Leo Baeck Institut vorhandenen dreibändigen Handschrift von über 600 Seiten. „Nach Mitteilung des Herausgebers wurden vor allem die Berichte über weitreichende Geschäfte des Bankhauses A.H. Heymann nicht in seine Veröffentlichung aufgenommen. Auch alle Berichte und Urteile über Personen, deren Nachkommen 1909 noch lebten, wurden von der Wiedergabe ausgeschlossen." Leo Baeck Institute New York, Bibliothek und Archiv, Katalog Bd. I, hrsg. von Max Kreutzberger, Tübingen 1970, S. 417.

30 Ismar Elbogen, Der jüdische Gottesdienst in seiner geschichtlichen Entwicklung, 3. Aufl., Frankfurt am Main 1931, S. 510.

31 Lothar Brieger, „Die Neue Synagoge in Berlin", in: Gemeindeblatt der Jüdischen Gemeinde zu Berlin, 13.9.1936, S. 5.

32 Ebd.

33 Gruss aus Berlin. Ein Bummel durch Berlin um 1900 auf 120 Postkarten mit Onkel Theo und seiner Nichte Lottchen, Berlin [1986].

34 Stiftung „Neue Synagoge Berlin – Centrum Judaicum", Archiv, Sammlung Benas Levy. Für den Hinweis bin ich Maren Krüger zu Dank verpflichtet.

35 Der Geburtsort ist entweder Zempelburg (Westpreußen) oder Krone an der Brahe (Posen). Für die Angaben zur Person danke ich Herrn Ulrich Schulze-Marmeling, Mitarbeiter an dem Projekt „Gedenkbuch für die ermordeten jüdischen Bürger Berlins".

36 James Yaakov Rosenthal, „Aus der Ruine blühte Leben" (Manuskript). Eine redaktionelle Bearbeitung erschien unter dem Titel „Erinnerungen an die Oranienburger Straße 30", in: Nachrichtenblatt des Verbandes der Jüdischen Gemeinden in der DDR, Dresden und Berlin, März 1981, S. 7f.

37 Allgemeine Zeitung des Judentums, 4.5.1869, S. 350f. Die Mitteilung vom 22.4.1869 konnte erst veröffentlicht werden, nachdem das Konzert bereits stattgefunden hatte.

38 Ebd., 11.5.1869, S. 370.

39 Der Gemeindebote. Beilage zur Allgemeinen Zeitung des Judentums, 30.10.1890.

40 Ludwig Misch, „Händels 'Saul' in der Neuen Synagoge", in: Jüdisches Gemeindeblatt für Berlin, 8.5.1938, S. 7.

41 Ebd., 29.5.1938, S. 3.

42 Mitteilung von Prof. Dr. Marie Simon, Berlin, 23.11.94.

43 Postkarte von Rabbiner Dr. F[elix] Singermann an Fräulein Regina Jonas; Poststempel 1.1.[19]36 [Mittwoch], Stiftung „Neue Synagoge Berlin – Centrum Judaicum"/Bundesarchiv, Abteilungen Potsdam (Depositum), 75 D Jo 1, Nr. 1, Bl. 20.

44 Regina Jonas an Mala Laaser, undatierte Briefkopie [nach dem 25.4.1938], ebd., Nr. 5, Bl. 60. Der Brief wurde in der C.-V.-Zeitung vom 23.6.1938 veröffentlicht. Wir haben bewußt nach dem Original zitiert, da die gedruckte Fassung abweicht.

45 Pnina Navè Levinson, Eva und ihre Schwestern. Perspektiven einer jüdisch-feministischen Theologie, Gütersloh 1992, S. 149.

46 Heinz Knobloch, Der beherzte Reviervorsteher, Berlin [DDR] 1990, S. 7; vgl. auch ders., „Der beherzte Reviervorsteher", in: „Und lehrt sie. Gedächtnis!", Ausstellungskatalog, Berlin [DDR] 1988, S. 62–66.

47 Jacob Jacobsohn, „Bruchstücke 1939–1945", Leo Baeck Institute New York, Memoirensammlung, M.E. 560, S. 1.

48 Alexander Szanto, „Im Dienste der Gemeinde 1923–1939", Leo Baeck Institute New York, Memoirensammlung, M.E. 838 (London 1968), S. 211.

49 Ebd., S. 212f.

50 Knobloch, a.a.O., S. 156.

51 Mitteilung von Prof. Dr. Marie Simon, Berlin, 1991.

52 Akten des Oberfinanzpräsidenten Berlin [OFP], Heinz Meyer, Landesarchiv Berlin.

53 Jüdisches Nachrichtenblatt, 5.4.1940, S.3.

54 Vgl. Kurt Jakob Ball-Kaduri, Vor der Katastrophe – Juden in Deutschland 1934–1939, Tel-Aviv 1967, S. 232ff.

55 Jüdisches Nachrichtenblatt, 6.8.1940, S. 2.

56 Brief von Werner M. Jacobsohn, Croton-on-Hudson, New York, 26.2.1994; zu Erich Scheffler siehe Heinz Knobloch, Meine liebste Mathilde, Berlin [DDR] 1985, S. 319ff.

57 „Rücksprachen im Reichssicherheitshauptamt", Aktennotiz F 65 vom 30.3.1942 16.30 Uhr, Mikrofiche, Archiv des Holocaust Memorial Museum Washington. Für den Hinweis bin ich Ernst Günther Fontheim, Ann Arbor, zu Dank verpflichtet.

58 Neues Deutschland, 2./3.7.1988, S. 13.

59 Lageberichte des Polizeipräsidenten über die Luftangriffe auf Berlin, Juli 1943 – Januar 1944, Bericht vom 22./23.11.43, Landesarchiv Berlin, Rep. 20, Nr. 7245, Bl. 135.

60 Brief von Harry S. Rowe, Delray Beach, Florida, 22.1.95.

61 Brief von Henri Higuet, Kapellen, 6.3.1990.

62 Angaben nach Monika Richarz: Jüdisches Leben in Deutschland. Selbstzeugnisse zur Sozialgeschichte 1918–1945, hrsg. und eingel. von Monika Richarz, Stuttgart 1982, S. 411, Anm. 3.

63 Bundesarchiv Koblenz, R. 39, Nr. 46. Für den Hinweis auf dieses Dokument bin ich Raymond Wolf, Berlin, zu Dank verpflichtet.

64 Ebd.

65 Ebd.

66 Blau, a.a.O.

67 Angaben nach: Siegmund Weltlinger, Bericht über die Neubildung der Jüdischen Gemeinde in Berlin, 13.11.1946, Stiftung „Neue Synagoge Berlin – Centrum Judaicum"/Bundesarchiv, Abteilungen Potsdam (Depositum), 75 D We 1 (Karton 1407,1), S. 1.

68 Blau, a.a.O.

69 Weltlinger, a.a.O., S. 1.

70 Die Lage der Jüdischen Gemeinde zu Berlin und ihrer Mitglieder, hektographiertes Manuskript, o.O., o.J. [Berlin, ca. April 1946], Stiftung „Neue Synagoge Berlin – Centrum Judaicum", Archiv, 5 A Be 1, Nr. 1, S. 1.

71 Von den vierzehn Gemeindesynagogen lagen vier im späteren Ostteil, zehn im späteren Westteil der Stadt. Von den zehn Synagogen im Westen wurden neun, von den vier im Osten drei abgerissen oder gesprengt.

72 Heinz Knobloch, Der beherzte Reviervorsteher, Berlin [DDR] 1990, S. 164.

Baugeschichte und Architektur
der Neuen Synagoge

Die hieselbst in der Heidereuter-Gasse belegene Synagoge der jüdischen Gemeinde reicht (...) nicht mehr aus, um an den Sabbathen, ganz besonders an den hohen Festtagen eine solche Anzahl von Gemeindemitgliedern aufzunehmen als zum Besuch des Gottesdienstes theils wirklich erscheint, theils geneigt ist, sich zu diesem Behufe einzufinden, jedoch dann abgehalten wird, weil vorherzusehen ist, daß Vielen wegen Mangel an Platz der Eintritt nicht werde möglich sein. Daher ist es dringend nothwendig, daß ein neues Synagogen-Gebäude errichtet und damit recht bald begonnen werde."[1]

Mit diesem Ersuchen der „Aeltesten und Vorsteher" der Jüdischen Gemeinde begann Anfang des Jahres 1846 das Ringen um eine neue, große Synagoge in Berlin, das erst nach über zwanzig Jahren mit der Einweihung des Neubaus in der Oranienburger Straße ein glückliches Ende finden sollte.

Die Probleme waren gewaltig. Ein Bauplatz mußte gefunden werden in einer Umwelt, in der eine Synagoge nicht gerade zu den allseits begrüßten Bauwerken gehörte. Die Gemeinde mußte große Summen für einen solchen Platz und den Bau zusammenbringen, und dann gab es noch ein internes Problem, das christliche Gemeinden kaum kannten. Man würde sich über die Art des Gottesdienstes einigen müssen, um die Einheit der Gemeinde zu wahren.

Nur wenige Wochen nach diesem Antrag informierte der Gemeindevorstand in einem eigens gedruckten Rundschreiben die auf mehr als 7.000 Mitglieder angewachsene Gemeinde und warb für einen Neubau, der gerade jetzt so wichtig sei, seit Teile des Gottesdienstes in deutscher Sprache abgehalten würden und eben diese Neuerung viele Gläubige in die Synagoge locke. „... so ist es unzweifelhaft eine Pflicht der Lebenden (...) zunächst für ihr eigenes, dann aber auch für das Bedürfniß künftiger Geschlechter ein zweites Gotteshaus zu erbauen, das durch seine edle Ausstattung ein Denkmal der Liebe werden möge, mit der wir an der Religion unserer Väter festhalten. (...) können die Unter-

zeichneten sich nicht versagen, den Wunsch auszusprechen, daß die Liturgie der zweiten Synagoge, ohne den eigenthümlichen Charakter des jüdischen Gottesdienstes zu verläugnen, diejenigen zeitgenössischen Verbesserungen in sich aufnehmen möge, die das religiöse Bedürfniß der Gemeinde gebieterisch erheischt."[2] Hier klingt verhalten an, was beabsichtigt war. Der Gottesdienst in der neuen Synagoge sollte modernisiert werden. Das bedeutete die Einführung längerer Teile in deutscher Sprache und den Wegfall einer Reihe von hergebrachten Gebeten. Abweichend vom traditionellen Ritus war jetzt sogar eine Orgel vorgesehen.

Als Bauplatz hatte die Gemeinde einen Holzlagerplatz in unmittelbarer Nähe der Garnisonkirche, nicht weit von der alten Synagoge, ins Auge gefaßt, wobei der Neubau von der „Neuen Promenade" am nordwestlichen Ufer des Festungsgrabens (Königsgraben) über eine erst zu errichtende eiserne Brücke zu erreichen sein sollte.[3] Nicht nur diese überaus repräsentative Lage rief in den beteiligten Ministerien Bedenken hervor, sondern vor allem die Nähe zur Garnisonkirche. Bedenken, die durch eine bischöfliche Stellungnahme dahingehend präzisiert wurden, daß ein modernisierter jüdischer Gottesdienst die Juden auch in Zukunft von einem Übertritt zum Christentum abhalten werde. Das Fazit der ministeriellen Empfehlungen an den König lautete: „.... so würde ich um so weniger Bedenken finden, die Aeltesten und Vorsteher, denen es in der Hauptsache nur darauf anzukommen scheint, ihre Synagoge an einem öffentlichen von allen Seiten in die Augen fallenden Platz zu erbauen, auf ihr vorliegendes Gesuch ablehnend zu bescheiden".[4] Friedrich Wilhelm IV. lehnte folglich in einem Erlaß vom Januar 1847 einen Bau der Synagoge an dieser Stelle ab: „.... scheint mir der gedachte Bauplatz deshalb nicht wohl gewählt, weil er wegen seiner geringen Entfernung von der schon bestehenden Synagoge, für die in anderen Stadtgegenden wohnenden Juden nicht bequem gelegen ist." Er weist gleichzeitig auf einen anderen Standort hin: „.... ob es nicht vorzuziehen sei, den beabsichtigten Bau in einem (...) entfernteren Stadttheile, etwa im Köpenickerfelde auszuführen. In diesem Falle würde Ich auch gegen die Wahl eines unmittelbar an der Straße belegenen Bauplatzes nichts zu erinnern haben."[5]

Der Vorschlag, den Neubau in dieser damals abgelegenen Gegend des späteren Kreuzberg zu errichten, weit von den Wohngebieten der Juden, ist nicht nur als Schikane zu verstehen, sondern kann auch mit den besonderen Interessen des Königs an der Stadtplanung in diesem Gebiet begründet werden. Eine prächtige Synagoge an dieser Stelle hätte sicher die Ansiedlung jüdischer Bewohner und damit die Entwicklung des Stadterweiterungsgebietes gefördert, für das Friedrich Wilhelm IV. selbst Pläne gezeichnet hatte, die dann in die Planungen Lennés eingegangen sind.[6]

Nach dieser Ablehnung versuchten die Gemeindevorstände im März 1847, mit einer direkt an den König gerichteten Eingabe die Genehmigung für einen Bauplatz im Bereich des zentral gelegenen königlichen Baudepots zu erhalten. Die dort zu errichtende Synagoge sollte für 2.000 bis 2.500 Personen Platz bieten. Für den Fall der Genehmigung sollte August Stüler, „HofArchitekt Sr. Majestät des Königs", so sein offizieller Titel, der das besondere Vertrauen Friedrich Wilhelm IV. genoß, die Pläne für die neue Synagoge entwerfen.[7]

In den folgenden Jahren unterbanden die revolutionären Ereignisse weitere Pläne. Um die Raumnot in der alten Synagoge zu beheben, hatte der Tischlermeister Fränkel 1850 in der Tiefe seines Grundstückes an der Großen Hamburger Straße Nr. 11 eine große, längsrechteckige Synagoge für etwa 1.800 Personen als Fachwerkbau errichten lassen, die er an die Gemeinde vermietete. Das Gebäude lag nahe der Rückseite der späteren Synagoge in der Oranienburger Straße und ist noch auf Stadtplänen um 1890 eingezeichnet. Seit 1852 bestanden Pläne, die alte Synagoge in der Heidereutergasse zu erweitern, wobei die Auseinandersetzung zwi

schen den Anhängern einer Kultusreform und den Orthodoxen die Debatte beherrschte. Zusätzlich zeichnete sich eine eigene Synagoge für die extremen Reformer in der Gemeinde ab, so daß der Bau einer neuen großen Gemeindesynagoge in den Augen vieler, auch der zuständigen Ministerien, die Gefahr weiterer Abspaltungen heraufbeschwor. Deshalb zog im Juli 1852 ein neu gewählter Gemeindevorstand die Neubaupläne offiziell zurück: „.... sind wir jedoch zu dem Entschluße gelangt, von der Intention des früheren Gemeinde-Vorstandes, welcher den Bau einer zweiten Synagoge beabsichtigte, gänzlich zu abstrahieren und statt dessen den Umbau der vorhandenen Synagoge neben angemessener Vergrößerung derselben in Aussicht zu nehmen." Die Reformer hätten nur „destruktive Ideen (...) befördert, welche auf dem politischen Gebiete sich zum Nachtheile des Staates geltend gemacht haben (...). Ein wirksames Mittel, diesen Ideen (...) entgegen zu arbeiten liegt (...) in der Erhaltung der äußeren Einheit der Gemeinde durch Versammlung derselben zu gemeinsamen Gottesdienst in einer Synagoge. Wir finden hierin den hauptsächlichen und innersten Grund gegen den früheren, auf die Gründung zweier Synagogen gerichteten Plan".[8]

Der Umbau der alten Synagoge löste die Raumprobleme nicht und beförderte letztlich die Auseinandersetzung innerhalb der Gemeinde um Reformen, da die Renovierung und Vergrößerung in den Augen vieler gesetzestreuer Gemeindemitglieder viel zu prächtig ausgefallen war.

Spätestens im Frühsommer 1856 rückte das Grundstück in der Oranienburger Straße 30 ins Blickfeld des 1855 wiederum neu gewählten Vorstandes. In dieser Straße lagen das alte jüdische Krankenhaus von 1756 und ein 1843 gegründetes jüdisches Waisenhaus für Mädchen. Auf der Rückseite des für die Synagoge gedachten Grundstücks baute man dann ab 1858 das von Eduard Knoblauch entworfene neue Krankenhaus, und auch die Notsynagoge lag hier. Ende 1856 wurde

Abb. rechte Seite:
Der Synagogenhauptraum,
um 1870, Guckkastenbild
(Farblithographie) mit spiegel-
verkehrter Bildunterschrift:
„Die Neue Synagoge zu Berlin"

Grundriß des Erdgeschosses,
1867, Ausschnitt

Deckenkonstruktion, 1867
Bauzeichnung, Ausschnitt

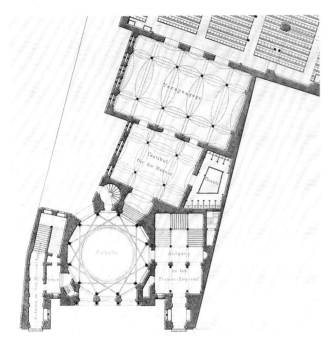

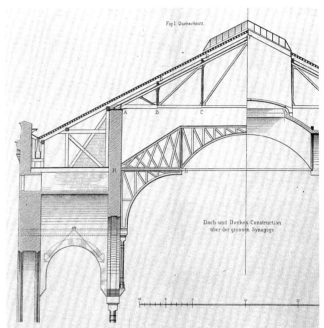

zwar der Ankauf des Grundstücks behördlich genehmigt, aber ausdrücklich noch nicht der Bau einer Synagoge. Innergemeindliche Befürchtungen vor zu weitge-
henden Veränderungen im Ablauf des Gottesdienstes
einer neuen Synagoge und der obrigkeitliche Wunsch,
die Bildung weiterer Teilgemeinden zu verhindern, die
daraus entstehen könnten, standen dahinter. Diese Auseinandersetzungen dauerten noch über ein Jahr an.

Trotz der ungeklärten Verhältnisse schrieb im
April 1857, also noch bevor ein Neubau von Regierung
und Ministerien genehmigt worden war, die Gemeinde
einen Architekturwettbewerb aus. Auch ausländische
Architekten konnten daran teilnehmen. Verschiedene
Vorstudien von Eduard Knoblauch hatten keine allseits
akzeptable Lösung gebracht. Über den Verlauf des Wett-
bewerbs – Einsendeschluß war der 1.9.1857 – ist wenig
bekannt. Wohl erst nach langen Beratungen wurden
1858 drei Preise vergeben, wobei Knoblauch den
Zuschlag erhielt. Im Mai 1859 war endlich Baubeginn,
im Juli 1861 konnte das Richtfest gefeiert werden. Die

schwere Erkrankung Knoblauchs, die Kriege Preußens
von 1864 und 1866 verzögerten die Arbeiten, bis
schließlich im September 1866 die neue Synagoge eingeweiht werden konnte. Der König lehnte eine Teilnahme an den Feierlichkeiten ab, hatte aber bereits im
Dezember 1865 die Synagoge besichtigt.[9]

Die monumentale Straßenansicht der Synagoge
läßt nicht ahnen, unter welch planerischen Schwierigkeiten der Bau entstanden war. Knoblauch konnte den
Neubau nur durch mehrfache Achsverschiebungen der
einzelnen Bauteile auf dem äußerst ungünstig geschnittenen Grundstück unterbringen, das vorne sehr eng und
hinten breit war. Neben einer optimalen Ausnutzung der
Fläche galt es, die dadurch bedingten Achsverschiebungen für den Besucher möglichst zu verschleiern und
eine einheitliche Begehungsrichtung zu sichern. Die
Straßenflucht verläuft in einem spitzen Winkel zur
Grundstücksachse. Der Architekt löste die daraus entstehenden Probleme, indem er die Gottesdiensträume

DIE NEUE SYNAGOGE ZU BERLIN.

Guckkastenbilder № 120.   bei Winckelmann u. Söhne in Berlin.

nicht an die Straße, sondern in die Tiefe des Grundstücks legte. Die beiden vorgezogenen Türme enthielten Eingänge und oben Büros, hinten Treppen zu den
Frauenemporen. Der zurückgesetzte und in seiner Rück-
lage durch je eine breite Fuge von den Türmen getrennte Mittelteil öffnete sich in einem dreibogigen Portal,
durch das man die zwölfeckige Vorhalle betrat. Darüber
lag der durch drei hohe Bogenfenster von der Straße
erhellte Repräsentantensaal. Profan genutzte Räume,
durch Türme und Kuppeln aber ausgezeichnet, standen
also an der Straße. Die Form des inneren Zwölfeckes
vermittelte kaum merklich die Richtungsänderung beim
Übergang ins folgende Männervestibül. Dieses war wiederum schräg an die Vorsynagoge, die kleineren Gottesdiensten an Wochentagen vorbehalten war, gesetzt.

Auch deren Mittelachse stand noch leicht schräg zur
Hauptachse des sich dahinter in wieder drei Bogen öff-
nenden großen Hauptraumes. Jetzt erst, nach mehr als
vierzig Metern, konnte Knoblauch den eigentlichen Got-
tesdienstraum in das hier sich weitende Grundstück setzen. Hier wird auch deutlich, daß der ursprüngliche,
selbstverständliche Wunsch, diesen Hauptraum durch
die hohe Kuppel auszuzeichnen, nicht realisiert werden
konnte, denn man hätte sie in ihrer rückwärtigen Lage
von der Straße nicht gesehen.

Das Betreten des Hauptraumes war inszeniert.
Von der hohen, weiten Vorhalle stieg der Besucher einige Stufen durch den recht engen Durchgang zum nied-
rigeren Männervestibül an, mußte danach die niedrigere
Wochentagssynagoge durchschreiten und betrat dann,

unter der Frauenempore hervortretend, den als drei-schiffige Basilika mit seitlichen Emporen sich darbieten-den Raum. Dabei konnte leicht übersehen werden, daß Knoblauch rechts unter der Tiefe der Emporen den Erdgeschoßraum bis an die Nachbargrenze erweitert hatte, so daß an dieser Seite auch keine Fenster ange-legt werden konnten. Auch hier nahm er wieder eine schiefe Längswand in Kauf, um Plätze zu gewinnen; allerdings waren Sicht und Akustik hier eingeschränkt.

Der Synagogenraum überwältigte durch Pracht und außergewöhnliche Form. Der Architekt hatte das Mittelschiff in fünf Joche gegliedert, diese aber nicht in voller Weite überkuppelt oder überwölbt, sondern über den sehr hohen Emporenbögen, durch in den Raum gezogene kurze Quertonnen eine Höhensteigerung erreicht. Dabei schienen die Fußpunkte der inneren Bogenläufe dieser Quertonnen und die rundbogigen Binder, die den Mittelraum überspannten, fast frei zu schweben, obwohl sie natürlich auf den weit in den Raum ragenden Eisenkonsolen ruhten. Hier in der Mitte saßen dann, den Raum noch einmal überhöhend, die Kuppelschalen mit ihren kreisrunden, durch Stern-muster verzierten gläsernen Oberlichtern. Zuganker in Quer- und Längsrichtung verspannten diese „schweben-de" Konstruktion. Die Seitenschiffe waren über den Em-poren durch Quertonnen geschlossen. Das Gitterwerk der Eisenkonstruktion war durch aufgetragenen Stuck und Ziegelausfachung verkleidet und reich ornamen-tiert. Alle drei Schiffe überdeckte ein flaches Satteldach auf eisernem Dachstuhl und mit Oberlichtern am First. Während hier teils neuere, teils herkömmliche Eisenkon-struktionen verwendet wurden, war für die vordere Hauptkuppel ein von dem Ingenieur Johann Wilhelm Schwedler entworfenes, besonders leichtes schmiedeei-sernes Gitterwerk geschaffen worden, das in der Folge zu einem viel verwendeten System für Kuppeln wurde.[10]

Den östlichen Abschluß des Raumes bildete die durch einen weiten Bogen mit maurischer Zackenlei-bung vom Hauptschiff getrennte Apsis mit Sängerem-pore. Hier stand, erhöht, der als Baldachin ausgebildete Heilige Schrein, der von einer Kuppel auf filigranen Arkaden gekrönt wurde.

Die Weite und Leichtigkeit des Raumeindrucks, die überreiche Ornamentik in maurischen Formen, vor allem aber die Farbigkeit, ja Buntheit der Dekorationen, die z.T. nach der Erkrankung des Architekten von August Stüler entworfen worden waren, lassen sich an Hand der wenigen erhaltenen farbigen Zeichnungen kaum nachvollziehen. Zeitungsberichte, anläßlich der Einweihung erschienen, geben einen Eindruck von die-sem Wunder: „Das Licht strömt (...) durch die bunten Scheiben magisch gedämpft und verklärt. Decke, Wän-de, Säulen, Bögen und Fenster sind mit verschwenderi-scher Pracht ausgestattet und bilden mit ihren Vergoldungen und Verzierungen einen wunderbaren, zu einem harmonischem Ganzen sich verschlingenden Ara-beskenkranz von feenhafter, überirdischer Wirkung."[11]

Knoblauch hatte sich die Ornamentik der Alham-bra in Granada als Vorbild gewählt, was auch von fast allen Architekturkritiken, die in großer Zahl erschienen waren, erkannt und lobend erwähnt wurde. Die „Aus-schmückung ist ebenso reich als geschmackvoll und erinnert unwillkürlich an die Zauberräume der Alhambra und die schönsten Denkmäler der arabischen Archi-teur."[12] Dem zeitgenössischen Betrachter erschloß sich wohl nicht, daß die große Kuppel an der Fassade im Gegensatz dazu eher indischen Vorbildern folgte, wie sie in Europa nicht nur durch Publikationen, sondern durch das berühmte Beispiel, das die Residenz des eng-lischen Kronprinzen in Brighton bot, bekannt geworden waren. Der Royal Pavillion war 1815–1823 von John Nash besonders in seinen Kuppeln mit indischen For-men ausgestattet worden.[13] Ebensowenig wie die archi-tektonische Gesamtform der Synagoge einem Vorbild folgte, mußten die Details nur einer bestimmten Epoche oder einem Vorbild entnommen werden. Aus der über-wiegenden Zahl der zeitgenössischen Urteile ist zu er-kennen, daß die Architektursprache vor allem eines ver-

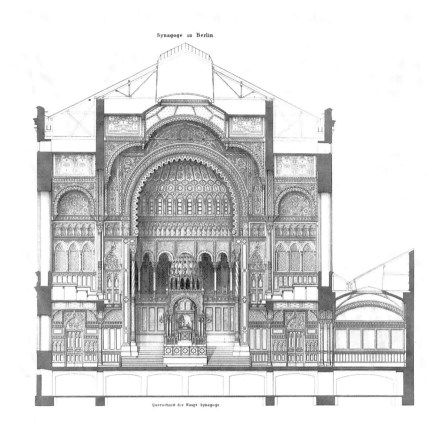

Synagoge in Berlin.

Querschnitt der Haupt-Synagoge.

Querschnitt
der Hauptsynagoge, 1867
Bauzeichnung

bau in Berlin neue Impulse in Richtung einer monumentalen Gestaltung zu geben. „Der Uebergang von der Synagoge zur Kirche liegt nahe, obgleich im vorliegenden Falle der Gegensatz eben nicht gerade zu Gunsten der letzteren ausfällt. Die moderne protestantische Kirche (...) ist eben kein sehr großartiges Monument und der Glanz des jüdischen Tempels hat dem gegenüber auch in mancher frommen Seele schon Seufzen und Aergernisse erweckt."[15]

Ganz augenfällig wurde damit auf die unbefriedigende Situation des Kirchenbaus in Berlin, bis über die Mitte des 19. Jahrhunderts hinaus,

mitteln sollte: Orient. „Der Stil des Ganzen ist der, in neuerer Zeit ja als der specifisch jüdische bei den meisten Synagogenbauten zur Anwendung gebrachte, arabische. (...) Namentlich ist die Wirkung des Raumes am Abend bei Gasbeleuchtung eine phantastische und reiche – ein entschiedenes Stück Orient."[14]

Damit fällt ein Stichwort, das in tieferen Bezügen zeitgenössisch fast nicht ausgedeutet wurde und wohl auch nicht mußte. Orientalische Formen lieferten den Verweis auf den Ursprung der jüdischen Religion. Das war das von christlicher und jüdischer Seite gewünschte Signal. Diese Sprache konnte als selbstbewußter Ausdruck, als Fortschritt im Zuge eines leidvollen Kampfes um Anerkennung gewertet werden. Den Juden wurden diese Formen der Selbstdarstellung zuerkannt, als Teil der erworbenen bzw. gewährten Rechte. Neidvoll sogar verglichen Christen die Synagoge mit weniger prächtigen und weniger aussagekräftigen Kirchen, ohne etwa Sanktionen gegen eine solche Schaustellung zu fordern. Im Gegenteil, die Synagoge in der Oranienburger Straße diente auch als Ansporn, dem protestantischen Kirchen-

angespielt. Schinkel hatte mit der im Zentrum gelegenen Werderschen Kirche (1824–1830) durch die Wahl einer englisch beeinflußten einfachen Gotik und die Schaustellung des Rohziegelbaues damalige Forderungen nach äußerlicher Schlichtheit erfüllt. Doch konnte der Bau später das Bedürfnis nach Repräsentation nicht erfüllen, ebensowenig wie seine Kirchen in den Randgemeinden Wedding oder Moabit aus den dreißiger Jahren. Großbauten wie die Markuskirche (1848–1855) von August Stüler oder die katholische Michaelskirche (1853–1856) von August Soller entstanden genau dort, wo 1847 nach königlichem Vorschlag die neue Synagoge hätte errichtet werden können, in peripheren Stadtgebieten wie Kreuzberg. Auch Friedrich Adlers damals noch nicht fertiggestellte Thomaskirche (1865–1869) entstand nicht im Zentrum. Letztlich dürfte die über Jahrzehnte in Berlin ungelöste Frage eines zentralen neuen Domes die Unzufriedenheit mit der Kirchenarchitektur entscheidend genährt haben.

Heinrich von Treitschkes oft zitierte Äußerung zur Synagoge scheint auch in diesem Zusammenhang

Die große Synagoge
in Hannover, erbaut 1870
Architekt Edwin Oppler

zu stehen. Er vertrat rigoros und unverhohlen die These von einer notwendigen Konfessionalisierung der Juden, forderte ihre Assimilierung und geißelte, bis in einen extremen Antisemitismus ausfallend, jede Äußerung von Eigenständigkeit. 1871 schrieb er seiner Frau über die neue Synagoge: „Als ich vorhin von meinen Akten heim kehrte, schimmerte die goldene Kuppel der Synagoge im Abendroth (...). Es ist ein prachtvoller Bau, ungeheuer reich, ein eigenthümliches Halbdunkel mit Oberlicht aus erleuchteten Kuppeln, die Architektur so schön, als dieser häßliche, schwunglose orientalische Stil sein kann. – Alles in Allem die reichste und – größte 'Kirche' Berlin's!"[16]

1879 ging er noch einmal auf die Synagoge ein: „... erwägt man die charakteristische Thatsache, daß das schönste und prächtigste Gotteshaus der deutschen Hauptstadt eine Synagoge ist – was natürlich nicht den Juden, sondern den Christen zum Vorwurfe gereicht –, so läßt sich schlechterdings nicht in Abrede stellen, daß die Juden in Deutschland mächtiger sind als in irgend einem Lande Westeuropas."[17] Wie schnell also eine auffallende Synagoge letztlich auch als Ausweis unerwünschter jüdischer Präsenz gedeutet werden kann, wird deutlich. Aber auch der Baustil wurde ja schon in der ersten Stellungnahme negativ gesehen, und damit zeichnet sich ein entscheidendes Kriterium für die Bewertung ab. Die orientalischen Stile standen in Architektur- und Kunsttheorie des 19. Jahrhunderts in nicht sehr hohem Ansehen. Im Zusammenhang mit jüdischen Anwendern bestand also die Gefahr, vermeintliche Argumente für die Ausgrenzung zu finden. Im gerade zitierten Aufsatz fällt es Treitschke nicht schwer, das Geschichtsbild des jüdischen Historikers Heinrich Graetz nicht nur abzulehnen, sondern ihn gleichsam auch auszuweisen mit dem entscheidenden Argument: „Nun frage ich: kann ein Mann, der also denkt und schreibt, selbst für einen Deutschen gelten? Nein, Herr Graetz ist ein Fremdling (...), ein Orientale, der unser Volk weder versteht noch verstehen will".[18]

Wenn diese Auseinandersetzung auch erst in den späten siebziger Jahren in eine breite antijüdische Polemik mündete, spitzten sich doch längst vorhandene Ängste vor einer gespaltenen Nation zu, die natürlich gerade in den sechziger Jahren, vor der Reichsgründung vorhanden gewesen waren. Heinrich Graetz' selbstbewußte Vorstellung vom Judentum, die eine tiefere Identität voraussetzte als Treitschkes Duldung des Judentums als Konfession, kann grundsätzlich als Parallele zur Verwendung orientalischer Stile im Synagogenbau gesehen werden.

Vor den Gefahren einer schließlichen Ausgrenzung durch den Baustil kann auch nicht eine gewisse Neigung Friedrich Wilhelm IV. zu orientalischen Bauten bzw. Neubauten in diesem Stil ablenken. Im Dampfmaschinenhaus in Potsdam, 1841–1842 von Persius er-

Synagoge der Reformgemeinde
in Berlin, erbaut 1854
Architekt Gustav Stier

baut, wurden arabische Formen wegen ihres Kuriositätswertes angewandt und im Zusammenhang der Parkanlagen von Sanssouci gesehen, – also in einem Bereich, dem allenfalls vergnügte Besinnlichkeit, aber nicht sakrale Bindung zuzusprechen war. Deshalb erstaunt nicht, daß bereits 1872 Alfred Woltmann in seiner Baugeschichte Berlins Bedenken äußerte. Es sei zwar in der Gegenwart üblich, Synagogen „im arabischen Stil zu halten, um das orientalische Wesen zum Ausdruck zu bringen. Man kann es für fraglich halten, ob das wirklich Berechtigung hat.“[19]

Vor allem jüdische Architekten hatten schon früh gegen orientalische Stile argumentiert. In den dreißiger Jahren hatte Albert Rosengarten für seinen Entwurf der 1839 eingeweihten Synagoge in Kassel vehement gegen orientalische Formen und für europäische, für deutsche gesprochen. Seit den sechziger Jahren versuchte dann Edwin Oppler mit seinen großen Synagogen etwa in Hannover und Breslau, die in einem Übergangsstil von Spätromanik zu Frühgotik gehalten waren, eine Art deutschen Ausdruck für Synagogen zu finden. „Der deutsche Jude muß also im deutschen Staate auch im deutschen Style bauen“, formulierte er 1864.[20] Heinrich

von Treitschkes in die Auseinandersetzung der späten siebziger Jahre fallende Forderung scheint damit vorweggenommen, wenn auch als politische Polemik gemeint: „Was wir von unseren israelitischen Mitbürgern zu fordern haben, ist einfach: sie sollen Deutsche werden, sich schlicht und recht als Deutsche fühlen“.[21]

Unmittelbar vor den ersten Planungen für die Synagoge in der Oranienburger Straße im Jahre 1854 hatte die in ungleich schwierigere Legitimationsprobleme gegenüber der Obrigkeit und der jüdischen Gemeinschaft verstrickte sog. Reformgemeinde – recht nahe in der Johannisstraße – eine Synagoge nach Plänen des Architekten Gustav Stier errichten lassen. Diese, vereinfacht gesprochen, in hohem Maße assimilatorisch denkende, ihr Judentum als Konfession begreifende Gruppierung verwendete für ihre Synagoge den mit Schinkels Vorstadtkirchen eingeführten Rundbogenstil. Dieser wurde demzufolge auch als zeitgemäß wahrgenommen. Ein Gebäude sei zu sehen, das „im Aeußeren den fortgeschrittenen Baustyl und im Innern den fortgeschrittenen Cultus ankündigt“, wie zu lesen war.[22]

Auch der bis 1855 durchgeführte Umbau der alten Synagoge in der Heidereutergasse wurde von Knoblauch in einem stark mit Elementen der Renaissance und des Klassizismus durchsetzten Stil, also ohne orientalische Anklänge, ausgeführt.[23]

Die Synagoge in der Oranienburger Straße kann nur schwer in eine engere Typologie des Synagogenbaus eingebunden werden. Einerseits stand sie wegen ihrer außergewöhnlichen Größe weithin allein, andererseits handelte es sich bei dem Bau gar nicht um einen einheitlichen Komplex. Der straßenseitige Teil mit Doppelturmfassade und Kuppel stand als einziger nach außen wirksamer Teil für die dahinter liegenden Gottesdienstraume. So wie heute dieser erhaltene Vorderteil als „die Synagoge“ verstanden wird, wurde er auch im 19. Jahrhundert wahrgenommen. Vergleicht man ältere

Die Synagoge in Dresden,
erbaut 1840
Architekt Gottfried Semper
Bauzeichnung
Abb. links unten:
Die Synagoge in Budapest,
erbaut 1859
Architekt Ludwig Förster

Vorderansicht der
Neuen Synagoge, 1866
Bauzeichnung

Abb. rechts unten:
Die Synagoge in Köln,
erbaut 1861
Architekt Ernst Zwirner

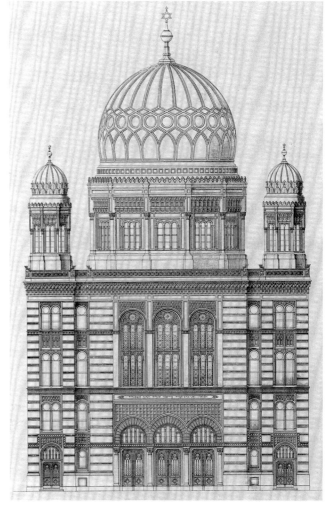

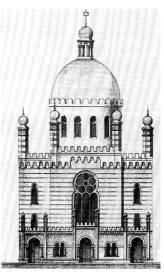

52

Synagogen mit diesem vorderen Teil, dann dürfte Gott-fried Sempers Synagoge in Dresden von 1840 mit ihren beiden vorspringenden Türmen dem Berliner Bau am nächsten kommen. Die frühen großen Synagogen in maurischem Stil wie die Bauten in Mainz (1853), Leipzig (1855), Wien, Tempelgasse (1858), Frankfurt am Main (1860), Stuttgart (1861) oder Köln (1861) zeigen durch-weg anders gestaltete Anlagen. Einzig die unmittelbar vor Baubeginn in Berlin fertiggestellte Synagoge in Budapest (Entwurf Ludwig Förster), weist in der Fassa-denausbildung gewisse Parallelen auf, ohne daß Wege einer Vermittlung deutlich wären. An der Synagoge in Köln, entworfen von dem dortigen Dombaumeister Ernst Zwirner, findet man im Maßwerk des Fassaden-fensters und an der großen Fensterrose über dem Heili-gen Schrein gotisierende Züge, wobei allerdings an die-sen Stellen der Spitzbogen vermieden wurde. Diese Motive zeigen sich auch an der „maurischen" Synagoge in Frankfurt am Main und eben auch in Berlin an den drei Rundbogenfenstern der Fassade. Architekturtheo-retisch sind diese Formen mit der zeitgenössischen Ab-leitung des gotischen Stils von arabischen Formen zu erklären. Auf diese Verbindungen verweisen auch die straßenseitigen Eingänge der Synagoge, die mit spitz-bogigen Blendbögen überfangen wurden.

Darüber hinaus liegen der Deckenkonstruktion des Inneren, neben der orientalisierenden Ausgestal-tung, hölzerne Binderformen zu Grunde, wie sie in hoch- und spätgotischen profanen Hallen Englands mit den sog. Hammerbalkendächern zu sehen sind. Die be-kanntesten Beispiele sind Westminster Hall in London (um 1400) und die Halle von Hampton Court (um 1530). Als viel beachteten Neubau hatte Julius Raschdorff 1854–1857 den Saal des Gürzenich in Köln mit dieser Konstruktion gedeckt.[24] Während aber bei diesen Bauten der Blick in die Schräge des Daches offen blieb, setzte Knoblauch zwischen die Balken Halbtonnen an die Seiten und Kuppeln in die Mitte. Ein Anklang an die Leichtigkeit gotischer Konstruktionen aber blieb.

Blick in den Hauptraum
der Neuen Synagoge
mit Deckenkonstruktion
Holzstich, um 1870

Abb. unten:
Saal des Gürzenich in Köln,
erbaut 1857
Architekt Julius Raschdorff

Nicht realisierte Entwürfe für den Bau einer neuen Synagoge in der Oranienburger Straße Bleistiftzeichnungen von Eduard Knoblauch

Die Intensität der orientalischen Formen im Außenbau scheint zudem zwischen Entwurf und Ausführung abgenommen zu haben. Im Nachlaß Eduard Knoblauchs haben sich nur wenige orientalisierende Entwürfe für die neue Synagoge erhalten. Dem Wettbewerbsplan von 1857 scheint ein Projekt nahezukommen oder ihn wiederzugeben, das ein aufwendig orientalisierendes Vorderhaus und die große Kuppel über dem hinten liegenden Hauptgebäude zeigt. Die Verbindung zwischen den Teilen sollte ein mit Glas gedeckter Gang herstellen, eine Idee, die von der Baukommission abgelehnt wurde.[25] Nach den Angaben von Gustav Knoblauch wurde dagegen die Gesamtdisposition erst nach Baubeginn im Juni 1859 verändert, als man beschloß, die in der Grundstückstiefe geplanten Verwaltungsteile an die Straße zu legen und die Kuppel auf das Vorderhaus zu setzten, „um schon von Außen den Vorübergehenden das dahinterliegende kirchliche Gebäude zu kennzeichnen."[26] Diese Verlegung der Verwaltungsräume nach vorne erklärt bei dem zweiten erhaltenen Vorentwurf, der durch die neue Lage der Kuppel geprägt ist, auch die Erhöhung des Vorderhauses auf drei Geschosse.[27]

Die Neue Synagoge, 1886
Foto Hermann Rückwardt

In der ausgeführten Fassade wurde deren Aufbau noch einmal verändert, die Orientalismen wurden zurückgenommen. Mit den breiten Eckmauern an den Türmen und an den Seiten des Mittelteils, mit dem Entschluß, die Kuppel auf einen hohen Tambour zu setzen und an diesem die Dreiergruppen aus schmalen Rundbogenfenstern in eine tiefe rechteckige Rahmenarchitektur einzubetten, band Knoblauch die Synagoge stärker an den lokalen Rundbogenstil der Zeit nach Schinkel. Gerade der Tambour der Hauptkuppel weist in der Gesamtform, nicht im ornamentalen Detail, eine ganz augenfällige Nähe zu August Stülers Unterbau seiner großen Kuppel über dem Westportal des Berliner Stadtschlosses von 1845–1852 auf.

Der maurische Stil aber blieb das auffallende Signal. Ein Stil, der sowohl im Berlin-Potsdamer Raum als auch international fast ausschließlich für Baugattungen verwendet wurde, die der Lustbarkeit und Unterhaltung dienten. Kaffeehaus, Zirkus, Palmenhaus, Zoogebäude, Villen waren die bevorzugten Bauaufgaben, die in diesem Stil gehalten waren. Das konnte nicht der Stil eines Sakralbaus bleiben.

Folglich wurden die großen Gemeindesynagogen in Berlin, die seit 1890 in der Lindenstraße (Kreuzberg), in der Lützowstraße (Tiergarten) und in der Rykestraße (Prenzlauer Berg) gebaut wurden, jetzt in Formen gehalten, die sich weitgehend der Romanik annäherten. Erst die Synagoge in der Fasanenstraße, 1912 fertiggestellt, zeigte, nur angedeutet, wieder orientalische Züge, während die Synagoge in der Pestalozzistraße, ebenfalls von 1912, in deutlich mittelalterlichen Formen gehalten war.

Der in der Oranienburger Straße versuchte Weg einer demonstrativen Zurschaustellung des Anspruchs auf eigenständige Entwicklung und Gleichberechtigung war im politischen und architekturtheoretischen Denken der Zeit der richtige, und er wurde als solcher auch anerkannt. Innerhalb einer längeren Entwicklung aber, innerhalb der Versuche einer jüdischen Integration, entsprach die Darstellung einer orientalisch-fremdländischen Herkunft nicht den Zielen jüdischer Emanzipation, obwohl sie es gerade hatte sein sollen.

Harold Hammer-Schenk

55

Anmerkungen

1 Gesuch vom 2.2.1846, Geheimes Staatsarchiv Preußischer Kulturbesitz, I. HA, Rep. 77, Ministerium des Innern, Tit. 1021, Nr. 62, Bd. 2.

2 Rundschreiben vom 26.3.1846, ebd.

3 Denkschrift der Minister des Innern und für geistliche Angelegenheiten an den König vom 11.1.1847, ebd. Das vorgeschlagene Gelände liegt heute südlich des S-Bahnhofs Hackescher Markt.

4 Ebd.; vgl. auch Rolf Bothe, Hans Hirschberg, „Die Gemeindesynagogen", in: Synagogen in Berlin. Zur Geschichte einer zerstörten Architektur, hrsg. von Rolf Bothe, Berlin 1983, Bd. 1, S. 71ff., bes. S. 75f. In dieser Denkschrift wird deutlich, daß das Kirchenkonsistorium in seiner Mehrheit keine Bedenken gegen die Synagoge hatte, man müsse vielmehr der Jüdischen Gemeinde „freundlich entgegen kommen".

5 Erlaß vom 29.1.1847, Geheimes Staatsarchiv Preußischer Kulturbesitz, wie Anm. 1.

6 Manfred Hecker, „Die Luisenstadt. Ein Beispiel der liberalistischen Stadtplanung und baulichen Entwicklung Berlins zu Beginn des 19. Jahrhunderts", in: Berlin zwischen 1789 und 1848. Facetten einer Epoche, Berlin 1981, S. 123ff., bes. S. 134ff.

7 Eingabe vom 25.3.1847, Geheimes Staatsarchiv Preußischer Kulturbesitz, wie Anm. 1. Das Baudepot lag im Gebiet der heutigen Straßen Weidendamm, Geschwister-Scholl-Straße, Georgenstraße.

8 Eingabe an das Ministerium der geistlichen Angelegenheiten vom 10.7.1852, ebd.

9 Schreiben vom 27.8.1866, Gemeines Staatsarchiv Preußischer Kulturbesitz, I. HA, Rep. 76 III, Sect. 12, Abt. XVI, Nr. 7, Bd. 1; siehe auch Allgemeine Zeitung des Judentums, 16.1.1866, S. 37; Hermann Simon, „Majestäten in Berliner Synagogen", in: Deutsch-jüdische Geschichte im 19. und 20 Jahrhundert, hrsg. von Ludger Heid und Joachim H. Knoll, Stuttgart und Bonn 1992, S. 183.

10 E. Brandt, Lehrbuch der Eisen-Constructionen, 2. Aufl., Berlin 1871, S. 478ff.; Ludwig Klasen, Handbuch der Hochbau-Construction in Eisen, Leipzig 1876, S. 254ff.

11 Königlich Priviligierte Berlinische Zeitung (Vossische Zeitung), 6.9.1866, 1. Beilage.

12 Ebd.; genaue Vergleiche in Rolf Thomas Senn, Orientalisierende Baukunst in Berlin im 19. Jahrhundert (Diss.), Berlin 1990, S. 64ff.

13 Vgl. dazu Carol Herselle Krinsky, Synagogues of Europe. Architecture, History, Meaning, Cambridge 1985, S. 265ff.; Stefan Koppelkamm, Der imaginäre Orient. Exotische Bauten des achtzehnten und neunzehnten Jahrhunderts in Europa, Berlin 1987, S. 40ff.

14 „Berlin in seiner gegenwärtigen Bautätigkeit", in: Wochenblatt des Architekten Vereins zu Berlin, 1 (1867), S. 19 und passim, bes. S. 41.

15 Ebd.

16 Brief vom 28.4.1871, in: Heinrich von Treitschke, Deutsche Kämpfe. Neue Folge. Schriften zur Tagespolitik, Leipzig 1896, S. 321f.

17 Ders., „Herr Graetz und sein Judenthum", in: ebd., S. 29ff., bes. S. 34.

18 Ebd., S. 43f.

19 Alfred Woltmann, Die Baugeschichte Berlins bis auf die Gegenwart, Berlin 1872, S. 266.

20 Vgl. dazu Harold Hammer-Schenk, Synagogen in Deutschland. Geschichte einer Baugattung im 19. und 20. Jahrhundert, Hamburg 1981, Bd. 1, S. 206.

21 Heinrich von Treitschke, „Unsere Aussichten", in: ders., a.a.O., S. 1ff., bes. S. 23 (erstmals 1879 publiziert).

22 Allgemeine Zeitung des Judentums, 16.10.1854, S. 528.

23 Synagogen in Berlin, a.a.O., Bd. 1, S. 76ff.

24 Julius Raschdorff, Das Kaufhaus Gürzenich in Cöln, Berlin 1863. Anzumerken ist, daß Knoblauch auch für einen der Vorentwürfe zur Synagoge ein englisches Deckensystem verwendete, nämlich des neu gebauten House of Commons im Parlament, siehe Synagogen in Berlin, a.a.O., Bd. 1, S. 90.

25 Gustav Knoblauch, „Die neue Synagoge in Berlin", in: Zeitschrift für Bauwesen, 16 (1866), Sp. 3ff., bes. Sp. 4; Synagogen in Berlin, a.a.O., Bd. 1, S. 90. Im Gegensatz zu der dort und bei Senn (a.a.O., S. 65) vertretenen Ansicht, bin ich der Meinung, daß dieser Entwurf die Mittelkuppel noch nicht über dem Vorderhaus, sondern über dem Hauptbau zeigt. Das würde auch die Winkelverschiebung der Mauerfluchten erklären.

26 Knoblauch, a.a.O., Sp. 4.

27 Gustav Assmann, „Carl Heinrich Eduard Knoblauch" (Nachruf), in: Zeitschrift für Bauwesen, 15 (1865), S. 427ff., bes. S. 433: „Der Kuppelraum an der Straße wurde abweichend von der Concurrenz noch nachträglich entworfen". Vgl. auch: Die Neue Synagoge in Berlin entworfen und ausgeführt von Eduard Knoblauch, vollendet von August Stüler, hrsg. von G. Knoblauch und F. Hollin, Berlin 1867 (Reprint Berlin 1992), ohne Pag.

Die Orgelwerke
der Neuen Synagoge

D ie Ergebnisse letztlicher Nachforschungen haben es zum ersten Mal ermöglicht, Klarheit über die bedeutendste aller Synagogenorgeln zu gewinnen.[1] Doch bevor wir im einzelnen auf die Orgel der Neuen Synagoge zu sprechen kommen, ist eine Vorgeschichte von Wichtigkeit.

Gewöhnlich geben die Dispositionsbücher der Orgelbauer Auskunft über die Instrumente und deren Baugeschichte. Disposition nennt man den Aufbauplan einer Orgel mit Angabe der Register (klingende Stim-

men), Anzahl der Manuale und Spielhilfen. Die Orgelbaufirma E.F. Walcker in Ludwigsburg hatte fast alle Berliner Synagogenorgeln erbaut, so auch die Orgel der Neuen Synagoge. Theodor Wohnhaas schrieb in seiner 1977 erschienenen Untersuchung über die Berliner Synagogenorgeln: „Mit der seit der 'Kristallnacht' 1938 einsetzenden Profanierung und Zerstörung jüdischer Gotteshäuser und Gemeindeeinrichtungen wurden auch größtenteils die entsprechenden Archivunterlagen, die Aufschluß über den Orgelbau hätten geben können, vernichtet. So lassen meist nur die privaten Aufzeichnun-

gen der Orgelbauer und Gutachter eine Rekonstruktion einzelner Orgelwerke in deutschen Synagogen zu."[2]

Als ich für „Synagogen in Berlin"[3] eine Aufstellung dieser Orgeln erarbeitete, stellte sich heraus, daß sich im Archiv der Firma Walcker nicht eine einzige Orgelakte befand, aus der man die Entstehungsgeschichte der Berliner Synagogenorgeln hätte nachvollziehen können. Dies ist um so erstaunlicher, wenn man bedenkt, daß die große Orgel der Neuen Synagoge, erbaut 1910, die drittgrößte Berlins war. Die einzige Informationsquelle seitens der Orgelbaufirma Walcker ist eine stark beschädigte Spieltischzeichnung im Maßstab 1:3 1/2, auf der die Registernamen erscheinen. Freundlicherweise stellte mir der jetzige Inhaber Werner Walcker-Meyer seinerzeit den Plan zwecks Erstellung der Disposition zur Verfügung. Eine getrennte Auflistung dieser bedeutenden Disposition gab es im Walcker-Archiv nicht. Es ist davon auszugehen, daß ursprünglich Unterlagen über die Orgel der Neuen Synagoge im Walcker-Archiv vorhanden waren. Jeder Orgel-Neubau erhielt bei Walcker eine eigene Werkzahl (Opuszahl). Auffallend ist, daß die Firma Walcker die Orgel der Neuen Synagoge in ihrem Werkverzeichnis nicht mit einer eigenen Opuszahl ausweist. Ich halte es für undenkbar, daß die drittgrößte Orgel Berlins mit einem so großen Werk keine Werkzahl erhalten haben soll. So ist zu vermuten, daß die Orgelakten der Neuen Synagoge, wie der anderen vier großen Berliner Synagogenorgeln auch, die die Firma Walcker gebaut hatte, unter nationalsozialistischer Herrschaft aus dem Archiv entfernt worden sind. Ich kann mich des Eindrucks nicht erwehren, daß Otto Walcker – der damalige Firmenchef – dies selbst, ohne behördlich dazu aufgefordert zu sein, getan hat. In diesem Zusammenhang ist zu erwähnen, daß die Akten über den letzten großen Orgelbau in der Synagoge Prinzregentenstraße, erbaut von der Firma G. F. Steinmeyer, noch heute im Archiv der Firma vorhanden sind, und zwar mit derart vielen Einzelheiten, daß man dieses außergewöhnliche Instrument ohne weiteres nachbauen könnte. Gleichfalls be-

findet sich im Steinmeyer-Archiv die Orgelakte der Jüdischen Reformgemeinde von 1913.

Sorgfältige Nachforschungen in den letzten Jahren haben dazu geführt, daß es nun möglich ist, Klarheit über die Orgelgeschichte der Neuen Synagoge zu schaffen und das Ergebnis zum ersten Mal zu veröffentlichen. Die erste Orgel in der Neuen Synagoge wurde von Carl August Buchholz gebaut und im August 1866 vollendet. Sie besaß folgende Disposition:

Hauptmanual

1. Principal 16'	4. Gemshorn 8'
2. Quintatön 16'	5. Rohrflöte 8'
3. Principal 8'	6. Trompete 8'
7. Octave 4'	10. Quinta 2 2/3
8. Spitzflöte 4'	11. Cornett 4-fach
9. Superoctave 2'	12. Scharf 5-fach
	13. Cymbel 3-fach

Obermanual

1. Bourdon 16'	4. Flauto traverso 8'
2. Principal 8'	5. Gedackt 8'
3. Salicional 8'	6. Hautbois 8'
7. Octava 4'	10. Superoctave 2'
8. Rohrflöte 4'	11. Mixtur 5-fach
9. Nassard 2 2/3	

Untermanual

1. Gedackt 16'	4. Aeoline 8'
2. Vox angelica 16'	5. Hohlflöte 8'
3. Doppelflöte 8'	6. Praestant 8'

6666

7. Viola di Gamba 8'
8. Flauto traverso 4'
9. Fugara 4'

Pedal

1. Untersatz 32'	4. Posaune 16'
2. Subbaß 16'	5. Nassard 10 2/3
3. Violone 16'	6. Trompete 8'
7. Baßflöte 8'	10. Violone 8'
8. Principalbaß 8'	11. Clairon 4'
9. Octava 4'	

Nebenzüge

1. Sperrventil-Pedal	3. Sperrventil-Untermanual
2. Sperrventil-Obermanual	4. Sperrventil-Hauptmanual
5. Pedal-Coppel	7. Untermanual-Coppel
6. Obermanual-Coppel	

45 Register auf 3 Manualen und Pedal

In einer zeitgenössischen Schilderung der Orgel aus dem Jahre 1866, aus der auch die obige Disposition stammt, heißt es[4]: „Die hiesige neue Synagoge, ein wahrer Prachtbau, ganz nach dem Styl des salomonischen Tempels zu Jerusalem, wenn auch nicht von Cedern-, sondern von Eichenholz und Eisen gebaut, und im Innern unsern Kirchen ähnlich eingerichtet, ist auch versehen worden mit einem großen Orgelwerk, das derselben alle Ehre macht und eins mit der größten Berlins ist. (...)

Man hat ihr [der Orgel] einen großen freundlichen Platz da angewiesen, wo man sie nicht vermuthet, wo sie aber ausgezeichnet wirkt. Man hört Orgelklänge, weiß aber nicht, von wo sie kommen, da man kein Werk sieht. Man sucht den schönen, glänzenden Prospect, das Antlitz der Orgel, man findet ihn nicht, da das Werk keinen besitzt. – Rechts seitwärts vom Hochaltare auf einem Rundchore steht das schöne Instrument und ist sein Inneres umschlossen von einer kostbaren, durchbrochenen, aus Eichenholz gearbeiteten und broncirten Rosetten- resp. Blattverzierung. Des Ebenmaßes wegen ist links seitwärts vom Hochaltare ein gleiches Rundchor mit derselben Verzierung. Beide Chöre vereinigen sich in der Mitte nach der Tiefe zu, so daß Sänger, resp. Sängerinnen rund um den Hochaltar versammelt werden können und auf einer Seite nur durch die durchbrochene Wand von den Orgelpfeifen getrennt sind, die man sehr gut durch letztere sehen kann. Die Orgel hat sieben Bälge, die links vom Spieler in einem hellen Raume übereinanderliegen. Der Umfang der Manuale ist von C bis f3 und der des Pedals von C bis d1. Letzteres, voll, rund und markig intonirt, erbaute mich; reizend wirken die Stimmen des Untermanuals und unter ihnen besonders: Aeoline, Gamba und Flauto Traverso. Vox Angelica klingt sehr schön, ist aber zu kräftig und entspricht ihrem Namen nicht. Der Dulcian des Obermanuals in der hiesigen Nicolaiorgel ist zarter und würde daher ersteren Namen eher tragen. Herr Orgelbauer Buchholz hat wieder ein Werk hingestellt, das ihn krönt und lange Zeit seinen Ruhm verkünden wird."

Weiter heißt es: „Die Schönheit der Orgel wird aber übertroffen von der Erhabenheit des Tempels, der seinesgleichen sobald nicht findet. Tritt man hinein in die Synagoge, die von oben bei Tage durch das Tageslicht, bei Abend durch Gaslicht, das durch Glaskuppeln fällt, magisch erleuchtet wird, so erstaunt man über die Erhabenheit des Gebäudes, über die Schönheit der Verhältnisse, Kühnheit der Gewölbe, Consequenz der Facaden, Gediegenheit des Materials etc. Versäume es nie-

Im Pfeifenraum, 1934

Abb. unten:
Rückseite des Spieltisches, 1934

erfahren wird."[5] Meines Erachtens wurde der Neubau höchstwahrscheinlich notwendig, weil das Regierwerk im Laufe von 50 Jahren erneuerungsbedürftig geworden war. Auch wäre eine völlige Überholung eines so großen Werkes äußerst kostspielig gewesen. Hinzu kam auch, daß in den letzten Jahrzehnten vor der Jahrhundertwende erhebliche Fortschritte im Orgelbau erzielt worden waren.

1910 war der Bau des neuen großen Orgelwerks vollendet. Wer die Disposition entworfen hatte, ist heute nicht mehr zu ermitteln. Immerhin läßt sie klar erkennen, daß die von Albert Schweitzer um die Jahrhundertwende in die Wege geleitete „Elsässische Orgelreform"

mand, der nach Berlin kommt, sich diesen Tempel in der Oranienburgerstraße anzusehen, er wird für seinen Gang herrlich belohnt werden. Herr Organist Haupt spielt alle Sonntage Nachmittag von 3–4 Uhr das Werk und stimmt es so lange, bis Orgel und Kirche eingeweiht und dem Gottesdienst übergeben sind."

Am 24.10.1909 erklärte die Repräsentantenversammlung der Jüdischen Gemeinde „ihr Einverständnis zur Anschaffung einer neuen Orgel für die Neue Synagoge", wie „Der Gemeindebote", die Beilage der „Allgemeinen Zeitung des Judentums" fünf Tage darauf mitteilte. In dem Bericht über die Sitzung der Repräsentantenversammlung heißt es zur Orgel weiter: „Der Bau ist der Firma Walcker & Co. in Ludwigsburg zum Preise von 39 663 Mark übertragen worden, welche für den Preis von 2300 Mark die alte Orgel mit Ventilator übernimmt. Die Errichtung der Neuen Orgel soll noch vor dem nächstjährigen Passahfest vollendet sein. Nach Abbruch der alten Orgel wird die Firma leihweise eine Orgel aufstellen, so daß der Gottesdienst keine Unterbrechung

Disposition der 1910
vollendeten zweiten Orgel
Seite aus einem Katalog der
Firma Walcker

Disposition
der **Orgel Opus 1526** in der **Synagoge** Oranienburgerstrasse, **Berlin.**

I. Manual (C—a''' 58 N.)	II. Manual (C—a''' 58 N.)	III. Manual (C—a''' 58 N.)	IV. Manual (C—a''' 58 N.) (Fernwerk)
1. Prinzipal 16'	22. Lieblich Gedeckt 16'	37. Bourdon 16'	56. Quintatön 16'
2. Bourdon 16'	23. Geigenprinzipal 8'	38. Viola di Gamba 8'	57. Prinzipal 8'
3. Prinzipal 8'	24. Fugara 8'	39. Hornprinzipal 8'	58. Echo Gamba 8'
4. Synthematophon 8'	25. Salicional 8'	40. Violoncello 8'	59. Hohlflöte 8'
5. Viola di Gamba 8'	26. Konzertflöte 8'	41. Quintatön 8'	60. Bourdon doux 8'
6. Doppelflöte 8'	27. Lieblich Gedeckt 8'	42. Flûte harm. 8'	61. Voix céleste 8'
7. Gemshorn 8'	28. Aeoline 8'	43. Rohrflöte 8'	62. Nachthorn 8'
8. Bourdon 8'	29. Voix céleste 8'	44. Dulciana 8'	63. Spitzflöte 4'
9. Flauto dolce 8'	30. Prinzipal 4'	45. Geigenprinzipal 4'	64. Prinzipal 4'
10. Quinte 5¹/₃'	31. Flauto dolce 4'	46. Viola d'amour 4'	65. Oktave 2'
11. Oktav 4'	32. Fugara 4'	47. Flûte octav. 4'	66. Mixtur 2²/₃' 5 fach
12. Gemshorn 4'	33. Flautino 2'	48. Pikkolo 2'	67. Quinte 2²/₃'
13. Rohrflöte 4'	34. Mixtur 2²/₃' 4 fach	49. Scharf 2' 5 fach	68. Trompete 8'
14. Quinte 2²/₃'	35. Trompete 8'	50. Sesquialtera 2²/₃ und 1³/₅	69. Vox humana 8'
15. Oktav 2'	36. Klarinette 8'	51. Gross-Kornett 8' 3—8fach	70. Glockenspiel
16. Mixtur 2²/₃' 4—6 fach		52. Bombarde 16'	Tremolo
17. Kornett 8' 3—5 fach		53. Trompette harm. 8'	
18. Cymbel 1¹/₃' 4 fach		54. Orchester-Oboe 8'	
19. Trompete 16'		55. Clairon harm. 4'	
20. Trompete 8'			
21. Clairon 4'			

Pedal (C—f' 30 N.)	— Koppeln und Nebenzüge: —		
71. Prinzipal 32'	1. Koppel III z. I. Man.	31. Piano	
72. Prinzipalbass 16'	2. Koppel III z. II. Man.	32. Mezzoforte	
73. Subbass 16'	3. Koppel IV z. I. Man.	33. Forte	fürs III. Manual
74. Kontrabass 16'	4. Koppel I z. Pedal	34. Fortissimo	
75. Harmonikabass 16'	5. Koppel II z. Pedal	35. Auslöser	
76. Quintbass 10²/₃	6. Koppel III z. Pedal	36. Piano	
77. Oktavbass 8'	7. Koppel IV z. Pedal	37. Mezzoforte	
78. Flötenbass 8'	8/11. Vier freie Kombinationen	38. Forte	fürs IV. Manual
79. Terzbass 6³/₅	12. Superoktav III z. I. Man.	39. Fortissimo	
80. Oktavbass 4'	13. Superoktav IV. Man.	40. Auslöser	
81. Kornettbass 8' 3 fach	14. Superoktav Pedal	41. Piano	
82. Posaune 32'	15. Suboktavkoppel II z. I. Man.	42. Mezzoforte	
83. Posaune 16'	16. Suboktavkoppel IV. Man.	43. Forte	fürs Pedal
84. Trompete 8'	17. Generalkoppel	44. Fortissimo	
85. Clairon 4'	18. Auslöser der Kombinationen	45. Auslöser	
Schwellpedal	19. Handregister „an"	46. PPP.	
86. Gedecktbass 16'	20. Walze „an"	47. PP.	
87. Gambass 16'	21. Piano	48. P.	
88. Flötenbass 8'	22. Mezzoforte	49. MF.	fürs ganze Werk
89. Sanftbass 8'	23. Forte	fürs I. Manual	50. F.
90. Cello 8'	24. Fortissimo	51. FF.	
91. Basson 16'	25. Auslöser	52. Tutti	
	26. Piano	53. Auslöser	
Schwellkasten II. Man.	27. Mezzoforte	54. Zungen „ex"	
Schwellkasten III. Man.	28. Forte	fürs II. Manual	55. Generalcrescendo und
Schwellkasten IV. Man.	29. Fortissimo	Decrescendo	
	30. Auslöser	56. Ein automatisches Pianopedal	

mit ihren typischen Merkmalen hier bereits zur Anwendung gelangte. Inzwischen ist eine Seite aus einem früheren Walcker-Katalog aufgefunden worden, der sich nicht im heutigen Walcker-Archiv befindet. Darauf ist die Disposition mit Opuszahl aufgeführt.

Die „Vossische Zeitung" vom 1.6.1910 schrieb über die neue Orgel: „Am 11. April wurde von der neuen Synagoge ein Orgelwerk übernommen, das als eine hervorragende Akquisition für das Musikleben in unserer Reichshauptstadt gewertet werden muß. Das Orgelwerk entstammt der berühmten Orgelbauanstalt von E.F. Walcker & Cie. in Ludwigsburg (Württemberg) und ist seinem Umfang wie seiner reichen Tonfülle nach den bedeutendsten Orgelwerken unserer Zeit zuzuzählen. Von derselben Firma ist bekanntlich auch die wegen ihrer Klangschönheit und ihres Tonglanzes berühmte Orgel im Blüthner-Saal mit ihren 61 klingenden Registern. Die neue Walckersche Orgel in der Synagoge zählt nun aber 91 klingende Register, hat 4 Manuale, deren oberstes für das Fernwerk bestimmt ist, und bietet in ihren 469 Nebenzügen, ihren Koppeln und Kombinationen dem Organisten eine unbegrenzte Mannigfaltigkeit der Tonfarbenmischungen. Selbstverständlich ist das Werk mit allen Errungenschaften der neuesten Technik ausgestattet. In der neuen Walckerschen Orgel sind nicht nur einzelne Register, sondern das ganze 2. und 3. Manual samt den stärksten Trompetenregistern und Mixturen in Schwellkästen untergebracht, und es kann durch Öffnen und Schließen der jalousieartigen Schwellkastenwände der ganze reiche Tonkörper der Orgel zu bisher nie gehörten, gewaltigen dynamischen Wirkungen gesteigert werden. Bis zu welchem Grade eine solch anwachsende und wieder zurückflauende Tonflut im Geiste unserer neuen Orgelkompositionen verwendet werden kann, mag der fachkundige Organist am besten ermessen, überhaupt aber steigert sich damit die Genussfähigkeit und das Verständnis der Volksmassen für Orgelmusik in ungeahnter Weise. Vom 4. Manual der Orgel aus wird das sogenannte Fernwerk gespielt. Dieses bildet eine Orgel für sich und ist am entgegengesetzen Ende der Synagoge etwa 110 m[6] vom Spieltisch der Hauptorgel aufgestellt. Bei dieser weiten Entfernung kommt natürlich nur eine elektrische Verbindung mit dem Hauptwerk in Betracht. Sie gewährleistet ja auch die weitgehendste Präzision der Tonansprache. Als vorzügliche Solostimmen seien hier nur erwähnt die vox humana, durch die der Klang der menschlichen Stimme aufs täuschendste nachgeahmt werden kann, ferner die vox angelica, deren verklärte Klänge wie aus weiter Ferne an unser Ohr gelangen, ebenso ermöglicht das Glockenspiel eigenartig schöne Effekte."

Auch die „Zeitschrift für Instrumentenbau" würdigte die neue Orgel[7]: „Zu vorstehender Disposition sei noch kurz erwähnt, daß die Hauptorgel nach pneumatischer Traktur mit absolut präziser Ansprache konstruiert ist, während das IV. Manual als Fernwerk in einer Entfernung von etwa 110m[8] von der Hauptorgel mit elektrischer Traktur ausgestattet ist. Die Wirkung ist trotz der Schwierigkeiten, welche die Unterbringung in dem etwas ungünstigen Raume zu überwinden hatte, eine mächtige und von imponierender Kraft und Wucht, die zahlreichen Solostimmen fanden besondere Anerkennung. Vor allem wurde der Klangreiz und die zauberhafte Wirkung des Fernwerkes und nicht zuletzt die Vox humana gerühmt."

War die erste Orgel der Neuen Synagoge seinerzeit die drittgrößte Berlins, so war das neuerstandene zweite Werk wiederum – nach dem neuen Berliner Dom (4 Manuale, 113 Register) und der Kaiser-Wilhelm-Gedächtniskirche (4 Manuale, 103 Register) – das drittgrößte der Reichshauptstadt nach der Jahrhundertwende und die größte Synagogenorgel der Welt.[9]

Hans Hirschberg

Anmerkungen

1 Ganz besonders muß hier Stefan Behrens, Mitarbeiter des Projekts „500 Jahre Orgeln in Berliner evangelischen Kirchen" (hrsg. von Berthold Schwarz, Berlin 1991), für seine tatkräftige Mithilfe gedankt werden.

2 Theodor Wohnhaas, „Zur Geschichte der Orgeln in Berliner Synagogen", in: Jahrbuch für die Geschichte Mittel- und Ostdeutschlands, Bd. 26, Berlin 1977, S. 195.

3 Synagogen in Berlin. Zur Geschichte einer zerstörten Architektur, hrsg. von Rolf Bothe, Bd. 1, Berlin 1983.

4 „Die Orgel der neuen Synagoge", in: Urania. Musik-Zeitschrift für Alle, welche das Wohl der Kirche besonders zu fördern haben, Erfurt und Leipzig 1866, S. 162–165.

5 Für den Hinweis auf den Bericht im „Gemeindeboten" bin ich Frau Maren Krüger, Berlin, zu Dank verpflichtet.

6 Hier irrt der Schreiber. Die Entfernung vom Spieltisch zum Fernwerk betrug höchstens 60 m.

7 Zeitschrift für Instrumentenbau, Leipzig, 21.5.1910, S. 897.

8 Siehe Anm. 6.

9 Zu den Organisten der Neuen Synagoge Ludwig Altmann, Paul Lichtenstern und Arthur Zepke siehe die Kurzbiographien von Birgit Jerke in diesem Band.

Denkmalpflegerische Gesichtspunkte beim Wiederaufbau

Straßenansicht der Ruine
vor dem Wiederaufbau, 1988

I m Jahre 1988 ist in Berlin mit der Wiederherstellung der Neuen Synagoge an der Oranienburger Straße begonnen worden. Präziser muß gesagt werden, daß zu dieser Zeit bereits seit drei Jahrzehnten nur noch die Hälfte des Bauwerks erhalten war. Die Ruine des großen Saals für den Gottesdienst, also der Rest der eigentlichen Synagoge, war schon Ende der fünfziger Jahre gesprengt und abgerissen worden. Seitdem stand nur noch der direkt an die Straße grenzende Teil des Gebäudes, in dem Treppenhäuser, Büros, Vestibüle, Ränge, ein Versammlungssaal und weitere Nebenräume gelegen waren.

Jedoch auch dieser Rest der einstmaligen Synagoge war eine ungesicherte Ruine ohne Dächer, deren weiterer Bestand stark gefährdet war. Es ist keine Frage, daß in einer solchen Situation jede Verzögerung sichernder Baumaßnahmen sowohl den Umfang der notwendigen Reparaturen als auch den Verlust unwiederbringlicher historischer Bausubstanz erhöht. Warum konnte erst so spät mit den Arbeiten an diesem Bauwerk begonnen werden? Um diese Frage zu beantworten, wäre es notwendig, die unterschiedlichen Ursachen einer jahrelangen Diskussion zu benennen und zu erörtern, was den hier gesetzten Rahmen überschreiten würde. Neben politischen und ökonomischen Faktoren war aber besonders ein Phänomen wirksam, das hier aufgrund seiner großen Bedeutung für das Wiederherstellungskonzept dargestellt werden muß. Es geht um das seinerzeitige Verständnis der Synagogenruine als Mahnmal. Das beschädigte Bauwerk, genauer gesagt dessen vielfach verletzte Straßenfassade mit den glaslosen Fensteröffnungen wurde als Abbild für die Schrecken des Krieges und die Verbrechen an den Juden gesehen. Diesem Verständnis entsprach auch der Vorstand der Ostberliner Jüdischen Gemeinde mit dem Beschluß, „dieses Gotteshaus als

Erinnerung und Mahnung für alle Zeiten zu erhalten.“[1] Eine Gedenktafel an der Fassade dokumentiert heute noch diese Phase der Rezeption des Bauwerks.

Mit diesem Beschluß war zwar einerseits die Gefahr eingedämmt, daß auch der verbliebene Teil des Gebäudes noch abgerissen werden könnte, andererseits aber konnten Wiederherstellungsideen nur eingeschränkt entwickelt werden. Die Frage, wie die Ruine zu

erhalten bzw. zu sichern sei, war jedoch nur mit Wiederherstellungskonzepten zu beantworten, und das blieb lange ein Disput unter Fachleuten.

Die Vorstellung, daß es möglich sein würde, das Gebäude als Ruine zu überliefern, ist gewiß durch die Erlebnisse eindrucksvoller Reste von Schlössern, Burgen, Kirchen oder Klosteranlagen angeregt worden, die überwiegend dem Mittelalter entstammen. Sie haben

Die Neue Synagoge und
die Gemeindeverwaltung in der
Oranienburger Straße 28–30,
um 1930

sich zumeist in landschaftlicher Umgebung als Ruinen erhalten und werden häufig seit dem vergangenen Jahrhundert im Ergebnis einer romantischen Rezeption auch in diesem Zustand konserviert. Dabei handelt es sich jedoch in aller Regel um massive Mauerwerkskonstruktionen. Ganz anders stellt sich die Situation bei den Großbauten der Generation dar, zu deren frühen Vertretern auch die Neue Synagoge in Berlin gehört. Das Gebäude verdankt seine Gestalt dem Einsatz der modernsten ingenieurtechnischen Konstruktionen, die das für Preußen gerade angebrochene industrielle Zeitalter hervorgebracht hatte. Theodor Fontane hatte den Bau 1865 in der „Kreuz-Zeitung" besprochen und gerade diesen Aspekt hervorgehoben: „Bei der Ausführung sind die besonderen technischen Mittel, die unsere Zeit der Erfindungen in so reichem Maße geboten hat, in zum Teil überraschender Weise benutzt worden; dabei ohne alle Ostentation. Die Benutzung des Eisens als des charakteristischen Baumaterials unserer Epoche hat zu höchst originellen Deckenkonstruktionen geführt, die vor Einführung des Eisens in die Baukunst unmöglich gewesen wären."[2] Schlanke gußeiserne Stützen tragen die mit Hilfe vielfältiger eiserner Konstruktionen weitgespannten und ausgemagerten Gewölbe. Die Fassaden sind mit hart gebrannten, häufig hohlen und somit vergleichsweise dünnwandigen Ziegeln von komplizierter Form verkleidet.

Ein in dieser Weise gebautes Haus unterliegt, wenn es ohne schützendes Dach der Witterung ausgeliefert ist, einem rasanten Verfallsprozeß. Um es zu erhalten, müßten wenigstens Dächer gebaut werden, die Ziegelfassaden müßten soweit repariert werden, daß die Wände gegen eindringende Nässe geschützt würden, und alle Fensteröffnungen müßten so verschlossen werden, daß das Eindringen von Wasser auch hier verhindert würde. Somit wären bauliche Eingriffe durchzuführen gewesen, die im einzelnen gestalterischer Entscheidungen bedurft hätten und in deren Ergebnis der Ruinencharakter, mit dem die Mahnmalfunktion doch ver-

bunden wurde, sehr stark reduziert, wenn nicht gar aufgehoben worden wäre. Die Chance, die Reste der Neuen Synagoge als Ruine zu konservieren, hat es also faktisch nie gegeben!

Tatsächlich stand man vor der Alternative, den ungehinderten Verfall der Ruine – des Mahnmals! – zu akzeptieren oder die Ruine wieder zu einem Baukörper zu ergänzen, dessen Fortbestand nicht stetig durch die Witterung bedroht gewesen wäre.

1988 wurde diese Frage zugunsten des Erhalts entschieden. Die Ruine sollte wieder zu einem benutzbaren Baukörper ergänzt werden. In diesem Zusammenhang mußte geklärt werden, wie die erhaltenen Bauteile zu behandeln sein würden und in welcher Form verlorene Teile, deren Ersatz aus konstruktiven, funktionellen oder gestalterischen Gründen notwendig würde, zu ergänzen wären. Für die Reparatur und damit den Erhalt des historischen Bauwerks mußte eine Konzeption entwickelt werden, die es ermöglichte zu bauen, ohne es dabei als Dokument seiner Geschichte zu zerstören.

Voraussetzung hierfür war es, die Geschichte des Hauses und seiner Bauherren genauestens kennenzulernen. Erst vor diesem Hintergrund war die Vielfalt der Informationen, die durch die am Ort erhaltene Substanz dokumentiert ist, zu erkennen. In Abhängigkeit vom Dokumentationswert der Substanz mußte mit diesem Wissen für alle notwendigen Eingriffe und Zutaten die Form gefunden werden.

Zunächst galt es also zu begreifen, was die Ruine an dieser Stelle von Berlin aus der Geschichte zu berichten hatte. Um die Mitte des vergangenen Jahrhunderts war die Jüdische Gemeinde so groß geworden, daß die alte Synagoge in der Heidereutergasse nicht mehr ausreichte. Auch durch die Erweiterung des damals hundertvierzigjährigen Hauses, die Eduard Knoblauch im Zuge eines Umbaus vorgenommen hatte, war dem Mangel nicht abgeholfen worden.

In dieser Situation entschloß man sich, eine neue Synagoge zu bauen. Dabei sollte aber auf gar keinen

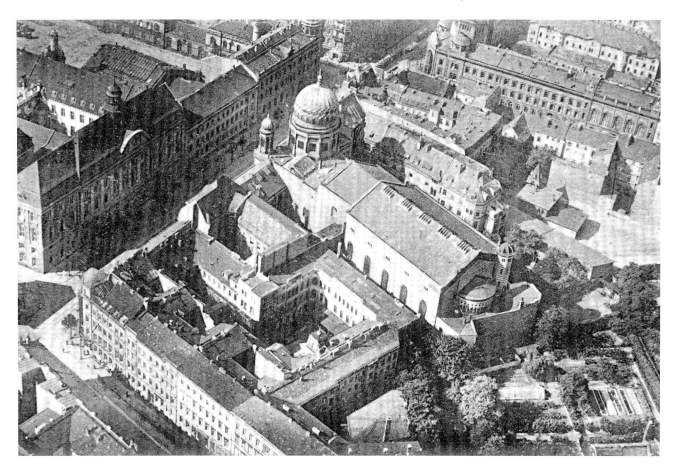

Fall nur der Platzbedarf befriedigt werden. Nein, vielmehr sollte ein hervorragendes, schmuckvolles Bauwerk entstehen, das im Vergleich mit den bedeutenden Werken der Baukunst dieser Stadt bestehen konnte. Dem Selbstwertgefühl einer großen und wohlhabenden Gemeinde sollte nun auch mit dem Neubau des Gotteshauses Ausdruck verliehen werden. Man wollte sich selbstverständlich mit dem neuen Haus unübersehbar und schön im Stadtbild etablieren.

Nur, wo hätte ein solches Haus errichtet werden können? Um die gewünschte Wirkung zu entfalten, hätte der Bau frei stehen müssen. Für eine wirkungsvolle, repräsentative Architektur braucht man den hervorragenden Standort, die exponierte Lage in der Stadt. Und diese konnte nicht gefunden werden, jedenfalls nicht dort, wo die Mehrheit der Gemeindemitglieder wohnte. Das war traditionell die Spandauer Vorstadt.

Die Tatsache, daß man schließlich für dieses ambitionierte Vorhaben nur das denkbar ungeeignete, aber eben verfügbare Gelände an der Oranienburger Straße als Baugrund verwenden konnte, gibt aufschlußreich Auskunft über die politische Situation der Juden im Preußen dieser Zeit. Daß die Neubauten christlicher Kirchen sich auf vergleichbare Art in gegebene Strukturen zu fügen hatten, gehört einer wesentlich jüngeren Phase der Stadtentwicklungsgeschichte Berlins an.

Um hier die notwendigen Räume zu errichten, mußte die Fläche nahezu vollständig überbaut werden. Das lange schmale Grundstück reicht tief ins Quartierinnere. Die zugehörige Straßenfront ist verhältnismäßig kurz und liegt inmitten bebauter Parzellen am Nordrand der Straße. Das Gelände liegt nicht als Blickpunkt am Ende einer Straße, es ist nicht einmal ein Eckgrundstück, hier standen kaum 30 Meter Bauflucht zur Verfügung –

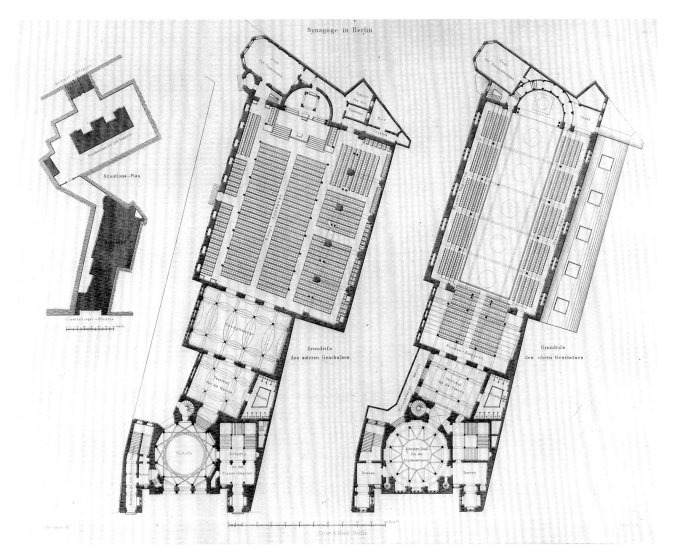

ein Abschnitt unter vielen, ein Element in einer Reihe. Wie sollte hier die neue Synagoge so gebaut werden, daß sie nicht ohne weiteres zu übersehen sein würde in Berlin? Die Lösung dieses Problems ist schließlich mit der Kuppel gefunden worden. Und damit diese Kuppel nicht nur für die Stadtsilhouette wirksam wird, sondern auch den Straßenraum bestimmen kann, hat die Gemeinde von ihrem Architekten verlangt, die ursprünglich gedachte Anordnung über dem Toraschrein, also tief im Quartierinnenbereich, aufzugeben und die Kuppel direkt über der Straßenfassade zu planen. Die zunächst beabsichtigte Plazierung über dem Schrein folgte den Entwurfskonventionen und war der Entwicklungsgeschichte dieser Bauform verpflichtet. Die hervorragende innenräumliche Situation, der besondere Ort des liturgischen Geschehens ließ sich durch das Überkuppeln betonen. Er war somit auch durch die Art des oberen Raumschlusses und die Raumhöhe ausgezeichnet. Zusätzlich konnte über die Fenster des Kuppelunterbaus Oberlicht gewonnen und der besondere Abschnitt des Innenraumes auch durch die exklusive Lichtführung betont werden. Schließlich gab die Kuppel als Bauform dem Architekten immer das Mittel an die Hand, den hervorzuhebenden Teil des inneren Raumablaufs auch im äußeren Erscheinungsbild des Gebäudes zu markieren.

Die Plazierung der Kuppel im Sakralbau ist also von alters her inhaltlich durch die Liturgie und somit funktionell bestimmt. In diesem Sinne hatte der Architekt selbstverständlich gearbeitet, und genau diese

Abb. linke Seite:
Grundriß des Erdgeschosses
und des ersten Obergeschosses
sowie Situationsplan, 1867

Längsschnitt, 1867

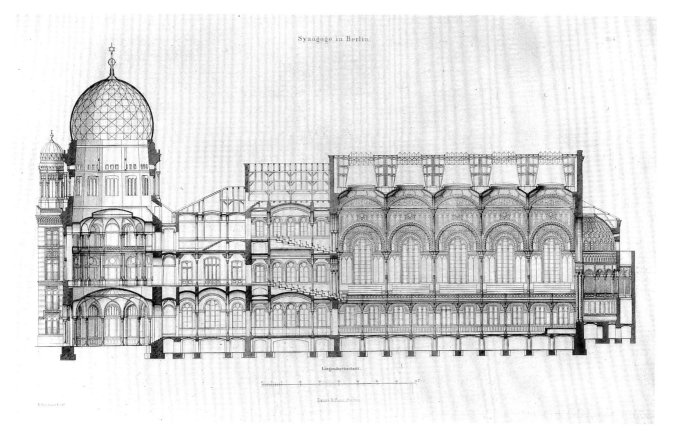

Konvention durchbrach die Gemeinde, um der gewünschten Präsenz im Stadtbild willen. Die Ursache hierfür war der unglückliche Bauplatz.

Über der Fassade ist die Kuppel, aus ihren inhaltlichen Zusammenhängen gelöst, ausschließlich Form und Zeichen – das Mittel, aufmerksam zu machen, den Straßenraum zu dominieren. Zu diesem Zwecke wurde die Kuppel über einem hohen Tambour errichtet. Auch dieser Kuppelunterbau mit seinen Fenstern war hier an der Straße ausschließlich Form, ungenutzter Raum, eben repräsentatives Zeichen.

Für dieses großartige, weithin sichtbare und einprägsame Kuppelbauwerk mußte ein angemessener Unterbau, ein Sockel geschaffen werden. Somit ist vor allem unter diesem Gesichtspunkt die Formfindung für die Straßenfassade zu bewerten. Um den Mittelteil deutlich als einen Block, den tragenden Sockel zu markieren, sind die Fassadenbereiche, mit denen er an die beiden Seitenflügel grenzt, schlitzartig vertieft. Diese Einschnitte bewirken die Erscheinung des Mittelteils als geschlossene Einzelform im Kontext der Gesamtkomposition. Der Mittelteil ist soweit hinter die Bauflucht der Straße zurückverlegt, daß zumindest die Andeutung eines Vorhofes gewonnen wird. Hierdurch wurde eine weitere Möglichkeit entwickelt, den Bau hervorzuheben, ihn auszuzeichnen gegenüber den anderen Häusern an der Straße.

Den beiden kleinen Seitenflügeln, die den Vorplatz rahmen, wachsen bei der beachtlichen Bauhöhe Proportionen zu, die sie als flankierende Türme erschei-

67

Die Neue Synagoge mit
den älteren, niedrigen Nachbarhäusern, um 1900

Abb. unten:
Nach 1910 mit deutlich
höheren Nachbarhäusern

auch danach noch Zeugnis für seine gesamte Geschichte geben würde. Auch künftig sollten einstmalige Pracht und Zerstörung im Vergleich erlebbar bleiben. Um die Mahnmalfunktion der Ruine zu erhalten, durften die Spuren der Beschädigung nicht aus dem Erscheinungsbild getilgt werden. So sollten, um die Verluste indirekt zu markieren, möglichst alle am Bau vorhandenen Originalteile erhalten und verlorene Elemente nicht in der historischen Form, sondern als neu erkennbar ersetzt werden. Die Entscheidung zum Wiederaufbau der Kuppel bildete im Rahmen dieses Wiederherstellungskonzeptes die Ausnahme.

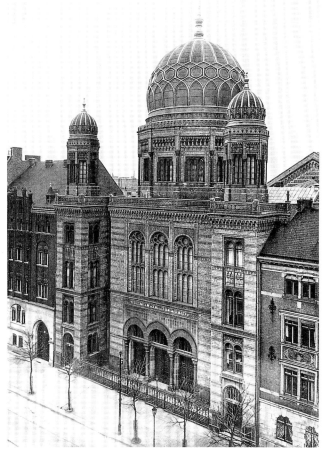

nen lassen. Diese Wirkung wird durch ihre oberen Abschlüsse noch verstärkt, da die beiden „Ecktürme" über schlanken hohen Laternen mit kleinen Kuppeln bekrönt sind. Sie rahmen die Mittelkuppel und steigern ihre Größenwirkung, weil sie im Vergleich zueinander erlebt werden und dadurch zu maßstabbildenden Teilen der architektonischen Gestalt werden.

Der Entwurf der Straßenfassade von der Massenkomposition bis hin zu den Details ist also eindeutig eine Folge der Entscheidung, die große Kuppel hierher zu legen.

Indem die Beweggründe für diese Entscheidung und deren Konsequenzen für die Form der Architektur erkannt waren, mußte die Diskussion um den Ersatz für die verlorene Kuppel als ein zentrales Problem des Wiederherstellungskonzeptes akzeptiert werden.

Grundsätzlich sollte die Reparatur der Ruine so durchgeführt werden, daß die Gestalt des Bauwerks

Nach 1945 mit beschädigter
Haupt- und abgetragener
Seitenkuppel
Foto Abraham Pisarek

Abb. unten:
1988 mit abgetragener
Hauptkuppel

wende Neubauten entstanden, die wesentlich höher waren als ihre Vorgänger und der Straßenfassade der Synagoge schon deutlich einen Teil ihrer ursprünglichen Dominanz genommen hatten. Kuppellos zwischen diese Häuser gereiht, hätte das beschädigte Haus nichts von dem Repräsentationsbedürfnis und dem Selbstdarstellungswillen seiner Erbauer, der Grundstücksmisere und der originellen Lösung des Architekten erzählt. An den Resten der größten Synagoge Deutschlands, die einst mehr als 3.000 Menschen Sitzplätze geboten hatte, konnte man leicht vorbeigehen, ohne auf sie aufmerksam zu werden.

Wann die Hauptkuppel abgetragen wurde, konnte bislang nicht genau festgestellt werden. Sicher ist, daß das nach dem Krieg geschah. Die kleine östliche Seitenkuppel hingegen hatte man bereits nach dem Bombenangriff im Jahre 1943 abgetragen. Ein undatiertes Foto von Abraham Pisarek, das erst nach dem Ende des Krieges entstanden sein kann, zeigt den Bau bereits ohne die kleine, aber noch mit der großen Kuppel. Sie ist stark beschädigt, die Zinkblechbekleidung ist aufgerissen, die Bretter der freiliegenden Holzschalung sind teilweise zerbrochen und aus den Befestigungen gelöst.

Beim Abriß sind die Eisenrippen der Kuppelkonstruktion systematisch von den in den sandsteinernen Gesimsring eingearbeiteten Fußpunkten abgeschweißt worden. Reste der Eisenkonstruktion und der Zinkblechbekleidung fanden sich in den oberen Geschossen der Ruine wieder.

Ohne die große Kuppel war die Synagoge aus der Silhouette der Stadt Berlin getilgt. Daß der verbliebene Rest der Fassade einstmals um seiner Sockelfunktion willen so gebaut worden war, ließ sich angesichts der Ruine nicht mehr nachvollziehen. Das Erscheinungsbild war reduziert auf ein Haus in der Nordwand der Oranienburger Straße, auch nicht mehr viel höher als die angrenzende Bebauung. Auf den benachbarten Grundstücken waren in den Jahrzehnten um die Jahrhundert-

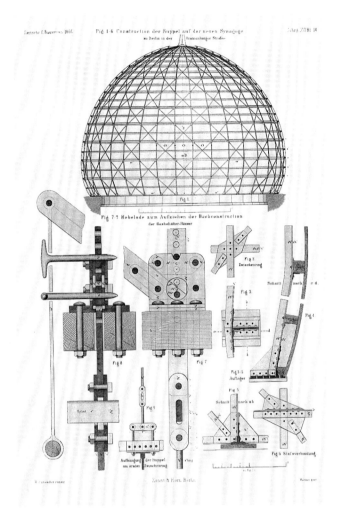

Als technische Notwendigkeit hätte man im Zuge der Reparatur des Bauwerks an Stelle der Kuppel lediglich den Tambour überdachen müssen, um weiteren Schaden durch Witterungseinflüsse zu vermeiden. Um das Signal in der Stadtsilhouette wiederzugewinnen, wäre auch der Ersatz der Kuppel durch einen adäquaten, aber mit zeitgenössischen Mitteln zu bildenden Körper denkbar gewesen.

Gesetzt den Fall, das wäre gelungen, hätte so die Formfindung der Straßenfassade im Kontext der Sockelfunktion wieder nachvollziehbar werden können. Jedoch der stilistische Zusammenhang mit den Schmuckformen, durch die der Bau auch in den erhaltenen Teilen sehr stark geprägt wird, hätte so auf keinen Fall wiedergewonnen werden können.

Die Tatsache, daß die Kuppel das weithin sichtbare Zeichen für die Synagoge gewesen war, ja mehr noch, daß sie schon als Zeichen für den Bau erdacht worden war, gab den Ausschlag für den Entschluß: Wenn wieder eine Kuppel über der Straßenfassade entstehen sollte, dann als Wiederholung der ersten Form.

Die Neuplanung der Kuppel wurde dadurch erleichtert, daß mit den Fußpunkten der originalen Konstruktion eine reale Maßebene gegeben war, die es ermöglichte, Dokumente wie die von Knoblauchs Sohn veröffentlichten Bauzeichnungen und die historischen Fotos als Vorlagen zur Wiederherstellung des äußeren Erscheinungsbildes zu verwenden. Die Vergleiche mit den gefundenen Resten der Zinkblechrippen und Analogien zu der erhaltenen kleinen Kuppel ermöglichten einen hohen Präzisionsgrad bei der Angleichung an das historische Vorbild. Auf den Versuch, auch die Eisenkonstruktion wieder am Vorgänger zu orientieren, ist von vornherein verzichtet worden. Im Falle der Kuppel

Abbildungen linke Seite:

Konstruktionszeichnung
der Hauptkuppel von
Johann Wilhelm Schwedler, 1866

Montage der neuen Kuppel-
konstruktion, August 1990

Straßenansicht, 1992

war also lediglich die Wiedergewinnung des äußeren Erscheinungsbildes das Ziel der Bemühungen. Der farbige Anstrich, ein entscheidendes Moment für ihre ursprüngliche Wirkung, konnte jedoch nicht wiedergewonnen werden. Funde von Farbresten an den Rippenelementen der großen Kuppel und auf der kleinen Kuppel belegen eindeutig, daß es Anstriche gab. Die Bestimmung der ursprünglichen Farbwerte oder gar deren Interpretation im Sinne einer farbigen Fassung für diese enormen Flächen war anhand der Befunde nicht möglich. Wie bekannt ist und an unzähligen Beispielen nachvollziehbar, hatten die Zinkteile, die das Erscheinungsbild vieler Bauwerke prägten, im 19. Jahrhundert in aller Regel eine durch einen Farbanstrich gestaltete Oberfläche und wirkten somit nicht durch die Farbe des Metalls. Insofern überrascht diese Erkenntnis für die Synagogenkuppel nicht. Da aber keine relative Sicherheit über die Art der Bemalung zu gewinnen war, ist schließlich – von den eindeutig belegten Vergoldungen der Rippen abgesehen – auf eine farbige Oberflächenbeschichtung verzichtet worden. Soweit die historischen Fotografien Materialinterpretationen gestatten, scheint der Wechsel von Gold und patiniertem Zink sehr bald das Bild bestimmt zu haben. Man kann wohl annehmen, daß die Anstriche nicht sehr haltbar waren bzw. an diesem schwer erreichbaren Bauteil früh auf die kontinuierliche Erneuerung verzichtet wurde.

Im Bereich der Fassaden wird die Farbigkeit des Gebäudes überwiegend durch das verwendete Baumaterial erzeugt. Der gleichmäßige Gelbton der Ziegel ist durch eine Engobe über den meist rötlichen Scherben erreicht worden. Auch die Farben der Fliesen, die zu den braun-weißen Bänderungen addiert sind, die die Fläche der Straßenfassade in kurzen Abständen horizontal durchschießen und ihr den geschichteten Charakter verleihen, sind als Engoben aufgebracht. Das feine exakte Fugennetz schließlich, dessen Anteil am Erscheinungsbild nicht unterschätzt werden darf, ist mit rot gefärbtem Mörtel gebildet. Als unverputzter Ziegelbau war Knoblauchs Architektur zur Zeit ihrer Entstehung hoch modern. Karl Friedrich Schinkel war es seit den dreißiger Jahren gelungen, der Backsteinarchitektur wieder zu Ansehen zu verhelfen. Seine Kollegen und Schüler haben in den darauffolgenden Jahrzehnten mit zahlreichen repräsentativen Bauten von Berlin aus eine Backsteinbaukunst des industriellen Zeitalters begründet, die auch die Stadt Berlin bis heute prägt. Die Neue Synagoge von Eduard Knoblauch und August Stüler gehört zu den frühen großen Werken dieser Epoche. Allerdings sind hier neben dem vielfältig und speziell geformten Ziegelmaterial exponierte Bauteile wie Fensterrahmungen, Säulen und der Sockel aus kostbarem Naturstein gefertigt.

Die Schäden an der Fassade waren sowohl durch das Kriegsgeschehen als auch infolge von Witterungseinwirkungen entstanden. Dadurch war die dichte, hoch gebrannte Ziegelschale, die ja nicht nur gestaltbildend wirkt, sondern auch das dahinterliegende Mauerwerk gegen das Wetter schützt, vielfach durchlöchert und nicht mehr geeignet, die Schutzfunktion zu erfüllen. Somit war es aus technischen Gründen unbedingt notwendig, diese Mängel zu beheben. Fehlstellen mußten geschlossen und Teile, die so beschädigt waren, daß sie das Eindringen des Wassers nicht mehr verhindern konnten, ausgewechselt werden. Hierbei das Prinzip zur Anwendung zu bringen, die erneuerten Teile auch deutlich als solche zu markieren, hätte unweigerlich zu einer starken Störung der großen, trotz aller Beschädigungen noch immer nahezu vollständig erscheinenden Fassadenkomposition geführt. Nach einer solchen Reparatur wäre weniger von der ursprünglichen Gestalt dieser Architektur erlebbar gewesen, als dies im zerstörten Zustand der Fall war. Da es für jede fehlende Form originale Vorbilder gab, sind alle Reparaturen mit Ziegeln vorgenommen worden, die in Farbe und Form dem historischen Material nachgebildet wurden. Auf diese Weise konnten die Fehlstellen im Fassadenbild wieder geschlossen werden, ohne die ganzheitliche Wirkung zu schädigen. Die Abweichungen in den Helligkeitswerten erlauben dennoch, die erneuerten Steine von den alten, patinierten zu unterscheiden.

Der Zaun vor dem Haus verband die beiden Seitenflügel in der Bauflucht der Straße und bot trotz seiner Transparenz dem schmalen gepflasterten Vorhof eine deutliche Raumgrenze gegen die öffentliche Straße,

definierte ihn dadurch als Teil der Synagoge. Dieses ursprünglich reich geformte Gitter aus Gußeisen war zu Beginn der Wiederherstellungsarbeiten restlos verloren. Um seiner Bedeutung als Teil der Straßenfassade und seiner raumbildenden Funktion willen, ist wieder ein Gitter gebaut worden. Es nimmt wohl Bezug auf die Formenwelt der Architektur, verleugnet aber nicht seine jüngere Entstehungszeit.

Blick in die Hauptsynagoge
mit den Frauenemporen
Foto Ph. Remelé

Westfassade mit Schutzbauwerk und Längswandansatz
sowie dem Rest eines der
großen Rundbogenfenster,
1995

Ein ganz anders geartetes Problem stellte die gegen das Quartierinnere orientierte Hauskante dar. Mit dem Abriß der Ruine der Hauptsynagoge wurde hier die ehemals der Apsis mit dem Toraschrein vis-à-vis gelegene Schmalseite des Saales zur Außenwand des erhalten gebliebenen Bauteils. Ursprünglich war die Wand als Teil des reich dekorierten Hauptraumes geputzt, stukkiert und bemalt. Nachdem sie 15 Jahre in der Ruine und

dann 30 Jahre frei als „Fassade" des verbliebenen Ruinenrestes im Wetter gestanden hatte, war die Ansicht nunmehr fast ausnahmslos durch rohes Mauerwerk bestimmt. Putz und Stuck haben sich nur in wenigen Ecken in ganz kleinen Resten erhalten, die aber für das Erscheinungsbild unwesentlich sind.

Diese Front sowie der kurze Längswandansatz, in dem noch der Rest eines der großen Rundbogenfenster erhalten ist, deren Farbverglasungen wegen der ausgeklügelten Gashinterleuchtung so großes Aufsehen erregt hatten, sind die einzigen baulichen Spuren, die von der Hauptsynagoge, dem wichtigsten und prächtigsten Raum dieses Bauwerks, erhalten geblieben sind.

Blick auf die rückwärtige
„Fassade" der Ruine, die frühere
Innenwand zwischen Haupt- und
Vorsynagoge, um 1985

Entwurfskizze des
Schutzbauwerks des Architekten
Bernhard Leisering, 1989

Im oberen Bereich dieser Wand des verlorenen Sakralraums markiert eine Ziegelkante in drei Bogenschwüngen den Ansatz des Gewölbes, von dem das Mittelschiff der Hauptsynagoge überspannt wurde. Bogenansätze zeigen auch heute noch die Lage der Arkaden, die, auf schlanke gußeiserne Säulen gestützt, Gewölbe und Dachwerk trugen und den Raum in Mittelschiff und Seitenschiffe gliederten. Ein großzügiges dreigeschossiges Öffnungssystem bestimmt als zentrales Motiv die Gestalt dieser Wand. Es liegt unter der Ziegelkante, die den Wölbansatz des Mittelschiffs markiert. Im Erdgeschoß finden sich drei rechteckige Öffnungen, die die Zugänge für die Männer waren. Diese Portale verbanden die Hauptsynagoge mit der Vorsynagoge, in die man durch die Eingänge an der Straße nach Passieren der Vorhalle und des Vestibüls für die Männer gelangte. In den beiden Obergeschossen ist die Front im Mittelschiffsbereich, von je zwei gußeisernen Säulenstellungen abgesehen, gänzlich geöffnet. Durch diese völlige Auflösung der Wand war eine ausgesprochen günstige Sicht aus den anliegenden Räumen der Frauenemporen

auf das Geschehen in der Hauptsynagoge möglich, zumal das Gestühl in steil ansteigenden Reihen angeordnet war. Die beiden kleinen Rechtecköffnungen an den Seiten im ersten Obergeschoß führten auf weitere Emporen für die Frauen. Diese Emporen waren in den Seitenschiffen zwischen Außenwände und Säulenarkaden gespannt. Für diese ehemalige Innenraumwand mußte eine Lösung gefunden werden, die es einerseits gestattete, die vielfältigen Spuren des Saales der Hauptsynagoge hier so zu erhalten, daß sie der interessierte Betrachter auch in Zukunft noch erschließen kann, zum anderen mußte die Front vor dem Wetter geschützt werden, dessen fortgesetzte Einwirkung ständig zu weiteren Substanzverlusten geführt hätte.

Mit einer Ziegelverkleidung im Sinne der Fassaden des Hauses wäre die ursprüngliche Bestimmung der Wand als Teil eines Innenraumes unkenntlich geworden. Der Bruch, der mit dem Abriß vollzogen worden war und der sich in der Gestalt dieser Wand darstellt, wäre kaschiert worden und kaum erlebbar geblieben.

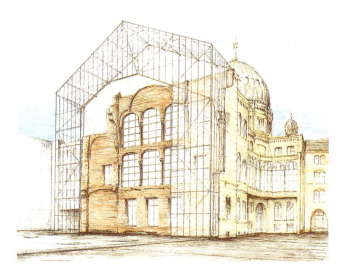

Blick auf das vollendete
Schutzbauwerk, 1995

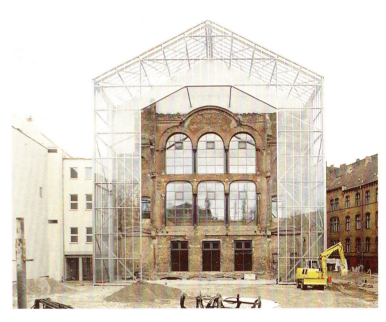

Mit der Idee, vor dieser Front ein transparentes Schutzbauwerk aus Stahl und Glas zu errichten, konnten das Aufbringen einer Wetterschale und die damit verbundenen Eingriffe vermieden werden.

Die in diesem Zusammenhang notwendige Verglasung der Öffnungen mußte gestaltet werden, ohne Anklänge an die Fenstergestaltung des Gebäudes entstehen zu lassen. Es mußte weiterhin erkennbar bleiben, daß sich hier ursprünglich keine Fenster befunden hatten. Die Rahmen für die Verglasung dieser Öffnungen verdanken ihre kräftigen Dimensionen einer Doppelfunktion: Sie dienen gleichzeitig der Aussteifung des Wandgefüges. So konnten die in ihrer Tragfähigkeit stark eingeschränkten gußeisernen Säulen entlastet und am Ort erhalten werden.

Das Schutzbauwerk ist, damit kein „Vitrineneffekt" entsteht, über der Fläche des Mittelschiffsquerschnitts ohne Verglasung offen ausgebildet worden. Dadurch ist die unmittelbare Anschauung der Front aus den rückwärtigen Grundstücksbereichen weiterhin gegeben. Die gewählte Bautiefe entspricht einem halben Jochschritt. Dies war nötig, um den erhaltenen Langhausansatz mit einzubinden und zu sichern.

Auf der Fläche, über der die Hauptsynagoge stand, ist deren Grundriß mit Steinen ausgelegt worden. Anhand der Mauerreste an der Grundstücksgrenze zum Katholischen Krankenhaus, wo sich die Apsis mit dem Toraschrein befand, der vis-à-vis gelegenen Wand, die unter dem Schutzbauwerk konserviert wurde, und der dazwischen in der Ebene markierten Grundrißfigur ist es möglich, den Baukörper als Gesamtorganismus einschließlich der verlorenen Teile abzulesen und zu verstehen. So wird auch erneut sichtbar werden, daß die Gemeinde zur Schaffung der benötigten Räume bei dieser Grundstückssituation gezwungen war, das verfügbare Gelände nahezu komplett zu überbauen. Im Osten grenzte der Bau mit dem asymmetrisch angelegten vierten Seitenschiff unmittelbar an die Bebauung des Nachbargrundstücks. Die Dachanschlußkanten waren bis zur jüngsten Putzerneuerung deutlich auf der langen Brandmauer sichtbar.

Um diese Abhängigkeit des architektonischen Entwurfs von der Grundstückssituation verständlich zu machen, war auch die Neubebauung der Lücke rechts neben der Synagoge immer ein wesentlicher Bestandteil des Wiederherstellungskonzepts. Durch den Abriß der Ruine des Hauses Oranienburger Straße 29 war hier in den sechziger Jahren nachträglich eine Freistellung entstanden, die dem Verständnis des Baukörpers abträglich war. Der Neubau wurde 1993 fertiggestellt.

Alle Räume im Inneren der Neuen Synagoge sind hinsichtlich ihrer Dekorationen nur fragmentarisch erhalten. Das Ausmaß der Beschädigungen und Verluste war dabei sehr unterschiedlich. Die Schäden im Haus nahmen von unten nach oben zu, waren also überwiegend durch Witterung verursacht. Weitere Verluste waren durch Plünderung entstanden. So ist sicher zu erklä-

Zustand vor Beginn
der Bauarbeiten, 1989

Abb. unten:
Nach Abschluß
der Restaurierung, 1995

Die Eingangstüren in der Vorhalle
der Neuen Synagoge, um 1930
Foto Abraham Pisarek

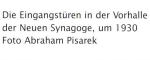

Abb. links unten:
Blick in die Vorsynagoge, 1995

Abb. rechts unten:
Kapitell im Männervestibül, 1995

Restaurierte Deckenbemalung
im Männervestibül, 1995

ren, daß die hölzernen Fußböden nahezu restlos verschwunden waren. Außerdem ist der weitreichende Verlust der Zinkgußteile, aus denen in diesem Bau gerade die plastisch aufwendig verzierten Bereiche gebildet waren, sicher auf systematische Plünderung zurückzuführen, die durch den hohen Buntmetallwert in den Nachkriegsjahren provoziert worden war.

Von der Straße her betritt man zunächst die Vorhalle, die über drei großartig mit Eisengußrelief geschmückte Portale nach außen geöffnet werden kann. Der polygonale, massiv gewölbte Raum nimmt eine vermittelnde Stellung zwischen der äußeren Vorhofsituation und den Innenräumen ein. Er ist, wenn man das auch nicht sogleich erkennt, gleichzeitig Hausdurchfahrt. Auch das ist eine ungewöhnliche Lösung, zu der der Architekt aufgrund des ungünstig geschnittenen Grundstücks gefunden hatte. Ein separates Tor für die Durchfahrt war in der schmalen Fassade nicht unterzubringen. So fand sich der Ausweg, die Hauptportale, deren großzügige Bemessung um der repräsentativen

Wirkung willen ohnehin nahelag, eben gleichzeitig als Einfahrt auszulegen. Durch die Vorhalle gelangte man mit dem Wagen von der Straße auf die einzige unbebaute Fläche des Geländes, die als schmaler Weg an der westlichen Grundstücksgrenze entlang zu dem im hinteren Bereich gelegenen Trausaal führte. Damit die Vorhalle als Durchfahrt funktionieren konnte, sind die Tore ohne Schwellen gebildet, und der Boden ist mit Granit belegt.

Von dieser Vorhalle aus gelangt man in das Vestibül für die Männer und weiter in die Vorsynagoge. Beides sind weite Hallen, die durch Kappenkonstruktionen auf schlanken Eisensäulen bedeckt werden. Mit der dreiachsigen Anlage dieser Säle wird das Motiv aus der Portalsituation wieder aufgenommen und die Grundform der Hauptsynagoge angekündigt. Beide Räume sind in allen drei Achsen durch Türen miteinander verbunden, und so gelangte man auch von der Vorsynagoge durch drei große, rechteckig gerahmte Portale in die Hauptsynagoge.

Das große Treppenhaus
mit den gläsernen
Oberlichtern, 1885
Lichtdruck nach einem Foto
von Hermann Rückwardt

Das große Treppenhaus, 1995

In den turmartigen Seitenflügeln befindet sich an der Straße jeweils eine Tür. Sie sind bescheidener bemessen als die Hauptportale, jedoch mit ähnlichem Reliefschmuck verziert wie diese, allerdings nicht wie dort aus Eisen gegossen, sondern aus Holz gearbeitet. Diese Türen führen zu Treppenhäusern. Ein großzügiges, prachtvoll geschmücktes liegt hinter dem rechten Seitenportal, ein wesentlich bescheideneres hinter dem linken. Das große Treppenhaus ist dreiläufig um ein weites quadratisches Auge durch alle Geschosse geführt und wird von oben über ein gläsernes Kuppelsystem belichtet. Treppenläufe und Podeste werden von schlanken Eisenkonstruktionen getragen. Über diese Treppe führt der angemessene Weg ins erste Obergeschoß zum Repräsentantensaal, dem opulenten zweigeschossigen Versammlungsraum des Gemeindevorstandes und der

Repräsentanten, der hinter dem Mittelteil der Straßenfassade unter dem Kuppeltambour liegt und nach außen durch die großartige Gruppe von drei zweigeschossigen Maßwerkfenstern in Erscheinung tritt. Der hohe überwölbte Raum ist in der Grundrißfigur seiner Lage zwischen Vorhalle und Kuppeltambour gemäß ebenfalls polygonal. Dieser Saal ist durch die Raumproportionen, das stark wirksame Motiv der Fensterarchitektur und durch die umlaufende Empore, die zwischen schlanke kannelierte Eisensäulen gespannt ist, als ein auffällig kostbares Gehäuse geformt.

Von den größeren Innenräumen in dem als Ruine erhaltenen Teil der Synagoge sind schließlich in beiden Obergeschossen die gegen die Hauptsynagoge geöffneten Hallen der Frauenemporen mit den vorgelagerten Vestibülen zu nennen.

Der Repräsentantensaal,
Zustand vor Beginn
des Wiederaufbaus, 1989

Der Repräsentantensaal, 1995

All diese Räume waren zur Entstehungszeit der stilistischen Orientierung folgend gestaltet worden. Also war über die freiplastisch oder als Relief gegebenen Architekturteile aus Putz, Stuck, Holz, Sandstein, Zinkguß und Gußeisen eine farbige Raumfassung gemalt worden, die z. B. durch Ornamente, gliedernde Rahmungen und steinimitierende Anstriche gebildet sein konnte. Der Aufwand, mit dem diese Räume geschmückt worden waren, entsprach ihrer Bedeutung im Zusammenhang des gesamten baulichen Organismus. So war der Reichtum des innenräumlichen Schmucks auf die Hauptsynagoge hin gesteigert und kulminierte hier in der Architektur des Toraschreins und der Apsis als zugehörigem Ambiente.

Es war den Architekten gelungen, den Bau neben der Stadtbildpräsenz durch die Kuppellösung auch durch die besonders geschickt gebildete innere Raumstruktur und die reichen Dekorationen, die natürlich auch wegen der Stilwahl Aufsehen erregten, zu einem architektonischen Ereignis zu steigern. In seiner hochgestimmten Besprechung hatte Fontane den „Besuch dieses reichen jüdischen Gotteshauses" empfohlen, „das an Pracht und Großartigkeit der Verhältnisse alles weit in den Schatten stellt, was die christlichen Kirchen unserer Hauptstadt aufzuweisen haben."[3]

In diesem Zusammenhang sei daran erinnert, daß die Gruppe der erhaltenen Räume eben zu den bescheideneren zu rechnen ist.

Erhaltenes Kapitell im Vorraum und deutlich als solcher erkennbarer Ersatz, 1995

Abb. unten:
Rest eines gußeisernen Kapitells im Männervestibül, 1995

Ein wichtiger Faktor für die Raumstrukturen in diesem Haus sind die Konstruktionssysteme mit den Eisensäulen. Deren Tragfähigkeit war häufig stark gemindert. Um auf ihre entscheidende Wirkung für die Räume nicht verzichten zu müssen, sind so geschädigte Tragelemente durch geeignete verdeckte Konstruktionen entlastet worden und konnten, wenn auch ohne statische Funktion, am Ort erhalten werden.

Grundsätzlich sind die Reste des Bauschmucks bei der Wiederherstellung konserviert und in die Raumgestaltung mit einbezogen worden. Wiederholungen oder umfangreiche Ergänzungen der plastischen und gemalten historischen Elemente wurden vermieden. Die Form- und Farbfindung aller neu hinzugefügten Elemente geschah in dem Bestreben, sie einerseits als jüngere Zutaten zu markieren, aber die Beziehungen, in denen die erhaltenen historischen Elemente zur Raumgestaltung standen, nicht zu stören bzw. neuerlich ablesbar zu machen.

Im ganzen Haus sind neue Türen deutlich als solche erkennbar, auch wenn sie, wie im Repräsentantensaal, im optischen Zusammenhang mit den alten zu erleben sind.

Von dem großen Verlust an Zinkgußteilen sind insbesondere die Kapitelle betroffen. Diese traditionell besonders reich geschmückten Bauelemente waren hier in Zink gegossen und auf die Gußeisenkörper der Säulen, die im Kapitellbereich nur als Unterkonstruktion ausgeformt sind, montiert worden. Durch den Verlust dieser Teile waren die Säulen ausgerechnet an den Stellen, wo besonderer Schmuck zu erwarten ist, auf das konstruktive Gerüst reduziert. Dadurch war auch das statische Gefüge optisch in Frage gestellt, weil gera-

de dort, wo der kraftübertragende Block, den das Kapitell ja konstruktiv ausmacht, hingehörte, nun mit der gußeisernen Unterkonstruktion ein Körper in Erscheinung trat, der schmächtiger war als der Säulenschaft. Damit diese optische Diskrepanz im tektonischen Gefüge nicht den Raumeindruck dominiert, sind in einigen Räumen die verlorenen Kapitelle ersetzt worden. Das ist besonders im Erdgeschoß in solchen Räumen geschehen, wo die Säulen vergleichsweise kräftig bemessen und überdies einige originale Kapitelle erhalten sind.

Der Ersatz ist so geformt, daß seine jüngere Entstehung unmißverständlich bleibt und er deutlich als nachträglich angefügt zu erkennen ist. Auf diese Weise ist für den Kontext des Raumeindrucks der durch Verluste dezimierten Kapitellzone wieder soviel Körper und Form gegeben worden, daß sie nicht unangemessen auffällt und dadurch das Gesamterlebnis beeinträchtigt.

Nach diesem Prinzip, durch Gestaltung Sehhilfe für Zusammenhänge zu geben, die infolge der Verluste kaum mehr nachvollziehbar sind, ist auch bei der Fenstergestaltung verfahren worden. Im Männervestibül und in der Vorsynagoge sind die wenigen Scheiben aus den Farbverglasungen, die hier noch geborgen werden konnten, wieder eingebaut worden. In den klar verglasten Fenstern ist durch das Bleinetz die Grundkomposition soweit angedeutet, daß mit der Einordnung der originalen Farbscheiben die ursprünglichen Farbverglasungen und ihre Bedeutung für den Raumeindruck wieder gut vorstellbar werden. Diese beiden Räume des unteren Geschosses waren zum großen Teil mit Bauschutt verfüllt. In das Männervestibül war während des Krieges überdies eine massive Trümmerschutzdecke aus Beton

Mit gefundenen Glasresten
gestaltetes Fenster an der
Westfassade der Vorsynagoge,
1995

Abbildungen oben:
Restaurierungs-Details
im Männervestibül, 1994

Abb. rechts unten:
Kapitell-Rest auf der
Frauenempore mit Stuck- und
Zinkverblendung, 1995

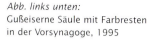

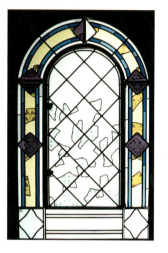

eingebaut worden, damit die darunter liegenden Kellerräume Schutz vor Luftangriffen bieten konnten. Hier
haben sich unter Aufschüttungen und Beton gut erkenn-
bare Reste von den Bemalungen der Eisensäulen erhalten. Historische Fotos zeigen deutlich, daß die Farbfas-
sungen auf dem Eisen ursprünglich den Raumeindruck
sehr stark bestimmt haben. Diese Oberflächen sind wei-
testgehend durch die Korrosion zerstört worden. Die
konservierende Wirkung der Aufschüttung ist insbesondere im Männervestibül auch am Erhaltungszustand der
Wandfassungen deutlich ablesbar.

In den oberen Geschossen mußten im Bereich der
Frauenvestibüle und -emporen auch Wölbkonstruktio-
nen ersetzt werden, die durch die Witterung so stark
geschädigt waren, daß sie nicht mehr erhalten werden
konnten. Hier ist durch die Gestaltung der neuen
Decken soviel Information über die Grundformen der
historischen Wölbsysteme überliefert worden, daß nicht
nur die Raumstrukturen erlebbar bleiben, sondern auch
die erhaltenen Eisensäulen und Reste von Stuckkonso-
len wieder in einen stimmigen räumlichen Zusammenhang gestellt sind.

Restaurierte Deckenbemalung
im großen Treppenhaus, 1995

Neuverputzte Wandteile
mit historischen Stuckresten
im großen Treppenhaus, 1995

Abb. unten:
Restaurierte Wandbemalung
im großen Treppenhaus, 1995

Das große Treppenhaus
vor Beginn der Wiederaufbauarbeiten, 1989

Besonders hohe Ansprüche an das Zusammenspiel von Restaurierung und Neugestaltung hat das große Treppenhaus gestellt. Hier waren extrem unterschiedliche Erhaltungszustände der historischen Dekoration in einem Raum gegeben. Die Verluste waren im Erdgeschoß gering, im oberen Bereich aber sehr hoch. Das aufwendig detaillierte Treppengeländer, eine Säulenarkade aus Zinkguß, war restlos verloren. Nur die Stellen, an denen die Basen auf die Treppenstufen montiert waren, sind noch auf dem Marmor sichtbar. Der Ersatz für dieses Geländer ist, vor allem funktionellen Belangen Rechnung tragend, aus Stahl und Glas geformt worden.

Die neu verputzten Wandteile sind im Grundton so variiert, daß sie als solche erkennbar werden, aber im Kontext zu den mit der Bemalung erhaltenen Originalbereichen, die nach oben hin immer seltener werden, nicht stören. Im oberen Bereich sind die wenigen plastischen Fragmente in ein sparsames Liniensystem, das den verlorenen historischen Gliederungsapparat ersetzt, so eingebunden, daß sich der Betrachter die ursprünglichen gestalterischen Zusammenhänge erschließen kann.

Der Verlust der Farbfassung auf dem Eisen ist in diesem Raum neben dem der aufwendigen Architektur des Geländers ein entscheidender Faktor für den Unterschied des gegenwärtigen Raumerlebnisses zu dem vor den Zerstörungen. Ein historisches Foto *(Abb. S. 78)* gestattet die Vorstellung, wie stark diese Fassung, insbesondere die mit spiralförmigen Bänderungen bemalten Säulen, für das Gesamtbild des Raumes prägend war. In die Marmorstufen der Treppe hat sich durch jahrzehntelange Benutzung das Relief des Läufers eingerieben. So haben sich hier – in ganz wörtlichem Sinne – Spuren aus der siebzigjährigen Geschichte erhalten, in der dieses Haus das Zentrum jüdischen Lebens in Berlin war.

Robert Graefrath

Anmerkungen

1 Siehe den Beitrag von Hermann Simon „Die Neue Synagoge einst und jetzt" in diesem Band, S. 33ff.

2 Neue Preußische (Kreuz-)Zeitung, Nr. 62, 14.3.1865.

3 Ebd.

Fundstücke
und Fragmente

Und der Ewige redete zu Mosche und sprach: Gebiete den Kindern Jisrael, daß sie dir reines Öl aus zerstoßenen Oliven zur Beleuchtung bringen, um ständig Licht anzustecken." (3. Buch Mose, 24, 1–2)[1]

Dieses an Mose gerichtete göttliche Gebot, ein immerwährendes Licht vor dem Allerheiligsten im Stiftszelt zu entzünden, wurde für die Ausstattung der Synagogen übernommen.[2] Die Ewige Lampe (Ner Tamid) hängt hier stets vor dem Toraschrein, in dem die Torarollen aufbewahrt werden. Wie die Bundeslade für die beiden Gesetzestafeln im Stiftszelt wird auch dieser Schrein Aron hakodesch, Heilige Lade, genannt. Ursprünglich mit Öl gespeist, wurde die Ewige Lampe in der zweiten Hälfte des 19. Jahrhunderts häufig auch mit Gas betrieben und später elektrisch erleuchtet.

Daß die Ewige Lampe der Neuen Synagoge zu den Fundstücken gehört und in der Ausstellung besichtigt werden kann, grenzt an ein kleines Wunder. Zwar wurden – bedenkt man die zahlreichen gewaltsamen Eingriffe in das Gotteshaus – vergleichsweise viele Architekturbruchstücke gefunden, von der Inneneinrichtung ist jedoch kaum etwas erhalten geblieben.

Und so war es ein wahrhaft sensationeller Fund, den die beiden Bauarbeiter Bernd Besançon und Lutz Mierle am 19.10.1989 bei den Enttrümmerungs- und Sichtungsarbeiten für den Wiederaufbau machten: Sie stießen auf einen verbeulten Metallgegenstand, der wenig später als Ner Tamid, die Ewige Lampe, identifiziert werden konnte. Fast 80 Meter von ihrem eigentlichen Platz, dem Toraschrein in der Hauptsynagoge entfernt, hatte sie im Eingangsbereich des ehemaligen Männervestibüls Nazi-Zeit, Kriegsschäden, Plünderungen und Ruinenjahre überdauert – in einer Betondecke! Während der Kriegsjahre war in der Synagoge schon bald nach der Beschlagnahme ein Luftschutzkeller eingerichtet und zu dessen Sicherung eine sog. Trümmerschutzdecke eingezogen worden.[3] Zur Bewehrung, also der Verstärkung des Betons durch Eisen, wurden offenbar wahllos metallene Einrichtungsgegenstände der Synagoge in den Beton geworfen, so auch die Ewige Lampe. Was als Akt von Vandalismus und Zerstörung initiiert war, stellte sich so als „konservierende Maßnahme" heraus.

Zwar war der Lampenkörper bei seiner Bergung stark eingedrückt und es fehlten einige der zur Aufhängung dienenden Kettenglieder, dennoch war die Ewige Lampe in vergleichsweise gutem Zustand. Nach vorsichtiger Reinigung und Konservierung ist sie nun wiederum Bestandteil des Gebäudes – wenn auch nicht in ihrer ursprünglichen Funktion. Wie auch bei den meisten anderen Ausstellungsstücken wurde die Entscheidung getroffen, die Ewige Lampe nicht vollständig zu restaurieren, sondern weitgehend in dem Zustand zu belassen, in dem sie nach mehr als 45 Jahren aus dem Beton geborgen wurde.

Zu erkennen ist auch heute noch die Stifterinschrift in der kunstvoll aus Neusilber gefertigten Treibarbeit: „Julius und Lydia Jacoby 1866 Adolph und Cäcilie Jacoby 5626".[4]

Die Ewige Lampe der
Neuen Synagoge, gefunden 1989
Neusilber
Stifterinschrift:
„Julius und Lydia Jacoby 1866
Adolph und Cäcilie Jacoby 5626"

„Es war das erste Mal, daß ich das größte Gotteshaus der Jüdischen Gemeinde, die Synagoge in der Oranienburger Straße im Herzen Berlins wieder betrat, das erste Mal nach dem Brand, jedoch noch vor der offiziellen Eröffnung.
Ich war allein mit Heinrich Stahl, dem Vorsitzenden der Jüdischen Gemeinde, als er ernst und zitternd das Siegel brach, das die Nazis am 10. November an den Türen der Synagoge angebracht hatten, und die schweren Türen öffnete.

Ich hatte Herzklopfen: Nicht nur betrat ich ein entweihtes Gotteshaus inmitten einer modernen europäischen Großstadt, sondern ich betrat die Szene von zweitausend Jahren Pogromen und Brandstiftungen, und ein Sturm der Gefühle von völliger Verzweiflung bis zu wütendem Trotz überwältigte mich fast.

Heinrich Stahl, dieser große und hingebungsvolle alte Herr, muß so empfunden haben wie ich, denn keiner von uns konnte ein Wort sagen. Abgestandene Luft

und Halbdunkel umgaben uns. Wir fanden die Bänke angesengt, die Wände geschwärzt von Feuer und Ruß – ein totes Heiligtum. So dachten wir, bis wir weitergingen zur Kanzel und unsere Augen sich zum Heiligen Schrein erhoben. Über dem Schrein gewahrten wir unser eigenes Wunder, das des zwanzigsten Jahrhunderts:
Das ewige Licht brannte, es hatte während des 9. und 10. November gebrannt, all die Monate hindurch – ein kleines schwaches Licht, das all die Feuer des

Dritten Reiches überdauert hatte. Es war ein unvergeßlicher Anblick – Symbol und Botschaft zugleich."

*(Max Nussbaum, „Ministry under Stress. A Rabbis's recollections of Nazi Berlin 1935–1940",
in: Gegenwart im Rückblick.
Festgabe für die Jüdische Gemeinde zu Berlin 25 Jahre nach dem Neubeginn, hrsg. von Herbert A. Strauss und Kurt R. Grossmann, Heidelberg 1970. Übersetzung aus dem Englischen: Chana C. Schütz.)*

Schmuckelement aus Zinkguß, vermutlich aus dem großen Treppenhaus

Rest von bleigefaßtem Fensterglas

Abb. unten:
Geschmolzener Glasrest

Abb. rechts unten:
Palmblattornament von einer
der kleinen Kuppeln
Zinkblech, mit vergoldeten
Rippen, stellenweise Original-
farbgebung sowie Resten des
grau-schwarzen Farbanstrichs
von 1939

Abbildungen rechts:
Verstrebungselemente der
Schwedler-Kuppel

Der Tatsache, daß zur Bewehrung der Trümmerschutzdecke Gegenstände aus der Synagoge in den Beton geworfen wurden, sind noch weitere Funde zu verdanken. Vornehmlich stammen sie aus dem heute nicht
mehr existierenden Synagogenhauptraum und aus dem
Bereich unter der Kuppel. Doch zunächst mußte die Betondecke erschütterungsfrei aus dem Ruinenkörper entfernt werden. Dies war durch ein Verfahren möglich, das
den Beton mittels chemischer Lösungsmittel auftrieb.
Die so entstandenen kleineren Betonstücke wurden weiter zerkleinert und gesichtet. Dabei fanden sich neben
Profilstahl, Eisen-, Zink-, Messingguß oder verschiedenen Schmuckelementen aus Zinkblech und Stuck auch
mehrere Kandelaber sowie Marmorbruch und Fensterglas.

Aus Zinkguß bestanden beispielsweise die vor-
geblendeten Verkleidungen der Kapitelle, ferner Lüf-
tungsgitter und diverse Zierblenden sowie die zahlreichen Hänge- und Wandleuchter. Auch der in hebräischen
Lettern über den Eingangsportalen angebrachte Schrift-
zug war aus Zinkblech gefertigt. Türbeschläge, Tür-
knäufe und -griffe, die Schlüsselrosetten und nicht
zuletzt die gewaltigen Kandelaber, die u.a. auf den Eck-
pfosten des Geländers der Bima[5] und auf dem Tora-
schreinaufbau angebracht waren, bestanden überwiegend aus Messingguß.

Aber auch außerhalb der Betondecke wurden im
Verlauf der Rekonstruktionsarbeiten zahlreiche Funde
gemacht. Dabei sind je nach Material mehr oder weniger Gegenstände erhalten geblieben. Von den vielge-
rühmten Fenstern mit ihrer kunstvollen Glasmalerei
blieben meist nur matte, durch die starke Hitzeeinwir-
kung zu Klumpen verschmolzene Glasreste. Doch auch
einzelne farbenkräftige, teilweise noch in Blei einge-
faßte Scheibenbruchstücke haben überdauert. Im Vestibül und der Wochentagssynagoge (Vorsynagoge), den
heutigen Ausstellungsräumen, sind sie an einigen Fenstern der Westfassade in Anlehnung an die ursprüngliche Gestaltung eingesetzt worden.

Beeindruckend und von der Kühnheit des Baus
zeugend sind die erhalten gebliebenen Teile der Eisenkonstruktion von der berühmten Schwedler-Kuppel. Dazu gehören Flachprofile und Bandeisen sowie durch
Bolzen und Nieten verbundene Streben des Tragege-
rüsts, die meist stark korrodiert im Schutt der Ruine
oder im Bereich der gesprengten Hauptsynagoge gefunden wurden. Ebenfalls gefunden wurden einige Teile der
mit vergoldeten Rippen versehenen Zinkblechverklei-
dung der drei Kuppeln. Von der ursprünglichen Farbgebung können diese Bruchstücke jedoch nur noch wenig
vermitteln. Auf ihrer Oberfläche ist ein grau-schwarzer
Farbanstrich erkennbar, der von den nationalsozialistischen Behörden aus Gründen des Luftschutzes 1939 be-
fohlen worden war.

In der Betondecke des
Männervestibüls gefundenes
Eisengußelement der Bima-
Umfriedung, 1990

Abb. unten:
Blick auf die Galerie im
Repräsentantensaal mit dem
erhaltenen Geländer vor Beginn
des Wiederaufbaus, 1989

Neben den zahlreichen gußeisernen Säulen, die den Bau auch heute noch z.T. tragen, zeugen die erhaltenen Eisenkunstgußarbeiten von den Meisterleistungen des vergangenen Jahrhunderts. So wurden u.a. die Umfriedung um die Bima und das Geländer um die Galerie im Repräsentantensaal aus reich ornamentiertem, durchbrochenem Eisenguß gefertigt. Während sich Teile der Bima-Umfriedung in der Trümmerschutzdecke fanden, blieb das Geländergitter der Galerie des Repräsentantensaales an seinem ursprünglichen Ort erhalten.

Am umfangreichsten ist die Anzahl der gefundenen Marmorbruchteile. In mühsamer, doch auch spannender Puzzlearbeit gelang es, die Mehrzahl der Bruchstücke ihrem ursprünglichen Platz zuzuordnen. Dabei stellte sich heraus, daß sich neben einigen zum Toraschrein hinaufführenden Treppenstufen nicht unerhebliche Teile von Bima und Kanzel erhalten haben.[6]

Daß von den Holzgegenständen – etwa der Bestuhlung – nichts mehr vorhanden ist, kann kaum erstaunen. Brand und Plünderungen haben hier ihre Spuren hinterlassen. Immerhin konnten einige der aus Porzellan gefertigten Platznummern aus dem Schutt geborgen werden. Es gab auch Namensschilder aus Messing für die Inhaber ständiger Plätze, von denen aber bisher keines gefunden worden ist.

Diese Numerierung der Sitzplätze war notwendig, da für die Gottesdienste an den Hohen Feiertagen (Neujahr und Versöhnungsfest) Eintrittskarten verkauft wurden. An diesen Tagen war der Andrang der Besucher in allen Berliner Synagogen so groß, daß die Jüdische Gemeinde außerdem regelmäßig Räumlichkeiten in Schulen und Vergnügungssälen anmietete und dort Zusatzgottesdienste veranstaltete. Durch den Verkauf der Sitzplätze konnten die Synagogen teilweise finanziert werden, und die Kassen der Jüdischen Gemeinde waren entlastet. Für die Organisation des Platzverkaufs hatte die Jüdische Gemeinde in ihrem Verwaltungsgebäude in der Oranienburger Straße 29 ein „Plätzebüro" eingerichtet. An Bedürftige wurden dort Freikarten ausgegeben.

Platznummern aus Porzellan, gefunden im Schutt der Vor-synagoge und der Frauenempore

Abbildungen unten:
Schild mit der Aufschrift „Eingang Wochentagsgottes-dienst" sowie Schilder für die Sitzreihen, gefunden auf der Freifläche der ehemaligen Hauptsynagoge, 1994

Eintrittskarten für einen Frauenplatz (ursprünglich rosa) und einen Männerplatz (hellblau), 1867

Abbildungen unten:
Rekonstruktion der Kanzel
aus Originalbruchstücken
Marmor mit farbigen Intarsien

Heinrich Stahl, der Vorsitzende
der Jüdischen Gemeinde, auf
der Kanzel der Neue Synagoge,
um 1935
Foto Abraham Pisarek

Zwei zentrale Bereiche aus dem nicht mehr vorhandenen Synagogenhauptraum sind in der Ausstellung
angedeutet: die Bima und die Kanzel. Die Entscheidung
fiel hier leicht, denn die Menge der erhaltenen Original-
bruchstücke erlaubte es, ohne eine naturalistische In-
szenierung einen Eindruck dieses Areals mit seiner
Pracht zu vermitteln. Dabei wurde bewußt auf jegliche
Wiederherstellung des ursprünglichen Zustands verzichtet, nachträgliche Komplettierungen beschränken
sich auf statisch notwendige Halterungen der einzelnen
Bruchstücke, die selbst überwiegend in ihrem „Fund-
zustand" belassen wurden. Nur an ausgewählten Stellen
wurde das ursprüngliche Material freigelegt – etwa das
feuervergoldete Messing an einem der großen Leuchter
der Bima-Umfriedung –, ansonsten beschränkte sich die
Behandlung auf konservatorische Maßnahmen. Diese
fragmentarische Darstellung beläßt bewußt die Spuren
der Zerstörung.

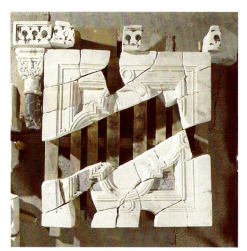

Teil des Vorbeterpultes
der Bima mit einem
Säulenrest
Marmor mit teilweise
farbigen Intarsien

Blick auf die Bima der
Neuen Synagoge während
eines Konzerts, um 1935
Foto Abraham Pisarek

Abb. oben:
Karte für Harry Rosenthal zur Bar
Mizwa mit der Ankündigung im
„Jüdischen Gemeindeblatt", 1937

Abbildungen Mitte:
Glückwunschkarte für Harry
Rosenthal zur Bar Mizwa von
Familie Julian Meyer, 1937
(Vorder- und Rückseite)

Abb. unten:
Designations-Karte für den
Vorsteher der Neuen Synagoge
S. Sklower

Der Entdeckung der Ewigen Lampe war knapp ein Jahr zuvor ein ähnlich sensationeller Fund vorausgegangen. Am 5.12.1988 wurde bei Sichtungsarbeiten in dem mit Schutt angefüllten Ostturm ein Konvolut von Papieren gefunden, die zu den wenigen erhaltenen Originaldokumenten über die Geschichte der Neuen Synagoge gehören.

Daß überhaupt Papier die Zerstörungen überstand und jahrzehntelang, ohne zu zerfallen, im Schutt liegenblieb, ist schon erstaunlich. Zwar bescheinigt der restauratorische Befund schwere Schäden durch „Schimmel, Schmutz, Feuchtigkeit und Nagetiere", doch waren die Dokumente so weit erhalten, daß sie nach entsprechender Behandlung zur Erforschung der Geschichte der Neuen Synagoge beitragen können.

Und tatsächlich fügten sich auch hier zwei Puzzleteile aneinander: Unter den Papieren fanden sich auch kleine Glückwunschkarten zu einer Bar Mizwa. Das Besondere an dieser Entdeckung: Der Adressat dieser Glückwünsche hatte 1992 nach langen Jahren die Neue Synagoge zum ersten Mal wieder besucht. Es handelt sich um den Sohn des letzten Hausmeisters, Harry Siegfried Rosenthal, den heute in Florida lebenden Harry Rowe, dessen Erinnerungen an die Neue Synagoge in diesem Band veröffentlicht sind.

Unter den Papieren fanden sich auch acht Quittungsbücher aus den Jahren 1867 und 1868. Sie gehören zu den wenigen Dokumenten, die Einblick in den Alltag der Neuen Synagoge in ihren Anfangsjahren gewähren. Die sorgfältig geführten Bücher enthalten zahlreiche Quittungen, Zahlungsanweisungen, Lieferscheine und Rechnungen, die sowohl Dienstleistungen als auch Ankäufe betreffen. Sie belegen beispielsweise, wann ein Chorsänger in der Neuen Synagoge sang und welchen Betrag er dafür vom „Rendanten" (Rechnungsführer) ausgezahlt erhielt. Unter einigen Quittungen und Zahlungsanweisungen findet sich die Unterschrift von Louis Lewandowski, seit 1866 Chordirigent der Neuen Synagoge.

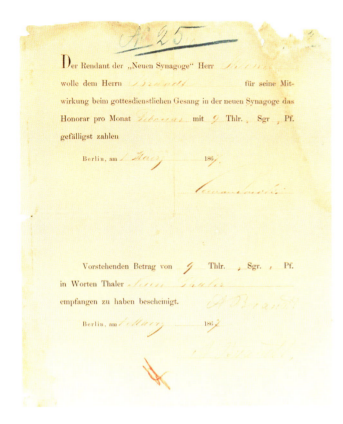

Zahlungsanweisung, unterschrieben von Louis Lewandowski, mit Empfangsbestätigung, 1867

Abb. unten:
Lieferschein der Buchhandlung Poppelauer über acht wollene Gebetsmäntel an den Vorstand der Jüdischen Gemeinde, 1866

Eine ganze Reihe von Rechnungen stammt von Buchdruckereien und Judaica-Handlungen, die die Neue Synagoge und die Jüdische Gemeinde mit Büchern, Drucksachen und Kultgerät belieferten. So stellte beispielsweise am 29.3.1867 die Buchdruckerei von H. S. Hermann in der Klosterstraße 1.000 Liturgien (Gebetbücher) für das Purimfest, das in Erinnerung an die Errettung der persischen Juden gefeiert wird, in Rechnung. Die Buchhandlung Poppelauer verkaufte der Neuen Synagoge vor den Hohen Feiertagen im Herbst 1867 „22 Schofros (...) und 8 wollene Tallis mit Zubehör".[7] Daß die Buchhandlung Poppelauer, die älteste Buchhandlung für Judaica in Berlin, auch Kultgerät verkaufte, war durchaus üblich. Die meisten derartigen Buchhandlungen hatten auch Textilien, Leuchter, Becher, Gewürzbüchsen und andere Gegenstände im Angebot, die für die religiösen Zeremonien zu Hause und in der Synagoge gebraucht wurden.

93

Zu den geborgenen Papieren gehören auch etliche Eintrittskarten aus dem Jahre 1867 für Männerplätze im Parkett und Frauenplätze auf der Empore der Neuen Synagoge. Sie finden sich zusammen mit den bereits erwähnten Platznummern in der Ausstellung.

Die gefundenen Papiere geben ferner Auskunft über so alltägliche Dinge wie die Bereitstellung von „filtrirtem Wasser" durch die „Gesellschaft für die Berliner Wasserwerke" oder das von der „Städtischen Erleuchtungs-Anstalt" gelieferte „Leuchtgas", die von der Jüdischen Gemeinde zu bezahlen waren. Hinzu kamen Ausgaben für die „Entleerung einer Müllgrube in der Neuen Synagoge", die sich natürlich nicht in der Synagoge selbst, sondern auf dem dazugehörigen Grundstück befand, sowie Zahlungen für die „Besprengung der Straße".[8]

Die Beleuchtung der Synagoge mit Gas war be-reits Bestandteil der Bauplanung, wie aus den Erläute-rungen des Architektensohnes Gustav Knoblauch her-vorgeht: „Zunächst gab die praktische Rücksicht, die lästige Hitze, welche eine grosse Zahl von Gasflammen in einem Raume erzeugt, so wie der Wunsch, die schö-nen Glasmalereien der Fenster auch bei Abend zur Gel-tung zu bringen, Veranlassung, zwischen den durchweg angelegten Doppelfenstern Gasflammen anzubringen. Für den Zutritt frischer Luft zwischen den Doppelfen-stern ist durch Oeffnungen in dem unteren Theil der in-wendigen Fenster gesorgt, und in den Leibungen der Fenster sind Ca-näle angelegt, durch welche die ver-brauchte Luft entweicht. In dieser Weise sind sämmtliche Fenster der Hauptsynagoge erleuchtet, selbst die kleinen Lichtöffnungen in den Wölbungen des Aller-heiligsten. Um den Flammen mehr Intensität zu geben, sind dieselben mit einem Reflector versehen. (...) Entzündet werden die Flammen durch einen kleinen Wa-gen, welcher, senkrecht zwischen den Doppelfenstern emporgezogen, sämmtliche lothrecht über einander lie-gende Brenner berührt und das ausströmende Gas ent-zündet. Auch sämmtliche Oberlichter der Hauptsyn-agoge werden bei Abend erleuchtet (...). Der ganze Apparat ruht auf Rädern und wird in Schienen geführt. Er wird bei Tage auf die Seite gerückt, so dass das Tageslicht frei einfallen kann."[9]

Erste Versuche, die Gasbeleuchtung auf elektri-sches Licht umzustellen, fanden im November 1877 statt, wie die „Allgemeine Zeitung des Judentums" vom 4.12.1877 berichtete:

„Am 15. Abends um 7 Uhr fand ein Versuch statt, den inneren Raum der großen Synagoge in der Oranien-burgerstraße mit electrischem Lichte zu beleuchten. Ein in der Telegraphenbauanstalt der bekannten Firma Sie-mens und Halske gefertigter Apparat resp. Maschine sollte bei dieser Gelegenheit die erste Probe bestehen.

Obgleich alle Vorrichtungen provisorisch waren und die Maschine deshalb ihre Funktionen nicht zur vollen Ent-wicklung bringen konnte, darf der Beleuchtungsversuch doch als vollkommen gelungen bezeichnet werden. Von der Maschine, welche im Seitenhof der Synagoge aufge-stellt war, gingen Drahtleitungen nach zwei der oberen Lichtfenster des Gebäudes. Das Mittelschiff mit den bei-den oberen Galerien der Synagoge war, trotzdem das Licht durch das matte farbige Glas der Oberfenster ge-dämpft wurde, so intensiv beleuchtet, daß man in dem erwähnten Raume überall gleichmäßig die kleinste Schrift lesen konnte. Die Anwendung des electrischen Lichtes zur Erleuchtung großer Räumlichkeiten ist be-reits dem Stadium des Projektes entrückt; sie ist für die hiesige Synagoge nur eine Frage der Zeit."

Wann genau diese Umstellung erfolgte, ist derzeit nicht bekannt. Interessant ist zweifellos, daß das Gaslei-tungsnetz auch für die elektrischen Leitungen benutzt wurde: An einigen Bruchstücken von im Schutt gefun-denen Leuchterarmen sind noch die alten Gasleitungen und die durch diese geführten elektrischen Kabel vor-handen.

Heinrich Stahl auf der Kanzel
der Neuen Synagoge, um 1935
Foto Abraham Pisarek
Im Hintergrund die erhaltenen
Toravorhänge

Abb. links und rechts unten:
Toravorhang, 1895
Bestehend aus zwei Teilen
Roter Samt, bestickt mit
Goldfäden, Applikationen und
Goldborten
Angefertigt bei der Firma
Hermann Gerson, Berlin

Die eingestickten hebräischen
Inschriften in den mittleren
Medaillons entstammen den
Psalmen: „Gerechtigkeit und
Recht sind deines Thrones Grund
[rechter Teil] –
Die Liebe und die Treue stehn
vor deinem Antlitz [linker Teil]“
(Psalm 89, 15).

Zu den Fundstücken, die von der Geschichte der Neuen Synagoge zeugen, zählen aber auch jene Gegenstände, die die Jahre bis zum Wiederaufbau außerhalb der Ruine überdauerten. Das sind in erster Linie einige wertvolle Textilien und zahlreiche Dokumente, wie beispielsweise ein Plan des Synagogenhauptraums, aus dem die Lage der numerierten Sitzplätze hervorgeht. Er gehört zu den teilweise erhalten gebliebenen Beständen des Gesamtarchivs der deutschen Juden, das seinen Sitz in der Oranienburger Straße 28 hatte.[10] Wichtigster erhaltener Kultgegenstand neben der Ewigen Lampe ist einer der Toravorhänge der Neuen Synagoge. Vor der Vernichtung gerettet, befindet er sich heute im Besitz der Jüdischen Gemeinde. Dieser aus rotem Samt gefertigte und mit Goldfäden, Applikationen und Goldborten kunstvoll bestickte Vorhang besteht aus zwei Teilen, die nebeneinander vor dem Toraschrein hingen. Auf einer Fotografie, die den damaligen Vorsitzenden der Jüdischen Gemeinde, Heinrich Stahl, auf der Kanzel zeigt, sind die Vorhänge deutlich im Hintergrund zu erkennen.

Darunter befindet sich die in hebräischen Buchstaben geschriebene deutsche Inschrift: „Gestiftet von Siegmund Meyer, Sohn von Joel Wolf Meyer 655 [d.i. 1895; rechter Teil] – Zur Erinnerung an sein Amtsjubiläum als Vorstand der Gemeinde Januar 1895 [linker Teil]".

Zum Laubhüttenfest, im Herbst 1895 wurde der Toravorhang in der Neuen Synagoge aufgehängt. Siegmund Meyer hatte ihn anläßlich seines Amtsjubiläums als Vorstandsmitglied der Jüdischen Gemeinde im Januar desselben Jahres gestiftet.[11] Am 11.10.1895 erwähnte die „Allgemeine Zeitung des Judentums" den „edlen Spender" und seine Familie, die an diesem Tage im Rahmen eines Gottesdienstes die „Einweihung des Geschenkes" feierten.

Nach der Beschlagnahme der Neuen Synagoge im Jahre 1940 wurde der Vorhang offenbar abgenommen und an einen sicheren Ort gebracht. Nach dem Ende des Krieges wurde der rechte Teil des Vorhangs in der Synagoge Pestalozzistraße in Berlin-Charlottenburg und der linke Teil in der Synagoge Fraenkelufer in Berlin-Kreuzberg aufbewahrt.

Ebenfalls im Besitz der Berliner Jüdischen Gemeinde hat sich eine der Decken von der Kanzel erhalten. Sie ist aus weißem Seidenrips gefertigt und mit Goldfäden bestickt. Weiße Textilien werden vor allem an den Hohen Feiertagen in den Synagogen verwendet. Auf dem Foto einer Gedenkveranstaltung für die Gefallenen des Ersten Weltkrieges, die am 21.2.1937 in der Neuen Synagoge stattfand, ist diese Pultdecke eindeutig zu identifizieren.

Weniger als zwei Jahre später, am 9. November 1938 begann mit der Pogromnacht die Zerstörung der Neuen Synagoge. Obwohl in dieser Nacht noch weitgehend vor Schäden bewahrt[12], folgten bald Bombentreffer, Brand und Plünderungen; die Sprengung des Synagogenhauptraumes und das jahrzehntelange Ruinendasein kamen hinzu. So muß es als Glücksfall bezeichnet werden, daß überhaupt Teile der Inneneinrichtung übrig geblieben sind. Im Kontext der Ausstellung sind diese Fundstücke zwar in erster Linie Zeugnisse der Zerstörung dieses Gotteshauses, gleichwohl lassen sie auch ein wenig von seiner einstigen Pracht erahnen.

Birgit Jerke, Chana C. Schütz

Anmerkungen

1 Die Heilige Schrift, ins Deutsche übertragen von Naftali Herz Tur-Sinai (Harry Torczyner), Neuhausen, Stuttgart 1993.

2 Das Stiftszelt, auch Stiftshütte genannt, diente laut biblischer Überlieferung zur Aufbewahrung der Bundeslade mit den beiden Gesetzestafeln während der Wanderung der Israeliten durch die Wüste.

3 Siehe hierzu S. 31f. im Beitrag von Hermann Simon „Die Neue Synagoge einst und jetzt".

4 Im Jahre 1847 gründete Julius Jacoby (1824–1915) zusammen mit Martin Meyer die erste Baumwollausrüstungsfirma von Berlin unter dem Firmennamen Martin Meyer & Jacoby; 1851 nahm Julius Jacoby seinen jüngeren Bruder Adolph als Geschäftsteilhaber in die Firma auf. Julius Jacoby gehörte seit 1878 dem Vorstand der Jüdischen Gemeinde an, seit 1901 war er Gemeindevorsitzender. Die Ehepaare Julius und Lydia Jacoby und Adolph und Cäcilie Jacoby, zwei Brüder und zwei Schwestern, wurden auf dem Jüdischen Friedhof in der Schönhauser Allee beigesetzt.

5 Die Bima („Bühne"), ein erhöhtes Pult, dient in der Synagoge u.a. zur Vorlesung aus der Torarolle. In der Neuen Synagoge war sie vor dem Toraschrein und der Kanzel angeordnet.

6 Der in der Neuen Synagoge verwendete Marmor weist maschinelle Bearbeitungsspuren auf, die für Arbeiten charakteristisch sind, die in den fünfziger und sechziger Jahren des vorigen Jahrhunderts im italienischen Carrara entstanden.

7 Ein Schofar ist ein Widderhorn, das am Neujahrsfest in der Synagoge geblasen wird. Es mahnt zur Buße und Besserung. Der Tallit (Gebetsmantel) ist ein aus Wolle, Baumwolle oder Seide gefertigtes Tuch, an dessen vier Ecken Schaufäden (Zizit) befestigt sind. Die Schaufäden sollen an die Verpfichtung erinnnern, Gottes Gebote zu halten. Der Tallit wird beim Morgengebet getragen, der Vorbeter (Chasan) in der Synagoge trägt ihn zu allen Gebetszeiten.

8 Im Jahre 1856 wurde in Berlin eine private englische Wassergesellschaft gegründet. Bis dahin erfolgte die Versorgung mit Trinkwasser ausschließlich über Hof- und Straßenbrunnen. Alle nach 1856 errichteten Gebäude wurden von vornherein an das Wasserleitungssystem angeschlossen, so auch die Neue Synagoge. Der Anschluß der älteren Gebäude erfolgte erst nach und nach.
Das erste städtische Gaswerk in Berlin wurde 1847 eröffnet. Es lieferte zunächst vornehmlich Leuchtgas. Das Leuchtgas für die Neue Synagoge gelangte von der Gasanstalt am Stralauer Platz zu einem Druckbehälter, der sich am heutigen Koppenplatz befand. Von dort wurde es weiter durch ein Rohrleitungssystem bis in die Synagoge gedrückt. Erst ab 1878 wurde Berlin systematisch an ein Kanalisationssystem angeschlossen. Bis dahin gab es nur Hoftoiletten, deren Gruben mit Hilfe von Tonnenwagen geleert wurden.
Die Besprengung und Reinigung der Straßen wurde bis 1876 durch sog. Spritzenmänner der 1851 gegründeten Feuerwehr besorgt. Erst allmählich entstanden halb städtische und halb private Straßenreinigungsgesellschaften. Mit Ausnahme einzelner Hauptstraßen mußten die Grundstückseigentümer bis 1873 anteilmäßig die entstehenden Kosten für Reinigung und Sprengung von Fußweg und Straße selbst übernehmen.

9 Die Neue Synagoge in Berlin entworfen und ausgeführt von Eduard Knoblauch, vollendet von August Stüler, hrsg. von G. Knoblauch und F. Hollin, Berlin 1867 (Reprint 1992), ohne Pag.

10 Siehe hierzu den Beitrag von Barbara Welker „Das Gesamtarchiv der deutschen Juden" in diesem Band.

11 Siegmund Meyer (1839–1903) war Rechtsanwalt und Notar und gehörte der Berliner Stadtverordnetenversammlung an. Im Jahre 1870 wurde er zum Gemeindeältesten der Jüdischen Gemeinde ernannt. Er wurde 1873 Mitglied des Vorstandes der Neuen Synagoge und war seit 1883 Gemeindevorsitzender. Er starb am 8.3.1903. Die Trauerfeier fand in der Neuen Synagoge statt. Siegmund Meyer wurde auf dem Friedhof in der Schönhauser Allee beerdigt.

12 Siehe hierzu den Beitrag von Heinz Knobloch über Wilhelm Krützfeld in diesem Band.

Personen

Personen an der Neuen Synagoge: Kurzbiographien

Die Übersetzung des griechischen Wortes Synagoge bedeutet Versammlung, Versammlungsort; es ist der Ort, an dem sich die Mitglieder einer jüdischen Gemeinde zusammenfinden – zum Gebet, zu den Festen des Jahres und zu den besonderen Anlässen des Lebens. Eine ganze Reihe von Personen wirken, je nach Selbstverständnis und Ritus einer Gemeinde, beim Gottesdienst mit. In der Neuen Synagoge waren es Kantoren, Rabbiner, Organisten, Chordirigenten, Chorsänger und -sängerinnen, Synagogendiener, Synagogenvorsteher.

Der Kantor, auch Vorbeter oder Chasan genannt, leitet den Gottesdienst. Er beginnt und beschließt die Gebete, die die Anwesenden mitsprechen. Jeder, der die dazu erforderlichen Kenntnisse besitzt, kann diese Funktion ausüben. Das gleiche gilt für die Vorlesung aus der Tora, die im Mittelpunkt des Gottesdienstes steht. Die Tora, die fünf Bücher Mose, wird in der Synagoge in Form einer Rolle verwendet. Sie besteht aus aneinandergenähten Pergamentblättern, die von einem Toraschreiber nach bestimmten Vorschriften mit der Hand beschrieben wurden. Der Text ist in 54 Wochenabschnitte unterteilt, so daß die Tora im Laufe eines Jahres von Anfang bis Ende vorgelesen wird.

Zeitgenössische Berichte über den Gottesdienst in der Neuen Synagoge wiesen häufig gerade auf dessen geordneten Ablauf hin. Über einen Freitagabend-Gottesdienst hieß es im „Israelitischen Familienblatt. Ausgabe für Groß-Berlin" vom 29.3.1934 unter der Überschrift „Juden beten. Ein Rundgang durch Berliner Synagogen":

„Die Besucher stammen alle aus der näheren Umgebung, es sind kleine Händler, Kaufleute, die ihr Ladengeschäft schnell verlassen haben, und Handwerker, denen man die Ruhe des Sabbaths schon am Gesicht abliest. Der Synagogenvorsteher auf seinem abgesonderten Sitz achtet streng darauf, daß die äußere Würde des Gottesdienstes gewahrt wird, daß niemand stehen bleibt, wenn die Allgemeinheit sitzt und daß störende Gespräche vermieden werden. Wo es etwas zu rügen gibt, erscheint flink und fast unhörbar der Oberaufseher, um mit einem Wort die Ruhe wiederherzustellen. Stark und tief ist die Andacht, aber die Beter hier nehmen sich selbst in Zucht und nur unhörbar bewegen sich die Lippen. Die Stärke des Gefühles kommt erst zum Ausdruck, wenn die Gemeindegesänge mitgesungen werden, wenn auch dabei zuweilen die musikalische Einheitlichkeit ein wenig leidet."

Die Orgel und der gemischte Chor (mit Sängern und Sängerinnen), die den Gottesdienst in der Neuen Synagoge begleiteten, waren Kennzeichen des „neuen Ritus". Teil des Gottesdienstes war meist auch die Predigt eines Rabbiners. Im Jahr 1914 waren bei der Jüdischen Gemeinde zu Berlin zwölf Rabbiner angestellt. Sie hatten nicht nur eine Ausbildung als Rabbiner, sondern auch ein Universitätsstudium absolviert. Sieben Gemeinderabbiner wohnten 1914 in der Oranienburger Straße: Juda Bergmann im Haus Nr. 58, Josef Eschelbacher in Nr. 22, Julius Lewkowitz in Nr. 3, Adolf Rosenzweig in Nr. 59, Josef Stier in Nr. 39, Malvin Warschauer in Nr. 66 und Samson Weisse in Nr. 33. Nicht ohne Grund wurde die Oranienburger Straße auch Rabbinerstraße genannt.

Zunächst hatte die Jüdische Gemeinde ihre Rabbiner in allen Synagogen als Prediger eingesetzt. Als die Zahl der Gemeindesynagogen wuchs, ließ sich diese Regelung nicht mehr aufrechterhalten. So waren seit 1912 jeder Synagoge nur noch drei Rabbiner zugeteilt, der Neuen Synagoge die Rabbiner Samson Weisse, Louis Blumenthal und Malvin Warschauer. Samson Weisse predigte außerdem in der Synagoge Lützowstraße in Tiergarten, Louis Blumenthal und Malvin Warschauer in der Synagoge Lindenstraße in Kreuzberg. Aus den Ankündigungen der Gottesdienste im „Gemeindeblatt der Jüdischen Gemeinde zu Berlin" geht hervor, daß ab Ende der zwanziger Jahre wieder häufig wechselnde Rabbiner und Prediger in den Gemeindesynagogen eingesetzt wurden. Die Gründe dafür sind nicht bekannt. Für die Neue Synagoge nennen die Gottesdienst-Ankündigun-

Chorkonzert in der
Neuen Synagoge, 1937
Foto Abraham Pisarek

gen zwischen 1930 und 1942 allein rund 30 Namen. Zu den Aufgaben der Gemeinderabbiner gehörten auch Unterricht und Seelsorge sowie die Klärung aller religionsgesetzlichen Belange. So überwachten sie beispielsweise die Herstellung und den Verkauf der koscheren Lebensmittel. Zum Religionsunterricht, den die Rabbiner in den jüdischen Schulen, in den Religionsschulen und in den allgemeinen Schulen erteilten, gehörte auch die Vorbereitung auf die Bar Mizwa für Jungen und die Bat Mizwa für Mädchen. Die „Einsegnung" oder „Konfirmation" – diese Begriffe wurden auch von den Berliner Juden der damaligen Zeit benutzt – fand dann unter Leitung des Rabbiners in der Synagoge statt. Über eine „Konfirmationsfeier" für Mädchen in der Neuen Synagoge unter Leitung von Rabbiner Siegmund Maybaum berichtete „Der Gemeindebote", die Beilage der „Allgemeinen Zeitung des Judentums" am 3.7.1891:

„Vor einem überaus zahlreichen Publikum, welches zum größten Theil aus Damen bestand, hielt Herr Rabbiner Dr. Maybaum gestern in der Synagoge die Konfirmationsfeier ab. Es hatten sich 24 Mädchen zu derselben gemeldet. Nachdem der Chor unter Orgelbegleitung ein Lied abgesungen, hielt Herr Dr. Maybaum die Ansprache an die Konfirmandinnen, in welcher er sie auf die Bedeutung des Momentes hinwies und ermahnte, die frommen Lehren des Religionsunterrichts nunmehr im Leben zu bethätigen. Hieran schlossen sich die Ansprachen zweier Mädchen, deren eine den Gefühlen, welche sie und ihre Genossinnen in diesem feierlichen Momente erfüllten, Ausdruck gab, während die Andere im Namen aller Konfirmandinnen das heilige Gelöbniß der Glaubenstreue ablegte. Auf die Aufforderung des Herrn Dr. Maybaum, verkündigten nunmehr die Mädchen die Sinnsprüche, welche sie sich für das Leben gewählt hatten, um hierauf vom Rabbiner den Segen der Religion zu empfangen. Nach Absingung eines zweiten Chorliedes schloß die erhebende Feier."

Drei Personen, die an der Neuen Synagoge wirkten, sind in diesem Band eigene Kapitel gewidmet: dem Reformer der Synagogenmusik Louis Lewandowski, dem Rabbiner Malvin Warschauer und der einzigen Rabbinerin, Regina Jonas. Weitgehend unbekannt bleiben die Schicksale vieler anderer Mitwirkender. Ihr Leben läßt sich nur mühsam oder überhaupt nicht mehr rekonstruieren. Dies betrifft vor allem die Zeit nach 1933. Was ist aus dem Rabbiner, dem Kantor oder Organisten der Neuen Synagoge geworden? Konnten sich die Chorsängerin oder der Synagogendiener noch rechtzeitig in Sicherheit bringen, oder findet man ihre Namen auf den Transportlisten in die Todeslager?

Die folgenden biographischen Daten zu einigen Personen an der Neuen Synagoge sind nicht vollständig und in manchen Fällen lückenhaft. Die Angaben sollen möglichst nach und nach vervollständigt werden. Für Hinweise und Ergänzungen wären wir dankbar.

Erna Alexander
Chorsängerin
Geb. am 13.4.1898 in Berlin
Am 12.3.1943 nach Auschwitz deportiert und dort ermordet

Erna Alexander sang als Altistin von etwa 1921 bis zur Schließung des Gotteshauses im Chor der Neuen Synagoge. Andere Chormitglieder sind namentlich nicht bekannt.

Ludwig Altmann
Organist
Geb. am 2.9.1910 bei Breslau
Gest. am 27.11.1990 in San Francisco

Ludwig Altmann studierte an den Universitäten Breslau und Berlin und nahm von 1929 bis 1933 an Seminaren der Staatlichen Akademie für geistliche Musik in Berlin teil. Zusammen mit dem katholischen Kirchenmusiker und Organisten Arthur Zepke (1925 bis 1935 Organist an der Neuen Synagoge) gab er privaten Orgelunterricht. Von 1933 bis zu seiner Emigration in die USA im Jahr 1936 war er als Organist an der Neuen Synagoge tätig. Ludwig Altmann überzeugte mit seinem Können sowohl bei der musikalischen Gestaltung der Gottesdienste als auch bei der Aufführung von Konzerten in der Neuen Synagoge.

Am 17.11.1934 erschien im „Gemeindeblatt der Jüdischen Gemeinde zu Berlin" ein aufschlußreicher Artikel über „Die Orgel der Neuen Synagoge", in dem er die Funktionsweise sowie die „unendlichen Möglichkeiten der Klanggestaltung" (550 Registerzüge und Spielhilfen, 4 Tastaturen und 1 Pedal) der Synagogenorgel erläuterte. Nach seiner Emigration in die USA war Ludwig Altmann an verschiedenen Orten als Organist und Komponist tätig.

Ludwig Altmann an der Orgel
der Neuen Synagoge, um 1934
Foto Abraham Pisarek

Joseph Aub
Rabbiner
Geb. am 4.12.1808 in Baiersdorf bei Erlangen
Gest. am 22.5.1880 in Berlin

Seit 1830 war Joseph Aub als Rabbiner in Bayreuth und später in Mainz tätig. 1866 wurde er als Nachfolger von Michael Sachs (1808–1864) als Rabbiner nach Berlin berufen. Er war einer der ersten, die in deutscher Sprache predigten und gehörte zum Mitarbeiterkreis von Abraham Geigers „Wissenschaftlicher Zeitschrift für jüdische Theologie".

Gebetbuch von Joseph Aub
herausgegeben 1866
anläßlich der Einweihung der
Neuen Synagoge

Bei der Einweihung der Neuen Synagoge am 5.9.1866 hielt Joseph Aub die Predigt. Sein 50jähriges Rabbinerjubiläum wurde am 9.4.1879 in der Neuen Synagoge begangen. Im Bericht der „Allgemeinen Zeitung des Judentums" vom 22.4.1879 hieß es: „In dem festlich erleuchteten Tempel war das Allerheiligste mit prächtigen Topfgewächsen geschmückt. (...) Der Chor sang den Schluß des 92. Psalms (...) in deutscher Sprache. Dr. Ungerleider zeichnete in markigen, zu Herzen gehenden Worten das Leben des hochverehrten Rabbi und sprach ein ergreifendes Gebet für dessen lange Lebensdauer. Der Jubilar trug auf seinem Ornat das ihm vom Kaiser verliehene Ehrenzeichen."

Nach Aubs Pensionierung konnte nicht gleich ein als Nachfolger geeigneter Rabbiner gefunden werden. Jahre später war die Stelle noch immer unbesetzt. Dazu schrieb die „Allgemeine Zeitung des Judentums" am 27.7.1880: „Es ist dies auch sehr erklärlich. Gewiß gibt es jetzt viele wackere und tüchtige Männer unter den jüngeren Rabbinern, aber doch keine Berühmtheiten, keine solche, welche sich eines allgemeinen Rufes und Vertrauens erfreuen, so daß ihr Name schon entscheidend wäre."

Eine der bekanntesten Veröffentlichungen von Joseph Aub ist die „Grundlage zu einem wissenschaftlichen Unterricht in der mosaischen Religion" (1862). Im Jahre 1866 gab er ein Gebetbuch für die Neue Synagoge unter dem Titel „Gebetbuch für den öffentlichen Gottesdienst im ganzen Jahre nach dem Ritus der neuerbauten großen Synagoge in Berlin" heraus. Hierbei handelt es sich um ein mit deutscher Übersetzung versehenes und „nach den Grundsätzen der gemäßigten Reform bearbeitetes" Gebetbuch, wie das „Jüdische Lexikon" formulierte.

Leo Baeck
Rabbiner
Geb. am 23.5.1873 in Lissa/Posen
Gest. am 2.11.1956 in London
Nach seinem Studium in Breslau und Berlin amtierte Leo Baeck zunächst als Rabbiner in Oppeln, später in Düsseldorf und seit 1912 in Berlin.

Seine Amtseinführung fand zusammen mit der von Julius Lewkowitz am 27.12.1912 in der Neuen Synagoge statt. In der Neuen Synagoge hat Leo Baeck nicht gepredigt.

Seit 1912 lehrte Leo Baeck an der Berliner Hochschule für die Wissenschaft des Judentums. Während des Ersten Weltkrieges war er Feldgeistlicher. Danach lehrte er wieder bis zu deren Schließung 1942 als Dozent für

Homiletik und Midraschforschung an der Hochschule. Leo Baeck war Vorsitzender des „Allgemeinen Rabbiner-Verbandes in Deutschland" und ab 1933 Präsident der „Reichsvertretung der Juden in Deutschland", später der „Reichsvereinigung der Juden in Deutschland". 1943 wurde Leo Baeck nach Theresienstadt deportiert. Dort war er Mitglied des Ältestenrates. 1945 wanderte er nach London aus.

Leo Baeck war ein führender Vertreter des religiösen Liberalismus in Deutschland. Seine Schriften „Das Wesen des Judentums" (1905) und „Wege im Judentum" (1933) wurden Standardwerke.

Das 1955 gegründete Leo Baeck Institute mit Sitz in New York, London und Jerusalem widmet sich der Erforschung der Geschichte der deutschen Juden. Das ein Jahr später, 1956, in London gegründete Leo Baeck College ist eine Ausbildungsstätte für Rabbiner.

Juda Bergmann
Rabbiner
Geb. am 30.8.1874 in Brzezány/Galizien
Gest. am 22.11.1954 in Jerusalem

Juda Bergmann studierte von 1893 bis 1897 am Rabbinerseminar in Wien, wo er auch sein Rabbinerexamen ablegte. 1897 wurde er ebenfalls in Wien promoviert. Zunächst wirkte Juda Bergmann als Rabbiner in Friedeck/Mähren, später in Karlsruhe und Frankfurt an der Oder. Seit 1908 war er Gemeinderabbiner in Berlin. An der Neuen Synagoge wirkte er vornehmlich in den Jahren 1909 bis 1912, häufig auch zu Jugendgottesdiensten.

Juda Bergmann war Mitbegründer, Dozent und später Präsident der 1919 entstandenen „Freien Jüdischen Volkshochschule" in Berlin. Außerdem war er langjähriger Vizepräsident des „Vereins für jüdische Geschichte und Literatur". Zu seinen bedeutendsten frühen Schriften zählen „Die Legenden der Juden" (1919) und „Das Judentum in Gedanke und Gestaltung" (1933).

Im April 1933 konnte er nach Palästina emigrieren. Hier war er als Rabbiner am Hadassah Hospital und an der tschechischen Synagoge in Jerusalem tätig.

Brief von Leo Baeck an die Ehefrau von Rabbiner Ignaz Maybaum nach dessen Verhaftung im Dezember 1935, datiert 24.12.1935

„Liebe Frau Doktor!
Meine Frau und ich brauchen es Ihnen nicht zu sagen, wie innig unsere Gedanken und Empfindungen immer wieder bei Ihnen sind, wie gänzlich wir mit treuen Wünschen für Ihren Mann und Sie erfüllt sind. Ich hege die Zuversicht, daß die Sorge von Ihnen recht bald genommen sein wird. In aufrichtiger Verbundenheit Ihr ergebener Baeck"

Louis Blumenthal

Rabbiner

Geb. am 2.2.1866 in Samotschin/Posen

Am 30.6.1943 in Theresienstadt umgekommen

Louis Blumenthal studierte an der Berliner Hochschule für die Wissenschaft des Judentums. Zunächst war er Rabbiner in Frankfurt an der Oder und in Danzig. Im Juli 1900 fand in der Neuen Synagoge seine Amtseinführung als Gemeinderabbiner in Berlin statt. Bis 1935 stand er im Dienst der Jüdischen Gemeinde. Während dieser Zeit amtierte Louis Blumenthal vornehmlich an der Neuen Synagoge und an der Synagoge Lindenstraße. Darüber hinaus wirkte er in verschiedenen sozialen Gemeindeeinrichtungen und unterrich-

Louis Blumenthal, um 1935
Foto Abraham Pisarek

tete an der zweiten Religionsschule der Jüdischen Gemeinde. In der Neuen Synagoge predigte er auch häufig im Rahmen von Jugendgottesdiensten sowie zu besonderen Anlässen, etwa dem Gedenkgottesdienst für die im Weltkrieg Gefallenen im März 1931.

Am 1.7.1925 beging Louis Blumenthal in der Neuen Synagoge sein 25jähriges Dienstjubiläum. Seine letzte Predigt hielt er hier im Februar 1935. Anläßlich seines 70jährigen Geburtstages fand am 1.2.1936 ein Festgottesdienst in der Neuen Synagoge statt. Die Leitung hatte der ebenfalls langjährig an der Synagoge amtierende Rabbiner Malvin Warschauer. In der im „Gemeindeblatt der Jüdischen Gemeinde zu Berlin" veröffentlichten Festansprache Warschauers hieß es: „... es war und ist keiner unter uns, der nicht seiner Persönlichkeit aufrichtige Hochachtung und warmes menschliches und kollegiales Empfinden entgegengebracht hätte. In sachlicher Ruhe und Besonnenheit, bei aller Treue gegen seine Überzeugungen auch im Widerstreit der Meinungen vornehm und frei von persönlicher Schärfe, so hat er mit uns ehrlich und treu durch Jahrzehnte am Wohle unserer Gemeinde gearbeitet."

Magnus Davidsohn

Oberkantor

Geb. am 2.11.1877 in Beuthen/Oberschlesien

Gest. am 21.8.1958 in Düsseldorf

Magnus Davidsohn studierte in Berlin an der Universität, an der Staatlichen Hochschule für Musik sowie am Rabbinerseminar. Anschließend war er drei

Jahre als Sänger an der Oper in Prag und von 1911 bis 1912 als Kantor in Gleiwitz in Oberschlesien tätig. Von 1912 bis 1938 wirkte er in Berlin als Oberkantor an der Synagoge Fasanenstraße sowie gelegentlich an der Neuen Synagoge.

Magnus Davidsohn war Vorsitzender des „Allgemeinen Deutschen Kantorenverbandes e.V. (Vereinigung jüdischer Kantoren)". Er komponierte selbst und unterrichtete am Lehrerseminar des „Preußischen Landesverbandes jüdischer Gemeinden". Im „Gemeindeblatt der Jüdischen Gemeinde zu Berlin" sowie in dem von ihm zeitweilig redaktionell betreuten Heft „Der jüdische Kantor" veröffentlichte er verschiedentlich Beiträge über synagogale und häusliche Gesänge. Anfang 1939 emigrierte Magnus Davidsohn nach England. In London war er wieder als Kantor und Lehrer tätig. 1956 kehrte er nach Deutschland zurück.

Abraham Geiger
Rabbiner
Geb. am 24. 5.1810 in Frankfurt am Main
Gest. am 23.10.1874 in Berlin

Vor seinem Amtsantritt in Berlin war Abraham Geiger Rabbiner in Wiesbaden, Breslau und Frankfurt am Main. 1870 folgte er einem Ruf nach Berlin und hielt am 7.2.1870 seine Antrittspredigt in der Neuen Synagoge. Dazu schrieb die „Allgemeine Zeitung des Judentums" am 8.2.1870: „Das große Gebäude war gedrängt voll, wie sonst nur an den hohen Festtagen. Der Redner sprach 1 1/2 Stunde. Der Eindruck war ein sehr günstiger. Er (...) machte Front gegen das Christentum wie gegen die sg. Orthodoxie in entschiedener Weise."

Abraham Geiger war ein bedeutender Vorkämpfer für eine Reform des Judentums und forschte auf dem Gebiet der Wissenschaft des Judentums. Er gab die „Wissenschaftliche Zeitschrift für jüdische Theologie" (1835–1847) und die „Jüdische Zeitschrift für Wissenschaft und Leben" (1862–1874) heraus und veröffentlichte zahlreiche Schriften, darunter „Was hat Mohammed aus dem Judentum aufgenommen?" (1833) und „Urschrift und Übersetzungen der Bibel in ihrer Abhängigkeit von der inneren Entwicklung des Judentums" (1857).

Die Eröffnung der Hochschule für die Wissenschaft des Judentums am 6.5.1872 in Berlin ist auch auf Geigers langjährige Bemühungen um die Errichtung einer jüdisch-theologischen Fakultät zurückzuführen. Sein Wunsch, zum Direktor des bereits 1854 in Breslau gegründeten Jüdisch-

Abraham Geiger, um 1874
Lithographie von Wilhelm Hecht nach Julius Kornick

theologischen Seminars berufen zu werden, hatte sich ebensowenig erfüllt wie die Begründung einer wissenschaftlichen jüdisch-theologischen Fakultät in Frankfurt am Main. So hatte er die Annahme seiner Berufung als Rabbiner nach Berlin von der Errichtung einer Hochschule abhängig gemacht. Zwei Jahre lang, bis zu seinem Tod im Jahre 1874, war Abraham Geiger als Dozent an der Hochschule tätig. In der Neuen Synagoge, „der Hauptstätte seiner bisherigen Wirksamkeit", wie die „Allgemeine Zeitung des Judentums" am 3.11.1874 schrieb, fand am 26.10.1874 die Trauerfeier für den Rabbiner statt. Offenbar war es, ähnlich wie auch sechs Jahre später nach dem Tode von Rabbiner Joseph Aub, schwierig, einen geeigneten Nachfolger für Geiger zu finden. Die „Allgemeine Zeitung des Judentums" schrieb am 21.9.1875: „Seit Geigers Tod ist die Rabbinerstelle vakant."

Leo Gollanin (Chaim Leb-Leo Goldberg)
Oberkantor
Geb. am 5.1.1872 in Riga
Gest. am 3.4.1948 in Berlin

Leo Gollanin, einer der bekanntesten Kantoren in Deutschland, kam 1884 nach Berlin und wirkte seit 1924 zu Gottesdiensten und bei Konzerten an der Neuen Synagoge. Er schuf auch eigene Kompositionen. Durch seine „arische" Ehefrau geschützt, konnte er in Berlin überleben.

Der in der Zeitschrift der Berliner Nachkriegsgemeinde „Der Weg" am 16.4.1948 veröffentlichte Nachruf beginnt mit folgenden Worten: „Mit dem Hinscheiden dieses großen Meisters des Chasonus ist eine Zierde unserer jüdischen Gemeinschaft in den Staub gesunken! Generationen jüdischer Menschen hat Leo Gollanin mit jener unvergeßlichen Gewalt und Pracht seiner Stimme, aber auch durch die große Würde als wahrer Priester und Diener Gottes zu den reinsten Höhen der Andacht emporgehoben."

Leo Gollanin, um 1935
Foto Abraham Pisarek

Oskar Guttmann
Chordirigent
Geb. am 16.6.1890 in Brieg/Schlesien
Gest. am 7.9.1943 in New York

Oskar Guttmann studierte an den Universitäten in Freiburg im Breisgau und Berlin Jura, bevor er sich ganz der Musik widmete. In Breslau war er als Theaterkapellmeister tätig, später auch als Musikkritiker und Pädagoge. Im Jahre 1929 wurde er als Dirigent an die Neue Synagoge verpflichtet, wo er bis zu seiner Emigration 1939 blieb. Bei Gottesdiensten und bei Konzerten stand er dem Synagogenchor vor, er schuf aber auch eigene Kompositionen. Sein hebräisches Oratorium „B'reschith", das er für ein Preisausschreiben des Jüdischen Kulturbundes komponierte, wurde am 26.11.1937 anläßlich der Weihe einer neuen Tora-Rolle in der Neuen Synagoge aufgeführt. Nach seiner Emigration über Norwegen in die USA wirkte Oskar Guttmann vornehmlich als Musikdirektor an der New Yorker Spanisch-Portugiesischen Synagoge. In einem Nachruf im „Aufbau" vom 17.9.1943 heißt es: „Als umfassend gebildeter Musiker und geistig aufgeschlossener Mensch hat Oskar Guttmann weit über die Kreise seiner Berufsgenossen hinaus reiches persönliches Ansehen genossen."

Oskar Guttmann
und seine Frau, 1942

Samson Hochfeld

Rabbiner
Geb. am 21.7.1871
Gest. am 10.8.1921 in Berlin

Samson Hochfeld studierte an den Universitäten in Berlin und Halle sowie an der Berliner Hochschule für die Wissenschaft des Judentums, wo er auch sein Rabbinerexamen ablegte. Er amtierte zunächst als Rabbiner in Frankfurt an der Oder und Düsseldorf. 1907 folgte er einem Ruf nach Berlin. Seine Amtseinführung fand im August 1907 in der Neuen Synagoge statt, wo er bis 1912 auch überwiegend wirkte. Bei der im April 1921 anläßlich des 100jährigen Geburtstages von Musikdirektor Louis Lewandowski in der Neuen Synagoge veranstalteten Gedenkfeier hielt Samson Hochfeld die Predigt.

An der Hochschule für die Wissenschaft des Judentums war Samson Hochfeld von 1908 bis 1921 als Dozent für Methodik des Religionsunterrichtes tätig. Einige seiner Predigten wurden gedruckt.

Grabkarte Samson Hochfeld
Jüdischer Friedhof Weißensee

Aron Joachim

Kantor
Geb. am 26.2.1834
Gest. am 18.6.1913 in Berlin

Aron Joachim war der erste Kantor, der an der Neuen Synagoge wirkte. Er amtierte auch zur Einweihung des Gotteshauses am 6.9.1866. Im Bericht der „Allgemeinen Zeitung des Judentums" vom 25.9.1866 über die Eröffnung der Synagoge heißt es: „Gedenken wir schließlich noch der trefflichen

Eigenschaften des neuen Vorbeters, Joachim, der ebensosehr durch sein gesungenes, wie durch sein gesprochenes Wort zur Weihe des Tages beigetragen" hat.

20 Jahre lang, von 1866 bis 1886 wirkte Aron Joachim als Hauptkantor an der Neuen Synagoge. Über die Beisetzung des im Alter von 79 Jahren Verstorbenen berichtete „Der Gemeindebote. Beilage zur Allgemeinen Zeitung des Judentums" am 27.6.1913: „Die ungeteilte Achtung und Wertschätzung, deren er sich bei Lebzeiten seitens der Berliner Jüdischen Bevölkerung erfreute, zeigte sich so recht an der überaus starken Teilnahme an seinem Leichenbegängnis. Aus den verschiedensten Kreisen und den entlegensten Stadtgegenden waren Männer und Frauen herbeigeeilt, um Aron Joachim die letzte Ehre zu erweisen. Die Trauerrede hielt Rabbiner Dr. Bergmann."

Hanns John (Jacobsohn)
Oberkantor
Geb. am 23.1.1890 in Berlin
Am 29.5.1942 in Sachsenhausen ermordet

Hanns John amtierte in den Jahren 1932 und 1933 an der Neuen Synagoge. Hier sang er auch bei Konzertveranstaltungen, so bei der deutschen Erstaufführung des Gottesdienstoratoriums „Awodass hakodesch" von Ernest Bloch im Juni 1935 und bei der Uraufführung des von Oskar Guttmann komponierten Schöpfungshymnus „B'reschith" im September 1937.

Im Oktober 1935 wurde allen „Juden die Führung von Künstlernamen mit oder ohne Verbindung mit ihrem Familiennamen" durch die nationalsozialistische Gesetzgebung untersagt. Das „Israelitische Familienblatt" wies darauf am 28.11.1935 wie folgt hin: „Das Deutsche Nachrichtenbüro teilt mit: In Vereinbarung mit dem Geheimen Staatspolizeiamt hat die zuständige Stelle im Reichsministerium für Volksaufklärung und Propaganda allen jüdischen Künstlern das Führen von sogenannten Künstlernamen (Pseudonymen) untersagt." Der Kantor Hanns John nannte sich fortan Hanns John Jacobsohn.

Hanns John gehörte zu denjenigen Juden, die nach einer Brandlegung durch Mitglieder der Widerstandsgruppe um Herbert Baum in der Ausstellung „Das Sowjetparadies" im Berliner Lustgarten im Mai 1942 verhaftet und erschossen wurden. Die Erschießungen fanden nicht, wie lange Zeit angenommen, in Berlin-Lichterfelde, sondern, wie Wolfgang Scheffler nachgewiesen hat, im Konzentrationslager Sachsenhausen statt.

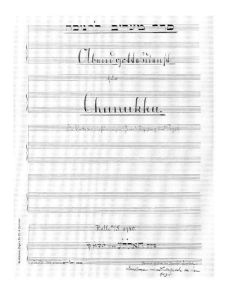

Abendgottesdienst für Chanukka
Für Vorbeter, einstimmigen
Gemeindegesang und Orgel
Halle a/S 1940
Zusammengestellt von
Hanns John Jacobsohn
Das Notenblatt trägt unter dem
Namen Hanns John Jacobsohn
den handschriftlichen Vermerk
von Rabbiner Martin
Riesenburger „Erschossen in
Lichterfelde von den Nazis".

Regina Jonas

Rabbinerin

Geb. am 3.8.1902 in Berlin

*Am 6.11.1942 nach Theresienstadt deportiert, am 12.10.1944
nach Auschwitz deportiert und dort ermordet*

Regina Jonas, um 1935

Regina Jonas studierte von 1924 bis 1930 an der Hochschule für die Wissenschaft des Judentums und legte hier 1930 ihre Prüfung als Religionslehrerin ab. In einer ihrer Examensarbeiten untersuchte und bejahte sie die Frage „Kann die Frau das rabbinische Amt bekleiden?". Erst Jahre später, im Dezember 1935, erhielt sie die Möglichkeit, sich bei Rabbiner Max Dienemann in Offenbach, damals Leiter der Geschäftsstelle des liberalen Rabbinerverbandes in Deutschland, der Rabbinerprüfung zu unterziehen. Am 1.8.1937 stellte die Berliner Gemeinde Regina Jonas ein und übertrug ihr vornehmlich den Religionsunterricht sowie die seelsorgerische Betreuung in den Altersheimen und im Krankenhaus. Darüber hinaus war sie in städtischen Einrichtungen als Seelsorgerin tätig. In der Neuen Synagoge hielt sie mehrfach Vorträge, oft auch in Verbindung mit Sabbatfeiern für Jugendliche und Erwachsene. Außerdem hielt Regina Jonas im Rahmen verschiedener jüdischer Einrichtungen Vorträge, in denen sie sich häufig mit der Rolle der Frau im Judentum beschäftigte. Regina Jonas mußte bis zu ihrer Deportation Zwangsarbeit in Berlin leisten. *(Siehe auch den Beitrag von Maren Krüger in diesem Band.)*

Neue Synagoge, Oranienburger Str. 29: Hawdalah (Sabbatausgangs-)-Feier: Sonnabend, **19.Februar,** 20 Uhr. Ansprache: Fräulein Rabb. Jonas. Musikalische Umrahmung unter Mitwirkung des Herrn Oberkantor Leo Goldberg-Gollanin. An der Orgel: Paul Lichtenstern.

Ankündigung einer Sabbatausgangs-Feier mit Regina Jonas am 19.2.1938 im „Jüdischen Gemeindeblatt für Berlin"

Alfred Jospe, um 1936

Alfred Jospe

Rabbiner

Geb. am 31.3.1909 in Berlin

Gest. im November 1994 in Washington

Alfred Jospe studierte von 1928 bis 1932 in Breslau an der Universität und bis 1934 am Jüdisch-theologischen Seminar der Stadt. 1932 wurde er mit seiner Arbeit über „Die Unterscheidung von Religion und Mythos bei Hermann Cohen und Ernst Cassirer in ihrer Bedeutung für die jüdische Religionsphilosophie" promoviert.

Von 1934 bis 1936 amtierte er als Rabbiner in Schneidemühl und von 1936 bis 1939 in Berlin. Bis 1938 amtierte Alfred Jospe regelmäßig an der Neuen Synagoge. Im November 1938 wurde er verhaftet und im Konzentrationslager Oranienburg inhaftiert. Im März 1939 emigrierte er über England in die USA. Noch im selben Jahr wurde er Rabbiner in Cleveland/Ohio, von

1939 bis 1944 amtierte er bei der Tree of Life Congregation in Morgantown/ West-Virginia. Auch nach seiner Pensionierung im Jahre 1975 engagierte er sich in mehreren amerikanischen und internationalen Organisationen und hielt zahlreiche Vorträge. In seinen Veröffentlichungen beschäftigte er sich vornehmlich mit religionsphilosophischen Fragen.

Albert Kellermann
Chordirigent
Geb. am 30.1.1863 in München
Gest. am 16.11.1927 in Berlin

Albert Kellermann wurde 1892 als erster Kapellmeister an die Neue Deutsche Oper in Berlin berufen. Ein Jahr später, am 1.1.1893, trat er nach Lewandowskis Pensionierung dessen Nachfolge als Chorleiter an der Neuen Synagoge an. Von einem „ganz eigenartigen Konzert zum Besten des 'Jüdischen Volkskindergartens'", das Albert Kellermann am 24.11.1901 veranstaltete, berichtete „Der Gemeindebote" am 5.12.1901: „Da die Musikaufführung die erste dieser Art war, läßt es sich nicht beurtheilen, ob und inwieweit die Mehrzahl der vorgeführten Gesänge ihren (...) Platz in einem derartigen Konzerte behaupten werden. (...) Herr Kapellmeister Kellermann hat nun die Aufgabe, musikalisch wertvollere Synagogenmusik in einer dem modernen Musikempfinden angebrachten Form zu Gehör zu bringen, mit großer Energie und mit musikalischem Feinsinn gelöst."

Am 1.1.1918 beging er sein 25jähriges Amtsjubiläum. Über die Feier berichtete am 8.1.1918 „Der Gemeindebote": „Um 12 Uhr fand in der Wohnung des Jubilars eine Feier statt, zu der sich als Vertreter des Gemeindevorstandes der Syndikus Herr Justizrat Lilienthal und Herr Blankenburg, der gesamte Vorstand der Neuen Synagoge, viele andere (...) eingefunden hatten. Die Feier wurde durch Quartettgesang eingeleitet (...), Oberkantor Klein sang ein tiefempfundenes Solo nach einer Kellermannschen Komposition."

Zu der Gedächtnisfeier für den verstorbenen Chordirigenten und Kapellmeister, die der Verein „Neue Synagoge" in der Neuen Synagoge am 5.2.1928 veranstaltete, wurden seine Kompositionen von Solistinnen, Oberkantor Leo Gollanin und dem Synagogenchor vorgetragen.

Der Verein „Neue Synagoge" veranstaltet am Sonntag, den 5. Februar, vormittags 11½ Uhr, in der Synagoge Oranienburger Straße, eine Gedächtnisfeier für den verstorbenen Chordirigenten, Herrn Kapellmeister Albert Kellermann, bei der Herr Rabbiner Dr. Warschauer die Gedächtnisrede halten wird, die Damen Charlotte Rosen, Frieda Wolf, Herr Oberkantor Leo Gollanin und der Chor der Neuen Synagoge Kompositionen des Verstorbenen zu Gehör bringen werden.

Ankündigung einer Gedächtnisfeier für Albert Kellermann im „Gemeindeblatt der Jüdischen Gemeinde zu Berlin", Februar 1928

Edmund Lehmann

Kantor

Geb. am 25.4.1896 in Berlin

Gest. am 7.3.1972 in Berlin

Edmund Lehmann war seit jungen Jahren als Chorsänger und – nachdem er im Jahre 1928 beim damaligen Oberkantor der Synagoge Lützowstraße Asch einen Kursus absolviert hatte – als Interimskantor bei der Jüdischen Gemeinde angestellt. Danach amtierte er regelmäßig zu den Hohen Feiertagen, 1937 und 1938 auch an der Neuen Synagoge.

Nachdem die Synagoge beschlagnahmt worden war, fanden die Gottesdienste in der nahegelegenen Synagoge der Reformgemeinde, Johannisstraße, statt. Auch hier war Edmund Lehmann als Kantor tätig. Bei den bis zum Herbst 1942 allabendlich in der Alten Synagoge in der Heidereutergasse stattfindenden Gottesdiensten amtierte er ebenfalls.

Durch seine „arische" Ehefrau geschützt, überlebte Edmund Lehmann in Berlin. Sein Name findet sich in der vom August 1945 stammenden „Liste II", einem „Verzeichnis jener nach der Befreiung durch die Alliierten in Berlin registrierten Juden, welche der Pflicht zum Tragen des Judensternes (...) unterworfen waren, deren Deportation jedoch aus Rücksicht auf die arische Ehehälfte zurückgestellt war". Insgesamt gab es drei derartige Listen.

Nach dem Krieg wirkte er bis zu seinem Tod im Jahre 1972 als Prediger und Kantor der Berliner Jüdischen Gemeinde. Er amtierte vornehmlich an der Synagoge Pestalozzistraße. In einem Nachruf der „Jüdischen Allgemeinen Wochzeitung" hieß es: „Seit Jahren war Edmund Lehmann Ratsmitglied und stellvertretender Vorsitzender der Arbeitsgemeinschaft der Kirchen und Religionsgemeinschaften in Berlin. In dieser Eigenschaft hielt er zahlreiche Referate über jüdische Themen in verschiedenen Volkshochschulen. (...) er hat sich durch die ausstrahlende Güte seines Wesens und seine menschliche Haltung Dank und Anerkennung erworben."

Anzeige für Kompositionen von Louis Lewandowski in der „Allgemeinen Zeitung des Judentums", 18.4.1876

Louis (Lazarus) Lewandowski

Chordirigent und Komponist

Geb. am 3.4.1821 in Wreschen/Posen

Gest. am 3.2.1894 in Berlin

Nachdem Louis Lewandowski zunächst als Chordirigent an der Alten Synagoge Heidereutergasse tätig war, verpflichtete ihn die Gemeinde im Jahre 1866 an die neuerbaute Synagoge in der Oranienburger Straße. Hier

תּוֹדָה וְזִמְרָה

Todah W'simrah.

Vierstimmige Chöre und Soli für den israelitischen Gottesdienst, mit und ohne Begleitung der Orgel (ad libitum).

Componirt und herausgegeben von L. Lewandowski, Königl. Preußischer Musikdirector und Dirigent der Synagogen=Chöre an der jüd. Gemeinde zu Berlin.

Erster Theil: Sabbath. Preis 20 Reichsmark netto.

Zu beziehen durch den Componisten, Marien=Straße 17, II.

Der zweite Theil, die Chöre u. Soli für sämmtliche Feste des Jahres, sowie Gesänge zu verschiedenen Gelegenheiten enthaltend, wird im Laufe dieses Sommers erscheinen.

konnte er neben dem gemischten Chor auch eine große Orgel in die musikalische Gestaltung des Gottesdienstes einbeziehen.

Louis Lewandowskis kompositorisches Werk ist äußerst umfangreich. Neben seiner Tätigkeit an der Neuen Synagoge erteilte er auch Unterricht an der Knabenschule der Jüdischen Gemeinde. Anläßlich seines 25jährigen Amtsjubiläums wurde Louis Lewandowski zum Königlichen Musikdirektor ernannt, und 25 Jahre später, zu seinem 50jährigen Amtsjubiläum, verlieh ihm die Akademie der Künste den Titel eines Musikprofessors. Am 8.2.1894 veröffentlichte „Die jüdische Presse" einen Nachruf auf den fünf Tage zuvor verstorbenen „verdienten Beamten, den Reorganisator und Bereicherer des jüdischen Gesanges". Trauerreden auf dem Friedhof in Weißensee hielten der ebenfalls eng mit der Neuen Synagoge verbundene Rabbiner Siegmund Maybaum und Michael Holzman, Direktor der Knabenschule und Lehrerbildungsanstalt. *(Siehe auch den Beitrag von Hermann Simon in diesem Band.)*

Manfred Lewandowski
Oberkantor
Geb. am 1.9.1895 bei Hamburg
Gest. 1970 in Philadelphia

Manfred Lewandowski war ein Großneffe von Louis Lewandowski, dem ersten Chordirigenten der Neuen Synagoge.

Von 1921 bis 1923 war Manfred Lewandowski Oberkantor in Königsberg/Ostpreußen. Im Sommer 1923 folgte er einer Berufung als Oberkantor und Musikdirektor an die Synagoge Markgraf-Albrecht-Straße in Berlin. 1932 und 1933 amtierte er auch an der Neuen Synagoge. Neben seiner Tätigkeit als Kantor trat er auch als Konzertsänger, z.B. zusammen mit Caruso und Joseph Schmidt, auf und sang in der 1924 neugegründeten „Berliner Funkstube". Im Juli 1938 emigrierte er nach Frankreich und 1939 in die USA. Als Kantor und Lehrer war er zunächst in New York, später in Philadelphia tätig.

Julius Lewkowitz
Rabbiner
Geb. am 2.12.1876 in Georgenberg/Oberschlesien
Am 12.3.1943 nach Auschwitz deportiert und dort ermordet

Nach intensiven jüdischen Studien unter Leitung seines Vaters Salomon Lewkowitz und des Beuthener Rabbiners Leo Kopfstein studierte Julius

Lewkowitz zeitgleich an der Universität Berlin, wo er auch promoviert wurde, und am Rabbinerseminar. Am Jüdisch-theologischen Seminar in Breslau setzte er seine Studien fort und legte hier sein Rabbinerexamen ab. In den Jahren 1902 bis 1912 wirkte er als Rabbiner in Schneidemühl, bis er auf Vorschlag des Berliner Gemeindevorstandes nach Berlin berufen wurde.

Im Juni 1911 hielt er in der Neuen Synagoge eine Gastpredigt. Am 27.12.1912 wurde er zusammen mit Rabbiner Leo Baeck „in der festlich geschmückten Neuen Synagoge", wie das „Gemeindeblatt" am 10.1.1913 berichtete, in sein Amt eingeführt. Rabbiner Lewkowitz wirkte hauptsächlich an der Synagoge Lewetzowstraße. In der Neuen Synagoge übernahm er häufig Jugendgottesdienste. In seinen Schriften, z.B. in „Gott und Mensch" (1915), „Die Grundsätze des jüdisch religiösen Liberalismus" (1924) und „Die Ethik des Judentums", griff er vornehmlich Probleme der jüdischen Religionswissenschaft auf.

Julius Lewkowitz

Paul Lichtenstern
Organist
Geb. am 19.2.1903 in Leobersdorf bei Wien
Gest. 1991 in London
Paul Lichtenstern war von 1937 bis 1939 Organist an der Neuen Synagoge. Er hatte eine Ausbildung als Pianist und wurde von dem katholischen Kirchenmusiker und Organisten Artuhr Zepke (1925 bis 1935 Organist an der Neuen Synagoge) ins Orgelspiel eingeführt. An einigen Konzerten in der Neuen Synagoge wirkte er als Organist mit. Im Jahre 1939 konnte Paul Lichtenstern nach England emigrieren.

Hans Löwenthal
Rabbiner
Geb. am 26.5.1912 in Berlin
Am 29.11.1942 nach Auschwitz deportiert und dort ermordet
Hans Löwenthal studierte ab 1932 an der Berliner Universität und gleichzeitig an der Hochschule für die Wissenschaft des Judentums, wo er 1939 seine Examensprüfungen ablegte. Bereits während seiner Ausbildungszeit engagierte er sich im Wohlfahrt- und Jugendamt der Berliner Jüdischen Gemeinde, wirkte als Prediger, gab Bibelstunden und hielt seelsorgerliche Sprechstunden ab. 1939 wurde Hans Löwenthal „ehrenamtlicher Mitarbeiter der Durchwanderungsbehörde der Gemeinde und gleichzeitig Krankenhaus-

und Gefängnisseelsorger; diese Tätigkeit behielt er bis zu seiner Deportation bei", schreibt Ernst G. Lowenthal in seinem Gedenkbuch „Bewährung im Untergang". 1939 und Anfang 1940 amtierte Hans Löwenthal auch in der Neuen Synagoge.

Ignaz Maybaum
Rabbiner
Geb. am 2.3.1897 in Wien
Gest. am 12.3.1976 in London

Ignaz Maybaum, um 1936

Ignaz Maybaum studierte in Berlin an der Hochschule für die Wissenschaft des Judentums, wo er 1926 sein Rabbinerexamen ablegte. Von 1926 bis 1928 war er Rabbiner in Bingen am Rhein und von 1928 bis 1936 in Frankfurt an der Oder. Am 18.12.1935 wurde er von der Gestapo verhaftet und bis 21.1.1936 im Berliner Columbia-Haus inhaftiert.

Zum 1.8.1936 wurde Ignaz Maybaum von der Berliner Jüdischen Gemeinde als Rabbiner angestellt, seine Amtseinführung fand in der Synagoge Lindenstraße statt. Ignaz Maybaum amtierte vornehmlich in der Synagoge Markgraf-Albrecht-Straße in Wilmersdorf. In der Neuen Synagoge predigte er nur gelegentlich 1936 und 1937. Seit August 1935 war Ignaz Maybaum auch als Dozent für Bibelexegese, biblische Geschichte und Religionsphilosophie an der Jüdischen Lehrerbildungsanstalt Berlin beim „Preußischen Landesverband jüdischer Gemeinden" tätig.

Im Jahre 1939 emigrierte er nach England. Er wurde zunächst Prediger einer deutschsprachigen Gemeinde in London. Von 1941 bis 1945 war er für das englische Hilfsprogramm für die Flüchtlingsjugend tätig. Ab 1948 amtierte er bis zu seiner Pensionierung im Jahre 1964 als Rabbiner in Edgeware und London.

Im Frühsommer 1980 wurde in London ein nach Ignaz Maybaum benannter Studienförderungsfonds geschaffen. Dieser Fonds ist eng verbunden mit dem 1956 gegründeten Londoner Leo Baeck College, an dem Maybaum von 1956 bis 1976 Dozent für Theologie, vergleichende Religionswissenschaften und Homiletik war.

Mitteilung über
die Freilassung von
Ignaz Maybaum
in der Wiener Zeitung
„Der Tag", 25.1.1936

Rabbiner Maibaum freigelassen

Berlin, 24. Jänner. (J. T. A.)

Der am 18. Dezember von der Gestapo verhaftete und im Berliner Columbia-Haus festgehaltene Rabbiner von Frankfurt a. d. Oder, Ignatz Maibaum, wurde am 21. Jänner freigelassen. Die Festnahme erfolgte wegen angeblicher „staatsschädigender" Äußerungen in einer privaten jüdischen Konferenz, bei der im ganzen acht Personen anwesend waren. Da sich im Verlauf der Untersuchung nichts Belastendes gegen Rabbiner Maibaum ergab, wird eine Anklage gegen ihn nicht erhoben werden.

S. Adler-Rudel, der seit vielen Jahren in Deutschland lebende Führer der jüdischen sozialen Fürsorge, gegen den ein Ausweisungsbefehl erging, hat am 21. Jänner Deutschland verlassen.

Siegmund Maybaum

Rabbiner
Geb. am 29.4.1844 in Miskolc/Ungarn
Gest. am 31.7.1919 in Berlin

Siegmund Maybaum erhielt seine erste Ausbildung an den Talmudschulen in Eisenstadt und Preßburg und studierte dann am Jüdisch-theologischen Seminar in Breslau sowie an der Universität in Halle, wo er auch promoviert wurde. Er amtierte als Rabbiner in Alsó-Kubin (Dolný-Kubín) und Zatec. Im Jahre 1881 berief ihn die Jüdische Gemeinde nach Berlin, wo er bald als „hervorragender Kanzelredner" geschätzt wurde. Viele seiner Predigten wurden gedruckt. 1910 erschienen in Berlin acht Bände seiner „Predigten und Schrifterklärungen". In der Neuen Synagoge predigte Siegmund Maybaum bis etwa 1908 regelmäßig. Ab 1888 unterrichtete er 30 Jahre lang als Dozent für Homiletik an der Hochschule für die Wissenschaft des Judentums. Er stand auch dem 1896 gegründeten „Allgemeinen Rabbiner-Verband in Deutschland" einige Jahre vor.

Am 13.12.1918 berichtete „Der Gemeindebote" über das „goldene Doktorjubiläum", das Siegmund Maybaum am 10.12.1918 beging. Zu seinen bekanntesten Schriften zählen: „Die Entwicklung des israelitischen Priestertums" (1880), „Jüdische Homiletik" (1890) und die „Methodik des jüdischen Religionsunterrichts" (1896).

Siegmund Maybaum

Max Nussbaum, um 1935
Foto Abraham Pisarek

Max Nussbaum

Rabbiner
Geb. am 4.4.1910 in Suczawa/Bukowina
Gest. am 19.7.1974 in Hollywood

Max Nussbaum studierte von 1929 bis 1932 an den Universitäten in Breslau und Heidelberg. 1933 wurde er in Würzburg promoviert. Von 1929 bis 1934 studierte er auch am Jüdisch-theologischen Seminar in Breslau, wo er 1934 sein Rabbinerexamen ablegte. Von 1935 bis zu seiner Emigration im Jahre 1940 amtierte Max Nussbaum als Gemeinderabbiner in Berlin. An der Neuen Synagoge wirkte er in den Jahren von 1935 bis 1939. Am 20.1.1940, zwei Monate vor dem letzten Gottesdienst in der Neuen Synagoge, predigte er hier zum letzten Mal. 1940 gelang ihm die Emigration in die USA. Hier wirkte er an verschiedenen Orten als Rabbiner, zuletzt in Hollywood. Er stand ferner zahlreichen Organisationen, Vereinigungen und Gesellschaften haupt- bzw. ehrenamtlich vor und war besonders auf religionsphilosophischem Gebiet publizistisch tätig.

Titelblatt des Jugendbuches:
Die Geschichten der Bibel.
Der Jüdischen Jugend neu erzählt
von Joachim Prinz,
illustriert von Heinz Wallenberg,
Berlin 1937

Joachim Prinz
Rabbiner
Geb. am 10.5.1902 in Burkhardsdorf/Oberschlesien
Gest. am 30.9.1988 in den USA

Joachim Prinz war Hörer an der Hochschule für die Wissenschaft des Judentums, studierte von 1922 bis 1923 an der Berliner Universität und bis 1925 am Jüdisch-theologischen Seminar in Breslau, wo er auch sein Rabbinerexamen ablegte. 1924 wurde er an der Universität Giessen promoviert.

1926 kam er nach Berlin und wurde hier an den „Friedenstempel", die Synagoge Markgraf-Albrecht-Straße, berufen. Hier amtierte er bis zu seiner Emigration im Jahre 1937. In der Neuen Synagoge predigte er gelegentlich in den Jahren 1934 und 1935.

In seinen Predigten nach 1933 ermutigte Prinz, der Zionist war, die Juden, „ihre Selbstachtung zu bewahren". Insbesondere die Jugend forderte er auf, „nicht zu verzweifeln, sondern sich ein neues Leben aufzubauen in Erez Israel", wie es in einem Nachruf des „Aufbau" hieß. Seine Gedanken legte er in dem 1934 erschienenen und damals vielgelesenen Buch „Wir Juden" nieder. Prinz selbst ging aber nicht nach Palästina, sondern emigrierte 1937 in die USA. Ab 1939 war er dort wieder als Rabbiner tätig. Im Jahre 1946 wurde er in den Vorstand des American Jewish Congress gewählt, dessen Vorsitzender er dann ab 1958 für acht Jahre war. Joachim Prinz engagierte sich außerdem für den Aufbau und Bestand des Leo Baeck Institutes in New York.

Zu seinem umfangreichen literarischen Schaffen gehören z.B. folgende Arbeiten: „Jüdische Geschichte" (1931), „Die Geschichten der Bibel" (1934), „Der Freitagabend" (1935) und „Das Leben im Ghetto" (1937). In den USA erschienen u.a.: „The Dilemma of the Modern Jew" (1962) und „The Secret Jews" (1973).

Adolf Rosenzweig
Rabbiner
Geb. am 20.10.1850 in Turdossin/Ungarn
Gest. am 16.8.1918 in Kolberg, beerdigt am 23.8.1918 in Berlin

Adolf Rosenzweig studierte in Eisenstadt, Budapest und Berlin und wurde in Leipzig promoviert. An der Berliner Hochschule für die Wissenschaft des Judentums legte er sein Rabbinerexamen ab. Er amtierte ab 1875 zunächst in Pasewalk, dann in Birnbaum und Teplitz; 1887 kam er nach Berlin. Hier war er mehr als 30 Jahre lang als Gemeinderabbiner tätig.

An der Neuen Synagoge amtierte Rosenzweig häufig auch bei Jugendgottesdiensten und bei der „Einsegnung von Konfirmandinnen", wie die „Allgemeine Zeitung des Judentums" damals die Einsegnungen der Mädchen (Bat Mizwa) nannte. Am 26.5.1899 hieß es dort z.B.: „Nach dem Einleitungsgesange des Chores ergriff Dr. Rosenzweig das Wort zu einer zu Herzen gehenden Predigt. (...) Eine der Konfirmandinnen legte alsdann für alle das Glaubensbekenntnis ab. (...) Das Schlußwort wurde von einer der Konfirmandinnen in Form eines Gebetes gesprochen." Sein 25jähriges Amtsjubiläum beging er am 11.10.1912 in der Neuen Synagoge. Hier fand auch die Trauerfeier für den beliebten Prediger und Seelsorger statt. Die von Adolf Rosenzweig selbstgewählte Grabinschrift lautet: „die Lehre der Wahrheit war in seinem Mund, kein Falsch oder Unrecht war auf seinen Lippen".

In seiner Forschung beschäftigte sich Rosenzweig besonders mit historischen und archäologischen Fragestellungen. Er schrieb u.a.: „Das Jahrhundert nach dem babylonischen Exil mit besonderer Rücksicht auf die religiöse Entwicklung des Judentums" (1885), „Das Auge in Bibel und Talmud" (1895), „Kleidung und Schmuck in Bibel und talmudischen Schriften" (1905).

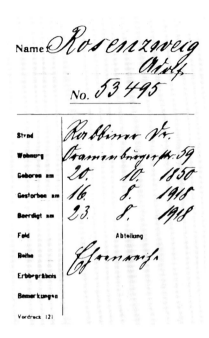

Grabkarte Adolf Rosenzweig
Jüdischer Friedhof Weißensee

Hermann Max Sänger

Rabbiner
Geb. 1909 in Breslau
Gest. am 24.1.1980 in Melbourne

Hermann Sänger studierte u.a. in Berlin, Breslau und Cambridge. 1933 trat er in den Dienst der Berliner Gemeinde und amtierte von 1934 bis 1936 auch an der Neuen Synagoge. 1936 folgte er einem Ruf nach Melbourne. In Australien gilt er heute als Begründer des dortigen liberalen Judentums. In seiner Antrittsrede in der Beth Israel Synagoge in Melbourne, die das „Gemeindeblatt der Jüdischen Gemeinde zu Berlin" am 10.1.1937 veröffentlichte, sagte er: „Wir liberalen Juden folgen nur den Spuren unserer Vorfahren, denn wir wollen nicht, daß unser Judentum ein Ausstellungs-Objekt in einem Museum für Antiquitäten ist – die Überreste einer längst vergessenen Vergangenheit. – Wir wollen als Juden leben, begeistert und eifrig, nicht nur als loyale Juden, die dem Judentum geben, was ihm an Tradition und Pietät gebührt. Wir wollen es auf der wahren Grundlage unserer Existenz aufbauen." Rabbiner Sänger setzte sich besonders „dafür ein, vielen von Hitler bedrohten jüdischen Flüchtlingen die Einwanderung nach Australien zu ermöglichen", wie der „Aufbau" in einem Nachruf vom 8.2.1980 schrieb.

Martin Salomonski

Rabbiner

Geb. am 24.6.1881 in Berlin
Am 19.6.1942 nach Theresienstadt deportiert, im Herbst 1944
nach Auschwitz deportiert und dort ermordet

Martin Salomonski studierte in Berlin an der Universität und an der Hochschule für die Wissenschaft des Judentums, wo er auch sein Rabbinerexamen ablegte. In Tübingen wurde er promoviert. Im Jahre 1910 berief ihn die Jüdische Gemeinde in Frankfurt an der Oder zu ihrem Rabbiner. Während des Ersten Weltkrieges war er als Feldrabbiner in Frankreich. 1925 trat er in den Dienst der Berliner Jüdischen Gemeinde, zunächst als Religionslehrer und dann als Rabbiner an der „Liberalen Synagoge Norden", Schönhauser Allee. Diese private, im Jahre 1923 auf Initiative von Hermann Falkenberg und Josua Falk Friedländer gegründete Synagoge befand sich im Gebäude des Baruch Auerbach'schen Waisenhauses. An der Neuen Synagoge amtierte Martin Salomonski 1930 bis 1934 und 1939 bis 1940.

Salomonskis soziales und seelsorgerisches Engagement, besonders in der Altenfürsorge, war groß. Er gründete drei Altersheime, eins in Landsberg an der Warthe und zwei in Berlin (in der Lützowstraße und in der heute nicht mehr existierenden Lietzmannstraße). Salomonski war nach 1933 auch Leiter des von der Jüdischen Gemeinde zur Verbesserung ihrer finanziellen Lage eingerichteten „Aufbringungswerkes". Er schrieb Zeitungsartikel (z.B. „Selbsterziehung", 1933, „Die Sozialarbeit des Rabbiners", 1938), religiös-liturgische Broschüren, Kalender, aber auch Romane wie „Zwei im anderen Land" (1934). Seine Gedichte und seine Kompositionen für Orgel blieben nicht erhalten.

Martin Solomonski

Josef Stier

Rabbiner

Geb. 12.4.1843 in Waag-Neustadtl/Ungarn
Gest. am 4.2.1919 in Berlin

Josef Stier studierte an der Universität in Wien und am Jüdisch-theologischen Seminar in Breslau. Im Jahre 1871 wurde er nach Steinamanger in Ungarn als Rabbiner berufen. 1890 folgte er einem Ruf der Berliner Jüdischen Gemeinde. Am 9.1.1891 erfolgte seine Amtseinführung in der Neuen Synagoge. Dazu versammelten sich, wie „Der Gemeindebote" am 15.1.1891 berichtete, „kurz vor Beginn des Abendgottesdienstes Vertreter des Gemeinde-Vorstandes, der Repräsentanten-Versammlung und der Synagogen-Vorstände, um den zum Rabbiner der hiesigen Gemeinde gewählten Herrn Dr. Stier zu begrüßen und feierlich in sein Amt einzuführen". Einen Tag später hielt Josef Stier seine Antrittspredigt in der Neuen Synagoge. Bis 1913 amtierte er regelmäßig in der Neuen Synagoge, oft auch bei Jugendgottesdiensten. In der Alten Synagoge Heidereutergasse fand am 9.2.1919 die Trauerfeier für den beliebten Prediger statt. Der Synagogenchor und Oberkantor Aron Friedmann umrahmten mit ihrem Gesang die von Samson Weisse, ebenfalls Rabbiner an der Neuen Synagoge, gehaltene Gedächtnisrede. „Der Gemeindebote", die Beilage der„Allgemeinen Zeitung des Judentums", berichtete am 14.2.1919 ausführlich über die Trauerfeierlichkeiten.

Josef Stier schrieb u.a.: „Priester und Propheten" (1884, Teil 1), „Theismus und Naturwissenschaft in ihrem Verhältnis zur Bibel" (1896), „Die Ehre in der Bibel" (1897).

Manfred Swarsensky
Rabbiner
Geb. am 22.10.1906 in Marienfließ/Pommern
Gest. im November 1981 in Madison

Manfred Swarsensky studierte von 1925 bis 1930 an den Universitäten in Berlin und Würzburg, wurde 1930 promoviert und studierte außerdem von 1925 bis 1932 an der Berliner Hochschule für die Wissenschaft des Judentums, wo er auch sein Rabbinerdiplom erhielt. 1932 trat er als Religionslehrer in den Dienst der Berliner Jüdischen Gemeinde. Im Frühjahr 1934 erfolgte seine Wahl zum Gemeinderabbiner. Er amtierte bis zur Zerstörung des Gotteshauses im November 1938 an der Synagoge in der Prinzregentenstraße, predigte aber auch in den Synagogen Fasanenstraße, Rykestraße und 1933 bis 1935 in der Neuen Synagoge. Nach dem 10.11.1938 wurde Manfred Swarsensky im Konzentrationslager Sachsenhausen inhaftiert und am 14.12.1938 entlassen. Ein ehemaliger Studienkollege schrieb in einem Nachruf im New Yorker „Aufbau" vom 11.12.1981: „Klug, gütig, durchaus aufrichtig, mit jüdischer Tradition zutiefst vertraut und den Bedürftigen immer zugänglich, sehe ich ihn noch, wie er auf der Kanzel stand; dort predigte Swarsensky, in jungen Jahren schon Gemeinderabbiner, mit Mut, Eleganz und Demut im Sinne des Propheten Micha: 'Es ist dir gesagt worden, o Mensch, was gut ist und was der Herr fordert von dir...' (Mich. 6,8)".

Von 1932 bis 1938 war Manfred Swarsensky Mitglied der „Vereinigung Liberaler Rabbiner in Deutschland" und von 1936 bis 1938 Vorstandsmitglied des „Centralvereins der Juden in Deutschland". Im März 1939 emi-

Manfred Swarsensky, um 1936

grierte er in die USA. Von 1940 bis 1976 wirkte er als Rabbiner am Temple Beth El in Madison. Von 1950 bis 1976 nahm er auch die Aufgaben eines Militärrabbiners an verschiedenen Militärkrankenhäusern wahr.

Neben zahlreichen Artikeln schrieb er u.a.: „Die Begräbnis- und Trauerliturgie der Samaritaner nach zwei Handschriften der preußischen Staatsbibliothek" (Diss. 1930), „Jüdische Religion gestern und heute" (1935), „From Generation to Generation" (1955). Zu seinen letzten Publikationen gehört der im „Aufbau" veröffentlichte Aufsatz „Beyond Auschwitz, Building Bridges" (1980).

Malvin Warschauer
Rabbiner
Geb. am 26.10.1871 in Kanth bei Breslau
Gest. am 27.1.1955 in Woking/England
Malvin Warschauer studierte an der Hochschule für die Wissenschaft des Judentums. Noch bevor er hier sein Rabbinerexamen ablegte, amtierte er häufig im Rahmen von Jugendgottesdiensten an der Neuen Synagoge. Im Jahre 1900 stellte ihn, auf Empfehlung seines Lehrers Rabbiner Siegmund Maybaum, die Berliner Jüdische Gemeinde als Prediger und später als Gemeinderabbiner ein. Er amtierte an der Synagoge Lindenstraße und ab 1903 an der Neuen Synagoge. Am 2.1.1925 wurde sein 25jährigen Dienstjubiläum in der Neuen Synagoge gefeiert.

Zehn Jahre später, im Februar 1935, hielt er für Max Liebermann, den berühmten Maler und Förderer des Jüdischen Museums, auf dem Friedhof Schönhauser Allee die Trauerrede. Wohl auf Bitte der Witwe Liebermanns wurde sie mitstenographiert und konnte so überliefert werden.

Im September 1936 predigte er zum letzten Mal in der Neuen Synagoge. Seine letzte Predigt in Berlin hielt er im November 1938 in der Synagoge Lindenstraße.

Auch nach seiner Emigration nach England im Frühjahr 1939 wirkte Malvin Warschauer als Lehrer und Prediger. Er schrieb u.a.: „Von Gottes Wesen und Eigenschaften" (1941). *(Siehe auch die in diesem Band abgedruckte Rede von Malvin Warschauer.)*

Malvin Warschauer, um 1950

Samson Weisse

Rabbiner

Geb. am 20.1.1857 in Waag-Neustadtl/Ungarn

Gest. 1946 in London

Samson Weisse war Landesrabbiner in Dessau, bevor ihn die Jüdische Gemeinde im Jahre 1891 nach Berlin holte. Als Rabbiner und Lehrer war er gleichermaßen geschätzt. Er engagierte sich besonders im Schulwesen der Gemeinde sowie für die Gemeindebibliothek. Bis zum Jahre 1929, auch noch in hohem Alter, amtierte Rabbiner Weisse regelmäßig an der Neuen Synagoge. Oftmals wirkte er auch bei Jugendgottesdiensten mit.

Samson Weisse

Anläßlich seines achtzigsten Geburtstages schrieb das „Jüdische Gemeindeblatt" am 17.1.1937: Rabbiner Weisse „war es gegeben, während seiner Tätigkeit ganze Generationen von jüdischen jungen Menschen zu erziehen, sie mit dem Geist des Judentums vertraut zu machen und ihnen die jüdische Geschichte zu offenbaren. In Tausenden von jüdischen Familien hat Dr. Weisse eine überaus erfolgreiche seelsorgerliche Tätigkeit ausgeübt. So wie die Herzen der jungen Menschen ihm zugetan waren, so schätzte ihn die erwachsene Generation wegen der Ausgeglichenheit und Milde seines Wesens, wegen seiner Bereitwilligkeit, durch Wort und Tat zu helfen. Für Dr. Weisse war jede seelsorgerliche Angelegenheit (...) eine Sache von individueller Bedeutung, er wußte, daß jedem Menschen seine eigenen Sorgen am wichtigsten sind, (...). Es gibt kaum ein jüdisches Haus in Berlin, in welchem während seiner 40jährigen Amtszeit Dr. Weisse als Rabbiner nicht gewirkt hätte."

Max Weyl

Rabbiner

Geb. am 17.2.1873 in Berlin

Am 24.8.1942 nach Theresienstadt deportiert,

dort am 27.9.1942 umgekommen

Max Weyl studierte von 1890 bis 1894 an der Berliner Universität sowie am Rabbinerseminar. Sein Rabbinerexamen legte er jedoch nicht an dieser orthodoxen Ausbildungsstätte, sondern vor einer vom „Verband der liberalen Rabbiner Deutschlands" für solche Fälle eingesetzten Kommission ab. Von 1896 bis 1900 amtierte er als Prediger in Spandau, danach war er Rabbiner in Konitz in Westpreußen, von 1911 bis 1913 Bibliothekar an der Hochschule für die Wissenschaft des Judentums und von 1913 bis 1917 Rabbiner in Kaiserslautern.

Ab 1917 amtierte er in Berlin, vornehmlich an den Synagogen Kaiserstraße und Rykestraße, von 1929 bis 1939 aber auch häufig an der Neuen Synagoge. Am 25.7.1942 predigte er hier vermutlich zum letzten Mal. Der Gottesdienst fand nun nicht mehr in der Synagoge selbst, sondern in dem über dem Vorraum gelegenen Repräsentantensaal statt. Vier Wochen später wurde Max Weyl, damals bereits im Ruhestand, nach Theresienstadt deportiert.

Max Wiener
Rabbiner
Geb. am 22.4.1882 in Oppeln/Oberschlesien
Gest. am 30.6.1950 in New York

Max Wiener studierte an den Universitäten in Berlin und Breslau sowie an der Hochschule für die Wissenschaft des Judentums und am Breslauer Jüdisch-theologischen Seminar, bevor er von 1909 bis 1912 als Rabbiner in

Max Wiener, um 1935
Foto Abraham Pisarek

Düsseldorf und von 1912 bis 1926 in Stettin wirkte. Im Jahre 1926 kam er als Gemeinderabbiner nach Berlin. Als Dozent an der Hochschule für die Wissenschaft des Judentums lehrte er jüdische Religionsphilosophie. Max Wiener war Mitglied in der Philosophischen Kommission der Akademie für die Wissenschaft des Judentums, Mitglied in der Geschäftsstelle der Vereinigung der liberalen Rabbiner Deutschlands, Vorstandsmitglied im Jüdischen Kulturbund und Mitherausgeber des „Jüdischen Lexikons".

An der Neuen Synagoge predigte er gelegentlich im Jahre 1939. Er hielt am 4.4.1939 auch die erste Predigt in der Neuen Synagoge nach dem Novemberpogrom. Im August 1939 emigrierte er im Alter von 57 Jahren in die USA. Von 1939 bis 1941 war er als Dozent am Hebrew Union College in Cincinnati in Ohio tätig. Ab 1941 konnte er wieder als Rabbiner amtieren, seit 1943 in New York.

Zu seinen religionsphilosophischen Schriften gehören: „Die Anschauungen der Propheten von der Sittlichkeit" (1909), „Jüdische Frömmigkeit und religiöses Dogma" (1924), „Jüdische Religion im Zeitalter der Emanzipation" (1933).

Moritz Winter

Rabbiner
Geb. am 9.11.1886 in Magdeburg
Gest. am 14.7.1971 in San Francisco

Moritz Winter studierte von 1905 bis 1908 an den Universitäten in Berlin und Heidelberg. 1908 wurde er mit einer Arbeit über „Die Koch- und Tafelgeräte in Palästina zur Zeit der Mischnah" promoviert. Von 1905 bis 1913 studierte er außerdem an der Hochschule für die Wissenschaft des Judentums, wo er 1913 auch sein Rabbinerexamen ablegte. Wie viele seiner Amtskollegen wirkte Moritz Wiener während des Ersten Weltkrieges als Feldrabbiner. 1912 war er Rabbiner in Leipzig und von 1913 bis 1921 Rabbiner in Königsberg.

Seit 1924 war er als Rabbiner und Religionslehrer für den „Religionsverein Jüdischer Glaubensgenossen in Steglitz" (bis 1936) und für den „Jüdischen Religionsverein Friedenau-Steglitz und Umgebung e.V." (bis 1939) tätig. In der Neuen Synagoge predigte er gelegentlich im Jahre 1937. Im April 1939 emigrierte er nach Shanghai und später weiter in die USA.

Dort war er für ein Jahr als Hilfsrabbiner in San Francisco, später als Religionslehrer an der Welfare Federation Hebrew School und als Bibliothekar am Jewish Community Centre in Oakland tätig.

Moritz Winter auf einer
Gedenkveranstaltung des
„Reichsbundes Jüdischer
Frontsoldaten" im Februar 1937
auf dem Jüdischen Friedhof
Weißensee
Foto Abraham Pisarek

Arthur Zepke

Organist
Geb. am 20.12.1892 in Berlin
Gest. am 27.7.1973 in Berlin

Arthur Zepke erhielt seine Ausbildung in Orgelspiel und Chorleitung an der Staatlichen Hochschule für Musik und Darstellende Kunst in Berlin. 1913 legte er hier sein Examen ab. Danach war er zehn Jahre in Gnesen in Posen tätig, zunächst als Domorganist und Chorleiter, später als Professor für liturgischen Gesang am dortigen Priesterseminar. 1923 kam der katholische Musiker zurück nach Berlin und nahm Unterricht bei jüdischen Kantoren und Organisten. Seit 1925 wirkte er als Organist an der Neuen Synagoge, häufig auch bei Konzertveranstaltungen. Da er kein Jude war, war die Jüdische Gemeinde gezwungen, ihn infolge nationalsozialistischer Gesetzgebung im Dezember 1935 zu entlassen.

Arthur Zepke wirkte nun hauptamtlich als erster Organist an der 1934 fertiggestellten St. Thomas Kirche in Charlottenburg. Nach dem Krieg arbeitete er als Organist und Chorleiter für die Jüdische Gemeinde und die katholische St. Thomas Gemeinde. Aus einem vom Vorstand der Jüdischen Gemeinde an die St. Thomas Gemeinde gerichteten Schreiben vom 20.9.1945 geht hervor, daß Arthur Zepke mit 30 bis 35 Wochenstunden bei der Jüdischen Gemeinde beschäftigt war. Im Dezember 1946 beendete er seinen Dienst bei der St. Thomas Gemeinde. Bis zum September 1971 wirkte Arthur Zepke als Chorleiter und Organist an der Synagoge Pestalozzistraße.

In einem Nachruf der Jüdischen Gemeinde vom 7.8. 1973 heißt es: „Am 27. Juli 1973 verstarb unser langjähriger Organist Arthur Zepke. Der Verstorbene, ein Musikpädagoge von hohen Graden, war seit dem Jahre 1924 für die jüdische Gemeinde zu Berlin, zuletzt in der Synagoge Pestalozzistraße, als Organist tätig. Er hatte wesentlichen Anteil an der würdigen und erfolgreichen

Arthur Zepke an der Orgel

Gestaltung der Gottesdienste. Wir werden ihm ein ehrendes Andenken bewahren." Arthur Zepke wurde auf dem Friedhof der katholischen St. Hedwig Domgemeinde an der Ollenhauerstraße beerdigt.

Erwin Zimet
Rabbiner
Geb. am 27.3.1912 in Berlin
Gest. 1991 in den USA

Erwin Zimet studierte von 1930 bis 1934 in Berlin an der Universität und von 1930 bis 1938 an der Hochschule für die Wissenschaft des Judentums. 1938 legte er hier sein Rabbinerexamen ab. Seit 1933 war er als Prediger und Lehrer bei der Berliner Jüdischen Gemeinde tätig. Er war aktiv in dem liberalen Jugendbund „Kameraden", zeitweise auch als dessen Leiter, und engagierte sich für die Jugend-Alijah.

An der Neuen Synagoge amtierte Erwin Zimet gelegentlich in den Jahren 1934 bis 1938. Als Jude mit polnischer Staatsangehörigkeit wurde er

1938 über die polnische Grenze abgeschoben und verbrachte fünf Monate im „Niemandsland"-Lager bei Zbyszyn. Ihm gelang im April 1939 die Emigration nach England und später in die USA, wo er an verschiedenen Orten, ab 1950 in New York, wieder als Rabbiner amtierte.

Leopold Zunz
Gelehrter
Geb. am 10.8.1794 in Detmold
Gest. am 18.3.1886 in Berlin

Leopold Zunz studierte ab 1815 an der Universität in Berlin und wurde 1821 an der Universität in Halle promoviert. Von 1826 bis 1829 war er in Berlin Leiter der Jüdischen Knabenschule und von 1839 bis 1850 Leiter des jüdischen Lehrerseminars.

Grabstätte von Leopold Zunz auf dem Jüdischen Friedhof Schönhauser Allee

Leopold Zunz war Wegbereiter und Vertreter einer modernen Wissenschaft des Judentums. Er beteiligte sich 1819 an der Gründung des „Vereins für Kultur und Wissenschaft der Juden" und gab ab 1822 die „Zeitschrift für die Wissenschaft des Judentums" heraus. Ab 1839 erschien unter seiner Leitung eine Bibelübersetzung. Zu seinen zahlreichen Veröffentlichungen gehören u.a. „Die gottesdienstlichen Vorträge der Juden" (1832), „Die Ritus des synagogalen Gottesdienstes" (1859) und „Gesammelte Schriften" (1875 bis 1876, in 3 Bänden).

In der Neuen Synagoge fand am 21.3.1886 unter Leitung von Rabbiner Siegmund Maybaum die Trauerfeier für den Gelehrten statt. Im Bericht der „Allgemeinen Zeitung des Judentums" vom 6.4.1886 heißt es dazu: „In dem schönen, stolz aufragenden Gotteshause stand am Fuße der Kanzel der schlichte Sarg aufgebahrt, der die sterbliche Hülle des Entschlafenen barg und inmitten reichen Lichterglanzes, von herrlichen Kränzen bedeckt, ergreifend auf die zur Feier Versammelten wirkte und an den Gegensatz mahnte, der alles Leben durchzieht."

Aus Anlaß seines 100. Geburtstages 1894 fanden in den Gemeindesynagogen Feierlichkeiten statt. Die Feier in der Neuen Synagoge leitete Rabbiner Rosenzweig.

Werner van der Zyl

Rabbiner

Geb. am 11.9.1902 in Schwerte/Westfalen

Gest. am 13.4.1984 auf Mallorca, beerdigt in London

Werner van der Zyl studierte an den Universitäten in Berlin und Giessen, wo er auch promoviert wurde. Seine Rabbinerausbildung erhielt er an der Hochschule für die Wissenschaft des Judentums in Berlin. Seit 1927 war er als Prediger, seit 1935 als Rabbiner für die Berliner Jüdische Gemeinde tätig. Seit 1937 amtierte er überwiegend an der Neuen Synagoge.

Im Jahre 1939 emigrierte er nach England, wo er sich als Rabbiner im Durchgangslager in Richborough zunächst um jüdische Flüchtlinge kümmerte, später als Berater für Movement for the Care of Children hauptsächlich um jüdische Flüchtlingskinder, die ohne Eltern nach England gekommen waren.

Ab 1943 amtierte er in verschiedenen Synagogen in London und zeitweise auch in Zürich. Er war Vizepräsident der World Union for Progressive Judaism und im Jahre 1956 Mitbegründer des Londoner Leo Baeck College und dessen erster Direktor.

In einem Nachruf von Ernst G. Lowenthal im „Aufbau" vom 27.4.1984 heißt es: „Die unerwartete Nachricht (...) trifft uns als schwerer Schock. Viele, namentlich liberal gesinnte Juden, haben eine gerade in dieser weltweiten Bewegung führende Persönlichkeit verloren, manche seiner Alters- und Berufsgenossen einen treuen Freund, zahlreiche Menschen, die ihn persönlich womöglich überhaupt nicht kannten, einen verständnisvollen Lehrer und Ratgeber, zumal er an Erkenntnissen und Wissen weiterzugeben verstand, was er von grossen Juden wie seinem Lehrer Leo Baeck empfangen hatte."

Birgit Jerke

Abb. rechte Seite:
Grabstätte von
Louis Lewandowski
auf dem Jüdischen Friedhof
Weißensee

„Liebe macht das Lied unsterblich!"
Der Komponist Louis Lewandowski

„Liebe macht das Lied unsterblich!" steht auf dem Grabstein, den die Kinder den „geliebten Eltern" in der Ehrenreihe des Friedhofes der Jüdischen Gemeinde in Berlin-Weißensee setzen ließen. Hier liegt der „Reformator des Synagogengesanges" begraben, der, wie es weiter im Nachruf der „Allgemeinen Zeitung des Judentums" heißt, „den Gottesdienst der deutschen Synagoge neugeschaffen, (...) ihm Weihe und Stimmung verliehen" hat.[1]

Die eingangs zitierte Zeile auf dem Grabstein habe ich während meines Religionsunterrichtes, den ich vor mehr als 30 Jahren durch Rabbiner Martin Riesenburger in einem Büroraum auf dem Friedhof in Weißensee erhielt, wiederholt gelesen. Die Fenster dieses „Klassenraumes" gestatteten nämlich, in die Ehrenreihe zu blicken, wovon ich reichlich Gebrauch machte. Bis vor kurzem hatte ich allerdings den Sinn und die Bedeutung dieses Spruches nicht richtig verstanden.

Erst unlängst, während einer Tagung in Hannover[2] zum Abschluß des „Lewandowski-Gedenkjahres", machte mich Dieter Adelmann darauf aufmerksam, man müsse bei der Interpretation beachten, daß der Neukantianer Hermann Cohen, der Schwiegersohn Lewandowskis, an der Formulierung der Grabinschrift beteiligt war. Adelmann teilte mir auf meine Bitte seine Hypothese, die „lediglich die Richtung, in der (...) gedacht werden kann, andeuten" will, mit: „Man muß (...) davon ausgehen, daß die Inschrift von den Kindern bestimmt worden ist; und eines der Kinder war Martha Cohen, die Ehefrau von Hermann Cohen. Wenn man den Text der Inschrift aus dem Gesichtspunkt von Hermann Cohen betrachtet, könnte man sagen, der Satz sei gleichsam eine Kurzformel für die Ästhetik von Hermann Cohen (...) Nun wird in Hermann Cohens Ästhetik die Liebe als die Grundlage

für den Begriff des Menschen angenommen; und die Form, um dem Aufhören dieser Grundlage der Menschlichkeit zu widerstehen, ist, das wird hier in dem Satz gesagt, das Lied. Dabei läßt sich in der Zweideutigkeit des Ausdruckes: – Macht nun die Liebe das Lied unsterblich, oder ist es das Lied, welches die Liebe unsterblich macht? – ein Ausdruck für die Wechselwirkung im Begriff der Korrelation erkennen; jeweils das eine ist nicht ohne das andere. In der Sprache der Logik gesagt: Erst in der Wechselwirkung von Privation und Negation erzeugt sich die Position. Oder anders, wie es auf dem Grabstein steht: Ohne die Wechselwirkung von Liebe und Lied gibt es die Unsterblichkeit nicht."[3]

Wie auch immer wir die Zeile „Liebe macht das Lied unsterblich!" interpretieren wollen, scheint zwar der rechte Weg, nicht aber die genaue Lösung gefunden

zu sein. Eines steht allerdings fest: Louis Lewandowski hat die zu seiner Zeit überkommenen jüdischen Melodien unsterblich gemacht!

Über sein Leben und Wirken sind wir durch eine Reihe biographischer Arbeiten unterrichtet.[4] Eine detaillierte Lebensbeschreibung ist bisher allerdings immer noch ein Desideratum.

Im Jahre 1833 ist der in Wreschen (Provinz Posen) am 3.4.1821 Geborene nach Berlin gekommen. Damals lebten in Berlin ca. 6.000 Juden; das entsprach etwa 2 Prozent der Gesamtbevölkerung der Residenzstadt. Unmittelbar nach seiner Ankunft in Berlin findet der Zwölfjährige in der Synagoge Heidereutergasse als „Singerl" (Meschorer) Anstellung bei Gemeindekantor Ascher Lion. Damals war es noch üblich, daß zwei Meschorerim den Gesang des Vorbeters begleiteten, und zwar ein „Singerl" mit hohem Sopran, dem ein älterer Sänger mit einer Baßstimme zugesellt war.

Mit Hilfe von Alexander Mendelssohn, einem Enkel des Philosophen, wurde Lewandowski als erster Jude Eleve der Akademie der Künste. Im Jahre 1840 berief die Jüdische Gemeinde Lewandowski zum Dirigenten des neu eingerichteten vierstimmigen Männer- und Knabenchores der großen Synagoge in der Heidereutergasse. Seit der Eröffnung der Neuen Synagoge – die Große Synagoge wurde fortan Alte Synagoge genannt – war er an diesem Gotteshaus bis zum Ende des Jahres 1890 tätig.

Bisher war nicht bekannt, daß Lewandowski bereits während seiner Zeit an der Synagoge in der Heidereutergasse Interesse an der damals erst im Bau befindlichen neuen Synagoge hatte. Er griff nämlich in den im Zusammenhang mit der Neuen Synagoge aufflammenden Orgelstreit aktiv ein. Schon im September 1861 – also etwa zwei Jahre nach Baubeginn und fünf Jahre vor der Eröffnung – hatte der Vorstand der Berliner Jüdischen Gemeinde beschlossen, in der Neuen Synagoge das Orgelspiel einzuführen. Dazu wurden sieben rabbinische Gutachten, eine „Collectivvorstellung von einer großen Anzahl der Gemeindemitglieder" sowie „zwei

technische Gutachten der Herren Musicdirektor Professor Stern und Chordirigent Lewandowski"[5] eingeholt. Diese Gutachten haben sich erhalten und befinden sich heute im Jerusalemer „Archiv für die Geschichte des Jüdischen Volkes". Bis auf das Gutachten von Abraham Geiger, das in die Werkausgabe eingegangen ist[6], sind die Stellungnahmen bisher nicht publiziert worden und daher unbekannt. Deshalb soll hier Lewandowskis Gutachten vollständig folgen. Er schrieb am 13.1.1862:

„In den ersten Decennien dieses Jahrhunderts, wo bessere Einsicht bestrebt gewesen, all die Frivolität der damals herrschenden Sangweisen, welche sich durch eine geraume Zeit angesammelt hatte, aus Tempeln und Synagogen zu verbannen, sann man auf geeignete Mittel, neueren gerechten Bedürnißen entsprechend zu genügen.

Der Gesang, in bessere und bestimmtere Formen gebracht, sollte die bisherigen Sangweisen verdrängen und die Vorbeter in ihrer überaus freien Manier – beßer Unmanier – begränzen. Man fand dieses Mittel in der Einführung musikalisch geordneter Chöre.

Der nach Kunstgesetzen gebildete Chorgesang hatte zunächst den Zweck, der bisher noch vorherrschenden Willkür der zumeist sehr ungebildeten und unmusikalischen Vorbeter gegenüber das Kunstgesetz entgegenzustellen und hoffte man, durch diese Bedingung auch nach einer anderen und zwar bedeutsameren Richtung hin erfreuliche Resultate zu erzielen.

Wenn der Cultus anderer Confessionen von unten nach oben gebaut worden, d. h. durch Gesangunterricht in den Schulen für die Bedürfnisse im Gottesdienst gesorgt war, so mußten wir den Bau von oben beginnen, d. h. durch einen vollständig zu gebenden Ritualgesang, welchen der Chor vortrug, die Gemeinde für die für sie bestimmten Responsen und Repliken zur Mitwirkung und Selbstthätigkeit erziehen und bilden. So wurde der Chor der Leiter der Gemeinde, dem diese sich anfangs unterordnend verhielt, nach und nach aber sich ihm angeschlossen.

Kleinere[n] Gemeinden in beschränkteren Räumen konnte diese Einrichtung wohlgenügen. Bei größ[er]en Gemeinden und in weiteren Räumen hatte sich dieses neue Element mit der Zeit als durchaus unzureichend erwiesen. Der durch den Chor umgeschaffene Gemeindegesang konnte in dem Chore allein nicht mehr den sicheren Halt und die Stütze finden, weil dieser [–] noch so zahlreich besetzt – nicht die materielle Kraft zu erzeugen vermochte, welche nöthig war, um größere Maßen zu beherrschen und zu leiten, zumal die eigenthümliche Lebhaftigkeit der Juden überhaupt, der gesetzlich gebotenen Genauigkeit und Pünktlichkeit beim Eintritt des Gemeinde-Gesanges nicht sehr günstig und förderlich sein konnte.

Wenn nun vor Einführung des Chorgesanges all die Uebelstände und inneren Schäden durch die Vorbeter allein erzeugt worden sind, so mußten durch den Chor- resp. Gemeinde-Gesang, welcher durch den Chor nicht mehr beherrscht werden konnte, noch viel größere Uebel erwachsen, nämlich: 'das Durcheinandersingen Tausender, die, wenn sie auch Alle *Eine* Melodie sangen, doch den verworrensten Singsang hervorrief.' Es war nun an der Zeit, eine geeignete feste und sichere Stütze für den Gemeindegesang aufzufinden, um so mehr, als die Gemeinde nicht nur die Verpflichtung, sondern auch das naturgemäße Bedürfniß fühlt, an dem Gottesdienste selbstthätig theilnehmend mitzuwirken, und wo konnte [sie] wohl eine solche bessere Vertretung, als in der Orgel finden?

Die Orgel, das Instrument der Instrumente, ist vermöge ihrer weit ausgebenden Tonfülle allein im Stande, große Massen in großen Räumen zu beherrschen und zu leiten.

Man hat mit der Einführung der Orgel beim jüdischen Gottesdienste die Behauptung aufgestellt: es könne die Eigenthümlichkeit der altjüdischen Sangweisen mit dieser nicht in Einklang gebracht werden. Solche Bedenken beruhen jedoch auf gänzlicher Unkenntniß des Instruments, wie auf dem Mangel jedes musikalischen Wissens. Die Orgel in ihrer großartigen Erhabenheit und Vielfachheit ist jeder Nuancierung fähig und muß in ihrer Verbindung mit alten Sangweisen von wunderbarer Wirkung sein.

Die Nothwendigkeit, in den fast unabsehbaren Räumen der neuen Synagoge eine instrumentale Leitung für den Chor sowohl als besonders für die Gemeinde einzuführen, drängt sich mir so gebieterisch auf, daß mir ein zeitgemäß geordneter Gottesdienst ohne diese Leitung in diesen Räumen beinahe unmöglich erscheint.

Ich spreche diese Behauptung aus innerster Ueberzeugung aus und wünsche: es möge den Wohllöblichen Behörden unserer Gemeinde gelingen, diese für die naturgemäße Entwicklung des Cultus in der neuen Synagoge so hochwichtige Frage recht bald zu einem günstigen, entgültigen Resultate gefördert zu sehen."[7]

In der jüdischen Öffentlichkeit gab es pro und contra zum Problem, ob man in der Synagoge Orgel spielen dürfe; die Gutachten spiegeln dies wider. Lewandowskis klare und eindeutige Haltung für die Orgel dürfte nicht ohne Einfluß auf die Entscheidung des Gemeindevorstandes gewesen sein, der in seinen die Gutachten und Stellungnahmen zusammenfassenden Bemerkungen am 29.1.1862 konstatierte:

„Für die Entscheidung der vorliegenden Frage bieten sich also folgende Gesichtspunkte dar:
1. Aus technischen Gründen wird in Rücksicht auf den Umfang der Synagoge, ins besondere *weil* die Gemeinde sich selbstthätig bei dem Gottesdienste verhalten muß, die Einführung der Orgel als unentbehrlich bezeichnet.
2. Nach der thalmudischen Entscheidung ist die Instrumentalmusik beim Gottesdienste zwar kein integrirender Theil der Liturgie, demungeachtet aber bei Begleitung des Gesanges *als wesentlicher Theil des jüdischen Gottesdienstes* anzusehen. (...)
3. Speciell gegen das Orgelinstrument ist weder aus thalmudisch-rabbinischen Vorschriften, noch auch nach dem durch den Gebrauch sanctionirten Rituale ein Be-

tert. So schuf der Königlich Preußische Musikdirektor – dieser Titel war ihm 1865 anläßlich seines 25jährigen Amtsjubiläums verliehen worden – die Musik für den gesamten Kultus des größten deutschen jüdischen Gotteshauses, wobei er „dem vierstimmigen Chor eine Rolle zuwies, die dieser nie zuvor besessen hatte (...) Außerdem hob er die Rolle des Kantors als Träger des liturgischen Teils des Gottesdienstes hervor."[9] Wir verdanken ihm auch deutsche religiöse Chorgesänge, die in der Neuen Synagoge erstmalig gesungen und in den Gottesdienst aufgenommen wurden. Lewandowski wirkte nicht nur als Chordirigent der Neuen Synagoge, sondern auch als Kantorenbildner an der Lehrerbildungsanstalt der Jüdischen Gemeinde sowie an ihrer Knabenschule als Gesanglehrer.

Bereits zum erwähnten Jubiläum formulierte kein Geringerer als Leopold Zunz in seiner Festrede: „Herr Lewandowski hat die 25 Jahre eben sowohl im rühmlichen Dienste seines Amtes als in der Beschäftigung zurückgelegt, unsere Herzen zu veredeln; seine (...) Compositionen, bestimmt im Chorgesange den Gottesdienst zu begleiten, wollen die schönen Gedanken grosser Todten fruchtbringend machen für den Sinn der Lebenden, den Inhalt geheiligter Textworte späten Generationen ins's Bewusstsein rufen. Durch ihn wurden alte Gedanken zu jungen Empfindungen und aus den Vorräten des Wortes bereitete die Melodie eine wohlschmeckende Nahrung."[10]

Seine liturgischen Kompositionen ließ Lewandowski in zwei Werken erscheinen, und zwar im Jahre 1871 „Kol Rinna u-Tefilla" („Stimme des Gesangs und Gebets") sowie in den Jahren 1876 und 1882 „Toda w-Simra" („Dank und Gesang").

Lewandowski war es vergönnt, auch sein 50jähriges Amtsjubiläum zu begehen. Aus diesem Anlaß ernannte die Akademie der Künste den Jubilar zum Professor. Da dieser Tag ein Sabbat war, wurde zunächst in der Neuen Synagoge gefeiert: Der Gottesdienst am Vor-

denken geltend gemacht worden. Von vielen Seiten wird der Ursprung dieses Instruments sogar von den Pfeifenwerken der Hebräer hergeleitet, welche nach thalmudischer Angabe im Tempel zu Jerusalem gespielt wurden. 4. Ein Hinderniß die Orgel an Sabbath- und Festtagen durch einen nichtjüdischen Organisten spielen zu lassen, ist in keinem Falle vorhanden, wenn demselben vor Beginn dieser Tage hierzu der Auftrag gegeben wird. 5. In vielen Gemeinden ist bei genauer Festhaltung an dem Gebet-Rituale und strenger Beachtung des Herkommens die Orgel in die Synagoge eingeführt. 6. In unsrer Gemeinde hat der Wunsch nach Regelung des Gottesdienstes durch Herstellung eines Orgelwerks einen unverkennbaren Ausdruck gefunden."[8]

Nicht nur, daß die große neue Synagoge Lewandowski zu neuen Kompositionen anregte, sondern er übernahm auch alle in den 25 Jahren seiner Tätigkeit für die Synagoge in der Heidereutergasse geschaffenen Kompositionen, allerdings nun um den Orgelpart erwei-

mittag war besonders feierlich; „er nahm" wie Aron Friedmann mitteilt, „an diesem Sabbat ein besonderes Gepräge an. Der Dirigentenplatz des Jubilars war mit Topfgewächsen, Guirlanden und Lorberkränzen geschmückt. Nachdem Altmeister Lewandowski die Gesänge zum Schacharit- [d.h. Morgen-] Gebet geleitet hatte, wurde er als Rischon [d.h. als Erster] zur Thora gerufen und von den Synagogenvorstehern auf einen Ehrenplatz geführt."[11] Am Abend wurde das Jubiläum im Festsaal der Gesellschaft der Freunde in der Potsdamer Straße begangen. Die Festrede hielt der Literarhistoriker Gustav Karpeles, der seit Anfang des Jahres Herausgeber der „Allgemeinen Zeitung des Judentums" war.[12] Über die Feier berichtete auch die nichtjüdische Presse. So lesen wir in der „Vossischen Zeitung": „Fünfzig Jahre lang hat der Jubilar in unserer Stadt gewirkt, in engerem Kreise zwar, nämlich als Leiter der kirchlichen Musik in der jüdischen Gemeinde, innerhalb desselben aber sich nicht nur durch seinen künstlerischen Ernst und seine Sorgfalt, sondern auch durch seine von Erfolg gekrönten reformatorischen Bestrebungen in der Neugestaltung der israelitischen Ritualmusik die größte Verehrung und Liebe erworben."[13] Lewandowski, so heißt es weiter, „sah sich (...) umgeben von mehreren Hundert seiner Verehrer und Verehrerinnen, und zu ihnen hatten sich auch Kunstgenossen ersten Ranges (...) gesellt, die gern der Aufforderung gefolgt waren, den Jubilar durch den Vortrag von umfangreichen Instrumentalschöpfungen zu erfreuen."[14]

Noch vor dieser Feier, nach dem Vormittagsgottesdienst, überreichte der Vorsitzende des Gemeindevorstandes, Justizrat Siegmund Meyer, dem Jubilar eine Glückwunschadresse. Den Text dieses „Huldigungsschreibens" hat uns Aron Friedmann überliefert.[15] Die Urkunde selbst galt als verschollen. Sie befindet sich aber, wie ich unlängst entdeckt habe, in einem Moskauer Archiv! Diese Einrichtung, die unter der Bezeichnung „Moskauer Sonderarchiv" bekanntgeworden ist, heißt heute offiziell „Zentrum für die Aufbewahrung

historisch-dokumentarischer Sammlungen". Von der Existenz des Archivs weiß die Öffentlichkeit erst seit 1990. Im Monat Februar dieses Jahres begann die „Izvestija" eine fünfteilige Artikelserie unter dem Titel „Fünf Tage im Spezialarchiv: Hinter Schloß und Riegel".

„Die Autorin E. Maximowa war die erste Journalistin, die dieses Archiv, das seit über 40 Jahren existiert, besuchen konnte. Als 'Grundstock' des Archivs bezeichnete sie den sogenannten 'Trophäenteil', also Beuteakten aus dem Zweiten Weltkrieg. Über die Entstehung des Archivs schreibt Maximowa:

'Im Sommer 1945 meldete der Kommandant der 59. Armee auf dem Dienstweg, daß in Schloß Althorn in Niederschlesien deutsche Archive gefunden wurden, die aus verschiedenen deutschen Städten dorthin ausgelagert worden waren. Man brachte diese Sammlungen nach Moskau. Sie enthalten Dokumente zu allen möglichen Aspekten des Lebens im Dritten Reich: Finanzen, Wirtschaft, wissenschaftliche Institute, Firmen, Konzen-

trationslager, Verlage, Geheimdienste (...) Die in Althorn beschlagnahmten Archivalien gerieten (in der Sowjetunion) an eine Behörde, die sich am allerwenigsten um Wahrheit, Geschichte und wissenschaftliche Aufklärung kümmerte, statt dessen aber das Aufspüren innerer Feinde im Auge hatte. Zu ihnen zählte man nach dem Krieg nicht nur die faschistischen Henker und ihre Helfershelfer, sondern Kriegsgefangene, Lagerhäftlinge und Zwangsarbeiter. Das Archiv arbeitete ausschließlich für die Jagd auf die Verräter des Vaterlandes.'"[16]

Unter den „Nazitrophäen" befand sich also die Glückwunschadresse zu Lewandowskis 50jährigem Amtsjubiläum. Die herrliche Urkunde, ganz im Stil der Zeit, ist offenbar von den Nazis beschlagnahmt worden.

Abschließend soll der Text der Urkunde des Vorstandes und der Repräsentantenversammlung der Berliner Jüdischen Gemeinde vom 27.12.1890 nach dem Original zitiert werden:

„Hochgeehrter Herr Musikdirektor!
Namens unserer Gemeinde beglückwünschen wir Sie anläßlich Ihres heutigen Jubelfestes, an dem Ihnen zurückzublicken beschieden ist auf ein halbes Jahrhundert treuer, gewissenhafter und erfolgreicher Tätigkeit.

Wir bringen Ihnen unseren Glückwunsch in voller Würdigung Ihres ersprießlichen Wirkens für die heiligsten Institutionen unserer Gemeinde: für unsere Gotteshäuser und unsere Lehranstalten. Sind sie doch unverkennbar für jedermann in der Gemeinde: Ihre Verdienste um die Verherrlichung unseres Gottesdienstes und Veredelung unserer Schuljugend: dort Ihre meisterhafte Chorleitung und Ihre das Gemüth ergreifenden Tonschöpfungen, hier Ihr trefflicher Gesangunterricht, der einerseits der Jugend die reichen Schätze des deutschen Volksliedes erschließt, andererseits sie in die tiefen und innigen Weisen synagogaler Musik einführt und zu Stützen gottesdienstlichen Gemeinde-Gesanges heranbildet. So empfangen Sie denn, sehr geehrter Herr, mit unserem aufrichtigen Danke für Ihre hervorragenden Leistungen unsere besten Wünsche für Ihr ferneres Wohlergehen. Möge es Ihnen vergönnt sein, noch viele Jahre in unserer Gemeinde fortzuwirken und sich der Werthschätzung zu erfreuen, die Ihnen von allen Seiten in so hohem Maaße entgegengebracht wird!"

Louis Lewandowski starb am 3.2.1894, einem Sabbat, und wurde, wie eingangs gesagt, in der Ehrenreihe des Friedhofs der Jüdischen Gemeinde in Berlin-Weißensee beigesetzt.

Hermann Simon

Anmerkungen

1 Allgemeine Zeitung des Judentums, 9.2.1894, S. 1.

2 Symposium „Synagogenmusik in Deutschland" vom 1.–2.12.1994, veranstaltet vom europäischen Zentrum für jüdische Musik Hannover.

3 Brief von Dr. Dieter Adelmann (Bonn) vom 1.1.1995 an den Verfasser.

4 Vgl. die den Forschungsstand zusammenfassende Arbeit von Andreas Nachama und Susanne Stähr, „Die vergessene Revolution. Der lange Weg des Louis Lewandowski", in: Menora. Jahrbuch für deutsch-jüdische Geschichte, hrsg. von Julius H. Schoeps, Bd. 3, München 1992, S. 241–255.

5 Bemerkungen des Vorstandes der Berliner Jüdischen Gemeinde vom 29. 1. 1862 „Betreffend den Antrag auf Bewilligung der Geldmittel zur Herstellung eines Orgelwerks in der neuen Synagoge", The Central Archives for the History of the Jewish People, Nachlaß Moritz Stern, P 17/585, ohne Pag. [S. 1 der Stellungnahme].

6 Abraham Geiger, „Gutachten über die rituale Statthaftigkeit der Orgel bei dem synagogalen Gottesdienste", in: Abraham Geiger's Nachgelassene Schriften, hrsg. von Ludwig Geiger, Bd. 1, Berlin 1875, S. 283–295.

7 The Central Archives for the History of the Jewish People, Nachlaß Moritz Stern, P 17/585, Bl. 57–59.

8 „Betreffend den Antrag auf Bewilligung der Geldmittel zur Herstellung eines Orgelwerks in der neuen Synagoge", The Central Archives for the History of the Jewish People, Nachlaß Moritz Stern, P 17/585, ohne Pag. [S. 13f.].

9 Hans Hirschberg, „Die Bedeutung der Orgel in Berliner Synagogen", in: Synagogen in Berlin. Zur Geschichte einer zerstörten Architektur, hrsg. von Rolf Bothe, Berlin 1983, Bd. 1, S. 190.

10 Dr. [Leopold] Zunz, Gesammelte Schriften, Bd. II, Berlin 1875, S. 136.

11 Vgl. Aron Friedmann, Lebensbilder berühmter Kantoren, Berlin 1918, S. 126.

12 Gustav Karpeles, „Festrede zur fünfzigjährigen Jubelfeier des Herrn Musikdirektors Lewandowski", in: Allgemeine Zeitung des Judentums, 1.1.1891, S. 3–5.

13 Vossische Zeitung, 29.12.1890, S. 3.

14 Ebd.

15 Aron Friedmann, a.a.O., S. 127f.

16 Götz Aly/Susanne Heim, Das Zentrale Staatsarchiv in Moskau („Sonderarchiv"), Rekonstruktion und Bestandsverzeichnis verschollen geglaubten Schriftguts aus der NS-Zeit, Düsseldorf 1992, S. 7.

Rabbiner
Malvin Warschauer

Zur Person Malvin Warschauers

Wenige Tage vor dem Novemberpogrom und wenige Wochen vor seiner Flucht nach England, am 28.10.1938, blickte Rabbiner Malvin Warschauer im Verein für jüdische Geschichte und Literatur auf „50 Jahre Berliner Gemeindeleben nach persönlichen Erinnerungen" zurück. In seinem nachfolgend abgedruckten Vortrag sparte er nicht mit Kritik an der Gleichgültigkeit und Traditionslosigkeit, die das Gemeindeleben lange Zeit charakterisierten. Warschauer war in den neunziger Jahren des 19. Jahrhunderts, unter dem Einfluß der russischen Juden, die damals an der Berliner Universität studierten, Zionist geworden. Er gehörte damit zu einer kleinen Minderheit in der Berliner Jüdischen Gemeinde. Daß sich nach 1933 mehr und mehr Juden die Ziele des Zionismus zu eigen machten, begrüßte er. Warschauers Rede mag aus heutiger Sicht unangemessen optimistisch erscheinen. Doch im Oktober 1938 konnte der Redner wohl kaum voraussehen, was den Juden in Deutschland in den kommenden Wochen und Jahren noch bevorstand.

Malvin Warschauer wurde 1871 als Sohn eines Holzhändlers in Kanth bei Breslau geboren.[1] 1890 ging er nach Berlin, um sich auf den Beruf des Rabbiners vorzubereiten. An der Berliner Universität studierte er orientalische Sprachen, Philosophie und deutsche Literatur, 1896 wurde er zum Doktor der Philosophie promoviert. 1890–1898 besuchte er außerdem die Hochschule für die Wissenschaft des Judentums, die damals noch Unter den Linden 4a ansässig war. Auf Vorschlag von Rabbiner Siegmund Maybaum stellte ihn die Jüdische Gemeinde im Januar 1900 als Prediger ein. Da seine zionistischen Überzeugungen in der Gemeinde auf Widerstand stießen, mußte er versprechen, daß er sich nicht öffentlich zum Zionismus äußern werde.

Sein Rabbiner-Examen an der Hochschule für die Wissenschaft des Judentums legte Warschauer am 8.3. 1903 ab.

Nach der Einweihung der Synagoge in der Fasanenstraße im August 1912 führte die Jüdische Gemeinde für ihre Rabbiner Amtsbezirke ein. Sie sollten nicht mehr wie bisher in allen, sondern nur in zwei Synagogen predigen. Jeder Synagoge wurden drei Rabbiner zugeteilt: der Neuen Synagoge Samson Weisse, Louis Blumenthal und Malvin Warschauer. Rabbiner Warschauer amtierte außerdem an der Synagoge Lindenstraße in Kreuzberg. Diese Regelung wurde bis Ende der zwanziger Jahre beibehalten.[2] So war Malvin Warschauer viele Jahre lang mit der Neuen Synagoge eng verbunden. „Wir

Rabbinats-Diplom.

Herr Dr. Malvin Warschauer geboren am 20. October 1871 zu Kauth in Schlesien hat, nachdem er das Zeugnis der Reife auf dem Realgymnasium zu Zwinger in Breslau erlangt hatte, auf der Lehranstalt für die Wissenschaft des Judenthums zu Berlin vom Jahre 1890 bis zum Jahre 1898 dem Studium der jüdischen Theologie obgelegen, an den daselbst gehaltenen Vorlesungen und Uebungen regen Antheil genommen und sich infolgedessen ausgezeichnete Kenntnisse auf allen Gebieten der Wissenschaft des Judenthums erworben. Er hat auch durch die von ihm an der Lehranstalt und in den hiesigen Gemeinde-Synagogen gehaltenen Uebungspredigten seine hervorragende Befähigung als Kanzelredner documentirt. Nach Vollendung seiner theologischen Studien meldete er sich an unserer Lehranstalt zur Rabbinatsprüfung. Die von ihm eingereichten als sehr gut befundenen schriftlichen Prüfungsarbeiten hatten zum Gegenstande

1)
2)

Die für jetzigen dem Abu Hamid Al-Gharrali beigelegte Abhandlung der Speculation II. Theil. Die mündliche Beiprüfung aus den Dericoren hat er bei dem mitunterzeichneten Lehrer der talmudischen Diriziplinen bestanden.

Am 8. März 1903 fand die Schluss-Prüfung durch das unterzeichnete Lehrercollegium statt.

Dr. J. Elbogen prüfte
   a. aus den biblischen Wissenschaften,
   b. aus der Religionsphilosophie,
   c. aus der jüdischen Geschichte und Literatur.

Dr. Baneth prüfte
   aus der Einleitung in den Talmud und liess die Talmudstelle Baba Mesia 33 b erklären.

Rabbiner Dr. Maybaum prüfte
   a. aus der Midrasch Literatur,
   b. aus der Homiletik.

Dagegen wurde ihm das Examen aus der Methodik des jüdischen Religionsunterrichts erlassen, weil er als Leiter der Religionsschule der hiesigen jüdischen Gemeinde seine theoretische und praktische Tüchtigkeit in glänzender Weise an den Tag gelegt hat.

Auf Grund des sehr guten Gesammtergebnisses der Prüfung wird Herrn
Dr. Malvin Warschauer

mittelst dieser Urkunde
   die Befähigung für das Amt eines Rabbiners, Predigers und Religionslehrers zuerkannt.

Unsere Anstalt entlässt Herrn Dr. Malvin Warschauer mit den besten Segenswünschen.

Möge er in der Gemeinde Israels zur Ehre Gottes und zum Heile der Menschheit erfolgreich wirken und allezeit die Sache des Judenthums mit Eifer und hingebungsvoller Treue vertreten.

Möge er auch durch die wissenschaftliche Begabung, die ihm eignet, zur Bereicherung der Wissenschaft des Judenthums stets beitragen.

Dies bekunden wir mit unserer Namensunterschrift unter Beidrückung unseres Amtssiegels.

Berlin, den 8. März 1903.

Das Lehrercollegium
der Lehranstalt für die Wissenschaft des Judenthums.

haben die Neue Synagoge immer als unsere Synagoge betrachtet", schrieb Malvin Warschauers Sohn, James Walters-Warschauer. „Hier wurde ich Barmitzwah, meine Schwester wurde dort eingesegnet, dann erfolgte die Feier des 25jährigen Amtsjubiläums meines Vaters, darauf die Trauung meiner Schwester und als letztes meine Trauung."[3] Wie eine ganze Reihe anderer Rabbiner auch, wohnte Malvin Warschauer mit seiner Familie in der

Oranienburger Straße, und zwar von 1912 bis 1930 im Haus Nr. 66.

Malvin Warschauer galt als glänzender Kanzelredner. „In Berlin hat es immer einen Wettlauf der Synagogen gegeben, die sich um den Vorzug stritten, Warschauer als Rabbiner zugewiesen zu erhalten, und dort, wo er wirkt, ist der Synagogenbesuch immer ein weit über den Durchschnitt günstiger", hieß es im „Israelitischen Familienblatt. Ausgabe für Groß-Berlin" vom 29.10.1931 anläßlich seines sechzigsten Geburtstages. Auch außerhalb der Berliner Jüdischen Gemeinde gelangte Warschauer zu Ansehen. James Walters-Warschauer erinnerte sich, daß mehrmals der damalige Hofprediger Döhring in der letzten Reihe der Neuen Synagoge saß, um die Predigt seines Vaters zu hören.

In der Neuen Synagoge predigte Malvin Warschauer im September 1936 zum letzten Mal, seine letzte Predigt in Berlin hielt er am 4.11.1938 in der Synago-

Malvin Warschauer
in England, um 1950

ge Lindenstraße. Nach dem Novemberpogrom warnte ihn die Polizei telefonisch vor der geplanten Verhaftung. Vielleicht kam der Anruf aus jenem Polizeirevier des Wilhelm Krützfeld, der auch die Neue Synagoge vor der Zerstörung im Novemberpogrom bewahrte. Warschauer verließ das Haus durch den Hinterausgang. In Begleitung seiner Frau ging er zunächst zu Verwandten nach Süddeutschland. Sie wechselten in den folgenden Wochen häufig ihr Quartier, bis Warschauer erkrankte. Unter falschem Namen ließ er sich in das Jüdische Krankenhaus in Berlin einweisen. Von dort aus emigrierte er im Januar 1939 nach England, wo bereits seine Tochter und sein Sohn lebten. Er ließ sich in Guildford, Surrey, nieder. An den jüdischen Feiertagen war er dort bald wieder als Prediger tätig. Er hielt Vorträge und veröffentlichte eine Reihe von Aufsätzen über religionsphilosophische Themen. Malvin Warschauer starb am 27.1. 1955 im Alter von 84 Jahren.

Maren Krüger

Anmerkungen

1 Zur Biographie Malvin Warschauers siehe James J. Walters-Warschauer, „The Life and Work of Malvin Warschauer", in: Leo Baeck Institute Year Book, 25 (1981), S. 191–204.

2 Gemeindeblatt der Jüdischen Gemeinde zu Berlin, 9.8.1912, S. 105.

3 James J. Walters-Warschauer, „Erinnerungen an die Neue Synagoge", in: Nachrichtenblatt des Verbandes der Jüdischen Gemeinden in der DDR, Dezember 1988, S. 9–12.

„50 Jahre Berliner Gemeindeleben nach persönlichen Erinnerungen"
Vortrag von Malvin Warschauer, 28.10.1938*

„In einem Verein für Geschichte ist es Pflicht, genau zu sein mit geschichtlichen Daten. Ich muß deshalb eine kleine Vorbemerkung machen. Wenn es in der Ankündigung des Vortrages '50 Jahre' heißt, so muß ich eine kleine Einschränkung machen, denn es sind nicht ganz 50 Jahre. Ich habe mir das übliche Sconto von 4 Prozent abgezogen; meine Berliner Existenz beginnt erst 1890, es fehlen also zwei Jahre.

Ich habe also die Absicht, und zwar in der Hauptsache an Hand persönlicher Erinnerungen, ein Bild von dem Berliner Gemeindeleben in dem angegebenen Zeitraum zu geben, wie ich es sehe, also von 1890 bis heute.

Was können wir nun an Gemeindeleben, und das heißt doch an geistigem Leben, in diesem Zeitraum erwarten? Welche Bedingungen für ein geistiges Leben sind vorhanden, sowohl vom umgebenden Leben der Allgemeinheit her als auch vom jüdischen Leben, besonders hier in Berlin? – Sie alle wissen, was das für ein Zeitraum ist, von dem wir hier sprechen, in welche allgemeine Lage das jüdische Leben in dieser Zeit hineingestellt ist. Das Jahr 1890 bedeutet fast den Höhepunkt einer Entwicklung, die in Deutschland mit dem Ende des deutsch-französischen Krieges eingesetzt hatte. In dieser Zeit hatte die deutsche Bevölkerung sich fast verdoppelt, war von 40 auf 70 Millionen in die Höhe gegangen, und diese Bevölkerungsvermehrung hängt auch mit einer Veränderung des deutschen Lebens überhaupt zusammen. In dieser Zeit vollzieht sich die Entwicklung Deutschlands von einem Agrar- zu einem Industrie- und Handelsstaat, das heißt in letzter Linie, daß sich in dieser Zeit eine ungeheure Technisierung und Materialisierung des Lebens vollzieht. Solche Zeiten pflegen kulturell nicht gerade fruchtbar zu sein und, so groß die Leistungen Deutschlands auf anderen Gebieten gewesen sein mögen, so glaube ich, daß es kein Unrecht ist zu sagen, daß in dieser Zeit auf den Gebieten der Technik, der Zivilisation, des Handels und auch der Wissenschaften ungeheure Leistungen vollbracht wurden, daß aber auf dem Gebiete 'Kultur' diese Jahrzehnte nicht allzu fruchtbar waren.

Es ist klar, daß das jüdische Leben, das in der damaligen Zeit ganz und gar dem Leben der Umgebung angeschlossen war, ähnliche Erscheinungen zeigt. Es herrscht hier eine ungeheure Stagnation. Der große Kampf um die Einfügung des Judentums in das allgemeine staatsbürgerliche Leben auf der einen Seite und die Auseinandersetzung zwischen religiöser Anschauung und religiösem Leben – und den Anforderungen der Umwelt auf der anderen Seite, waren zum Stillstand gekommen. Mit den beiden Synoden in Leipzig und Dresden kommt das jüdische Leben zum Stillstand (1869 und 1871).[1] Man läßt die Dinge gehen, wie sie gehen; es herrscht im großen und ganzen die Stille eines Friedhofes im jüdischen Leben in Deutschland.

Das erklärt sich auch aus der allgemeinen Lage und der Ablenkung der besten Kräfte der in Deutschland wohnenden Juden auf andere Gebiete. Das Judentum gibt in dieser Zeit seine besten Kräfte an die deutsche Wissenschaft und das öffentliche Leben ab. Im Parlament sitzen Juden wie Lasker[2], und besonders ziehen die Städte sehr viele begabte und mit Gemeinsinn ausgestattete Juden an und zu sich herüber.

So ist die allgemeine und jüdische Situation einer Entfaltung intensiven geistigen und religiösen Lebens nicht sonderlich günstig. In diese Zeit, in der die deutsche Bevölkerung einen so starken Zuwachs erfahren hat, fällt auch das Wachstum der großen Städte und mit diesem Wachstum der großen Städte – und in unserem Falle dem Wachstum Berlins – das Wachsen der jüdischen Bevölkerung Berlins und seiner Gemeinde. (...) 1890 da lagen die Synagogen und überhaupt die der Gemeinde gehörenden Gebäude mit ihren Institutionen auf einem außerordentlich kleinen Raum. Es gab damals überhaupt nur drei Synagogen: die Alte Synagoge (Heidereutergasse), die Neue Synagoge (Oranienburger Straße) und die Synagoge in der Kaiserstraße. In einem Raum, den man bequem in 15 Minuten durchmißt, lagen alle Synagogen, lagen die Schulen: die Knabenschule in der Großen Hamburger Straße, die Mädchenschule in der Heidereutergasse. Ich denke heute noch mit Schrecken an die Kläglichkeit. Dann gab es zwei Waisenhäuser, Reichenheim und Auerbach, die eigentlich Privatstiftungen waren, aber damals schon von der Gemeinde mit verwaltet wurden. Das Jüdische Krankenhaus, 20 Jahre vorher noch eine Musteranstalt für die ganze Welt, lag in der Augustraße, die Altersversorgungsanstalten, Stiftungen vermögender Mitglieder, in der Großen Hamburger Straße und in der Schönhauser Allee. Friedhöfe: Schönhauser Allee und seit 1880 auch Weissensee. Drei Rabbiner amtierten damals: Ungerleider, Maybaum und Rosenzweig.[3]

Demgegenüber stehen heute: eine Höhere Schule, eine Mittelschule, fünf Volks- und eine Handelsschule, daneben ca. zwölf Privatschulen, sieben liberale Synagogen, sieben Synagogen orthodoxer Richtung. Diesem äußeren Aufbau entspricht die Zahl der Gemeindebeamten: 15 Rabbiner und drei Prediger. Dazu kommen noch 14 Rabbiner und Prediger bei den privaten Synagogen-Vereinen.

Diese Zahlen zeigen Ihnen, wie rasch die Gemeinde sich in verhältnismäßig kurzem Zeitraum entwickelt hat. Selbstverständlich ist diese Entwicklung nicht durch natürliche Vermehrung zustande gekommen. In einer Großstadt wie Berlin war diese, wie bei allen Bevölkerungen in großen Städten, keineswegs sehr groß. Dabei müssen wir noch die Verluste in Betracht ziehen, die durch Austritt und Taufe entstanden sind. Wenn die Gemeinde also in dieser Weise zunehmen konnte, so erklärt sich das nur aus dem Zuströmen aus den Provinzen, und zwar hauptsächlich aus den östlichen. (Was ein richtiger Berliner ist, der ist einmal auf dem Schlesischen Bahnhof angekommen.) Das ist nicht etwas Gleichgültiges, und ich möchte gerade dieses Moment stark unterstreichen. Damit ist auch etwas gegeben, was keineswegs für die Entwicklung eines Gemeinschaftslebens und eines geistigen Lebens von Vorteil ist. Die Signatur einer solchen Gemeinde muß eigentlich die Traditionslosigkeit sein, und das war auch der Fall. Man kann das an Kleinigkeiten merken. Ich möchte Ihnen einmal empfehlen, wenn Sie auf dem Friedhof Weissensee sind, machen Sie einmal die Probe. Dort liegen die Führer, Rabbiner und andere, die die Gemeinde einmal geistig geführt haben. Stellen Sie einmal fest, wieviele von diesen Namen heute noch unter unseren jüdischen Menschen lebendig sind? Vielleicht fühlt das niemand so stark wie gerade der Rabbiner, denn es ist für mich etwas Schmerzliches, wenn ich beobachte, wie ein Mann wie Maybaum bei den meisten unserer jüdischen Menschen vergessen ist. Mit diesem Schicksal steht er nicht allein da. Wenn der Rabbiner in einer kleinen Gemeinde alt wird, bleibt ihm die Liebe und Verehrung seiner Gemeinde und wächst noch, im Gegenteil, die Rücksicht auf sein Alter trägt ihn. In Berlin wird er in die Ecke gestellt und vergessen.

Aber religiöses Leben und Tradition sind Dinge, die unbedingt zueinander gehören.

Wir dürfen auch keine allzu großen Erwartungen an das geistige Leben der Berliner Gemeinde in dieser Zeit stellen; die besonderen Verhältnisse dieser Gemeinde sind einer intensiven Entwicklung Feind.

Das Leben der Berliner Gemeinde verlief also im großen und ganzen still und ruhig, spielte sich in einem engen Rahmen und damit in einem kleinen Kreise ab. Die geistige Atmosphäre um 1890 im Berliner Judentum ist die eines in bescheidenem Wohlstande behaglich dahinlebenden, ein wenig bequemen Bürgertums. Die Berliner Juden sind um 1890 im großen und ganzen die richtigen Philister gewesen. Sie hatten alle möglichen Interessen für Wissenschaft, Theater,

Musik, Kunst; das war in den gebildeten Kreisen weit verbreitet. Es war charakteristisch, wie sich die führende Berliner jüdische Gesellschaft zu den Vorträgen zweier jüdischer Philosophen drängte, Moritz Lazarus und Chajim Steinthal, die ihrer Zeit den Stempel aufdrückten.[4]

Aber die große Masse war indifferent, hatte kein Interesse für religiöse Fragen, Verwaltung und alles übrige. Die Berliner Gemeinde wurde wie ein Verein oder ähnliches verwaltet. Von irgendwelchen großen jüdisch-kulturellen Gesichtspunkten war keine Rede. Es war also alles ziemlich still, klein und eng. Mir bleibt unvergeßlich, was ich für einen Eindruck hatte, als ich zuerst die beiden Stätten besuchte, die mir meine Berufsausbildung geben sollten. In jeder Beziehung überwältigt war ich von der Berliner Universität. Diese war ohne Frage damals die erste der Welt, und für einen jungen Menschen, der frisch vom Gymnasium kam, war es überwältigend, einmal zu den Füßen Helmholtz', Treitschkes und Mommsens zu sitzen. – Von der Universität ging der Weg zu der Anstalt, die den stolzen Namen führt: Hochschule für die Wissenschaft des Judentums. Den Namen Hochschule trug sie gewiß mit Recht, wenn man an die Männer dachte, die dort lehrten, mehr aber noch, weil sie sehr hoch lag, nämlich im Hinterhaus des Hauses Unter den Linden 4a, im dritten Stock, das damals der Gesellschaft der Freunde[5] gehörte. Das sympathischste an diesem Lokal war eigentlich der Eingang, der nach hinten in ein Schultheiss-Restaurant führte. So klein, so eng war damals alles im Berliner Judentum. Die Hochschule lebte ein klägliches Dasein. Ich habe nie nach den Gehältern der Dozenten gefragt, aber keiner von ihnen ist als Millionär gestorben.

Das wären also die Eindrücke, die ich als junger Mensch vom Berliner Gemeindeleben hatte.

Aber nach fünf bis sechs Jahren kam etwas Bewegung in das stagnierende Gemeindeleben. Der herrschende Gemeindeliberalismus hatte so viel gesündigt, daß schließlich das Maß seiner Sünden voll war und eine Reaktion eintrat. Man hatte damals ganz sonderbare Ideen, auch unter sonst wohlmeinenden, guten, führenden Juden. (...)

Als 1892 die Lindenstraßen-Synagoge eingeweiht wurde, hielt der damalige Vorsitzende[6] eine Rede, bei der viele eine Gänsehaut bekamen: 'Dies ist die letzte Synagoge in Berlin, der wir einen hebräischen Ritus geben. Die nächste wird bestimmt wie die Reform einen deutschen Ritus haben.' Diese Prophezeiung hat sich nun nicht erfüllt, aber Sie sehen, wie es damals im Berliner Judentum ausgesehen hat. (...)

Aber wenn das Maß voll ist, kommt Bewegung in die Masse. Durch die Broschüre eines Herrn Levinstein, der für einen Sonntagsgottesdienst eintrat, kam der Stein ins Rollen.[7] Man stand gerade vor Gemeindewahlen, und die Liberalen griffen diese Parole auf, aber sie griffen fehl. Es ist etwas ungeheuer Ermutigendes, im Verlauf der Geschichte und auch des einzelnen Menschen zu sehen, wie gesund der Lebenswille ist. Wenn etwas kommt, was an die Wurzeln des Lebens greift, so wehrt sich die Masse. Eine Gruppe von gemäßigt konservativen Gemeindemitgliedern nahm den Kampf auf, und es gelang ihnen, in Berlin wirklich einmal das Leben in Bewegung zu bringen. (...) das Resultat war eine konservative Majorität [in der Repräsentantenversammlung der Jüdischen Gemeinde]: elf Konservative und zehn Liberale. Nun wurden alle Gemeinde-Angelegenheiten unter anderem Aspekt gesehen. Es belebte sich das religiöse Interesse, und ganz besonders wandte sich dieses jetzt der Wahl von Rabbinern zu. Natürlich verlangte die konservative Mehrheit, daß man ihrer Mehrheit Rechnung tragen sollte und daß keinerlei extrem liberale Rabbiner angestellt werden dürften. Es gab jahrelange Kämpfe, bis man sich über die Neuwahl einigen konnte. Ich bin in diesem Kampf zum Teil Nutznießer, zum Teil Leidtragender gewesen. Nutznießer insofern, als die Gemeinde damals gerade eine neue Synagoge, die Lützowstraße, eröffnete und

Ungerleider pensionierte. Darum konnten jüngere Kräfte herankommen. Ich half schon zwei Jahre aus, hatte Glück zu gefallen, und es tauchte der Gedanke auf, mich nicht gehen zu lassen. Bis zu diesem Punkte war ich Nutznießer des Kampfes. – Jetzt wurde ich geprüft, denn ich hatte mir die Feindschaft eines hochmögenden Journalisten zugezogen: 1. war ich Atheist, 2. Sozialist und 3. Zionist.[8] Mir hat bei dieser Anschuldigung, die nur in einem Punkte, nämlich beim dritten wahr war, die Klimax Spaß gemacht: 1–2–3. So töricht die Geschichte war, der Einfluß des Mannes war so groß, daß mir die Konservativen doch sehr mißtrauisch gegenüberstanden, bis man 1899 einsah, daß es so nicht weiterginge, und man gleich drei Rabbiner wählte: Eschelbacher, Blumenthal und meine Wenigkeit.[9] (...)

Zunächst hatten die Liberalen durch ihre unselige Idee mit dem Sonntagsgottesdienst eine konservative Opposition ins Leben gerufen. Man drängte auf stärkere Betonung des Jüdischen. Und dann kam noch mehr und intensiver Bewegung in das jüdische Leben überhaupt und auch in das Berliner jüdische Leben durch die nun sich entwickelnde zionistische Bewegung. Man darf sich die Sache nicht so vorstellen, als sei der Schöpfer der zionistischen Bewegung, Theodor Herzl, vom Himmel gefallen und die Bewegung durch den Dreyfus-Skandal[10] ins Leben gerufen worden. Es waren längst zionistische Bestrebungen im Gange, im Osten, aber auch in Berlin. Das jüdische Leben war in diesen Jahren überall in Fluß geraten, vornehmlich von Russland ausgehend, durch eine judenfeindliche Politik. Tausende mußten auswandern; sie fluteten durch Berlin über Hamburg und Bremen nach Amerika. Der Auswandererstrom war zeitweise so stark, daß man in Ruhleben einen eigenen Bahnhof einrichtete. Philantropisch gesinnte Juden nahmen sich dort der Auswanderer an, und viele waren wohl froh, daß sich alles dort draußen abspielte. Aber es entstanden damals in Berlin doch ernste Bestrebungen, sich der Ostjuden anzunehmen, und in letzter Linie verdankt der Hilfsverein[11] diesen Bestrebungen seine Entstehung.

Uns jungen Menschen gingen diese Dinge aber viel näher. Wir hatten das Gefühl, daß hier ein Problem vorläge; wir fingen an, uns mit den Ostjuden zu beschäftigen. Es studierten hier eine ganze Reihe von sehr fähigen und geistig hochstehenden Menschen aus dem Osten, wie Sch'marjahu Levin.[12] Durch diese wurden wir für dieses Problem und ihr Leben interessiert. Dazu kam, daß wir doch zu sehen glaubten, daß diese Stagnation des Judentums in Deutschland eben dadurch hervorgerufen war, daß es sich auf den falschen Weg begeben hatte. Uns war die Assimilation, im Gegensatz zu der damals erwachsenen Generation, keine Lösung, sondern ein Problem. Wir sahen, daß es auf diesem Wege nicht weiterging. Es fanden sich damals nicht sehr viele, aber doch eine ganze Anzahl zusammen, die den Gedanken hatten: es geht um die Lösung der Judennot, und zwar um jede, und dieser Gedanke ist in einem Wort gegeben: Palästina. (...)

Jetzt, von dieser Zeit an, trug das Berliner Gemeindeleben die Signatur des Kampfes zwischen Liberalen und Zionisten. Der sogenannte Liberalismus hat sich dann leider auf einen sehr verkehrten Weg begeben, nicht nur damit, daß er die Zionisten bekämpfte, denn das hatten ihm die Rabbiner in Deutschland vorgemacht. Der erste Zionistenkongreß sollte ursprünglich in München stattfinden; dagegen erhob der Rabbinerverband Protest, und infolgedessen wurde Basel gewählt und wurde damit Ausgangspunkt des Zionismus als Weltbewegung.

Dieser falsche Weg, der sehr unheilvoll war und auch schlechte Folgen für den Zionismus hatte, bestand darin, daß sich der religiöse Liberalismus mit dem politischen identifizierte. Man kann religiös liberal sein, ohne es politisch zu sein und umgekehrt, aber man kann nicht politische Dinge ins religiöse Leben bringen. Es gehörte sr. Zt. ein ungeheurer Mut dazu, sich zum Zionismus zu bekennen. Als Zionist war man

als junger Theologe in der Großgemeinde unmöglich. Aber gerade wegen der Schärfe der Gegensätze stand das Gemeindeleben im Zeichen dieses Kampfes, war Bewegung da. Der Zionismus griff in Berlin trotz aller Schwierigkeiten immer mehr um sich. In der ersten Zeit waren es nur junge Feuerköpfe, aber allmählich ergriff die Bewegung auch reifere und geistig hochstehende Menschen, die sie begriffen und erkannten. Es dauerte aber doch noch eine ganze Weile, bis die Bewegung in Berlin eine größere Zahl organisierter Anhänger hatte. (...)

Die Ereignisse des Jahres 1933 haben dann zwar nicht die Bewegung zum Siege gebracht, aber doch einen sehr großen Teil der Forderungen verwirklicht, die von den Zionisten vertreten wurden und die ein Kampfobjekt gewesen sind. Eine ganze Reihe von Punkten sind doch heute eigentlich genehmigt worden, um die früher der Kampf ging: Palästina-Aufbau, jüdische Schule, Pflege der hebräischen Sprache, Sport unter Juden. Das sind alles Dinge, die lange Kampfobjekte waren und heute von der jüdischen Gesamtheit getragen werden. Es gibt heute keine Parteigesetze mehr, resp. sie haben keinen Sinn mehr, da ihnen das Objekt genommen ist.

So hat schließlich das Berliner Gemeindeleben zuletzt, wenn wir den ganzen Weg überschauen, eine segensreiche Wendung genommen. Als ich 1890 herkam, herrschte Stagnation, und durch alle die Dinge hindurch, die ich Ihnen geschildert habe, hat es sich doch dahin entwickelt, daß heute alle jüdischen Kräfte zusammengefaßt und auf das positive jüdische Ziel ausgerichtet sind. Wir arbeiten heute alle am Palästina-Werk, im Sinne der Unterbringung unserer jüdischen Auswanderer; wir begrüßen alle die jüdische Schule als die Pflanzstätte jüdischen Lebens und jüdischer Zukunft und als Stätte der Pflege des Sportes als Mittel zu kraftvoller jüdischer Aufrichtung. (...)

In Deutschland haben sich unter den Juden Dinge vollzogen, die ihre geschichtliche Wirkung nicht

nur in Deutschland, sondern auf die gesamte Juden-
heit hatten. In Deutschland ist seit Moses Mendelssohn
der Eintritt der Juden in die europäische Kultur vollzogen worden, und dieser Eintritt hat den Juden auch
in religiöser Beziehung eine ganz bestimmte Prägung
gegeben. In Deutschland wurde ein religiöses Judentum
geschaffen, das eine Verbindung von Tradition und
europäischer Kultur darstellt. Selbst die Orthodoxie ist
hier im Bunde mit europäischer Kultur. Die Kultur-
feindlichkeit, die unter den Rabbinern des Ostens vorhanden war und die sie das Auftreten europäischer
Kultur mit solcher Feindschaft begrüßen ließ, ist in
Deutschland überwunden worden und trägt hier den
Stempel der Verbindung mit der europäischen Kultur.
Dieses deutsche Judentum ist ein ungeheurer Wert-
faktor für das Gesamtjudentum. Hier in Deutschland
ist die jüdische Wissenschaft entstanden und von hier
in die Welt hinausgegangen. Das amerikanische Judentum ist ohne das deutsche Judentum des vorigen Jahrhunderts gar nicht zu denken. Man kann auch hinzufügen, daß selbst die Bewegung, die den religiösen
Liberalismus abgelöst hat, der Zionismus, ein Stück
deutschen Judentums ist. Herzl entstammt dem deutschen Kulturkreis, und gerade die deutschen Juden,
Nordau[13] ist auch hier geboren, haben dem Zionismus
seine Pioniere und zum Teil seine Führer gestellt.
Das war auch nur möglich, weil der Zionismus das
Produkt einer ganz und gar modernen Entwicklung
ist. So tief er in der jüdischen Tradition wurzelt, so
sehr er Erfüllung alter jüdischer Volkssehnsucht sein
mag, in seinem tiefsten Wesen ist er eine moderne
Bewegung und konnte nur von modernen Menschen
geschaffen werden.

So hat das deutsche Judentum seine Geschichte
nicht unrühmlich abgeschlossen und hat dadurch dem
Gesamtjudentum Großes geschenkt. Die Erkenntnis,
daß die 150 Jahre jüdischer Geschichte in Deutschland,
die sich unter dem Zeichen europäischer Kultur vollzogen haben, Gutes gebracht haben, muß von uns

selbst erkannt und geschätzt werden. Es gehen viele
von uns hinaus und besonders junge Menschen. Diese
sollen wir mit dem Judentum ausrüsten, wie es sich
hier bei uns in Deutschland entwickelt hat. Unsere Art,
das Judentum aufzufassen, es zu leben, unsere Art
des Gottesdienstes sollen unsere Menschen hinaustra-
gen. In diesem Zeichen sollen sie sich zusammenschlie-
ßen, alliiert bleiben, damit sie dem Gesamtjudentum
den Wert erhalten, den dieses Judentum in Deutschland darstellt.

Daß dies geschehen möge, ist mein Wunsch
und mein Hoffen."

Anmerkungen

* Das Manuskript der Rede stellte James J. Walters-Warschauer s.A. dem Centrum Judaicum zur Verfügung. Es wird außerdem in der Wiener Library in London und im Leo Baeck Institut in New York aufbewahrt. Die Rede wurde gekürzt, einige Schreibweisen wurden modernisiert oder vereinheitlicht.

1 Eine Zusammenkunft von Rabbinern und Laien (Synode) fand 1869 in Leipzig auf Anregung von Abraham Geiger, dem wichtigsten Theoretiker der jüdischen Reformbewegung in Deutschland, statt. Ihr Präsident war Moritz Lazarus (siehe Anm. 4). Die Synode beschäftigte sich mit den Fragen der religiösen Erziehung, der Gebetsordnung und Beschneidung. Die zweite im Vortrag genannte Synode fand nicht in Dresden, sondern in Augsburg statt.

2 Eduard Lasker (1829–1884), Mitbegründer der Nationalliberalen Partei, 1867–1884 Mitglied des Reichstags, seit 1880 für die Liberale Vereinigung.

3 Rudolf Ungerleider (1833–1911), seit 1869 Rabbiner in Berlin; Siegmund Maybaum (1844–1919), seit 1881 Rabbiner in Berlin, seit 1888 auch Dozent an der Hochschule für die Wissenschaft des Judentums; Adolf Rosenzweig (1850–1918), 1887–1918 Rabbiner in Berlin.

4 Moritz Lazarus (1824–1903), Philosoph und Völkerpsychologe, gründete mit seinem Schwager Heymann (Chajim) Steinthal (1823–1899) die „Zeitschrift für Völkerpsychologie und Sprachwissenschaft". Bekannt wurde Lazarus' Vortrag „Was heißt national?" (1879), in dem er sagte: „Wir sind Deutsche, nichts als Deutsche, wenn von der Nationalität die Rede ist."

5 Gesellschaft der Freunde, 1792 gegründet zur Verbreitung von Bildung und Aufklärung unter den Juden.

6 Justizrat Siegmund Meyer.

7 Gustav Levinstein forderte die Mitglieder der Berliner Jüdischen Gemeinde in einem Rundbrief vom Mai 1897 auf, seiner Forderung nach Einführung des Sonntagsgottesdienstes zuzustimmen. Die Resonanz war relativ gering. Von den ca. 95.000 Gemeindemitgliedern sprachen sich 5.000 für die Einrichtung eines Sonntagsgottesdienstes aus; 1.200 waren dagegen. Vgl. Der Gemeindebote. Beilage zur Allgemeinen Zeitung des Judentums, 26.11.1897.

8 Der Journalist war Max Adalbert Klausner, der Herausgeber der „Israelitischen Wochenschrift".

9 Joseph Eschelbacher (1848–1916), 1900–1916 Rabbiner in Berlin; Louis Blumenthal (1866–1942), 1900–1935 Rabbiner in Berlin.

10 Der Prozeß gegen Alfred Dreyfus, Offizier im französischen Generalstab und Jude, wegen angeblichen Verrats militärischer Geheimnisse an das Deutsche Reich, der 1894 begann, war von antisemitischer Hetze und einer lebhaften öffentlichen Debatte begleitet. Theodor Herzl (1860–1904) wurde nicht zuletzt durch den Prozeß zum Zionisten.

11 Hilfsverein der deutschen Juden, 1901 gegründet zur Betreuung der Zuwanderer aus Osteuropa.

12 Shmarya (Sch'marjahu) Levin (1867–1935), zionistischer Politiker, hebräischer und jiddischer Schriftsteller.

13 Max Nordau (1849–1923), seit 1896 Mitstreiter Theodor Herzls in der zionistischen Bewegung.

Regina Jonas
Die erste Rabbinerin in
Deutschland 1935–1942

Für das „Blatt der jüdischen Frau", eine Beilage der „C.-V.-Zeitung", vom 6.6.1938 stellte die Journalistin Mala Laaser Antworten jüdischer Frauen auf die Frage „Was haben Sie zum Thema Frau zu sagen?" zusammen. Zu den Befragten gehörte auch die damals erste und einzige Rabbinerin Deutschlands, Regina Jonas.

Sie antwortete, daß sie „für uns alle eine Zeit erhoffe, in der es Fragen um das Thema 'Frau' nicht mehr geben wird: denn wo Fragen sind, ist etwas krank. Wenn ich nun aber doch gestehen soll, was mich, die Frau, dazu getrieben hat, Rabbiner zu werden, so fällt mir zweierlei ein: der Glaube an meinen Beruf und meine Liebe zu den Menschen. Fähigkeiten und Berufungen hat Gott in unsere Brust gesenkt und nicht nach dem Geschlecht gefragt. So hat ein jeder die Pflicht, ob Mann oder Frau, nach den Gaben, die Gott ihm schenkte, zu wirken und zu schaffen."

Regina Jonas wurde am 3.8.1902 in Berlin geboren.[1] Von 1924 bis 1930 studierte sie, wie einige andere Frauen auch, an der Berliner Hochschule für die Wissenschaft des Judentums. Im Dezember 1930 legte sie bei den Professoren Julius Guttmann, Ismar Elbogen und Eduard Baneth, bei Harry Torczyner und Rabbiner Leo Baeck die akademische Religionslehrerprüfung ab. Für ihr Examen hatte sie zwei schriftliche Arbeiten eingereicht, eine halachische und eine biblische. Die halachische Arbeit behandelte die Frage: „Kann die Frau das rabbinische Amt bekleiden?" Regina Jonas versuchte darin nachzuweisen, daß die Ordination einer Frau als Rabbinerin mit der Halacha, dem jüdischen Religionsgesetz, durchaus vereinbar sei. „Außer Vorurteil und Ungewohntsein", so das Fazit ihrer Untersuchung, „steht ha-

lachisch fast nichts dem Bekleiden des rabbinischen Amtes seitens der Frau entgegen."[2]

Diese Überzeugung teilten damals nur wenige. Einer von ihnen war Eduard Baneth, Regina Jonas' Lehrer für Talmudische Wissenschaft, der ihre Arbeit mit der Note „gut" bewertet hatte. Er beabsichtigte vermutlich, sie nach einer zusätzlichen mündlichen Prüfung zur Rabbinerin zu ordinieren, doch sein Tod im Jahr 1930 vereitelte dieses Vorhaben. Es scheint, daß sich an der Berliner Hochschule außer Baneth niemand zu ihrer Ordination bereit fand, und so mußte sich Regina Jonas vorerst mit dem Beruf einer Religionslehrerin begnügen.

Von Leo Baeck erhielt sie im Mai 1931 eine Zusatzbescheinigung, daß sie sich in einer Reihe von Übungspredigten als „denkende und gewandte Predigerin" erwiesen habe.[3] Ihre Ordination zur Rabbinerin erfolgte erst Ende 1935: Durch die Vermittlung des liberalen Rabbiner-Verbandes erteilte Rabbiner Max Dienemann in Offenbach Regina Jonas am 27.12.1935 nach der erforderlichen mündlichen Prüfung das Rabbinatsdiplom. Er bescheinigte ihr darin, „daß sie dazu geeignet ist, das rabbinische Amt zu bekleiden."[4] Auch der Vorstand der Neuen Synagoge übermittelte ihr seine Glückwünsche. Er schrieb:

„Ihre heutige Mitteilung, daß Sie das Rabbinerexamen bestanden haben, hat uns außerordentlich erfreut und wollen wir nicht verfehlen, Ihnen unsere herzlichsten Glückwünsche auszusprechen. Das Judentum braucht mehr denn je fleißige, tatkräftige, überzeugte Menschen, die für seine Ideale arbeiten und kämpfen. Daß Sie in dieser Beziehung zu den schönsten Hoffnungen berechtigen, davon sind wir überzeugt."[5]

15

Neue Synagoge
Oranienburger Strasse 29

Sonnabend, den 19. Februar 1938
abends 8 Uhr

2. Hawdala-
Sabbat-Ausgangs-Feier

Es wirken mit:

Leo Goldberg-Gollanin

Loni Brotzen (Sopran)

Paul Lichtenstein (Orgel)

Dr. Bail (Cello)

Die Ansprache hält

Fräulein Rabbiner Jonas

Eintritt frei!

**Vorstand
der Neuen Synagoge**

Genehmigt
zum Anschlag

1. Religionsschule der Jüdischen Gemeinde zu Berlin.

Zeugnis

für *Meta Wolny* Schüler*in* der 5. Klasse

Sommer Halbjahr 19.14

Betragen: *sehr gut* Aufmerksamkeit: *sehr gut* Schulbesuch: *unregelm.*

Lehrgegenstände	Leistungen	Lehrgegenstände	Leistungen
Religionslehre	3	Übers. der Gebete	3 —
Biblische Geschichte	3	Übers. bibl. Bücher	
Nachbibl. jüd. Geschichte		Übers. nachbibl. hebr. Schriften	
Hebräisch Lesen	2/3	Hebräische Grammatik	

Versäumte Stunden _____ Verspätungen _____

Bemerkungen: _____

Das Lehrer-Kollegium.

Schulleiter   Klassenlehrer

Fritz Wolny
Unterschrift des Vaters oder Erziehungspflichtigen.

Gruppe Neue Synagoge im Synagogenverband Berlin.

Sonnabend, den 25. Januar 1936 abends 8 Uhr im Trausaal Oranienburger Str. 29

Vortrag des Fräulein Rabbiner **Regina Jonas**:

Religiöse Gebräuche im jüdischen Leben.

Musikalische Umrahmung: Herr Oberkantor **Gollanin**.

Eintritt frei

Gäste willkommen   Der Vorstand.

Karl Brotzen

Fabrikation von Puderdosen, Lippenstiften und Kleinmetallwaren

Bank-Konto:
Dresdner Bank, Depositen-Kasse 20
Berlin S 59, Kottbusser Damm 79

Postscheck-Konto: Berlin Nr. 153626

Fernsprecher: F 6 Baerwald 7163

Telegramm-Adr.: Karl Brotzen Berlin

Berlin SW 29, 23. März 1936.
Urbanstraße 70a

Br/L.

Fräulein Regina Jonas
Berlin.N.24.
Krausnickstrasse 4.

Sehr geehrtes Fräulein Rabbiner!

Der Oneg Schabbat ist jetzt von mir definitiv für Schabbes hagodaul, also für den 4. April or, nachmittags 5 Uhr festgesetzt... Eine erste redaktionelle Notiz soll im Gemeindeblatt schon nächsten Freitag erscheinen, eine zweite fett gedruckte Kastennotiz soll in der Zeitung, die am 3. April herauskommt, eingerückt werden. Wegen dieser letz= teren Veröffentlichung spreche ich dieser Tage noch mit dem Gemeindebü= ro vor. Dass auch in den anderen jüdischen Zeitungen Ankündigungen heraus= kommen, dafür sorge ich schon, ebenso, dass Sie als Leiterin überall ange= ben werden.
Ferner hängt schon nächsten Sabbat ein Plakat im Vorraum der Synagoge aus.
Den Programmentwurf hätte ich gerne bald von Ihnen gehabt. Ich füge zu diesem Zweck eine Freimarke bei. Sollten Sie mich lieber telefonisch sprechen wollen, dann bitte nicht nach 9 Uhr abends.
Ich habe mir den Verlauf der Feier auch schon durch den Kopf gehen las= sen, kann mich indessen mit Ihrer Auffassung, dass man vom Orgelspiel am Sabbatnachmittag Abstand nehmen müsse, nicht ganz einverstanden er= klären, obwohl selbstverständlich Ihre rabbinische Entscheidung massge= bend bleiben soll und muss. Vielleicht befragen Sie darüber mal einen autoritativen Kollegen.
König David hat zur Verherrlichung Gottes Psalter und Harfe gespielt. Das ist doch die Grundidee, warum wir glauben auch am Sabbat den Gesang durch ein technisches Instrument zu unterstützen. Wenn nun aber , so sagt mir die Logik, das liberale Religionsgesetzt das Orgelspiel sogar am of= fiziellen Gottesdienst gestattet, warum nicht noch viel mehr bei einer Feier "der Freude am Sabbat".
Ich hoffe hierüber noch von Ihnen zu hören, denn nur Ihre Entscheidung ist hier ausschlaggebend.
Beginnen werden wir mit einem Smirusgesang, dann können Sie beliebig lang sprechen, wir haben reichlich Zeit, 30-45 Minuten. Eventuell vor und nach Ihrer Rede ein Sologesang, ebenso so schön wäre auch eine Rezitati= on eines Erwachsenen. Dann Verteilung von Theekuchen oder ähnlichem Gebäck. Wenn wir Gläser hätten, würde ich auch etwas zu trinken anbieten, aber Gläser fehlen einstweilen. Nach dieser Pause: Gemütliches Beisammen= sein. Ich werde bitten, um die Unterhaltung in Gang zu bringen, Fragen zu stellen. Darüber vergeht viel Zeit. Schliesslich Ledowid Beruch und Hawdo= loh.
Das ist im grossen und ganzen mein Gedankengang und hoffe ich nun von Ihnen zu hören. Der Sabbat dürfte etwa 7,20 Uhr aus sein.
Mit freundlichem Gruss
Ihr

Abb. links oben:
Zeugnis der „1. Religionsschule" für Meta Wolny mit der Unterschrift der Klassenlehrerin Regina Jonas, 1934

Abb. rechts oben:
Veranstaltungszettel der „Gruppe Neue Synagoge im Synagogenverband Berlin" für einen Vortrag von Regina Jonas am 25.1.1936

Schreiben von Karl Brotzen im Namen des Vorstandes der Neuen Synagoge in Vorbereitung einer Sabbat-Feier mit Regina Jonas am 4.4.1936

Regina Jonas mußte auch nach ihrer Ordination um ihre Anerkennung als Rabbinerin kämpfen. Seelsorge, Lehr- und Vortragstätigkeit traute man einer Frau wohl zu, doch das Predigen von der Kanzel, ganz zu schweigen vom Treffen religionsgesetzlicher Entscheidungen und der Vollziehung von Trauungen und Scheidungen, blieb eine Domäne der Männer. In den dreißiger Jahren hielt Regina Jonas Vorträge für den Jüdischen Frauenbund, die Frauenarbeitsgemeinschaft für Palästina, die WIZO (Women's International Zionist Organisation), die Berliner Zionistische Vereinigung, das Jüdische Lehrhaus und den Jüdischen Kulturbund. Viele der Vorträge hatten die Stellung der Frau im Judentum zum Thema. Seit Beginn der dreißiger Jahre erteilte Regina Jonas Religionsunterricht in mehreren städtischen Schulen, in der jüdischen Schule in der Großen Hamburger Straße und in der „1. Religionsschule der Jüdischen Gemeinde", die der orthodoxe Rabbiner Felix Singermann leitete. Darüber hinaus zog die Jüdische Gemeinde sie zur rabbinisch-seelsorgerischen Betreuung in ihren Sozialanstalten heran, wie es in einem Arbeitsvertrag vom 1.8.1937 hieß[6], eine Arbeit, die, wie der Religionsunterricht, auch zu den Aufgaben der Gemeinderabbiner gehörte. Regina Jonas betreute jüdische Altersheime, den Hilfsverein für jüdische Taubstumme, das Jüdische Krankenhaus und die jüdischen Patienten einiger städtischer Krankenhäuser.

An Regina Jonas' Tätigkeit als Rabbinerin im Jüdischen Krankenhaus in der Exerzierstraße (heute Iranische Straße) erinnert sich Israel Alexander, der 1930–1935 mit seinen Eltern im Verwaltungsgebäude des Krankenhauses wohnte; sein Vater, Rabbiner Siegfried Alexander, war dort als Seelsorger tätig: „Sie achtete sehr darauf, daß man Fräulein Rabbiner sagte, denn eine Frau Rabbiner war die Frau von einem Rabbiner. Sie war auch nicht verheiratet. (...) Natürlich konnte sie hier in Deutschland nicht als Rabbinerin arbeiten, niemand hätte sie wirklich anerkannt. Sie arbeitete als Religionslehrerin, hielt Vorträge. Sie kam sehr oft ins Kranken-

haus und ins Altersheim, und da wollte sie als Rabbinerin funktionieren. Im Altersheim ging das im allgemeinen. Im Krankenhaus kam sie in die Synagoge, sie hatte einen lila Talar, keinen schwarzen und sie hat sich unten hingesetzt, neben die Männer auf den Rabbinerplatz. Sie wollte während des Gebets ihren Vortrag oder ihre Predigt halten, aber immer wenn dieser Arzt [gemeint ist Dr. H. Hirsch] da war und mit den Leuten dort gebetet hat, hat er zu ihr gesagt: 'Sie können machen was Sie wollen, aber zum Beten gehen Sie oben rauf zu den Frauen, danach können Sie runterkommen.'"[7]

In der Neuen Synagoge (wie in einigen anderen Synagogen auch) hielt Regina Jonas Lehrvorträge und Ansprachen, oft im Rahmen von Sabbatfeiern für Erwachsene und Jugendliche. Sie fanden in dem der eigentlichen Synagoge vorgelagerten Trausaal statt. Einige dieser Veranstaltungen wurden durch Plakate, die im Vorraum der Neuen Synagoge aushingen, angekündigt.

Regina Jonas war eine talentierte Predigerin, und so wurde von seiten der Synagogenbesucher die Forderung laut, sie im Rahmen eines regulären Gottesdienstes von der Kanzel der Neuen Synagoge sprechen zu lassen. Am 16.4.1936 wandte sich Max Brasch, der in der Oranienburger Straße 39 wohnte, an den Vorstand der Neuen Synagoge: „Im Auftrage vieler Besucher der neuen Synagoge gestatte ich mir, mit folgender Bitte an Sie heranzutreten: Die Rabbinerin Fräulein Jonas hat im Altersheim Berkaerstrasse eine Predigt gehalten, die bei den Hörern helle Begeisterung ausgelöst hat. Auch wir möchten gern in der neuen Synagoge Fräulein Jonas predigen hören und da wir Besucher dieses modernen Tempels liberal eingestellt sind, dürfen wir wohl recht bald auf die Erfüllung unseres Wunsches rechnen."[8] Und am 30.6.1936 schrieb Max Brasch an den Vorstand der Jüdischen Gemeinde: „Wir können es nicht begreifen, daß eine Dame als Rabbinerin mit solcher rednerischer Begabung und tiefem Wissen, nicht zu uns von der Kanzel der Neuen Synagoge predigen soll. Im Trausaal der Synagoge hat Frl. Rabbinerin Jonas wiederholt in her-

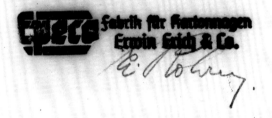

Bescheinigung der Firma Epeco,
die Regina Jonas als
Zwangsarbeiterin beschäftigte,
5.5.1942

vorragender Weise gesprochen."[9] Doch die Bemühungen ihrer Fürsprecher blieben aller Wahrscheinlichkeit nach erfolglos: Den Ankündigungen der Gottesdienste im „Gemeindeblatt der Jüdischen Gemeinde zu Berlin" und (nach 1939) im „Jüdischen Nachrichtenblatt" zufolge hat Regina Jonas von der Kanzel der Neuen Synagoge nie gepredigt.

In den Jahren 1940 und 1941, mit der Verschärfung der Situation der Juden unter nationalsozialistischer Herrschaft, fiel Regina Jonas ein neuer Aufgabenbereich zu: Die im Juli 1939 gegründete „Reichsvereinigung der Juden in Deutschland", in der die Nationalsozialisten die Juden damals zwangsweise zusammenfaßten, beauftragte sie, jüdische Gemeinden zu betreuen, deren Rabbiner ausgewandert oder verhaftet waren. Im „Jüdischen Nachrichtenblatt" vom 28.1.1941 findet sich in diesem Zusammenhang die folgende Notiz: „Stendal: Kürzlich kamen die Mitglieder unserer jüdischen Gemeinde zu einer religiösen Veranstaltung zusammen. Während unsere Seelenzahl vor 1933 etwa 70 betrug, ist sie heute auf 12 vermindert. So konnten wir angenehm im Wohnzimmer eines Gemeindemitglieds Platz finden. Fräulein Rabbiner Jonas aus Berlin gewann

durch ihre ausgezeichneten Ausführungen bald unsere Herzen. Ihr und der Gemeindeabteilung der Reichsvereinigung sei für diese Betreuung selbst einer so kleinen jüdischen Gemeinde aufrichtiger Dank ausgesprochen."

Regina Jonas wurde 1942 zur Zwangsarbeit in der Firma Epeco (Fabrik für Kartonagen Erwin Erich & Co.) in Berlin-Lichtenberg verpflichtet. Noch am 3.10. 1942, so ist es einer Ankündigung im „Jüdischen Nachrichtenblatt" zu entnehmen, predigte sie in dem in der Neuen Synagoge gelegenen Repräsentantensaal, den die Gemeinde damals für Gottesdienste nutzte.[10] Am 6.11.1942 wurde sie, gemeinsam mit ihrer Mutter, mit der sie seit langem die Wohnung teilte, nach Theresienstadt deportiert. Auch dort blieb sie seelsorgerisch tätig: Sie betreute Neuankömmlinge und hielt Vorträge über biblische, talmudische und sonstige religiöse Themen, von denen sich viele wiederum mit der Stellung der Frau befaßten.[11] Die Vorträge gehörten zu einer ganzen Reihe von kulturellen Veranstaltungen, die in Theresienstadt möglich waren. Nach zweijähriger Internierung wurde Regina Jonas am 12.10.1944 nach Auschwitz deportiert und dort ermordet.

Maren Krüger

Liste von Vorträgen, die
Regina Jonas in Theresienstadt
gehalten hat, 1943/44

Anmerkungen

1 Zu Regina Jonas siehe die Beiträge von Katharina von Kellenbach, insbesondere: „'God Does Not Oppress Any Human Being'. The Life and Thought of Rabbi Regina Jonas", in: Leo Baeck Institute Year Book, 39 (1994), S. 213–225; der Nachlaß von Regina Jonas befindet sich im Besitz der Stiftung „Neue Synagoge Berlin – Centrum Judaicum"/ Bundesarchiv Abteilungen Potsdam (Depositum), 75 D Jo 1, Nr. 1–14.

2 Stiftung „Neue Synagoge Berlin – Centrum Judaicum"/Bundesarchiv, Abteilungen Potsdam (Depositum), 75 D Jo 1, Nr. 3. Das Centrum Judaicum plant, Regina Jonas' Arbeit herauszugeben.

3 Ebd., 75 D Jo 1, Nr. 14, Bl. 16.

4 Ebd., 75 D Jo 1, Nr. 14, Bl. 33.

5 Ebd., 75 D Jo 1, Nr. 2, Bl. 14.

6 Ebd., 75 D Jo 1, Nr. 14, Bl. 31–32.

7 Zerstörte Fortschritte. Das Jüdische Krankenhaus in Berlin, hrsg. von Dagmar Hartung-von Doetinchem und Rolf Wienau, Berlin 1989, S. 143.

8 Stiftung „Neue Synagoge Berlin – Centrum Judaicum"/Bundesarchiv, Abteilungen Potsdam (Depositum), 75 D Jo 1, Nr. 1, Bl. 43.

9 Ebd., 75 D Jo 1, Nr. 1, Bl. 45.

10 Jüdisches Nachrichtenblatt, 2.10.1942.

11 Veranstaltungszettel, Gedenkstätte Terezin, Archiv, Sammlung Karl Herman.

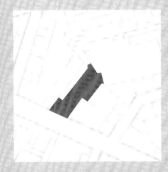

Leben
im
Umfeld

Die Demonstration der Erwerbslosen in der Repräsentantenversammlung*

Repräsentantensaal der Jüdischen Gemeinde, 1885 Lichtdruck nach einem Foto von Hermann Rückwardt

Die „Jüdisch-liberale Zeitung" (Organ der Vereinigung für das liberale Judentum e.V.) berichtete am 19.2.1926 auf ihrer Titelseite über eine „Erwerbslosendemonstration in der Berliner Repräsentantenversammlung". Diese Überschrift könnte aus der Distanz von fast 70 Jahren überraschend wirken. Historiographische Arbeiten über die Juden im republikanischen Berlin erzählen meist eine Erfolgsgeschichte. Sie berichten über die jüdische Beteiligung am Leben der allgemeinen Gesellschaft, über den jüdischen Beitrag zum Literaturleben, die jüdische Leistung in der deutschen Wissenschaft oder den jüdischen Anteil am Handels- und Wirtschaftsleben der deutschen Hauptstadt. Es entstand das Stereotyp, daß „der Berliner Jude" dem Mittelstand oder gar dem gehobenen Mittelstand angehörte. Wenn es im Berlin jener Jahre auch Juden gab, denen das Schicksal nicht wohlgesinnt war, dann handelte es sich nach allgemeiner Ansicht um ungerufene Gäste – um Ostjuden. So könnte die Tatsache, daß es in den besten Jahren der Weimarer Republik in Berlin jüdische Arbeitslose gab, am Ende des 20. Jahrhunderts fast unglaubwürdig wirken. Wer aber waren diese Arbeitslosen, über die die „Jüdisch-liberale Zeitung" im Winter 1926 berichtete? Was brachte sie dazu, in der Repräsentantenversammlung zu demonstrieren? Seit wann gab es die Repräsentantenversammlung, wer nahm an den Versammlungen teil?

1847 verordnete der Paragraph 35 des „Gesetzes über die Verhältnisse der Juden [in Preußen]": „Die Juden sollen nach Maßgabe der Orts- und Bevölkerungsverhältnisse dergestalt in Synagogengemeinden (Judenschaften) vereinigt werden, daß alle innerhalb eines Synagogenbezirks wohnende Juden einer solchen Gemeinde angehören."[1] Das Gesetz zwang alle Juden, die im Bereich der Gemeinde Berlin wohnten, eine einzige Gemeindeorganisation aufzubauen und ihr als Mitglieder anzugehören. Aufgrund dieses Gesetzes entstand die „Jüdische Gemeinde zu Berlin" – die geforderte Einheitsgemeinde – bisweilen auch die „Große Gemeinde"

genannt. Ihr Hauptverwaltungsgebäude befand sich in der Oranienburger Straße 28/29. Sie war zuständig für die jüdische Bevölkerung Berlins, die laut der Volkszählung von 1925 172.672 Personen zählte.[2]

Unter organisatorischen Aspekten veränderte die Weimarer Verfassung an der bis 1918 bestehenden Rechtslage der jüdischen Gemeindeorganisationen nichts. Das „Gesetz über die Verhältnisse der Juden" von 1847 wurde bis 1938, als der öffentliche Status der jüdischen Gemeinden in Deutschland aufgehoben wurde, nicht korrigiert.[3] Ergänzend wurde bei der Gründung der Weimarer Republik das Gesetz über das Recht zum Austritt aus einer Religionsgemeinschaft erlassen.[4] Trotzdem war die Austrittsquote der Gemeinde praktisch nicht von Bedeutung, wie verschiedene auf der Austrittskartei der Gemeinde basierende Untersuchungen zeigen konnten. Die Zahl der Austritte konnte selbst auf dem Höhepunkt der Weimarer Jahre noch im Dutzend gezählt werden.[5]

Die „Jüdische Gemeinde zu Berlin" wurde von mehreren gewählten Körperschaften verwaltet. Alle wahlberechtigten Gemeindemitglieder wählten die Repräsentantenversammlung, die bis 1930 aus 21 Mitgliedern bestand. Diese Wahlen erfolgten in regelmäßigen Abständen nach allgemeinem, geheimem Verhältniswahlrecht. Die Wahlberechtigten stimmten für eine namentliche Liste, die die politischen Parteien vorlegten. Die Repräsentantenversammlung wählte dann aus der Mitte aller Gemeindemitglieder die Mitglieder des Gemeindevorstandes.[6]

Im Jahre 1923 wurde Alexander Szanto beauftragt, Protokolle der Sitzungen der Repräsentantenversammlung anzufertigen. In seinen im Jahre 1968 niedergeschriebenen Erinnerungen schilderte er ausführlich seine Eindrücke aus dem jüdischen Parlament in Berlin:

„Der Schauplatz der Sitzungen war der große Repräsentantensaal (...) [im ersten Stock über dem Vorraum der Neuen Synagoge]. In dem riesigen Raum, von dessen Wänden die Ölgemälde verblichener Gemeinde-

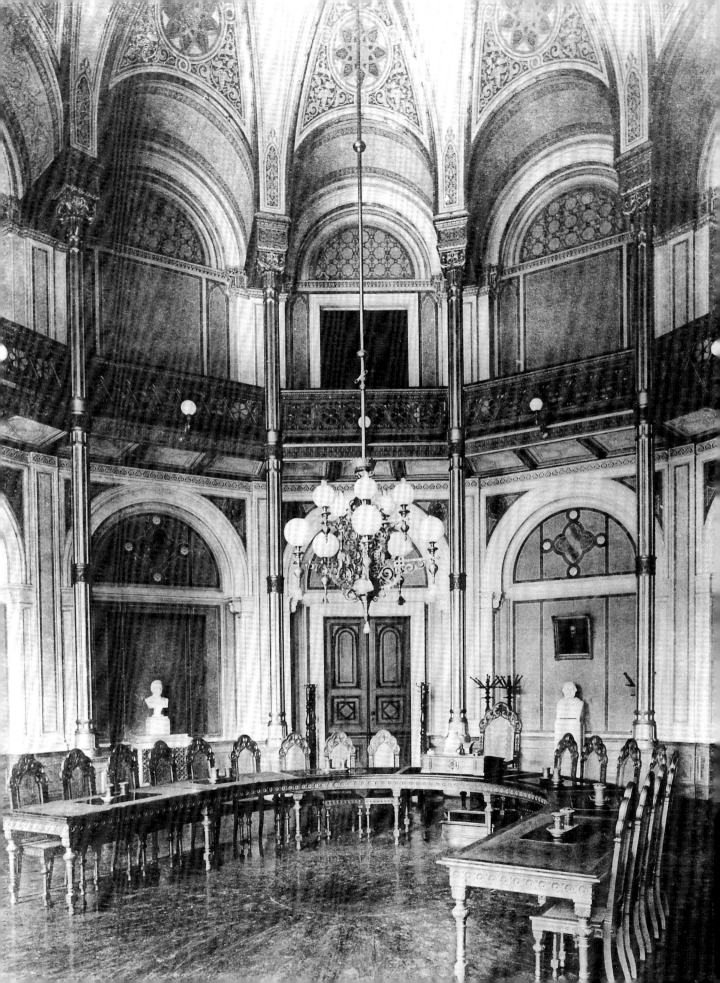

Verwaltungsgebäude der
Jüdischen Gemeinde,
Oranienburger Straße 28/29,
um 1930

Der Gemeindevorsitzende
Heinrich Stahl begrüßt die
Makkabi-Handballmannschaft aus
Petach Tikwa in Palästina im
Repräsentantensaal, Juni 1937
Foto Abraham Pisarek

Koryphäen auf die Versammelten niederblickten, befand sich eine große hufeisenförmige Tafel, zu deren beiden Seiten die Repräsentanten ihre Plätze einnahmen. In der Mitte, etwas erhöht, saß der Vorsitzende der Versammlung, rechts von ihm die Orthodoxen (...) und daran anschließend die Zionisten, links von ihm die Liberalen. Dort, wo die offene Seite des Hufeisens war, befand sich ein langer Tisch, an dem die Mitglieder des Gemeindevorstandes ihren Platz hatten. Im Hintergrund pflegten meist einige führende Gemeindebeamte zu sitzen oder zu stehen. Ein Rednerpult gab es nicht. Jeder Repräsentant, der in der Debatte das Wort ergriff, erhob sich von seinem Platze und sprach von dort aus. Das gleiche galt für die Mitglieder des Gemeindevorstandes, wenn sie das Wort ergriffen, um Erklärungen abzugeben oder auf Interpellationen zu antworten. (...) Die Sitzungen waren öffentlich. Rund um den Saal, in erheblicher Höhe, befand sich eine Empore, auf der stets eine Anzahl von Zuhörern anwesend war. Die Sitzungen wurden in regelmäßigen Abständen, etwa alle zwei bis drei Wochen abgehalten, meistens am Sonntagvormittag, je nach Bedarf aber auch an Wochentagen abends."[7]

Waren die Berliner Juden überhaupt an der Zusammensetzung, den Diskussionen, Entscheidungen, Ideen und persönlichen Machtkämpfen der verschiedenen Parteien interessiert? Kurt Blumenfeld, Vorsitzender der „Zionistischen Vereinigung für Deutschland" während der Weimarer Republik, berichtete in seinen Erinnerungen, er habe zu seinen zionistischen Parteikameraden in der Gemeinde gesagt: „Was Sie in den Gemeinden machen, interessiert mich überhaupt nicht."[8] Auch die liberalen Juden hielten sich von der Politik und dem Engagement in der Gemeinde fern. In ihren Augen illustrierte die Gemeinde die „Ghettovergangenheit", eine Zeit, in der die Juden unnachgiebig an Traditionen festhielten, die es ihnen unmöglich machten, sich der in ihren Augen erhabenen deutschen Kultur zu öffnen und als gleichberechtigte deutsche Bürger zu gelten.

Die Einstellung zu den Repräsentanten der Gemeinde war nicht weniger kritisch. In einem äußerst zynisch formulierten Artikel aus dem Jahre 1927 heißt es: „Du willst Repräsentant oder Vorstandsmitglied werden? Gut. Das bringt nicht nur Ehre, sondern auch, direkt oder indirekt, Geld ein. Tritt einer Partei bei. Welcher? Natürlich der siegreichen, die am lautesten schreit und daher den größten Erfolg vespricht."[9]

Dennoch lag die Gemeindeführung in den Händen von vermögenden Juden oder jüdischen Juristen, die sich mit großer Anstrengung für die jüdische Gemeinschaft einsetzten und davon keineswegs profitierten. Heinemann Stern, Rektor der Jüdischen Mittelschule in Berlin, schrieb dazu: „Ob man am frühen Morgen, um die Mittagszeit, am späten Nachmittag oder sogar am späten Abend in eines der beiden Gemeindehäuser [Oranienburger Straße und Rosenstraße] kam, immer traf man auf einen oder einige der doch auch beruflich vielbeschäftigten Anwälte, Bank-, Fabrik- oder Handelsherren."[10]

Zu solchen ehrenamtlichen Politikern gehörten beispielsweise Leo Wolff, Gemeindevorsitzender in den Jahren 1924–1926 und Richter am Kammergericht;

Mitglieder der Liberalen Fraktion während einer Sitzung im Repräsentantensaal, um 1935
Foto Abraham Pisarek

Georg Kareski, Gemeindevorsitzender in den Jahren 1929–1931 und Generaldirektor des Konzerns Michael Industrie; Wilhelm Kleemann, Gemeindevorsitzender in den Jahren 1931–1933, Bankier und Mitglied des Aufsichtsrates der Dresdner Bank; Heinrich Stahl, Mitglied des Gemeindevorstandes seit 1930, in den Jahren 1933–1940 Vorsitzender der Gemeinde, einer der Direktoren der Versicherungsgesellschaft Viktoria.

Das geringe Interesse für die Angelegenheiten der Gemeinde spiegelte sich auch in der Beteiligung an den Wahlen zur Repräsentantenversammlung wider. Während der Jahre der Weimarer Republik wurden drei Wahlen durchgeführt: am 20.6.1920, am 16.5.1926 und am 30.11.1930. An den Wahlen am 20.6.1920, bei denen nach wie vor nur Männer wahlberechtigt waren, beteiligten sich fünf Parteien. Von den 42.520 in der Wahlliste eingetragenen Gemeindemitgliedern gingen 14.457 zu den Wahlurnen; das waren 34 Prozent der Wahlberechtigten.[11]

Seit Ende 1925 entstand in der Gemeinde eine gewisse politische Spannung. Sie war auf die Tatsache zurückzuführen, daß seit 1923 der „Liberale Verein für die Angelegenheiten der jüdischen Gemeinde zu Berlin" in der Repräsentantenversammlung über eine Mehrheit von nur einer Stimme verfügte. Die „Jüdische Volkspartei", die die zionistische Weltanschauung in den Gemeindekörperschaften vertrat, hatte sich zum Ziel gesetzt,

Stimmzettel für die Wahlen zur
Repräsentantenversammlung im
„Gemeindeblatt der Jüdischen
Gemeinde zu Berlin", 7.5.1926

Wahlaufruf der Liberalen Partei
im „Gemeindeblatt der Jüdischen
Gemeinde zu Berlin", 7.5.1926

Was waren nun die Ursachen und Wirkungen der wirtschaftlichen Krise, in der sich die Juden Berlins Mitte der zwanziger Jahre befanden? Im Jahre 1932 publizierte die „Zentralwohlfahrtsstelle der deutschen Juden" die Forschungsarbeit des Ökonomen Jakob Lestschinsky, „Das wirtschaftliche Schicksal des deutschen Judentums". In der Vorbemerkung schrieb Max Kreutzberger, daß die Wirtschaftskrise der damaligen Jahre, der Zusammenbruch des jüdischen Mittelstandes, die Fragen des Wirtschaftsboykotts sowie der Arbeitsbeschaffung das Interesse Lestschinskys an diesem Thema geweckt hätten.[13] Das Werk selbst begann mit den erregten Wor-

Der gemeinsame amtliche Stimmzettel für die Repräsentanten-Wahlen

1 Jüdische Volkspartei: Klee, Loewe, Goslar, Hornstein.

2 Liberale Liste: Sonnenfeld, Stern, Frau Bertha Falkenberg, Türk.

3 Jüdische Sozialdemokrat. Arbeiter-Organisation „Poale Zion": Oskar Cohn, Adler-Rudel, Berger, Liffchitz.

4 Bund der Jüdischen Arbeitnehmer in Groß-Berlin: Lewy-Brand, Goldstein, Olga Gutmann, Mendelson.

5 Konservative Partei: M. A. Loeb, Bauer, Dr. Wechselmann.

6 Religiöse Mittelpartei: Rabb. Dr. Weiße, Geh.-R. Stern, Frau Rabb. Dr. Eschelbacher, Komm.-Rat Berger.

Jüdische Frauen und Männer!

Wir Liberalen wollen

Erhaltung der Religionsgemeinde

Freiheit der religiösen Betätigung für alle religiösen Richtungen innerhalb des Judentums.

Errichtung liberaler Gottesdienste in den Stadtbezirken, in denen sie noch fehlen (Osten, Norden, Vororte usw.).

Religiöse Erziehung unserer Kinder zu religiösen Juden, aber auch Erziehung zu deutschsprechenden und deutschfühlenden Menschen.

Sparsame Steuerpolitik Ablehnung aller Ausgaben für gemeindefremde, zionistische Zwecke. Verwendung der Gemeindegelder in erster Linie für die sozialen Anstalten der Gemeinde (Krankenhaus, Altersversorgungsanstalten, Waisenhäuser, Darlehnskassen usw.).

Sozialen Fortschritt vor allem produktive Fürsorge für unsere erwerbslosen Glaubensgenossen.

In dieser schweren Zeit haben Mittelpartei und jüdische Volkspartei (Zionisten) mutwillig einen Wahlkampf heraufbeschworen. Gebt ihnen am 16. Mai die Antwort!

Glaubt nicht den Phrasen und Verdrehungen der mittelparteilichen Friedensstörer!

Wählt am 16. Mai die liberale Liste

Liste 2

Sonnenfeld — Stern — Frau Bertha Falkenberg — Türk

diese Verhältnisse im Berliner jüdischen Parlament bei den Wahlen am 16.5.1926 zu ihren Gunsten zu ändern. Wie ihr dies gelang, soll nicht Thema dieses Beitrags sein.

Zur politischen innerjüdischen Spannung kam eine soziale und wirtschaftliche Krise. Alexander Szanto schrieb in der Einleitung zu seinen Erinnerungen: „Hatte sich die Jüdische Gemeinde vorher [vor 1923] lediglich mit religiösen, caritativen und kulturellen Aufgaben zu befassen, so fielen jetzt in wachsendem Maße auch wirtschaftliche und sozialpolitische Probleme in ihren Arbeitsbereich."[12]

ten: „Groß ist die Verarmung weiter Kreise des deutschen Judentums. Sie hat nicht nur die kleinbürgerlichen und Mittelstandsschichten, sondern auch die höheren sozialen Gruppen erfaßt. Unvergleichlich größer aber ist die psychische Depression und Verzweiflung, die fast das ganze deutsche Judentum zu vergiften droht."[14] Im Steueramt der Berliner Jüdischen Gemeinde war man der Meinung, daß die Finanzpolitik während des Ersten Weltkrieges, die Inflation und später die Deflation, d.h. die Maßnahmen, die unternommen wurden, um die deutsche Währung wieder zu stabilisieren, dazu führten, daß der jüdische Wohlstand in den Nachkriegsjahren zusammenbrach.[15] Lestschinsky jedoch gelangte zu der Schlußfolgerung, daß die Ursachen der wirtschaftlichen Krise eher in der besonderen Berufsstruktur der Juden zu finden seien.

Am 16.6.1925 wurde in Deutschland eine Berufs- und Betriebszählung durchgeführt.[16] Diese Erhebung unterteilte die Berufe der Erwerbstätigen in fünf Wirtschaftssektoren: Landwirtschaft; Industrie und Handwerk; Handel und Verkehr; Häusliche Dienste; Öffentlicher Dienst und Freie Berufe. Hinzu kam die Kategorie der „Berufslosen Selbständigen", in der neben allen Berufslosen auch jene Personen zusammengefaßt wurden, die von Eigenkapital, Besitz, Pensionen, von Sozialrenten oder Unterstützungen lebten.

Von den 172.672 Juden, die im Jahre 1925 in Berlin lebten, waren 100.193 erwerbstätig. Von ihnen waren in den verschiedenen Wirtschaftszweigen tätig: Landwirtschaft 121 (0,12 %); Industrie und Handwerk 26.780 (26,73 %); Handel und Verkehr 44.089 (44,01 %); Häusliche Dienste 2.409 (2,4 %); Öffentlicher Dienst und Freie Berufe 11.141 (11,12 %); als Berufslose Selbständige wurden 15.653 (15,62 %) gezählt.

Die Hälfte der erwerbstätigen Allgemeinbevölkerung konzentrierte sich auf die Wirtschaftszweige Industrie und Handwerk, während fast die Hälfte der jüdischen Erwerbstätigen in den Bereichen Handel und Verkehr arbeitete. Ferner lag der Anteil der „Berufslosen Selbständigen" unter der jüdischen Bevölkerung Berlins stets höher als der entsprechende Prozentsatz innerhalb der Allgemeinbevölkerung der Stadt; diese höhere Quote der Berufslosen Selbständigen erklärt sich durch das Alter der jüdischen Erwerbstätigen, durch die Zahl der Pensionäre unter ihnen, durch die Zahl der jüdischen Kapitalbesitzer sowie durch die Zahl all jener Personen, die auf verschiedene ungewöhnliche Erwerbstätigkeiten angewiesen waren.

Heinrich Silbergleit, der ehemalige Leiter des Statistischen Amtes in Berlin, bearbeitete die Daten der Erhebung von 1925, um die spezifischen Berufsverhältnisse der Juden zu analysieren.[17] Nach Silbergleits Angaben waren Mitte der zwanziger Jahre immer noch nahezu 49 Prozent der jüdischen Bevölkerung Berlins in Handelsberufen tätig – demnach die größte Berufsgruppe. Die zweitgrößte Gruppe, 17 Prozent der Erwerbstätigen, stellten die Beschäftigten im Bekleidungsgewerbe. Auf diese beiden Berufsgruppen konzentrierten sich also 66 Prozent (!) der jüdischen Erwerbstätigen im Berlin der Weimarer Zeit. Im Vergleich ist anzumerken, daß unter den Erwerbstätigen der Allgemeinbevölkerung nur ca. 30 Prozent in diesen Sektoren tätig waren.[18]

Der Unterschied zwischen der Berufsstruktur der Berliner Gesamtbevölkerung und der jüdischen Bevölkerung tritt in dem prozentualen Anteil aller Erwerbstätigen, die in einem Arbeitgeber-Arbeitnehmerverhältnis standen oder ein Gehalt bezogen, besonders deutlich hervor. Die Befunde aus der Erhebung von 1925 ergeben das folgende Bild:

	jüdische Erwerbstätige	Erwerbstätige allgemein
Selbständige	46,87 %	15,40 %
Angestellte/ Arbeiter	49,02 %	76,38 %
Familien- angehörige	4,11 %	8,22 %
insgesamt	100,00 %	100,00 %

Aus zeitgenössischen Publikationen ergibt sich, daß nach dem Ersten Weltkrieg etliche Personen, die in der Vergangenheit einen ausreichend hohen Lebensstandard als Händler, Handwerker oder Freiberufler in selbständiger Arbeit oder durch angesammeltes Familienkapital aufrechterhalten konnten, in ein Angestelltenverhältnis übertreten mußten. Kurt Zielenziger, Journalist bei der „Vossischen Zeitung", schrieb 1925 hierzu:

„Der jüdische Bankier, der vor dem Kriege der Freund und Berater seines Kunden war, hat seine Existenz verloren, der jüdische Börsianer ist heute zu einer Karikatur geworden. Die Zusammenbrüche in der Konfektion, im Metall- und Getreidehandel und vielen anderen Branchen haben altangesehene jüdische Geschäftshäuser vernichtet. (...) Diese Krisenerscheinungen in der Wirtschaft, besonders im Handel und Bankwesen, haben unzählige jüdische Angestellte brotlos gemacht."[19]

Viele Berliner Juden stießen nicht erst seit 1933, sondern bereits in den Jahren der Weimarer Republik bei der Suche nach einem Arbeitsplatz auf große Schwierigkeiten. In der jüdischen Presse war immer häufiger zu lesen, daß die Situation der jüdischen Arbeitsuchenden schwieriger sei als die Situation anderer Arbeitsloser. Am 5.2.1926 publizierte Berthold Weiß in der „Jüdisch-liberalen Zeitung" einen Artikel mit der Überschrift „Die jüdische Not", in dem er sich mit diesem Problem auseinandersetzte: „Unter den jüdischen Erwerbslosen gärt es. Schon hat sich eine Interessengemeinschaft jüdischer Erwerbsloser in Berlin gebildet, die bereits eine Demonstration vor dem jüdischen Wohlfahrtsamt in der Rosenstraße organisiert hat."[20]

Diese Interessengemeinschaft paßte den Gemeindepolitikern nicht. Sie reagierten mit der folgenden Veröffentlichung im amtlichen Blatt der Jüdischen Gemeinde zu Berlin: „...es wird gewarnt, diese sogenannte Interessenvertretung bzw. deren angeblich Beauftragten in irgendeiner Weise zu unterstützen."[21]

Doch die Lage, in der sich die jüdischen Arbeitslosen befanden, war schwierig. Schon 1923 wurden

Stellung, Arbeitsfeld und Verantwortungsbereich der „Arbeitsgemeinschaft der jüdischen Arbeitsnachweise" neu formuliert. Ursprünglich sollten die jüdischen Arbeitsämter den gesetzestreuen Juden bei der Suche nach Arbeitsplätzen helfen, die ihnen ein Einhalten der religiösen Gebote und insbesondere die Abwesenheit von der Arbeit an Freitagabenden und am Sabbat ermöglichten.

Im Verlauf der Weimarer Republik wuchs die Zahl der Arbeitsuchenden, die sich an die jüdischen Arbeitsämter wandten. Sie kamen aus dem Gefühl heraus, daß sie aus ungerechtfertigten Gründen bei der Arbeitsplatzsuche erfolglos blieben oder weil sie ihren Arbeitsplatz aus antisemitischen Motiven verloren hatten.

Über die Zahl der Arbeitsuchenden, die sich an das jüdische Arbeitsamt wandten, liegen verschiedene Angaben vor. In einem im Jahre 1930 von der Gemeindeleitung publizierten Bericht finden sich die folgenden Angaben:

Jahr	Gesuche beim Arbeitsamt	vermittelte Arbeitsplätze
1926	9.138	4.334
1927	9.409	5.560
1928	10.151	5.560
1929	11.543	3.896
1930 (bis 30.9.)	10.102	3.587

Tatsächlich lag die Quote der jüdischen Arbeitsuchenden wesentlich höher, denn nicht alle jüdischen Arbeitslosen wandten sich an das jüdische Arbeitsamt. Offizielle Statistiken über die jüdische Arbeitslosigkeit existieren nicht. Selbst wenn es zuverlässige statistische Angaben gäbe, könnten sie nicht das gesamte Bild widerspiegeln. Denn ca. die Hälfte der Berliner Juden war, wie erwähnt, als Selbständige tätig und konnte sich nicht arbeitslos melden oder Arbeitslosenunterstützung erhalten.[22]

Meldet **offene** *Stellen*

dem

Jüdischen Arbeitsnachweis

Berlin N 24, *Auguststraße 17*
Telephon: D 2 Weidendamm 5936

In der jüdischen Öffentlichkeit war die Meinung verbreitet, daß im Arbeitsamt der Gemeinde Unregelmäßigkeiten vorkommen würden; die Leiter des Amtes waren überzeugt, daß die mangelnde Effektivität wesentlich auf den schlechten Arbeitsbedingungen ihrer Angestellten beruhe, die infolge der Etatschwierigkeiten des Amtes in ständiger Furcht lebten, selbst über Nacht arbeitslos zu werden.[23]

Am 17.2.1926, einem Mittwochabend, kam es dann zur Demonstration in der Repräsentantenversammlung. Das Protokoll der Sitzung, das höchstwahrscheinlich Alexander Szanto aufgenommen hat und das im Gemeindeblatt veröffentlicht wurde, berichtete nur sehr kurz über die Demonstration: „Während des letzten Teils der Rede des Herrn J.R. Sonnenfeld mußte die Sitzung vorübergehend unterbrochen werden, da von der Tribüne aus lärmende Demonstrationen jüdischer Erwerbsloser erfolgten. Durch gütliches Zureden und durch persönliche Intervention eines Mitgliedes der Versammlung konnte die Ruhe wiederhergestellt werden."[24]

Die Einzelheiten, die im Protokoll fehlen, lassen sich durch Zeitungs- und Augenzeugenberichte ergänzen. James Yaakov Rosenthal, damals Jura-Student und Journalist für jüdische Zeitungen, war von den Ereignissen noch nahezu 70 Jahre später beeindruckt: „Es war eine Schande und ein Skandal; so etwas ist noch nie im jüdischen Gemeindeparlament passiert; wir waren alle erschüttert", erzählte er 1992 in Jerusalem.[25]

Was genau war passiert? Die Sitzung vom 17.2. 1926 war ursprünglich der Frage der Errichtung jüdi-

scher Schulen in Berlin gewidmet. Im Winter 1926 gingen die Gemeindefunktionäre davon aus, daß dies eine der Hauptfragen in dem bevorstehenden Wahlkampf sein werde. Wie die zionistische „Jüdische Rundschau" berichtete, war das Hauptthema der Schuldebatte an diesem Mittwochabend „ein Antrag der Jüdischen Volkspartei, bei den städtischen Behörden die Umwandlung zweier städtischer Gemeindeschulen in jüdische Gemeindeschulen zu beantragen."[26]

Es entwickelte sich eine stundenlange Diskussion, die sich in die späten Abendstunden hineinzog. Laut der „Jüdisch-liberalen Zeitung" begann die Sitzung um 18.30 Uhr.[27] Wie in den Repräsentantensitzungen üblich, war der Saal voll. Die Tagesordnung war lang, und bevor man zur Hauptdebatte übergehen konnte, mußten andere Angelegenheiten diskutiert und beschlossen werden. So wurden dem Wohlfahrtsamt 7.000 Mark für Notstandsarbeiten zur Verfügung gestellt. Laut Protokoll sollten mit diesen Mitteln Arbeitsmöglichkeiten für jüdische Erwerbslose geschaffen werden.[28] Dann wurde die Errichtung des Kriegerdenkmals auf dem Ehrenfelde des Friedhofs in Weißensee diskutiert. Nach einer langen Aussprache wurden dafür mit großer Mehrheit 15.000 Mark bewilligt.[29] Anschließend besprach man die Subventionen einer Anzahl von Synagogenvereinen und die Verbesserung des Gehalts der Kantoren.[30] Erst dann fing die Schuldebatte an. Sie zog sich lange hin, denn die beiden politischen Hauptrichtungen, die im Berliner jüdischen Parlament vertreten waren, die Liberalen und die Zionisten, waren in dieser Angelegenheit sehr verschiedener Meinung und hatten darüber bereits jahrelang Diskussionen geführt. Bis zum Zusammenbruch der Weimarer Republik kamen sie in dieser Angelegenheit zu keiner gemeinsamen Politik.

Dr. Alfred Klee, der als stellvertretender Vorsitzender der Repräsentantenversammlung die Sitzung leitete und auch Vorsitzender der Fraktion der Jüdischen Volkspartei war, nutzte seine juristische Begabung, um die zionistische Weltanschauung in den Erziehungsfra-

Bericht in der „Jüdisch-liberalen Zeitung", dem Organ der „Vereinigung für das liberale Judentum", vom 19.2.1926

gen ausführlich zu erläutern. Von der liberalen Seite antwortete der Fraktionsführer Prof. Moritz Türk, Lehrer am renommierten Friedrichs-Werderschen Gymnasium.[31] Alexander Szanto gibt in seinen Betrachtungen eine eindrucksvolle Schilderung ihrer Auseinandersetzungen:

„Die Rededuelle zwischen Dr. Klee und Professor Türk bewegten sich stets auf hohem Niveau, und für den objektiven Zuhörer war es eine Freude, fast möchte ich sagen, ein ästhetischer Genuß, ihnen beizuwohnen. Schon in ihrem äußeren Gehaben waren die beiden Männer die stärksten Gegensätze: Alfred Klee, flink, beweglich, angriffslustig, mit Armen und Händen gestikulierend, mit der Routine des versierten Advokaten seine Sätze suggestiv in den Saal schleudernd und seinen Widerpart aus tiefschwarz umränderten Hornbrillen anblitzend – Professor Türk, behäbig und mit unerschütterlicher Ruhe, seine in sonorem Tone vorgetragenen Argumente nur mit knappen Handbewegungen unterstützend, stets darauf bedacht, seine Sätze in formvollendetem, durch innere Logik überzeugenden Stil zu formulieren."[32]

In der Debatte wurde die Gemeindeorthodoxie von Moritz A. Loeb vertreten. Als Justizrat Hugo Sonnenfeld die liberale Position zusammenfassen wollte, waren alle Anwesenden nach einer zwei Stunden langen Debatte höchstwahrscheinlich ziemlich erschöpft.[33] Und gerade da passierte es. Die Zuschauertribüne war dicht besetzt. Die „Interessengemeinschaft jüdischer Erwerbsloser" hatte dort eine beträchtliche Zahl von Arbeitslosen versammelt, die große Unruhe erzeugten und zu den unendlich debattierenden Repräsentanten herunterriefen: „Wir hungern!", „Wir haben kein Obdach!" usw. Das „Israelitische Familienblatt"

Erwerbslosendemonstration in der Berliner Repräsentantenversammlung

Berlin, 17. Februar 1926

(Nach Redaktionsschluß)

In der heutigen Repräsentantenversammlung der Berliner Jüdischen Gemeinde kam es zu Auftritten, wie sie bisher in diesem Gremium noch nicht erlebt worden sind. Auf der Zuhörergalerie war ein besonders starker Andrang während der ganzen Sitzung, die abends um $1/2$ 7 begann, zu bemerken. Zunächst wurden eine Fülle kleinerer Vorlagen erledigt. Dann setzte eine ausführliche Debatte über jüdische Schulfragen ein.

Von der Interessengemeinschaft jüdischer Erwerbsloser war an sämtliche Repräsentanten ein Schreiben verteilt worden, das präzise Forderungen enthielt. Die Tatsache, daß die Debatte über jüdische Schulfragen, provoziert durch eine zionistische Agitationsrede, annähernd zwei Stunden dauerte, trotzdem Einstimmigkeit für den vorliegenden liberalen Antrag herrschte, während man auf die Besprechung der dringendsten sozialen Fragen noch nicht zehn Minuten verwandte, löste bei den auf der Galerie anwesenden jüdischen Erwerbslosen einen Sturm der Entrüstung aus. Fortgesetzt erfolgten Rufe: „wir hungern", „wir haben kein Obdach" usw. Der leitende stellvertretende Vorsitzende der Repräsentantenversammlung, Rechtsanwalt Dr. Klee (Jüd. Volkspartei) drohte mit Räumung der Galerie. Da ein sachliches Verhandeln bei den fortgesetzten Tumulten unmöglich war, wurde die Sitzung unterbrochen. Dr. Klee begab sich auf die Tribüne, um die erhitzten Zuhörer zu beruhigen.

Nach der Wiedereröffnung der Sitzung durch den Vorsitzenden der Repräsentantenversammlung Rechtsanwalt Stern (liberal), wurde die Frage der jüdischen Schulen kurz beendet, und außerhalb der Tagesordnung erfolgte noch eine Besprechung der sozialen Fragen. Herr Pincus (liberal), der mit den Vertretern der Erwerbslosen verhandelt hatte, klärte die Ursachen des Tumultes auf und gab die Versicherung ab, daß die Jüdische Gemeinde alle in ihren Kräften stehenden Schritte unternehmen werde, um die jetzige Not zu bannen. Dem Gemeindevorstand erklärten die Herren Kammergerichtsrat Wolff und Caspary, daß bereits eine hohe Anzahl von Notstandsarbeiten in Angriff genommen sei. Die Herren Goslar und Klee (Jüd. Volkspartei) machten detaillierte Vorschläge. Von liberaler Seite wurde darauf hingewiesen, daß die Jüdische Volkspartei es abgelehnt habe, Mitglieder in die gemischte Deputation, die über Notstandsmaßnahmen beraten solle, zu entsenden. Sie wurde wiederholt aufgefordert, ihre Stellungnahme zu revidieren, damit sie hier wirksam mitarbeiten könne. Diese Kommission soll bereits am kommenden Sonntag zusammentreten und der nächsten Repräsentantenversammlung „ausführliche Vorschläge" zur Abhilfe der jetzigen Vorlage unterbreiten.

(Bezüglich der Fragen, die diese höchst bedauerlichen Vorkommnisse verursacht haben, verweisen wir auf den Leitartikel unserer vorletzten Nummer. Auf die Verhandlungen der letzten Repräsentantenversammlung kommen wir in der nächsten Nummer noch ausführlich zurück. Die Schriftl.)

schilderte dies als „eine tumultartige Ansammlung von Erwerbslosen".[34] Klee, der, wie erwähnt, die Sitzung leitete, drohte mit Räumung der Galerie, doch beschloß er, sich persönlich auf die Tribüne zu begeben und mit einer Deputation der Arbeitslosen zu verhandeln. Die gestellten Forderungen waren in vier Punkten zusammengefaßt: Mietunterstützung, Zuschüsse zu der ungenügenden vom Staat und der Kommune gewährten Unterstützung, Rechtshilfe und großzügige Versuche einer Berufsumschichtung. Laut Bericht der „Jüdischen Rundschau" erklärte Klee, er verbürge sich dafür, daß die Gemeinde diese Forderungen berücksichtigen werde. Dies ermöglichte, die Ruhe wiederherzustellen, so daß die Repräsentantenversammlung ihre Sitzung fortführen konnte.[35]

Mittlerweile verhandelten im Vorzimmer des Repräsentantensaals drei Delegierte der jüdischen Erwerbslosen mit dem liberalen Repräsentanten Emil Pincus und dem Leiter der Wohlfahrtsstelle der Jüdischen Gemeinde Eugen Caspary, mit dem Ergebnis, daß die Repräsentantenversammlung nach Beendigung der Schuldebatte eine neue Debatte über die Notlage der jüdischen Arbeitslosen eröffnete. Laut Protokoll nahmen die Herren Kammergerichtsrat Leo Wolff, Eugen Caspary, Dr. Alfred Klee, Oberregierungsrat Dr. Hans Goslar und Direktor Georg Kareski daran teil.[36]

Die Maßnahmen, die die Jüdische Gemeinde zu unternehmen versprach, um die Not der Arbeitslosen zu mildern, wurden ausführlich in der jüdischen Presse publiziert. So war im „Israelitischen Familienblatt" zu lesen:

„Auf dem Friedhofgelände der Gemeinde, auf dem Gelände in Buckow bei Berlin sollen eine Anzahl Arbeitslose eingestellt werden, in Buckow sollen sie mit Bodenbewirtschaftung beschäftigt werden. Die Bauverwaltung der Gemeinde unternimmt Vorbereitungen, den Erwerbslosen auf den unbebauten Synagogengrundstücken Arbeiten zu geben. Auf den Grundstücken der Gemeinde sollen Notstands-Reparaturarbeiten ausgeführt werden. Durch alle diese Maßnahmen besteht begründete Hoffnung, einer großen Zahl von Arbeitslosen Beschäftigung verschaffen zu können."[37]

Ob diese Maßnahmen tatsächlich durchgeführt wurden und geholfen haben, ist im Rückblick schwer festzustellen. Jedoch ist aus den überlieferten Quellen nichts über eine zweite Erwerbslosendemonstration in der Berliner Repräsentantenversammlung bekannt. Dem Ergebnis der Berufs- und Betriebszählung, die im Sommer 1933 durchgeführt wurde, ist zu entnehmen, daß die Zahl der Juden, die in Berlin in landwirtschaftlichen Betrieben arbeiteten, zwischen 1925 und 1933 von 121 auf 254 anstieg. Es ist anzunehmen, daß die Initiativen der Jüdischen Gemeinde zu Berlin mit dieser Entwicklung zu tun hatten.

Auch ohne weitere Erwerbslosendemonstrationen kam es in der Repräsentantenversammlung nach den Ereignissen des Februar 1926 zu stürmischen Sitzungen. Die jüdische Politik im Berlin der Weimarer Republik war stark vom Stil und den politischen Kämpfen der allgemeinen deutschen Politik beeinflußt. Je heftiger es im politischen Leben Deutschlands zuging, desto stärker war auch sein Einfluß auf das politische Leben in den jüdischen Gemeinden.[38]

Gabriel E. Alexander

* Der vorliegende Aufsatz basiert auf meiner Dissertation zu dem Thema „Juden im Weimarer Berlin und ihre Gemeinde 1919–1933" (Hebräisch), die am Koebner-Zentrum für Deutsche Geschichte unter der Betreuung von Prof. Dr. Moshe Zimmermann geschrieben wurde, sowie auf meinem Beitrag „Die Berliner Juden unter der Wirkung der wirtschaftlichen Krise" (Hebräisch), in: Oded Heilbronner (Hrsg.), Die Juden der Weimarer Republik in der Krise der Modernisierung, 1918–1933, Jerusalem 1994, S. 122–151. Besonderer Dank gilt meinem Arbeitgeber, dem Hauptbüro des Jüdischen Nationalfonds (KKL) in Jerusalem, für die Unterstützung meiner Forschungsarbeit.

Anmerkungen

1 „Gesetz über die Verhältnisse der Juden, vom 23. Juli 1847",
in: Ismar Freund, Die Emanzipation der Juden in Preußen unter
besonderer Berücksichtigung des Gesetzes vom 11. März 1812,
Berlin 1912, Bd. 2, S. 510.

2 Siehe meinen Artikel „Die Entwicklung der jüdischen Bevölkerung in
Berlin zwischen 1871 und 1945", in: Tel Aviver Jahrbuch für Deutsche
Geschichte, 20 (1991), S. 287–314.

3 Zum „Gesetz über die Rechtsverhältnisse der jüdischen Kultus-
vereinigungen" vom 28.3.1938 siehe Bruno Blau, Das Ausnahmerecht
für die Juden in Deutschland 1933–1945, Düsseldorf 1954, S. 41f.

4 Die Weimarer Gesetze, die den Austritt aus einer Religionsgemeinschaft regelten, waren: Gesetz, betreffend die Erleichterung des
Austritts aus der Kirche und aus der jüdischen Synagogengemeinde
vom 13.12.1918; Gesetz, betreffend den Austritt aus den Religions-
gesellschaften öffentlichen Rechts vom 30.11.1920; siehe Ismar
Freund, Die Rechtstellung der Synagogengemeinden in Preußen und
die Reichsverfassung, Berlin 1925, S. 40–43.

5 Peter Honigmann, „Jewish Conversions – A Measure of Assimilation?
A Discussion of Berlin Secession Statistic of 1770–1941", in: Leo Baeck
Institute Year Book, 34 (1989), S. 11–20.

6 Revidirtes Statut für die Jüdische Gemeinde zu Berlin, Berlin 1896,
Teil II, darin: „Von der Vertretung der Gemeinde und der Verwaltung
ihrer Angelegenheiten", Paragraph 14–45.

7 Alexander Szanto, „Im Dienste der Gemeinde 1923–1939" (London
1968), Leo Baeck Institute New York, Memoirensammlung, M.E. 838,
S. 3f.

8 Kurt Blumenfeld, Erlebte Judenfrage. Ein Vierteljahrhundert deutscher Zionismus, Stuttgart 1962, S. 188.

9 Fabius Schach, „Konnexion/Protektion/Korruption", in: Die Jüdische
Gemeinde, 1 (1927), S. 239.

10 Heinemann Stern, Warum hassen sie uns eigentlich? Jüdisches
Leben zwischen den Kriegen, hrsg. von Hans. Ch. Meyer, Düsseldorf
1970, S. 118.

11 „Die Repräsentantenwahlen in der Berliner Gemeinde", in: Liberales
Judentum, 12 (1920), S. 52–54.

12 Szanto, a.a.O., S. 1.

13 Max Kreutzberger, „Vorbemerkung", in: Jakob Lestschinsky, Das
wirtschaftliche Schicksal des deutschen Judentums, Berlin 1932, S. 3.

14 Ebd., S. 5.

15 „Wo ist der jüdische Wohlstand geblieben?", in: C.-V.-Zeitung,
5.2.1926, S. 64; siehe auch Kurt Zielenziger, „Der Untergang des
jüdischen Mittelstandes", in: ebd., 13.11.1925, S. 729f.

16 Statistik des Deutschen Reiches, Bd. 401–408.

17 Heinrich Silbergleit, Die Bevölkerungs- und Berufsverhältnisse der
Juden im Deutschen Reich, Bd. 1 (Freistaat Preußen), Berlin 1930.

18 Ebd., S. 90f., 100f.

19 Zielenziger, a.a.O., S. 730.

20 Berthold Weiß, „Die jüdische Not", in: Jüdisch-liberale Zeitung,
5.2.1926.

21 „Interessengemeinschaft jüdischer Erwerbsloser", in: Gemeinde-
blatt der Jüdischen Gemeinde zu Berlin, 16 (1926), S. 51; siehe auch
„Erwerbslosigkeit und 'Erwerbslosenrat'", in: Israelitisches
Familienblatt, 25.2.1926, S. 2.

22 Eugen Caspary, „Die Überwindung der jüdischen Not",
in: Jüdisch-liberale Zeitung, 26.3.1926.

23 Ebd.

24 „Aus der Repräsentanten-Versammlung, Sitzung vom 17. Februar
1926", in: Gemeindeblatt der Jüdischen Gemeinde zu Berlin, 16 (1926),
S. 78.

25 Interviews mit James Yaakov Rosenthal, Jerusalem, 1992–1994;
siehe auch das Manuskript von James Yaakov Rosenthal
„Sozialdemonstration im Berliner Gemeindeparlament vor 66 Jahren"
(1992).

26 „Schuldebatte in der Berliner Gemeinde", in: Jüdische Rundschau,
23.2.1926, S. 110.

27 „Erwerbslosendemonstration in der Berliner Repräsentantenversammlung", in: Jüdisch-liberale Zeitung, 19.2.1926.

28 „Aus der Repräsentanten-Versammlung, Sitzung vom 17. Februar
1926", in: Gemeindeblatt der Jüdischen Gemeinde zu Berlin, 16 (1926),
S. 74.

29 Ebd., S. 74f.

30 Ebd., S. 75.

31 Ebd., S. 75–77.

32 Szanto, a.a.O., S. 12.

33 „Aus der Repräsentanten-Versammlung, Sitzung vom 17. Februar
1926", in: Gemeindeblatt der Jüdischen Gemeinde zu Berlin, 16 (1926),
S. 78.

34 „Erwerbslosigkeit und 'Erwerbslosenrat'", in: Israelitisches
Familienblatt, 25.2.1926, S. 2.

35 Siehe Anm. 26 und 27.

36 Siehe Anm. 33.

37 Siehe Anm. 34.

38 Siehe hierzu Michael Brenner, „The Jüdische Volkspartei. National-
Jewish Communal Politics during the Weimar Republic", in: Leo Baeck
Institute Year Book, 35 (1990), S. 234–237.

Das Leben im Umfeld
der Neuen Synagoge:
Jüdische Einrichtungen 1826–1943

Einführung

Die Neue Synagoge lag einst in einem von Juden besonders dicht besiedelten Teil der Stadt, und so hat jüdische Kultur lange Zeit das Gesicht der Straßen in ihrer Umgebung mitgeprägt. Eine erstaunlich große Zahl jüdischer Institutionen hatte hier ihren Sitz: Zwischen der Lothringer und Elsasser Straße im Norden und der Spree im Süden, der Friedrichstraße im Westen und der Gormannstraße im Osten waren es im Jahr 1930 nahezu 300.[1] Auch die erste Gemeindesynagoge in der Heidereutergasse (1714 eingeweiht) und der älteste Friedhof der Jüdischen Gemeinde in der Großen Hamburger Straße (1672 eingeweiht) lagen nur einen kleinen Spaziergang von der Neuen Synagoge entfernt.

Noch in der ersten Hälfte des 19. Jahrhunderts wohnten im Bezirk Mitte rund 90 Prozent der jüdischen Bevölkerung Berlins. Bis 1867 sank der Anteil auf 73 Prozent und bis 1910 auf 23 Prozent. Gegen Ende des 19. Jahrhunderts zogen viele der wohlhabenderen Juden (wie die Nichtjuden auch) aus dem Zentrum in den Westen der Stadt. Die Ärmeren, viele von ihnen orthodox, blieben in ihre traditionellen Wohngegend, wo die Miete billiger und die für ein gesetzestreues Leben notwendige Infrastruktur vorhanden war. Zur einheimischen Bevölkerung gesellten sich seit Mitte des 19. Jahrhunderts die Zuwanderer aus den Ostprovinzen des Deutschen Reiches und seit Ende des Jahrhunderts Flüchtlinge aus Osteuropa. Sie waren den Traditionen des Judentums weit stärker verbunden als die assimilierten Juden der Großstadt, und viele versuchten, in Berlin das soziale und religiöse Leben fortzuführen, das sie aus den Dörfern und Kleinstädten kannten, aus denen sie kamen. So waren nicht wenige der Institutionen in der Gegend um die Oranienburger Straße auf die Bedürfnisse der Zuwanderer aus dem Osten zugeschnitten.

Seit Beginn des 19. Jahrhunderts wurden in Berlin viele hundert jüdische Vereine ins Leben gerufen. Nicht wenige hatten ihre Geschäftsstellen und Vereinslokale im Umfeld der Neuen Synagoge. Zu den Vereinen, die im „Berliner Vereinsboten", dem „Central-Organ für die jüdischen Vereine Berlins", von 1898 genannt sind, gehören zum Beispiel die Vereinigung jüdischer Frauen und Mädchen „Juda's Töchter", der Humanitätsverein Gewul tauw für jüdische Gewerbetreibende, der Israelitische Fortbildungsverein „Montefiore", der Spar- und Hilfsverein der Beamten der jüdischen Gemeinde zu Berlin, das Comité für Ferien-Kolonien jüdischer Kinder oder der Unterstützungsverein „Treue Vereinskollegen" jüdischen Glaubens. „Jede jüdische Betätigung, so kann man wohl sagen, wird durch mehrere Vereine vertreten, und es gibt kaum ein Feld, das nicht durch eine besondere Organisation oder deren mehrere repräsentiert würde", hieß es nicht ohne Ironie im „Israelitischen Familienblatt. Ausgabe für Groß-Berlin" vom 25.8.1932.

Die große Zahl der Institutionen sollte nicht darüber hinwegtäuschen, daß sie nur von einem Teil der jüdischen Bevölkerung genutzt wurden. Viele Juden in Berlin hatten zur jüdischen Religion und Kultur gar keine oder eine nur oberflächliche Beziehung. Sie schickten ihre Kinder nicht in eine jüdische Schule, sie lernten nicht Hebräisch und kauften nicht in koscheren Geschäften; vielleicht feierten sie das eine oder andere jüdische Fest und besuchten an den Hohen Feiertagen (Neujahr und Versöhnungsfest) eine Synagoge.

Nach Hitlers Ernennung zum Reichskanzler führte die Ausgrenzung der Juden aus allen Bereichen des öffentlichen Lebens bei vielen zu einer Rückbesinnung auf die jüdische Kultur und Gemeinschaft. Vor allem in Berlin entstand ein Netz von Institutionen, die der wirtschaftlichen Not und der sozialen Isolation entgegenzuwirken versuchten. Die vorhandenen Einrichtungen wurden den veränderten Zeitumständen entsprechend umgestaltet. Die Leitung der jüdischen Selbsthilfe übernahm die im September 1933 gegründete „Reichsvertretung der deutschen Juden" (mit Sitz in der Kantstraße 158). Im September 1935 wurde sie zwangsweise umbenannt in „Reichsvertretung der Juden in Deutschland".

1 An der Spandauer Brücke

Haus-Nr. 4/5
- Restaurant M. Schlank, koscher

Haus-Nr. 6
- Verein Jüdischer Handwerkslehrlinge

Haus-Nr. 7
- Isidor Dobrin, koschere Konditoreifiliale

Haus-Nr. 14
- Machsikeh Tauroh

2 Artilleriestraße

Haus-Nr. 6
- Verband Jüdischer Studentenvereine in Deutschland e.V.
- Akademischer Arbeitsnachweis
- Buchhandlung und Zeitungsvertrieb der Zionistischen Föderation »Misrachi«

Haus-Nr. 8
- Jüdische Arbeiterbuchhandlung

Haus-Nr. 9
- Jung-Jüdischer Wanderbund
- »Kameraden«, Deutsch-Jüdischer Wanderbund

Haus-Nr. 14
- Hochschule für die Wissenschaft des Judentums
- Verein ehemaliger Hörer der Hochschule für die Wissenschaft des Judentums
- Jüdisch-Theologischer Verein an der Hochschule für die Wissenschaft des Judentums

Haus-Nr. 18
- Aelterenbund Kameraden
- Altherrenverband »Makaria« des Kartell Convents

Haus-Nr. 31
- Israelitische Synagogen-Gemeinde (Adass Jisroel) zu Berlin
- Rabbinerseminar
- Bachurim-Verein am Rabbinerseminar
- Dr. Moses Auerbach, Adass Jisroel

Haus-Nr. 35 a
- Wohltätigkeitsverein »Achim Rahmonim«

3 Auguststraße

Haus-Nr. 3 a
- A. Kuperschinski, Synagogendiener

Haus-Nr. 11/13
- Mädchenmittelschule der Jüdischen Gemeinde
- Private Mädchen-Volksschule der Jüdischen Gemeinde

Haus-Nr. 13/14
- Jugendheim des Jugendpflegeausschusses

Haus-Nr. 14/15
- Jüdische Kinderhilfe
- »Beth Chajim Leib«
- Mädchenheim II des Verbandes Berlin des Jüdischen Frauenbundes e.V.
- Kindergarten der Agudas Jisroel
- Kinderstube des Wohlfahrtsamtes
- »Ahawah« Jüdische Kinder- und Jugendheime
- Chewra Kadischa Gross-Berlin
- Kochschule der Jüdischen Gemeinde

Haus-Nr. 17
- Arbeitsgemeinschaft der Jüdischen Arbeitsnachweise
- Arbeiterfürsorgeamt der Jüdischen Organisationen Deutschlands
- Jüdische Sozialdemokratische Arbeiter-Organisation »Poale Zion« in Deutschland
- Freunde des Arbeitenden Palästina

- Liga für das arbeitende Palästina in Deutschland
- Hauptstelle für Jüdische Wanderfürsorge

Haus-Nr. 24/25
- Samuel Haasz, Feinkost und Kolonialwaren, koscher

Haus-Nr. 39
- P. Steinberger, Synagogendiener

Haus-Nr. 60
- Jüdisch-Orthodoxer Jugendbund »Esra«
- Georg Loewenthal, Adass Jisroel

Haus-Nr. 84
- B. Löwy, Synagogenbeamter

4 Elsasser Straße

Haus-Nr. 9
- Verein ehemaliger Schüler der Knabenschule der Jüdischen Gemeinde

Haus-Nr. 11
- Israelitisches Zufluchtsheim der Jüdischen Gemeinde
- Kindergarten des Bezirkswohlfahrtsamtes Mitte der Jüdischen Gemeinde
- Jüdisches »Johanna-Heim« des Vereins für Kindererholungsheime

Haus-Nr. 54
- Dina-Zaduck-Nauen-Cohnsche Erziehungsanstalt

Haus-Nr. 85
- Israelitisches Krankenheim der Chewra Kadischa der Adass Jisroel
- Israelitisches Altersheim der Adass Jisroel
- Entbindungsheim des Frauenvereins der Berliner Logen U.O.B.B. und Beratungsstelle für schwangere Frauen und Wöchnerinnen

5 Gipsstraße

Haus-Nr. 3 a
- Erster Israelitischer Volkskindergarten und Hort e.V.

Haus-Nr. 12 a
- Synagogenverein »Mogen Dowid«
- Jüdische Toynbee-Halle für Volksbildung und Unterhaltung
- Selmar Kaufmann GmbH, Fleisch-, Wurst- und Konservenfabrik, koscher
- Konditorei J. Tannenwald, koscher
- Bäckerei Beigel, koscher

Haus-Nr. 23 b
- B. Cassel, Kantor, Mohel und Lehrer

6 Gormannstraße

Haus-Nr. 1–2
- Fleischwarenhandlung und Restaurant Rosenthal & Schey, koscher

Haus-Nr. 3
- Verein Israelitisches Heimathaus und Volksküche e.V.

Haus-Nr. 27
- Ortsgruppe Berlin der Agudas Jisroel
- Agudas Jisroel Jugendgruppe

7 Große Hamburger Straße

Haus-Nr. 18
- Dr. L. Pick, Rabbiner a.D.
- Jüdischer Buchverlag Hirsch

Haus-Nr. 20
- Paul Kornblum, Adass Jisroel

Haus-Nr. 26
- Alter Jüdischer Friedhof
- Altersversorgungsanstalt der Jüdischen Gemeinde

Haus-Nr. 27
- Knabenmittelschule der Jüdischen Gemeinde
- Private Knaben-Volksschule

der Jüdischen Gemeinde
- Hebräische Lehranstalt der Jüdischen Gemeinde
- Vorbereitungsanstalt für jüdische Lehrer und Lehrerinnen

Haus-Nr. 30
- Alfred Rosenthal, jüdische Reisebuchhandlung

8 Große Präsidentenstraße

Haus-Nr. 2
- Jung-Jüdischer Wanderbund, Geschäftsstelle der Ortsgruppe Berlin

9 Heidereutergasse

Haus-Nr. 4
- Alte Synagoge
- Dr. E. Biberfeld, Adass Jisroel
- Synagoge des Beth Hamidrasch

Haus-Nr. 5
- W. Cycowicz, Rabbiner
- Abteilung für gewerbliche und ungelernte Arbeiter und
- Fürsorgestelle für Durchwanderer und Obdachlose der Arbeitsgemeinschaft der jüdischen Arbeitsnachweise

10 Johannisstraße

Haus-Nr. 16
- Jüdische Reformgemeinde in Berlin

11 Kleine Auguststraße

Haus-Nr. 10
- Synagogen-Verein »Ahawas Scholaum«
- Frauen-Vereinigung »Ahawas Scholaum«

12 Kleine Hamburger Straße

Haus-Nr. 19
- Milch- und Käsehandlung Rauch, koscher

13 Krausnickstraße

Haus-Nr. 9
- M. Hermann, Kantor und Mohel

Haus-Nr. 13
- M. Keiles, Oberkantor und ehrenamtlicher Mohel

Haus-Nr. 14
- Humanitätsverein Gewul Tauw e.V.

Haus-Nr. 18
- Israelitischer Frauenhilfsverein Berlin

Das Umfeld der Neuen Synagoge 1930

14 Linienstraße
Haus-Nr. 111
- Dr. Meier Hildesheimer
Ortsgruppe der Agudas Jisroel
Haus-Nr. 147
- Bund Jüdischer Akademiker
- Dr. Moritz Stern, Oberbibliothekar
- Redaktionsbüro der Zeitschrift
»Jeschurun«
Haus-Nr. 159
- Akademischer Verein
für Jüdische Geschichte und Literatur
- Jüdischer Arbeiterkulturverein
»Borochow«

15 Lothringer Straße
Haus-Nr. 48
- Mordechai Grünberg, Rabbiner
Haus-Nr. 58
- »Schmalzerit«, Pflanzen + Speisefett-
produktion, koscher

16 Monbijouplatz
Haus-Nr. 4
- Dr. Louis Blumenthal, Rabbiner

Haus-Nr. 10
- Jüdische Volkspartei
- Jüdischer Frauenbund, Verband Berlin
des Jüdischen Frauenbundes e.V.
- Arbeitsgemeinschaft
»Jüdische Erholungsfürsorge«
Jugendheim des Jugendpflege-
ausschusses »Zeire Misrachi«
- Zionistische Föderation »Misrachi«

17 Neue Promenade
Haus-Nr. 3
- Jüdischer Kreditverein für Handel
und Gewerbe GmbH
Haus-Nr. 7
- Verein der Kobyliner zu Berlin
- Walter Oscher, Kartell Convent

18 Neue Schönhauser Straße
Haus-Nr. 3
- Jüdischer Arbeiter-Kultur-Verein
Haus-Nr. 13
- Volksschule der Adass Jisroel
- Patenschaftskomitee
des Schulwerks der Adass Jisroel

Haus-Nr. 15
- Feinbäckerei Hirsch, koscher,
Inhaber S. Olzinski

19 Oranienburger Straße
Haus-Nr. 1–3
- Dr. W. Lewy, Rabbiner
- Ostrowoer Hilfsverein zu Berlin e.V.
Haus-Nr. 10
- Verein zur Erhaltung
des überlieferten Judentums
Haus-Nr. 12
- J. Ossowski, Kultusbeamter und
Mohel
Haus-Nr. 13/14
- Reichsausschuß der Jüdischen
Jugendverbände e.V.
Haus-Nr. 16
- Naftali A. Stern, Adass Jisroel
Haus-Nr. 22
- Diplomingenieur Martin Cohn,
Kartell Convent
Haus-Nr. 26
- Moses Gonzer, Hebräische
Buchhandlung sowie
- Geschäftsstelle des Hebräischen
Sprachklubs »Bet Waad Iwri«
Haus-Nr. 27
- Jüdischer Arbeiterklub »Peretz«
Haus-Nr. 28/29
- Gemeindeverwaltung:
- Kultus- und Ritualwesen
- Schulverwaltung und -büro
- Hauptbüro
- Finanzverwaltung
- Justitiariat
- Statistisches Büro
- Hauptbibliothek
- Kunstsammlung
- Büro des Jugendpflegeausschusses
- Gesamtarchiv der Deutschen Juden
- »Mitteilungen des Gesamtarchivs
der Deutschen Juden«
- »Gemeindeblatt der Jüdischen
Gemeinde zu Berlin«
- Salinger-Stiftung
- Freie Jüdische Volkshochschule
- Schule der jüdischen Jugend
- Jüdischer Museumsverein e.V.
- Verein der Beamten und Angestellten
der Jüdischen Gemeinde e.V.
- Redaktion »Mitteilungen des Vereins
der Beamten und Angestellten der
Jüdischen Gemeinde«
Haus-Nr. 30
- Neue Synagoge
Haus-Nr. 31
- Hospital (Siechenheim) und
Jugendheim der Jüdischen Gemeinde
Haus-Nr. 32
- Talmud-Verein »Chewras Schass«
- L. Moses, Inhaber Ingenieur
S. Treuherz, Ritualbäder
Haus-Nr. 33
- Dr. Jacob Freimann, Rabbiner
- Dr. Samson Weisse, Rabbiner
Haus-Nr. 34
- James Halberstadt, Adass Jisroel
Haus-Nr. 38
- Lehmann Weichselbaum, Adass Jisroel
Haus-Nr. 39
- Joseph Levy, Adass Jisroel
- J. Jakobowitz, Rabbiner
Haus-Nr. 40/41
- Israelitische Union e.V.
Haus-Nr. 59
Jacob Levy, Adass Jisroel
- Verein für die Förderung der
Interessen der Adass Jisroel

Haus-Nr. 60–63
- Adolf Karminski, Reformgemeinde
- Jüdischer Turn- und Sportverein
»Bar Kochba-Hakoah«
Haus-Nr. 64
- Meyer Straus, Adass Jisroel
Haus-Nr. 65
- Frauenverein der Adass Jisroel
- Verband der Synagogenvereine
Groß-Berlin »Ahawas Zion«
Haus-Nr. 66
- Restaurant und Hotel R. S. Löwy,
koscher
- Dr. Malvin Warschauer, Rabbiner
- Verein Neue Synagoge, gegr. 1920
Haus-Nr. 90
- Louis Becker GmbH, Fabrik feiner
Fleisch- und Wurstwaren, koscher

20 Rosenstraße
Haus-Nr. 2–4
- Verwaltungsgebäude II
der Jüdischen Gemeinde
- Erholungszentrale für jüdische Kinder
- Verein für Ferien-Kolonien Jüdischer
Kinder e.V.
- Abteilung Arbeits- und Berufs-
fürsorge der Jüdischen Gemeinde
- Schächterschule des preußischen
Landesverbandes jüdischer Gemeinden
- Israelitischer Frauen-Unterstützungs-
Verein e.V.
- Fürsorgeverein für hilflose jüdische
Kinder e.V.
- Gesellschaft »Hachnassath Kallah«
- Schomer Laboker Umischan Awelim
- Jüdische Darlehnskasse GmbH

21 Rosenthaler Straße
Haus-Nr. 11
- Wohlfahrtsverein »Raudef Zeduko«
Haus-Nr. 14
- Restaurant Metropol, koscher
Haus-Nr. 18
- Synagogenverein Rykestraße
- Verein der Lobsenser
Haus-Nr. 36
- Gänsezentrale Wilhelm Papelbaum,
koscher
Haus-Nr. 40/41
- Mensa academica judaica
- Mädchenheim I des Jüdischen
Frauenbundes
Haus-Nr. 42
- Heinz Freund, Kartell Convent
Haus-Nr. 45
- Verband jüdischer Studentenvereine
Haus-Nr. 55
- Volksbank Iwria GmbH
Haus-Nr. 58
- Jüdisches Hilfswerk

22 Sophienstraße
Haus-Nr. 6
- Bezirkssekretariat der Gemeinde
- Wärmestube
Haus-Nr. 23
- Jüdischer Turnverein Berlin 1905 e.V.

23 Weinmeisterstraße
Haus-Nr. 1
- Verband Ostjüdischer Organisationen
in Deutschland
- Redaktionsbüro
der Zeitschrift »Jüdische Welt«

Grundlage: Stadtplan von Berlin 1931, Maßstab 1:10 000
Landesarchiv Berlin, Kartenabteilung
Sign.: A 2996, Blatt IV C C
Hrsg.: Zentralvermessungsamt der Stadt Berlin
Druck: Berliner Lithographisches Institut
Hier verwendeter Ausschnitt, Maßstab 1:2500
Idee und Konzept: Gerd Heinemann
Copyright der bearbeiteten Fassung MD Berlin 1995

Die nationalsozialistischen Behörden räumten den jüdischen Institutionen zunächst relativ große Freiräume ein. Dies änderte sich mit dem Novemberpogrom 1938. Jüdisches Leben in Deutschland spielte sich von nun an nur noch in dem engen, von den Nationalsozialisten vorgegebenen Rahmen ab. Zum 1.1.1939 wurden die letzten jüdischen Geschäfte und Unternehmen geschlossen oder „arisiert". Die jüdischen Institutionen wurden der „Reichsvereinigung der Juden in Deutschland" unterstellt. Die Reichsvertretung wurde mit der Umbenennung in „Reichsvereinigung" am 4.7.1939 eine Zwangsorganisation, die die Anordnungen der nationalsozialistischen Behörden auszuführen und weiterzuleiten hatte. Ihre Hauptaufgabe war zunächst die Förderung der Auswanderung. Nach deren Verbot im Oktober 1941 zwang die Gestapo die Reichsvereinigung, wie auch die Jüdische Gemeinde (sie mußte sich „Jüdische Kultusvereinigung" nennen), an der Vorbereitung und Durchführung der Deportationen mitzuwirken.

Viele Zeugnisse, die über jüdisches Leben im Umfeld der Neuen Synagoge Auskunft geben könnten, wurden zerstört. So läßt sich manches nur in Bruchstücken rekonstruieren. Die Auswahl der Institutionen, die in den folgenden Kapiteln vorgestellt werden, ergab sich einerseits aus dem Wunsch, ein möglichst breites Spektrum unterschiedlicher Einrichtungen vorzustellen, und andererseits aus der Verfügbarkeit der Quellen. Auf die Einbeziehung des Scheunenviertels, jener Gegend nahe dem Bülowplatz (heute Rosa-Luxemburg-Platz), die auch den Berliner Juden als „fremde, unbekannte Welt" erschien, wurde verzichtet.

Maren Krüger

Anmerkung

1 Zu den jüdischen Institutionen in Berlin siehe z.B.: Jüdisches Adreßbuch für Groß-Berlin, Berlin 1931; Jüdisches Jahrbuch für Groß-Berlin auf das Jahr 1926, Berlin 1926; Jüdische Jahrbücher, Berlin 1929, 1930 und 1932; Wegweiser durch die Jüdische Gemeinde zu Berlin, September 1937.

Jüdische Reformgemeinde zu Berlin

Die Jüdische Reformgemeinde zu Berlin, gegründet am 2.4.1845, beging im Jahre 1935 ihr 90jähriges Jubiläum. Die Feierlichkeiten begannen am 2.4.1935 mit einem Gottesdienst in der Synagoge in der Johannisstraße 16 und endeten mit einem zweiten Gottesdienst am folgenden Sonntag. Anläßlich des Jubiläums wurde eine Ausstellung gezeigt, die anhand von Dokumenten, Schriften und Fotos einen Überblick über die Entstehung und Entwicklung der Gemeinde gab.[1]

Mit der zu Beginn des 19. Jahrhunderts einsetzenden Emanzipation der Juden begannen auch die Auseinandersetzungen innerhalb der jüdischen Gemeinden. Traditionen wurden in Frage gestellt, und der Ruf nach Reformen wurde laut. In Berlin richteten die Reformer damals ihren eigenen Gottesdienst in einem von dem Bankier Jacob Herz Beer (1769–1825) zu diesem Zweck eingerichteten Raum in seinem eigenen Hause in der Spandauer Straße 23 ein. Es wurde in deutscher Sprache gepredigt, und die Gesänge wurden mit der Orgel begleitet. 1815 verbot allerdings eine Kabinettsorder die Verwendung der deutschen Sprache im jüdischen Gottesdienst. Der Tempel, wie die Reformer ihre Andachtsstätte nannten, mußte schließen. In Regierungskreisen befürchtete man, daß sich eine jüdische Sekte bilden würde. Diese Befürchtung teilten die Konservativen in der Jüdischen Gemeinde.[2]

In den Jahren vor der Märzrevolution 1848 begannen die liberalen Ideen in der Berliner Jüdischen Gemeinde wieder Einfluß zu gewinnen. Auf Anregung von Aaron Bernstein und Sigismund Stern gründete sich die „Genossenschaft für Reform im Judentum", die Reformgemeinde. In einem Aufruf vom 2.4.1845, den 30 Mitglieder der Hauptgemeinde unterzeichnet hatten, wurde zum Beitritt aufgefordert. Eine Synode sollte berufen werden, die das Judentum „in der Form erneuere und festsetze, in welcher es in uns und unseren Kindern fortzuleben fähig und würdig ist."[3]

Abb. unten:
Kanzel und Toraschrein der
Synagoge der Reformgemeinde
in der Johannisstraße, um 1925
Foto Abraham Pisarek

Jüdische Reform - Gemeinde.
Plätze-Vermietung.

Anträge auf Ueberlassung von Plätzen bzw. Reservierung der im vorigen Jahre gehabten Plätze in unserem Gotteshause, Johannisstrasse 16, und im Bechstein-Saal, Linkstrasse 42, sowie zum Jugendgottesdienst im Betsaale, Johannisstrasse 16, sind bis spätestens

Montag den 19. August d. J.

bei unserer Plätze-Vermietungs-Kommission, Johannisstrasse 16, schriftlich einzureichen.

Die Ausgabe der bestellten Karten sowie die Erneuerung der Karten für die Eigentumsplätze erfolgt

am Sonntag den 25. August d. J. vormittags von 11 bis 1,
Dienstag den 27. und Donnerstag den 29. August d. J.
vormittags von 10 bis 12, nachmittags von 5 bis 7

in unserem Bureau, Johannisstrasse 16.

Ueber bis dahin nicht abgeholte Karten wird anderweitig verfügt und können spätere Reklamationen nicht berücksichtigt werden. Nichtmitglieder erhalten nur für den Bechstein-Saal Eintrittskarten, soweit solche nicht von unseren Mitgliedern beansprucht werden.

Der Vorstand.

1846 richtete die Reformgemeinde zunächst wieder einen provisorischen Gebetsaal ein. Nur wenige Jahre später (1853/54) beauftragte sie den Architekten Gustav Stier mit dem Bau einer Synagoge. Es stand nur ein sehr beengtes Grundstück in der Johannisstraße 16 zur Verfügung. Dennoch waren nach der Fertigstellung die Besucher des Tempels, wie die Reformgemeinde weiterhin ihr Gotteshaus nannte, überrascht über die großzügige Gestaltung des quadratischen Raumes.

Kennzeichnend für die Reformgemeinde wurde ein radikaler Bruch mit den Traditionen. 1846 erschien eine neue Liturgie.[4] Neu daran war die überwiegende Ersetzung der hebräischen Sprache durch das Deutsche in den Gebeten. Hebräisch war vielen fremd geworden, und das wollte die Reformgemeinde berücksichtigen. Der Kantor wurde abgeschafft, da die gesungene Liturgie fortan gesprochen wurde. An die Stelle des Vorsängers trat der Vorsprecher. Musikalisch wurde der Gottesdienst durch Chorgesänge und Orgelstücke gestaltet. Die Liturgie wurde allerdings bald als zu nüchtern empfunden. Sie änderte sich im Lauf der Jahrzehnte und paßte sich dem jeweiligen Zeitempfinden an. Die

letzte Umgestaltung fand 1932 statt. Der textliche Teil wurde nochmals sehr gekürzt. Der Gottesdienst sollte nicht durch Überlänge die Besucher ermüden.

Es wurden zwar wieder mehr traditionelle Synagogalgesänge verwendet, und man besann sich wieder auf alte Traditionen. Grundsatz der Reformgemeinde aber blieb, daß der Gottesdienst jedem verständlich sein müsse.

Anfangs fanden die Gottesdienste noch am Sonnabend und Sonntag statt, seit 1849 nur noch sonntags. Die Reformgemeinde vertrat den Standpunkt, daß sie den ärmeren Gemeindemitgliedern nicht zumuten konnte, auf ihren Verdienst am Sonnabend zu verzichten. Aufsehen erregte die Neuerung, unbedeckten Hauptes zu beten. Auch auf Gebetsmantel (Tallit) und Gebetsriemen (Tefillin) wurde verzichtet. Die Reformgemeinde lehnte dies als orientalische Sitte ab. Der Priestersegen wurde vom Prediger gesprochen statt von den Kohanim, den Nachkommen des Aron. Männer und Frauen saßen zusammen. Die getrennte Sitzordnung wurde als mittelalterlich empfunden. Es gab keine Beschneidung. Die Bar Mizwa wurde durch die Einsegnung für Jungen und Mädchen abgelöst.[5]

Umgestürzte Rudolf-Mosse-Büste im Gemeindezentrum Johannisstraße, November 1938
Der Verleger Rudolf Mosse (1843–1920) war lange Jahre Vorstandsmitglied und Vorsitzender der Reformgemeinde.

Abb. unten:
Die durch Bombenangriff zerstörte Synagoge Johannisstraße, nach 1945
Foto Abraham Pisarek

nutzten Beter, die früher die Neue Synagoge aufgesucht hatten, die Reformsynagoge für ihre Gottesdienste. Die Mitglieder der Reformgemeinde fanden sich zum Gottesdienst in der Aula der Joseph-Lehmann-Schule in der Joachimstaler Straße in Charlottenburg zusammen.[9] Das Grundstück in der Johannisstraße wurde während des Krieges durch Bomben stark beschädigt. Tempel und Nebengebäude wurden nach 1945 abgerissen.

Regina Rahmlow

Eine Sensation war 1929 die Verwendung von Schallplatten an den Hohen Feiertagen im Jugendgottesdienst.[6] Unter Leitung von Hermann Schildberger wurde 1928/29 die gesamte musikalische Liturgie der Reformgemeinde mit Josef Schmidt als Kantor und Tenorsolist auf Schallplatten aufgenommen. Kleinen Gemeinden sollte dadurch die Möglichkeit gegeben werden, die Gottesdienste auf hohem ästhetischem Niveau zu führen.[7] Die Herstellung der Platten erfolgte bei der Carl Lindström A.G. Die Wiedergabegeräte stellte die Electrola-Gesellschaft zur Verfügung.[8]

Trotz der genannten Änderungen im Ritus trennte sich die Reformgemeinde nicht von der Hauptgemeinde. Ihre Mitglieder zahlten die üblichen Steuern an die Jüdische Gemeinde, darüber hinaus aber weitere Abgaben an die Reformgemeinde. Sie waren dadurch einer erheblichen finanziellen Belastung ausgesetzt.

Ihr hundertjähriges Jubiläum konnte die Reformgemeinde nicht mehr begehen. In der Pogromnacht vom 9. November 1938 wurden ihr Tempel und die anderen Räumlichkeiten verwüstet. Von 1940 bis 1942

Anmerkungen

1 Mitteilungen der Jüdischen Reformgemeinde zu Berlin, 11.5.1935, S. 7.

2 Ebd., 2.4.1935, S. 54.

3 Zit. nach Samuel Holdheim, Geschichte der Entstehung und Entwicklung der Jüdischen Reformgemeinde in Berlin, Berlin 1857, S. 50f.

4 Mitteilungen der Jüdischen Reformgemeinde zu Berlin, 15.6.1935, S. 88f.

5 Ebd., 1.3.1933, S. 1ff.; Israelitisches Familienblatt. Ausgabe für Groß-Berlin, 13.12.1931.

6 Mitteilungen der Jüdischen Reformgemeinde zu Berlin, 1.11.1929.

7 Marginalien. Zeitschrift für Buchkunst und Bibliophilie, Einhundertstes Heft, 1986/1.

8 Berliner Tageblatt, 15.6.1929.

9 1935 errichtete die Reformgemeinde eine eigene Volksschule im Gartenhaus des gemeindeeigenen Grundstücks in der Joachimstaler Straße 13. 1939 wurde diese Privatschule von der Reichsvertretung übernommen und als VIII. Volksschule der Jüdischen Gemeinde weitergeführt. Siehe hierzu Jörg H. Fehrs, Von der Heidereutergasse zum Roseneck. Jüdische Schulen in Berlin 1712–1942, hrsg. von der Arbeitsgruppe Pädagogisches Museum e.V., Berlin 1993, S. 286f.

Einladung des Talmud-Vereins Chewras Schass zur Generalversammlung am 14.12.1873

Talmud-Verein Chewras Schass

„In der Oranienburger Straße, neben dem Gemeindehaus und neben der großen Neuen Synagoge befindet sich auf dem Hof ein kleines 'Stübel'. Seit vielen, vielen Jahren sitzen dort Patriarchengestalten über den dicken jahrzehnte- und manchmal sogar jahrhundertealten Folianten und 'lernen'."

Der Talmud-Verein Chewras Schass, den das „Jüdische Gemeindeblatt für Berlin" am 14.8.1938 unter der Überschrift „Tora-Lernstätten in Berlin" beschrieb, war 1852 mit dem Ziel, „die Lehre, das Studium und die Pflege des Gottesgesetzes" zu fördern[1], gegründet worden. In dem kleinen Lehrhaus des Vereins, das auch als

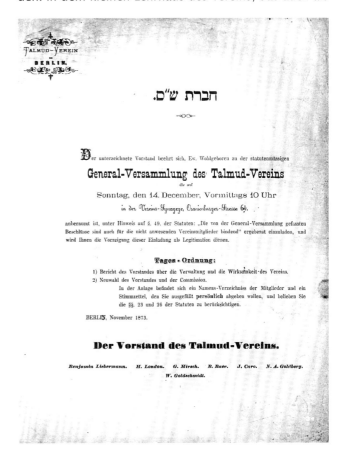

Anzeige in der Zeitung
„Die jüdische Presse",
15.10.1915

Synagoge diente, hielt der Seminar-Rektor täglich Lehrvorträge, der Talmud wurde studiert und diskutiert. Dieses „Lernen" der religiösen Überlieferungen ist für orthodoxe Juden wesentlicher Bestandteil eines gesetzestreuen Lebens. Wie viele andere religiöse Vorschriften und Traditionen auch, hatte das Lernen seit der Mitte des 19. Jahrhunderts unter den Berliner Juden sehr an Bedeutung verloren. Es wurde schließlich nur noch von einer kleinen Minderheit praktiziert.

Talmud-Verein חברת ש"ם

• Der Gottesdienst in unserer **Synagoge Oranienburgerstr. 32** beginnt an Werktagen morgens 6½ Uhr abends Mincha 5 Uhr. Nach Mincha allabendlich Talmud-Vortrag des Seminar-Rektors Dr. **Hoffmann**. Nach diesem Vortrage Gebete für das Seelenheil verstorbener Mitglieder und Maariv-Gebet.

Gottesdienst Freitag abend 5 Uhr 10

Sabbat morgen: erster Gottesdienst 6 Uhr 30, zweiter Gottesdienst 9 Uhr 45.

Vortrag: Seminar-Rektor Dr. Hoffmann 12 Uhr

Mincha I 1 Uhr, Mincha II 5 Uhr, Maariv 5 Uhr 53

Unentgeltlicher Knabenunterricht

in **Mischna** und **Talmud** jeden Montag und Donnerstag von 5 bis 7 Uhr.

Der Talmud-Verein hatte 1903 300 Mitglieder, für einen Religionsverein in Berlin eine stattliche Zahl. In der eigenen Religionsschule wurden damals 60 Knaben unterrichtet.[2] Später beschränkte man sich ganz auf das Talmudstudium der Erwachsenen. Um auch denjenigen, die aus Zeitgründen nicht täglich lernen konnten, Gelegenheit zu geben, sich mit der jüdischen Tradition zu befassen, bot der Verein seit 1903 in den Wintermonaten wöchentlich populäre Vorträge über jüdische Geschichte und Literatur an. Sie fanden in Cassels Hotel in der Burgstraße 16 und in der Aula des Sophiengymnasiums in der Weinmeisterstraße statt.[3]

Das Lehrhaus des Vereins befand sich zunächst in der Neuen Friedrichstraße, dann in den Häusern Oranienburger Straße 64 und 32. Vor den Hohen Feiertagen (Neujahr und Versöhnungsfest) im Herbst 1932 bezog der Verein seine letzten Räume im Nebengebäude der Neuen Synagoge in der Oranienburger Straße 31.[4]

Der eingangs zitierte Bericht des „Jüdischen Gemeindeblattes" von 1938 wies auch auf die wachsende Bedeutung hin, die das Studium der jüdischen Tradition nach Hitlers „Machtergreifung" gewonnen hatte: „Der Hang und die Sehnsucht danach, die geheiligten Güter unserer Tradition tiefer und gründlicher kennenzulernen, sind zum Kennzeichen unserer Tage geworden. Jüdische Lehrhäuser füllen sich mit lernbegierigen Menschen. (...) Das Wissen um unsere jüdische Kultur und die Erkenntnis, dies auch in ferne Länder mitnehmen zu müssen, ist es, die heutige Juden 'den Weg zurück' treibt."

Im Herbst 1938, vermutlich im Zusammenhang mit dem Novemberpogrom, stellte der Talmud-Verein seine Tätigkeit ein. Die Auflösungsanordnung der Gestapo folgte im April 1940.[5]

Maren Krüger

Anmerkungen

1 Die jüdische Presse, 19.4.1894, S. 161.

2 Denkschrift des Verbandes der Synagogen-Vereine von Berlin und den Vororten an den Vorstand der jüdischen Gemeinde zu Berlin, d.d. 24. Dezember 1906, Anlage 2.

3 Allgemeine Zeitung des Judentums, 9.1.1903.

4 „Zum achtzigjährigen Bestehen des Talmudvereins", in: Israelitisches Familienblatt. Ausgabe für Groß-Berlin, 27.10.1932, S. 11.

5 Landesarchiv Berlin, Rep. 42, Acc. 2076, Nr. 9239, Bl. 46 und 47.

Feier des „Festes der Torafreude"
(Simchat Tora) in der Synagoge
Kleine Auguststraße 10,
um 1930
Foto Abraham Pisarek

Synagogenverein Ahawas Scholaum und Mogen Dowid

Neben den Synagogen der Jüdischen Gemeinde, der Reformgemeinde und der Adass Jisroel gab es in Berlin eine Vielzahl kleiner Privatsynagogen in allen Teilen der Stadt. Sie gehörten sog. Synagogenvereinen; deren Mitglieder hatten sich vor allem aus zwei Gründen zusammengeschlossen: Sie wohnten in zu großer Entfernung von den Gemeindesynagogen, um regelmäßig deren Gottesdienste besuchen zu können, oder ihnen waren die prächtigen Gemeindesynagogen zu anonym

und der dort übliche Ritus nicht genehm. Für ihre oft nicht mehr als hundert Mitglieder bauten manche Vereine eigene Synagogengebäude, andere veranstalteten ihre Gottesdienste in Wohnungen oder in in Fabrikgebäuden gelegenen Räumen, die, wie oftmals bemängelt wurde, nicht immer der Würde eines Gotteshauses entsprachen.[1]

Der Synagogenverein Ahawas Scholaum („Friedensliebe") gehörte zu den ältesten Synagogenvereinen der Stadt. Er wurde 1852 von einer kleinen Gruppe jüdischer Männer in einer Wohnung in der Grenadierstraße gegründet.[2] 1875 weihte er seine erste eigene Syn-

Die zerstörte Synagoge
Kleine Auguststraße 10,
nach 1945
Foto Abraham Pisarek

agoge in der Münzstraße 3 ein[3], 1894 zog er in ein neues Synagogengebäude in der Linienstraße 197[4] und 1906 von dort in die Kleine Auguststraße 10. Die „Allgemeine Zeitung des Judentums" berichtete damals: „Das nach der Straßenfront gelegene stattliche Gebäude, mit dessen Ausführung der Baumeister Hansen betraut war, enthält 550 Männer- und Frauensitze und macht durch seine solide, stilvolle innere Einrichtung und äußere Ausführung einen vorteilhaften Eindruck."[5]

Im Dezember 1931 schloß sich der Verein Ahawas Scholaum mit dem 1907 gegründeten Verein Mogen Dowid („Schild Davids") zusammen, der daraufhin seine in der Gipsstraße gelegene Synagoge aufgab.[6] Letzter Vorsitzender des Vereins Mogen Dowid war

Samuel Haasz, der in der Auguststraße 24/25 ein koscheres Lebensmittelgeschäft führte. Er wurde nun der erste Vorsitzende des Vereins „Ahawas Scholaum und Mogen Dowid".

Eine der letzten Informationen über die Vereinssynagoge findet sich in einem Schreiben der Rechtsabteilung der Jüdischen Gemeinde an die Haftpflichtversicherung des Hauses Kleine Auguststraße 10 vom 27.6.1940: „Hierdurch teilen wir Ihnen ergebenst mit, daß die auf dem Grundstück Kleine Auguststraße 10 befindliche Synagoge im November 1938 durch Brand erheblich beschädigt worden ist, sodaß der Baukörper nur noch als Ruine angesprochen werden kann."[7] Das Gebäude wurde nach Kriegsende abgerissen.

Maren Krüger

Anmerkungen

1 Denkschrift des Verbandes der Synagogen-Vereine von Berlin und den Vororten an den Vorstand der jüdischen Gemeinde zu Berlin, d.d. 24. Dezember 1906.

2 Der Gemeindebote. Beilage zur Allgemeinen Zeitung des Judentums, 9.5.1902.

3 Allgemeine Zeitung des Judentums, 14.9.1875, S. 608f.

4 Die jüdische Presse, 23.8.1894, S. 341f.

5 Der Gemeindebote. Beilage zur Allgemeinen Zeitung des Judentums, 9.3.1906.

6 Israelitisches Familienblatt. Ausgabe für Groß-Berlin, 17.12.1931.

7 Stiftung „Neue Synagoge Berlin – Centrum Judaicum"/Bundesarchiv, Abteilungen Potsdam (Depositum), 75 A Be 2, Nr. 101, Bl. 29.

Synagogenverein Beth Zion

Der Verein Beth Zion („Haus Zion") wurde 1879 mit dem Ziel gegründet, für die Bewohner des um das Rosenthaler Tor gelegenen Stadtviertels eine Andachtsstätte zu errichten.[1] Nachdem die Mitglieder des Vereins einige Jahre in provisorischen Räumen gebetet hatten, eröffneten sie 1891 ihre erste Synagoge in der Brunnenstraße 120. 1893 zogen sie in die Brunnenstraße 10.

Der Synagogen-Verein „Beth-Zion"

veranstaltet zur Gründung eines Fonds für die Unterstützungs-Casse und Erhaltung der religiösen Einrichtungen am

Mittwoch, den 22. d. M.

in Noack's Etablissement Brunnenstrasse 16

ein **Garten-Fest** verbunden mit Concert, Theater-Vorstellung,

Sommernachts-Ball, für Kinder Gratis-Fackelzng etc. wozu Teilnehmer freundlichst eingeladen werden.

Anfang des Concertes 5 Uhr, der Theater-Vorstellung 7 Uhr. Die Kaffee-Küche ist von 3 Uhr ab geöffnet. Bei ungünstiger Witterung Vorstellung und Tanz im Saale.

Entrée à 30 Pfg., für Kinder 15 Pfg. **Das Comité.**

Der Synagogenraum, „welcher verhältnismäßig recht groß und geräumig und sehr hübsch ausgeschmückt ist", faßte 270 Besucher.[2]

Am 25.9.1910 weihte der Verein ein neues, repräsentativeres Gotteshaus mit 520 Sitzplätzen auf dem Hof des Grundstücks Brunnenstraße 33 ein. Über die Einweihungsfeier berichtete die „Allgemeine Zeitung des Judentums":

„Als die Thora-Rollen unter Vorantritt der beiden amtierenden Rabbinen Dr. Weiße und Höxter am Eingang der Synagoge erschienen, stimmte ein trefflich geschulter Chor unter Leitung des Dirigenten Herrn Hochdorf 'Mah tauwu' an. Nach den üblichen Umzügen überreichte Fräulein Schmerl unter Deklamation den Schlüssel zur heiligen Lade dem ersten Vorsitzenden, der unter Gesang von 'Uwnuchau jaumar' die Thora-Rollen in die heilige Lade stellte und unmittelbar darauf in kurzen, kernigen Worten alle Erschienenen begrüßte, dem Vorstand der jüdischen Gemeinde den Dank für das bisherige Wohlwollen abstattete und einen geschichtlichen

Überblick über die Entwicklung des Vereins gab. Herr Rabbiner Dr. Weiße zündete darauf die ewige Lampe an, über deren Bedeutung er sich in sinnigen Worten verbreitete und mit dem Gebet für Kaiser und Reich schloß."[3]

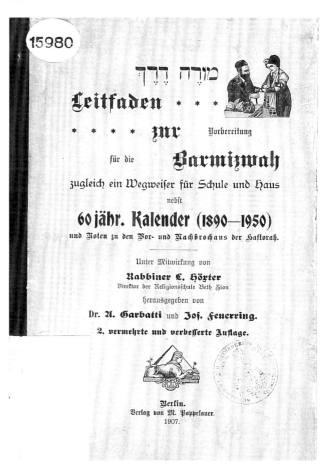

Die Mehrzahl der Mitglieder des Vereins Beth Zion waren Zuwanderer aus Osteuropa. Neben der Synagoge unterhielt der Verein eine eigene Religionsschule, die einen hervorragenden Ruf genoß: Im Jahr 1903 besuchten sie 281 Jungen und Mädchen. Der Verein hatte damals 160 Mitglieder. Der Unterricht fand an zwei Nachmittagen in der Woche in Räumen der städtischen Schule in der Linienstraße 162 statt.[4] Wie einige andere Synagogenvereine auch, wurde der Verein Beth Zion von der Jüdischen Gemeinde subventioniert. Seine Einnahmen, die sich aus Mitgliederbeiträgen und Schulgeldern, aus der Vermietung der Synagogenplätze an den Hohen Feiertagen sowie aus Spenden zusammensetzten, konnten die Ausgaben nicht decken.

Der Innenraum der Synagoge Brunnenstraße 33 wurde während des Novemberpogroms verwüstet. Wenig später nutzte ihn eine benachbarte Firma als Lager.[5] Mitte der achtziger Jahre wurde das Gebäude renoviert. Die hebräische Inschrift über dem Eingang, „Dies ist das Tor des Ewigen, durch das die Gerechten eintreten werden", und eine Gedenktafel weisen auf seine ursprüngliche Nutzung hin.

Maren Krüger

Anmerkungen

1 „50 Jahre Beth Zion", in: Israelitisches Familienblatt. Ausgabe für Groß-Berlin, 14.11.1929.

2 Der Gemeindebote. Beilage zur Allgemeinen Zeitung des Judentums, 28.7.1893.

3 Ebd., 7.10.1910.

4 Denkschrift des Verbandes der Synagogen-Vereine von Berlin und den Vororten an den Vorstand der jüdischen Gemeinde zu Berlin, d.d. 24. Dezember 1906, Anlage 2.

5 Landesarchiv Berlin, Außenstelle Breite Straße, Rep. 250, 02–04, Nr. 48.

Erster Band der Mischna-Ausgabe des Verlages H. Itzkowski, 1887

Buchhandlungen und Verlage

In der Umgebung der Neuen Synagoge gab es eine ganze Reihe von Buchhandlungen, Verlagen und Druckereien, die sich auf Gebetbücher („Siddurim" für die täglichen Gebete und „Machsorim" für die Feiertage), auf Andachtsbücher und sonstige religiöse Literatur, auf jüdische Zeitungen, Werke der Wissenschaft des Judentums und Bücher in hebräischer Sprache spezialisiert hatten.

Abb. unten:
Anzeigen in der „Allgemeinen
Zeitung des Judentums",
17.9.1897

Signet des Verlages
Louis Lamm

In der Großen Hamburger Straße 18/19, gegenüber der jüdischen Schule und dem Altersheim, befand sich viele Jahre die Buchdruckerei H. Itzkowski. Sie wurde 1874 gegründet und machte sich bald im hebräischen Buchdruck einen Namen. Der Gründer und Leiter der Firma, der aus Polen stammende Hirsch Itzkowski (1835–1914), gliederte der Druckerei einen eigenen Verlag an. Bekannt wurde die bei ihm verlegte Mischna-Ausgabe („Mischnaioth") mit deutscher Übersetzung und Kommentar. (Die Mischna, ein religionsgesetzliches Werk und Teil des Talmud, wurde im 2. Jahrhundert u.Z. in Palästina redigiert.) Hirsch Itzkowski druckte auch die Zeitung „Die jüdische Presse". Sie erschien 1870–1923 und richtete sich an ein religiös-konservatives Publikum. Ihr Herausgeber war Hirsch Hildesheimer, der Sohn des Gründers der orthodoxen Gemeinde Adass Jisroel, Esriel Hildesheimer. Die Firma Itzkowski arbeitete „unter gewissenhaftester Heiligung der Sabbat-Vorschriften", wie

„Die jüdische Presse" 1899 anerkennend bemerkte.[1] Nach Hirsch Itzkowskis Tod im Jahr 1914 führte sein Sohn Samuel den Familienbetrieb („H. Itzkowski und Sohn") allein weiter. Er hatte nun seinen Sitz in der Auguststraße 69. 1928 löste Samuel Itzkowskis Witwe Lina die Firma auf.[2]

In der Neuen Friedrichstraße, nahe der Alten Synagoge in der Heidereutergasse, hatten gleich mehrere jüdische Buchhandlungen und Verlage ihren Sitz. Die Verlagsbuchhandlung Louis Lamm, Neue Friedrichstraße 61–63, war 1901 unter dem Namen Nathansen & Lamm gegründet worden. Seit 1905 führte Louis Lamm (geb. 1871) das Geschäft allein weiter. In seinem Verlag, dessen Signet zwei Symbole des Judentums, Menora und Davidstern, vereinte, erschienen vorwiegend historische und religionsphilosophische Werke. Louis Lamm war selbst als Buchautor tätig: Er veröffentlichte unter anderem Studien zur Geschichte der Juden in seiner Heimatstadt Buttenwiesen in Bayern. Durch den Ankauf zahlreicher Privatbibliotheken gelang ihm der Aufbau eines bedeutenden Antiquariats. Louis Lamm gab sein Geschäft im November 1933 auf. Im Dezember desselben Jahres emigrierte er nach Amsterdam. 1936 wurde die Firma von Amts wegen aus dem Handelsregister gelöscht.[3]

Die 1863 gegründete Buchhandlung C. Boas Nchf. befand sich seit 1888 in der Neuen Friedrichstraße 69, Ecke Klosterstraße. In ihren Schaufenstern lagen nicht nur Bücher aus, sondern auch Ritualien: Torarollen, Mesusot (Kapseln, die mit Gebets-

Postkarte mit Blick in die
Neue Friedrichstraße, um 1900
Die Buchhandlung Poppelauer
ist links neben Restaurant Weege
zu sehen.

Abb. unten:
Poppelauers bekanntestes
Verlagsprodukt, der „Volks-
kalender für Israeliten", ordnete
die Daten des jüdischen Jahres
denen des Gregorianischen
Kalenders zu.

Eheschließungsurkunde
für Erwin Saenger
und Lotte Mannheim, 1938
Die Urkunde wurde während
der Bauarbeiten im Schutt der
Neuen Synagoge gefunden.

texten beschriebenes Pergament enthalten und am Türpfosten befestigt werden), Tefillin (Gebetsriemen), Sabbat- und Chanukkaleuchter, Etrogim und Lulawim für das Laubhüttenfest. In den dreißiger Jahren verkaufte Jacob Gesang, seit 1911 Inhaber der Firma, nicht nur religiöse Literatur und Ritualien, sondern auch Bücher zu den Themen Auswanderung und Palästina, hebräische Gesellschaftsspiele und einen hebräisch beschrifteten Globus.[4] Zum 31.12.1938 wurde das Geschäft, wie alle jüdischen Buchhandlungen und Verlage in Deutschland, zur Schließung gezwungen.

Die Buchhandlung M. Poppelauer in der Neuen Friedrichstraße 59 bestand seit 1860. Ihr Gründer Moritz Poppelauer (1824–1880) stammte aus Polen. Nach einer traditionellen jüdischen Erziehung hatte er sich auf den Beruf des Rabbiners vorbereitet. 1843 kam er nach Berlin. Er nahm ein Universitätsstudium auf und wurde 1852 in Leipzig mit einer Arbeit über das Buch Henoch zum Doktor der Philosophie promoviert. Einige Jahre arbeitete er als Hauslehrer in Frankfurt am Main, bis er auf Anregung von Michael Sachs in Berlin die erste hebräische Buchhandlung eröffnete. Ihr waren ein

**M. Gonzer, Buchhandlung,
Berlin, Oranienburgerstr. 26**
(neben der Neuen Synagoge.)
Grosse Auswahl
jüdischer und deutscher Literatur,
**Bibliothek- u. Geschenkwerke,
Ritualien,** [231]
**Gebet- u. Andachtsbücher,
wollene und seidene Talessim**
zu Fabrikpreisen.
**Schulbücher, Klassiker
und Musikalien.**
Zum Sukkottest:
Esrogim und Lulowim
אתרוגים לולבים והדסים.

Antiquariat und ein jüdisch-wissenschaftlicher Verlag angegliedert. Der kleine Laden in der Neuen Friedrichstraße „ward bald das Stelldichein der jüdischen Gelehrtenwelt Berlins"[5]: Leopold Zunz, Moritz Steinschneider und David Cassel, Esriel Hildesheimer und Abraham Berliner gehörten zu den Stammkunden; M. Poppelauer wurde zu einer der bekanntesten Hebraica- und Judaica-Handlungen in Deutschland.

Nach Moritz Poppelauers Tod führten seine Witwe und seine Tochter das Geschäft weiter. 1894 übernahm es Jacob Saenger (1866–1939), der Schwiegersohn Moritz Poppelauers. Als dessen Sohn, Erwin Saenger (1907–1979), nach 1933 seinen Beruf als Jurist nicht mehr ausüben konnte, trat er in das Unternehmen des Vaters ein.

Einer Anordnung vom 30.7.1937 zufolge durften jüdische Buchhandlungen in Deutschland nur noch von Juden verfaßte oder herausgegebene Werke ausschließlich an Juden, gegen Vorlage des Ausweises, verkaufen. Viele jüdische Buchhändler und Verleger, die nicht ohnehin auf Judaica spezialisiert waren, gaben daraufhin ihre Geschäfte auf. Zu den Unternehmen, die unter den neuen Bedingungen als „Jüdischer Buchverlag" oder „Jüdischer Buchvertrieb" in Berlin zugelassen waren, gehörten M. Poppelauer und C. Boas Nchf., die Buchhandlungen Alfred Rosenthal in der Großen Hamburger Straße 30 und Moses Gonzer in der Oranienburger Straße 26. Zum 31.12.1938 mußten auch sie ihre Geschäfte schließen. Ihre Buchbestände übergaben sie dem neugeschaffenen Verlag „Jüdischer Kulturbund", der einzigen Institution, der der Verkauf von „jüdischer Literatur" auch nach 1938 erlaubt blieb.

Erwin Saenger war kurz nach dem Novemberpogrom nach England emigriert. Schon vor seiner Auswanderung hatte er versucht, einen Teil der Bücher der Firma Poppelauer nach England zu transferieren, um

sich dort als Buchhändler niederzulassen, doch ohne Erfolg. Er nahm schließlich ein Psychologie-Studium auf und arbeitete seit 1961 als Psychotherapeut.

In Berlin übernahm Gerda Kestenbaum, eine langjährige Mitarbeiterin, die Liquidation der Firma Poppelauer. In der Kaiser-Wilhelm-Straße 12 führte sie dann bis zum 1.8.1941 eine Buchverkaufsstelle des Jüdischen Kulturbundes. Sie überlebte nicht: Ihre Spuren verlieren sich im Ghetto Lodz. Jacob Saenger erlag 1939 in Berlin einem Herzinfarkt, seine Frau Auguste starb 1942 in Theresienstadt.[6]

Maren Krüger

Anmerkungen

1 Die jüdische Presse, 1.12.1899, S. 517.

2 Akte im Handelsregister, Amtsgericht Charlottenburg.

3 Zur Verlagsbuchhandlung Louis Lamm siehe: Israelitisches Familienblatt. Ausgabe für Groß-Berlin, 3.12.1931, 26.10.1933, S. 11; Akte im Handelsregister, Amtsgericht Charlottenburg.

4 „Mittler jüdischen Kulturguts", in: Israelitisches Familienblatt, 10.12.1936.

5 Der Gemeindebote. Beilage zur Allgemeinen Zeitung des Judentums, 10.6.1910.

6 Zur Geschichte der Firma Poppelauer unter nationalsozialistischer Herrschaft siehe: Bernd Braun, „Bücher im Schluß-Verkauf", in: Geschlossene Vorstellung. Der Jüdische Kulturbund in Deutschland 1933–1941, hrsg. von der Akademie der Künste, Berlin 1992, S. 157–160; Leo Baeck Institute New York, Archiv, AR 7231.

Toraaufsätze in dem 1897
publizierten Musterkatalog
von „Lazarus Posen Wwe"
Die Aufsätze dienen als Schmuck
der Torarolle.

Silberwarenhandlung
Lazarus Posen Witwe

Die „Silberwarenfabrik Lazarus Posen Witwe" war
in Frankfurt und Berlin bis 1938 eine Institution jüdischer und zugleich bürgerlich-deutscher Lebenskultur,
wie sie sich seit der Emanzipation entwickelt hatte. Die
Firma führte Tafelgeschirr und jüdische Kultgegenstän-
de und bediente damit sowohl eine nichtjüdische, bürgerliche Klientel mit Besteck, Saucieren und Platztellern
als auch jüdische Haushalte mit Sabbat- und Festtags-
gerät und Synagogengemeinden mit Torasilber.

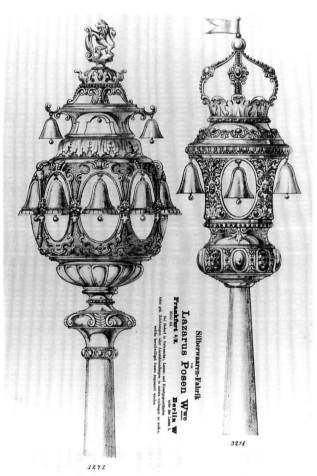

So stammten die Hochzeits- und Taufgeschenke
der Frankfurter Barone Rothschild an ihre christlichen
Angestellten ebenso von Lazarus Posen Witwe wie die
Ausstattung der orthodoxen Synagoge Friedberger
Anlage in Frankfurt und der Synagoge in der Lützowstraße in Berlin.[1] Geradezu sprichwörtlich war die Gediegenheit der Waren: „So echt wie das Silber von Lazarus Posen" war in Berlin ein geflügeltes Wort.[2]

Der Firmenname erinnert an den Begründer einer
Frankfurter Manufakturwarenhandlung, Lazarus Posen,
der 1803 in der Judengasse in Frankfurt geboren wurde.[3] Er entstammte einer angesehenen Rabbiner- und
Gelehrtenfamilie, die den Namen ihres Herkunftsortes
Posen angenommen hatte, als sie im 18. Jahrhundert
vor Pogromen nach Frankfurt floh. Lazarus' Geschäftsteilhaber war sein Bruder Salomon, der die Familientra-
dition fortsetzte, indem er bei Baron Wilhelm von Rothschild Hausrabbiner wurde. In jüdischen Traditionen
fest verwurzelt, gehörte die Familie immer zur religiösen Orthodoxie und unterstützte im 19. Jahrhundert
den Vorkämpfer dieser Richtung, den Rabbiner Samson
Raphael Hirsch.

Als Lazarus Posen 1866 während der preußischen Besetzung Frankfurts starb, ließ er eine Witwe
mit acht Kindern in ungesicherten Verhältnissen zurück.
Die Witwe betrieb zunächst ein Kommissionsgeschäft
von Silberwaren in sehr bescheidenem Umfang, das sie
jedoch mit Hilfe ihrer Söhne und einem Startkapital von
Baron Wilhelm von Rothschild ab 1869 zum größten
und ältesten jüdischen Silberwarenunternehmen Frankfurts ausbaute. Zusammen mit ihrer Mutter führten die
sechs Söhne gemeinsam den Verkauf und die Silber-
warenanfertigung durch. Besonderer Wert gelegt wurde
auf eine gute Ausbildung der nächsten Generation, die
in den Goldschmiedeakademien von Hanau und München erfolgte.

Abb. linke Seite:
Anzeige in der „Allgemeinen
Zeitung des Judentums",
10.8.1900

Toraschild von
„Lazarus Posen Wwe",
Nr. 3269 des Firmenkataloges
Silber, vergoldet
Toraschilder dienen als Schmuck
der Torarolle.

Der Name des jeweiligen Fest-
tages kann durch ein eingescho-
benes kleines Schild angezeigt
werden.

Die Verbindung von Kompetenz und Solidität war die Voraussetzung für den großen Geschäftsaufschwung in der Gründerzeit. Er manifestierte sich 1890 in der Eröffnung eines Berliner Geschäftes im Hotel Bristol, Unter den Linden 5, und wurde mit den Hoflieferantentiteln der Fürsten von Sachsen-Coburg-Gotha (1893) und des rumänischen Königs (1909) gekrönt.

1922, während der Weltwirtschaftskrise, wurde die Firma auf die Cousins aufgeteilt, und zwar in insgesamt drei Geschäfte. Neben „Lazarus Posen Witwe" gab es nun in der Frankfurter Kaiserstraße außerdem das Silberwarengeschäft „Posen und Posen", dem die orthodoxe Jüdische Gemeinde Frankfurts die Pflege ihres Silbergerätes anvertraute.[4] Das Geschäft in Berlin wurde seit dem Ersten Weltkrieg von Moritz und Jacob Posen geführt. Geschäfte und Firma der Silberwarenmanufaktur waren in der Pogromnacht 1938 „bevorzugte" Ziele der Nazis, die ausgeraubt, geplündert und zerstört wurden. Die Familien der Berliner und Frankfurter Geschäftsinhaber konnten ins Exil nach England und USA entkommen, aber der fast vollständige Verlust der Modelle, Entwürfe und Werkzeuge sowie die Zerstörungen während der Bombardierung Londons machten einen Neubeginn des Geschäfts unmöglich. Einen Begriff von dem herausragenden Können der Firma vermitteln erhaltene Einzelanfertigungen, wie das herrliche Torasilber im New Yorker Tempel Emanu-El[5] oder im Israel Museum sowie Teile des Ratssilbers der Stadt Frankfurt am Main.[6]

Wie bei fast allen Silberwarenfirmen der Gründerzeit waren jedoch nicht die Einzelanfertigungen, sondern das Tafelsilber das Rückgrat des Geschäftes. Es wurde manufakturmäßig gefertigt und dann handüberarbeitet. Sein Formenapparat orientierte sich am bürgerlichen Geschmack der Jahrhundertwende, es dominierte das sog. Antiksilber, bei dem sich Ornamente der Antike, des Rokoko und des Klassizismus zu einem Pasticchio verbanden.

Ihre besondere Stellung verdankte die Firma von Anfang an dem jüdischen Kultgerät, das sie ebenso wie das Tafelsilber manufakturmäßig fertigte und etwa seit der Jahrhundertwende per Katalog offerierte.[7] Zahlreiche Stadt- und Landsynagogen Deutschlands hatten ihre jüngste, manchmal auch einzige Silberausstattung von der Firma Lazarus Posen erhalten.

Torazeiger, -schild und -aufsatz der Firma aus dem Besitz der Berliner Jüdischen Gemeinde sind Beispiele für diese Art des synagogalen Silbers, das per Katalog geordert werden konnte. So ist das Toraschild eine Ausformung des unter Nr. 3.269 im Katalog von

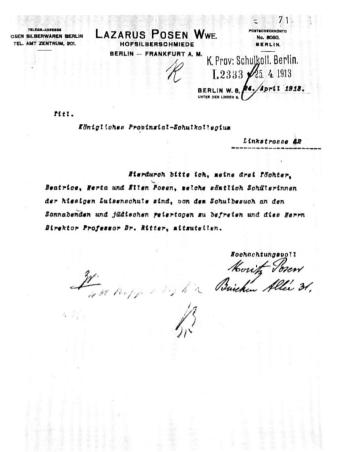

LAZARUS POSEN WWE.
HOFSILBERSCHMIEDE
BERLIN — FRANKFURT A. M.

Brief von Moritz Posen,
einem der Geschäftsführer von
„Lazarus Posen Wwe" in Berlin,
24.4.1913

auch die Frankfurter Toraaufsätze von Jeremias Zobel und die Augsburger Besamimtürme von Matthäus Wollf im Antiksilberstil nach. Die Verbindung von Dekorationselementen des bürgerlichen Tafelsilbers mit Formen alter Judaica zeigt vielleicht am anschaulichsten, wie Anpassung an eine bürgerliche Umwelt mit Bewahrung religiöser Traditionen Hand in Hand gehen konnte.

Annette Weber

Anmerkungen

1 Synagogen in Berlin. Zur Geschichte einer zerstörten Architektur, hrsg. von Rolf Bothe, Berlin 1983, Bd. 1, S. 173.

2 Diese Anekdote, die Lisele Posen, die Witwe des letzten Geschäftsinhabers aus Frankfurt, überliefert hat, und die nachfolgenden Angaben zur Firmengeschichte sind der Dissertation von Jenny Michael, New York: „The Silver Company Lazarus Posen Witve 1869–1938 Frankfurt am Main" von 1990 entnommen.
Die Verfasserin dankt der Autorin für die Überlassung des bislang unpublizierten Manuskriptes und das Recht, ihre Ergebnisse wiedergeben zu dürfen.

3 Naphtali Bar Giora Bamberger, The Posen Family, London 1985, hat der Familie eine ausführliche Biographie gewidmet.

4 Mitteilung von Eric Posen, London, Mai 1989. Sein Haus traf der Verlust aller Firmenunterlagen während des „Blitz" in London.

5 Cissy Grossman, Reva Kirschberg, A Temple Treasury – The Judaica Collection of Congregation Emanu-El of the City of New York, New York 1989, Kat. Nr. 4, mit Abb.

6 Patricia Stahl, Frankfurter Ratssilber, Frankfurt am Main 1985, Kat. Nr. 30.

7 Lazarus Posen Wwe. Hofsilberschmied, Frankfurt a.M. Berlin W. Da das einzige bislang bekannte Katalogexemplar, in der Bibliothek des Israel Museum in Jerusalem (rare book section), keine Titelblätter mehr hat, kann das Datum der Erstpublikation nur ungefähr ermittelt werden. Der Titel Hofsilberschmied, der erstmals ab 1893, nach der Verleihung durch die Fürsten von Sachsen-Coburg-Gotha geführt werden durfte, gibt den Terminus post quem an.

8 Zu den Arbeiten dieses Meisters siehe Felicitas Heimann-Jellinek, in: „Was übrig blieb", Jüdisches Museum Frankfurt am Main, Frankfurt am Main 1988, Kat. Nr. 45.

9 Inv. Nr. KGM 81/70; siehe auch Vera Bendt, Judaica. Katalog Abteilung Jüdisches Museum, hrsg. vom Berlin Museum, Berlin 1989, Kat. Nr. 117.

„Lazarus Posen Wwe. Hofsilberschmied" angebotenen Modells. Der Typus orientierte sich an Toraschildern des Berliner Meisters August Ferdinand Gentzmer, der sie im letzten Viertel des 18. Jahrhundert im Stil des preußischen Rokoko arbeitete.[8] Das Modell des Toraaufsatzes ist im Katalog unter Nr. 3.272 aufgeführt. Schild und Aufsatz scheinen Beispiele aus einer frühen Serie von Judaica der Firma Lazarus Posen Witwe zu sein, die stilistisch noch vor der Jahrhundertwende konzipiert sein dürfte. Zu der gleichen Serie gehörte auch eine Krone, angeboten unter Nr. 3.275, von der sich ein Exemplar im Berlin Museum erhalten hat.[9] Der Firmenkatalog zeigte eine große Vielfalt im Sortiment von Ritualgegenständen und führte Hunderte von Modellen auf. Die Liste reichte vom einfachen Kidduschbecher über pompöse Sederaufsätze zu prachtvollem Torasilber. Stilistisches Vorbild war wiederum das sog. Antiksilber, das auch mit lokalen Traditionen des 18. Jahrhunderts verbunden wurde. So ahmte man nicht nur die Berliner Toraschilder von August Ferdinand Gentzmer, sondern

Koschere Lebensmittelläden

Die nach ritueller Vorschrift lebende jüdische Bevölkerung in Berlin-Mitte konnte zwischen den Angeboten einer großen Zahl koscherer Lebensmittelläden wählen. Sie verkauften nicht nur das vorschriftsmäßig geschächtete Fleisch (das Schächten ist eine Schlachtmethode, die vor allem auf das möglichst vollständige Ausbluten des Tieres zielt), sondern auch Fette und Öle, Gebäck und Schokolade, Weine aus Palästina, ungesäuertes Brot für das Pessachfest (Mazze) und vieles mehr.

Eine rituelle Lebensweise bedeutet nicht nur den Verzicht auf Schweinefleisch und den ausschließlichen Verzehr geschächteten Fleisches. Aufgrund des Verbots, Fleisch- und Milchprodukte zusammen zu essen, verfügt ein koscherer Haushalt über separates Geschirr für „fleischige" und „milchige" Speisen. Butter und Marga-

rine, in der Milch enthalten ist, dürfen zum Braten von Fleisch nicht verwendet werden. Geschirr-Reinigungsmittel darf ausschließlich pflanzliche und keine tierischen Fette enthalten. Für Pessach kommen weitere Vorschriften hinzu, die mit dem Verbot, Gesäuertes zu essen, in Zusammenhang stehen.

In Berlin unterhielten die Jüdische Gemeinde und die Gemeinde Adass Jisroel sog. Kaschruthkommissionen. Sie kontrollierten Herstellungsbetriebe, Restaurants und Geschäfte, sofern sie sich freiwillig ihrer Aufsicht unterstellten. Die Kunden hatten so die Gewißheit, daß die angebotenen Produkte tatsächlich koscher waren. Die meisten Händler koscherer Lebensmittel gaben ihre Geschäfte bald nach 1933 auf.

Maren Krüger

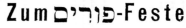

Das Altersheim in der Großen
Hamburger Straße 26

Abb. unten:
Aufenthaltsraum im Altersheim
Große Hamburger Straße,
um 1935

Bertha und Moritz Manheimer

Abb. unten:
Küchenpersonal des Altersheims
Große Hamburger Straße,
um 1935

Die Altersversorgungsanstalt in der Großen Hamburger Straße

Im ersten Drittel des 19. Jahrhunderts wurde auch die Altersversorgung in den Kreis der ständigen Wohlfahrtseinrichtungen der Jüdischen Gemeinde aufgenommen. 1829 errichtete die Gemeinde das erste jüdische Altersheim unter dem Namen Altersversorgungsanstalt in der Oranienburger Straße 8. Die Insassen erhielten freie Wohnung, Bekleidung, Verpflegung und monatlich 3 Mark Unterstützung. Zunächst stand nur der Fonds der Beerdigungsgesellschaft zur Unterhal-

tung des Altersheims zur Verfügung.[1] Doch bald gingen Spenden ein, und Stiftungen wurden errichtet, so daß die Gemeinde in der Lage war, ihren Alten ein besseres Heim zu bauen. Am 28.7.1844 konnte das neue Haus in der Großen Hamburger Straße 26 bezogen werden. Großzügige Spenden ermöglichten 1867 einen Anbau. Durch die Schenkung von 30.000 Talern von Adolf Reichenheim, dem Gründer des Waisenhauses am Weinbergsweg 13, konnte der Bau 1874 in seinen endgültigen Ausmaßen fertiggestellt werden.

1883 wurde in der Schönhauser Allee 22 ein zweites Altersheim eröffnet. Möglich wurde dies vor allem durch die Spenden und Stiftungen des Ehepaares Bertha und Moritz Manheimer. In den folgenden Jahren

wurden noch drei weitere Altersheime von der Gemeinde unterhalten.[2] Wiederum durch großzügige Spenden des Ehepaares Manheimer konnte am 20.12.1896 das Siechenheim (Hospital genannt) in der Oranienburger Straße 31 eröffnet werden. Bis 1932 wurden hier die Pflegefälle der Jüdischen Gemeinde untergebracht. In diesem Jahr wurde das Hospital in ein frei werdendes Gebäude des Jüdischen Krankenhauses in der Exerzierstraße (heute Iranische Straße) verlegt.

Das Heim in der Großen Hamburger Straße war als Alterswohnsitz sehr beliebt. Es lag im Herzen Ber-

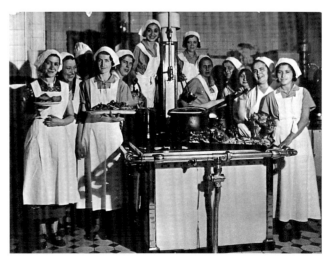

lins. Die Alte Synagoge in der Heidereutergasse und die Neue Synagoge in der Oranienburger Straße waren gut erreichbar. Viele wichtige Einrichtungen der Jüdischen Gemeinde waren in der Nähe. Die Bewohner wurden in Ein- oder Zweibettzimmern untergebracht. Eine Bibliothek und Aufenthaltsräume standen zur Verfügung. Kücheneinrichtung und sanitäre Anlagen wurden im Laufe der Zeit modernen Anforderungen angepaßt. So galt das Altersheim im 19. Jahrhundert als Vorbild für alle städtischen Einrichtungen dieser Art.[3]

1942 beschlagnahmte die Gestapo das Altersheim in der Großen Hamburger Straße und machte daraus ein Deportationssammellager. In den letzten Tagen des Krieges wurde das Gebäude stark beschädigt. Die Ruine wurde nach dem Krieg abgetragen.

Regina Rahmlow

Anmerkungen

1 Die Wohlfahrtseinrichtungen Berlins und seiner Vororte, Berlin 1899, S. 98.

2 Wegweiser durch das Jüdische Berlin, Berlin 1987, S. 261–268.

3 Siehe hierzu Etty Hirschfeld, Die Altersheime und das Hospital der Jüdischen Gemeinde zu Berlin, Berlin 1935, S. 12–23.

Jüdische Mittelschule

Am 3.1.1826 wurde in der Rosenstraße 12 die Jüdische Gemeinde-Knabenschule eröffnet.[1] Sie war aus der 1778 gegründeten Jüdischen Freyschule hervorgegangen, der ersten jüdischen Schule, in der neben Bibel und Talmud auch weltliche Fächer unterrichtet wurden.

168

Lections=Plan

der jüdischen Gemeindeschule Thalmud Thora

für die Classe

Stunden	Montag	Dienstag	Mittwoch	Donnerstag	Freitag
8_9					
9_10					
10_11					
11_12					
2_3					
3_4					
4_5					
5_6					
6_8					

Berlin, den 183

Stundenplan der Knabenschule der Jüdischen Gemeinde, damals „Jüdische Gemeindeschule Thalmud Thora", 1830

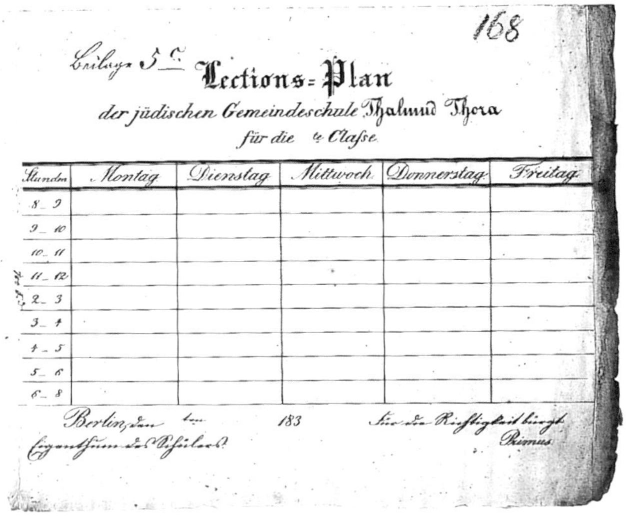

Nach der Schließung der Freyschule im Jahr 1825 wechselten ihre Schüler in die neugegründete Gemeindeschule. Viele Schüler waren Waisen, oder sie kamen aus armen Familien. Nach ihrem Schulabschluß erlernten sie in der Regel ein Handwerk. 1863 zog die Schule in ein neues, größeres Gebäude in der Großen Hamburger Straße 27. 1905/06 errichtete die Gemeinde anstelle des alten Schulhauses einen Neubau, den der Gemeindebaumeister Johann Höniger entworfen hatte. Das Haus wurde am 26.11.1906 eingeweiht und steht noch heute: Seit dem 6.8.1993 beherbergt es wieder eine jüdische Schule, die Oberschule der Jüdischen Gemeinde.

Der Jüdischen Gemeinde-Knabenschule war von 1859–1925 eine Lehrerbildungsanstalt angeschlossen, die sowohl Elementar- und Religionslehrer als auch Vorbeter ausbildete. Außerdem wurde die 1919 gegrün-

Das 1906 eingeweihte neue
Schulhaus Große Hamburger
Straße 27

Die Sexta der Jüdischen
Mittelschule mit ihrem Lehrer
Heinemann Stern, 1934
Das Foto entstand auf dem Hof
Oranienburger Straße 31,
wo die Klasse damals wegen
Überfüllung des Schulhauses
unterrichtet wurde.

schulen staatlich anerkannt. Da viele Eltern die allgemeinen höheren Schulen einer jüdischen Schule vorzo-
gen, sanken die Schülerzahlen in den folgenden Jahren
drastisch: in der Knabenmittelschule von 601 im Jahr
1921 auf 268 im Jahr 1928, in der Mädchenmittelschule
von 631 im Jahr 1923 auf 362 im Jahr 1928.[3] Die Mehrzahl der Schüler und Schülerinnen kam aus Familien, die
auf eine betont jüdische Schulbildung Wert legten.1930
zog die Mädchenmittelschule vorübergehend in die Auguststraße 11–13. In der Kaiserstraße 29/30 wurde nun
die Knabenvolksschule untergebracht. 1931 legte die
Gemeinde die beiden Mittelschulen in der Großen Hamburger Straße 27 zusammen.

Am 25.4.1933 verabschiedete die nationalsozialistische Regierung ein Gesetz, das den Besuch der höheren Schulen für Juden einschränkte. Viele Schüler,
die die allgemeinen höheren Schulen verlassen hatten,
wechselten nun auf die Jüdische Mittelschule. Am
15.11.1938 wurden alle jüdischen Schüler vom Besuch
der allgemeinen Schulen ausgeschlossen. Nach der Be-
schlagnahmung des Schulhauses in der Großen Hamburger Straße als Wehrmachtslazarett im Mai 1940 zog
die Jüdische Mittelschule mehrmals um. Am 30.6.1942

dete Hebräische Lehranstalt im Haus untergebracht, die
für Kinder und Erwachsene Kurse in hebräischer Sprache und Literatur anbot.

1835 hatte die Jüdische Gemeinde in der Heidereutergasse 5 eine eigene Mädchenschule gegründet,
eine „Nähschule, in der nebenbei Elementarunterricht
erteilt wurde", wie es 1895 rückblickend hieß. (18 von
39 Wochenstunden waren in den ersten Jahren dem
Handarbeitsunterricht vorbehalten.)[2] 1875 zog die Jüdische Gemeinde-Mädchenschule in die Rosenstraße 2
und 1904 von dort in die Kaiserstraße 29/30.

Sowohl die Knaben- als auch die Mädchenschule
wurden Anfang der zwanziger Jahre in Mittelschulen
umgewandelt; 1924 wurden sie als öffentliche Mittel-

wurde sie, wie alle jüdischen Schulen in Deutschland, zur Schließung gezwungen. Die Auswanderung war zu diesem Zeitpunkt bereits verboten, die Deportationen in die Ghettos und Vernichtungslager hatten begonnen.

Maren Krüger

Anmerkungen

1 Zur Knaben-/Mädchen-/Mittelschule siehe Jörg H. Fehrs, Von der Heidereutergasse zum Roseneck. Jüdische Schulen in Berlin 1712–1942, hrsg. von der Arbeitsgruppe Pädagogisches Museum e.V., Berlin 1993, S. 101–120.

2 Landesarchiv Berlin, Außenstelle Breite Straße, Rep. 20–01, HSV 2094, Bd. 1, Bl. 65.

3 Fragebogen, ausgefüllt von der Knaben- und Mädchenmittelschule, 1928, Pädagogisches Zentrum, Archiv.

Erinnerungen von Anneliese Abrahamsohn geb. Tuch

Gestatten Sie bitte, daß ich mich vorstelle. Ich heiße Anneliese Abrahamsohn geb. Tuch, geboren am 14.4.1928 in Berlin, und wohnte mit meinen Eltern in Berlin, Weinbergsweg 7. Dort hatte mein Vater, Dr. med. Ludwig Tuch, seine Arztpraxis. In der gleichen Straße, Weinbergsweg 13, war das Reichenheimsche Waisenhaus. Die dort lebenden Kinder wurden von meinem Vater ärztlich betreut.

Ab April 1938 besuchte ich die Jüdische Mittelschule Große Hamburger Straße 27. Ich besuchte die Schule bis zu ihrer Schließung 1942. Meine Erinnerung an die Schule, die Lehrer, die Mitschüler, die Schulzeit insgesamt ist für mich immer gegenwärtig, sie hat mich bis heute begleitet und hat sich mir als eine unvergeßliche Zeit eingeprägt. Diese Jahre waren sehr schwer, und ich denke mit großer Bewunderung und Verehrung an meine Lehrer zurück, die uns in dieser schweren Zeit unterrichtet, uns eine gute umfassende Allgemeinbildung vermittelt und uns auch ein umfangreiches jüdisches Wissen beigebracht haben. Beides war für mein späteres Leben sehr wertvoll und wichtig.

Wir wurden bis zur Pogromnacht am 9. November 1938 ununterbrochen in der Großen Hamburger Straße unterrichtet. Am Morgen nach der Pogromnacht standen unsere Lehrer vor der Schule und haben uns nach Hause geschickt. Nach der Pogromnacht kam aus der Provinz ein größerer Zustrom jüdischer Familien nach Berlin, und die Schülerzahl wuchs stärker an. Es wurden dann, besonders in den unteren Klassen, Parallelklassen eingerichtet. Während dieser Vorgänge wurde meine Klasse in die Oranienburger Straße verlegt, kam aber im Schuljahr 1939/40 wieder für einige Zeit in die Große Hamburger Straße zurück. Für kurze Zeit war dann meine Klasse im Jahr 1941 in der Knabenschule Kaiserstraße untergebracht. Ab September 1941 wurde meine Klasse bis zur Schließung der Schule am 30.6.

Klasse der Jüdischen Mittelschule im Vorderhaus der Synagoge Lindenstraße, 1941
Die Namensliste stammt von Roselotte Winterfeldt geb. Lehmann, die wie Anneliese Abrahamson geb. Tuch auf dem Foto abgebildet ist.

Nur wenige der Schüler und Schülerinnen haben überlebt.
Von links nach rechts, oberste Reihe: Lothar Gronowski, Guenther Barth, Roselotte Lehmann, Ruth Knaebel, Hella Nathan, Siegfried Nathansohn

1942 in die Synagoge Lindenstraße verlegt. Ich erinnere mich, daß wir am ersten Tag des „Sterntragens" schulfrei hatten.

Meine Lehrer waren Frl. Gertrud Elias, Klassenlehrerin, Frau Dr. Jettka Rosner, Klassenlehrerin, Dr. Alfred Rosenberg, Klassenlehrer, Dr. Paul Lonnerstädter, Mathematiklehrer, Frau Kuttner, Turn- und Handarbeitslehrerin, Dr. Siegfried Aschner (Mitverfasser des Philo-Lexikons), Religionslehrer für Hebräisch, Jüdische Geschichte, Biblische Geschichte, Frl. Helene Cohn, Turnlehrerin, Herr Hugo Matthias, Zeichen- und Werkunterrichtlehrer, Herr Alfred Loewy, Musiklehrer, Frl. Pasch, Herr Selbiger, Religionslehrer für Hebräisch, Jüdische Geschichte, Biblische Geschichte, Herr Timm, Naturkundelehrer, Herr Löwenberg, Mathematiklehrer, Herr Bandmann, Musiklehrer, Dr. Feige, Direktor. Vorher war Dr. Heinemann Stern Direktor.

Mich beeindruckte immer sehr das im Vorgarten der Schule stehende Moses Mendelssohn-Denkmal. Der Grabstein von Moses Mendelssohn, nicht weit von dem errichteten Denkmal entfernt, war in seinem Äußeren ein Denkmal der Bescheidenheit.

Am Tag der Schließung der Schule am 30.6.1942 intonierte unser Klassenlehrer Dr. Rosenberg auf dem Klavier symbolisch einen Satz aus der Unvollendeten Sinfonie von Franz Schubert. Zu diesem Zeitpunkt waren schon viele unserer Mitschüler nicht mehr da, weil bereits die Deportationen in die Konzentrationslager begonnen hatten. In den letzten Monaten unserer Schulzeit herrschte eine bedrückende und deprimierende Atmosphäre, wodurch das Lehren und Lernen sehr schwierig war.

Zum Schluß möchte ich noch erwähnen, daß ich durch die Schließung der Schule keinen Schulabschluß hatte. Ich gehöre zu den wenigen Überlebenden meiner Klasse bzw. der Schule.

Erinnerungen von Roselotte Winterfeldt geb. Lehmann

Als ich im April 1938, ich war damals zehn Jahre alt, in die Jüdische Mittelschule Große Hamburger Straße eingeschult wurde, glaubte ich mich in einem Paradies zu befinden. Meine Schulerlebnisse bis zu diesem Zeitpunkt waren sehr trauriger Natur: Meine Eltern und ich lebten in dem Vorort Marienfelde, und ich war in der dortigen Volksschule das einzige jüdische Kind und hatte jahrelang Beschimpfungen und handgreifliche Angriffe von Mitschülern und teilweise auch von Lehrern über mich ergehen lassen müssen. Und plötzlich, im April 1938, war ich in eine Umgebung verpflanzt worden, in der alle Schüler und alle Lehrer jüdisch waren, und meine Angst, die bis dahin jeder Schultag mit sich gebracht hatte, war verschwunden. Ich schloß Freundschaften mit Mitschülern und wurde von den Lehrern gefördert und gerecht behandelt.

Dr. Rosenberg mich tadelte, da ich ein Goethe-Gedicht nicht auswendig gelernt hatte. Ich war über seine Vorhaltungen so aufgeregt, so daß ich vor der ganzen Klasse laut gesagt habe: „Wozu soll ich Goethe auswendig lernen, wenn Brigitte Uri und Brigitte Glaser nach dem Osten verschleppt werden." Diese beiden Mädchen waren die ersten aus meiner Klasse, die der Verschleppung zum Opfer fielen. Dr. Rosenberg hatte auf meinen ärgerlichen Ausbruch keine Antwort, und das Auswendiglernen von Goethe-Gedichten wurde zwischen ihm und mir nie wieder erwähnt. Ganz im Gegenteil: Dr. Rosenberg wählte mich und meine Schulfreundin Ida Insel dazu aus, als Hilfsarbeiterinnen (wir waren 14 Jahre alt) in den Abtransportstellen tätig zu sein; er war sicherlich davon überzeugt, daß ich unter diesen Lebensbedingungen zu Hilfeleistungen mehr geeignet war als zum Lernen von Gedichten.

Die Mittelschule wurde am 30.6.1942 auf Anordnung der Gestapo geschlossen, ein Tag, der aus meinem Gedächtnis nicht weggelöscht werden kann. Dr. Rosenberg spielte für uns in der letzten Stunde auf dem alten Plattenspieler Schuberts „Unvollendete", und mit viel Kummer in unseren kindlichen Herzen nahmen wir voneinander Abschied.

Rückblickend auf meine Schulzeit in der Mittelschule, die eine friedliche und manchmal auch fröhliche Oase in einer bösen Welt war, muß ich doch sagen, daß die freudvollen Ereignisse dieser Zeit aus meinem Gedächtnis ausgelöscht sind, obwohl ich davon überzeugt bin, daß unsere Lehrer ihr Bestes getan haben, uns schöne Stunden zu bereiten. Den tragischen Abschluß und das traurige Ende begabter Kinder und Lehrer kann ich nie überwinden.

Man kann schwer die Atmosphäre unserer Schulzeit beschreiben, denn sie stand im absoluten Widerspruch zu normalen Schulverhältnissen. Alle Kinder und Lehrer lebten unter einem schrecklichen Druck; die meisten von uns waren vollkommen verarmt, und das Unglück der einzelnen Familien spiegelte sich in den Gesichtern der Kinder wider. Und trotzdem haben wir alle versucht, etwas zu lernen, von vielen unserer Lehrer wurden wir darin bestärkt, unser geplagtes Judentum stolz zu tragen, und wir bemühten uns, uns gegenseitig zu helfen. Ich besaß damals einen einzigen Pullover, und als meine Mitschülerin Brigitte Glaser im Oktober 1941 nach dem „Osten" deportiert werden sollte, gab ich ihr diesen, denn sie hatte keinen.

Als im Oktober und November 1941 die ersten Mitschüler aus meiner Klasse deportiert wurden, brach für mich die Welt zusammen, und das Lernen erschien mir leer und überflüssig. Ich kann mich genau an den Tag erinnern, an dem mein so verehrter Klassenlehrer

Hochschule für die Wissenschaft des Judentums

Der Begriff „Wissenschaft des Judentums" wurde Anfang des vorigen Jahrhunderts geprägt. Immanuel Wolf definierte ihn in der von Leopold Zunz herausgegebenen „Zeitschrift für die Wissenschaft des Judenthums" 1823 folgendermaßen: „Inbegriff der gesamten Verhältnisse, Eigenthümlichkeiten und Leistungen der Juden in Beziehung auf Religion, Philosophie, Geschichte, Rechtswesen, Litteratur überhaupt, Bürgerleben und menschliche Angelegenheiten; – nicht aber in jenem beschränkten Sinne, in welchem es nur die Religion der Juden beachtet."[1]

Wissenschaftliche Institutionen und Publikationen sollten dazu beitragen, das Selbstbewußtsein der Juden zu stärken, sie aus den engen Fesseln der vom Ghetto geprägten Traditionen zu lösen. 1836 forderte Abraham Geiger, der wichtigste Theoretiker der jüdischen Reformbewegung in Deutschland, die Einrichtung einer jüdisch-theologischen Fakultät an der Berliner Universität, doch ohne Erfolg.[2] Erst 1854 wurde in Breslau das „Jüdisch-theologische Seminar" eröffnet, das aber, anders als die von Geiger geforderte Fakultät, lediglich Rabbiner und Lehrer ausbildete.[3]

Im November 1867 wurde dann in Berlin zur Gründung einer jüdischen Hochschule aufgerufen. Durch eine größere Spende des Kommerzienrats Moritz Meyer war die finanzielle Grundlage gesichert. Die Eröffnung der „Hochschule für die Wissenschaft des Judentums" erfolgte am 6.5.1872. Die Eröffnungsfeier, die im Saal des Bürgervereins stattfand, wurde von Kompositionen von Louis Lewandowski umrahmt, der auch die musikalische Leitung übernommen hatte.[4]

Die Hochschule erfüllte anfangs nur theoretische Aufgaben, später bildete sie auch Rabbiner, Prediger und Religionslehrer aus. Die Hochschule mußte sich 1883 in Lehranstalt umbenennen, da nach Ansicht der vorgesetzten Schulaufsichtsbehörde der Lehrplan den Ansprüchen nicht genügte.[5] Erst in der Weimarer Republik, ab 1920, wurde der Lehranstalt wieder der Status einer Hochschule zuerkannt.[6] Ein Jahr nach Hitlers Machtantritt mußte sich die Hochschule erneut Lehranstalt nennen.[7]

Das Kuratorium der Lehranstalt für die Wissenschaft des Judentums, 24.6.1935
Foto Abraham Pisarek

Von links nach rechts: Isai Schur, Arnold Seligsohn, Willy Dreyfuß, die Sekretärin L. Moskowitz, Heinrich Veit Simon, Ismar Elbogen, Alexander Philipsohn, Rudolf Herzfeld

Ismar Elbogen, der von 1902 bis 1938 an der Hochschule unterrichtete, bezeichnete sie als eine „unparteiische Pflanzstätte der Wissenschaft".[8] Um die Unabhängigkeit von der Jüdischen Gemeinde zu demonstrieren, war bei der Eröffnungsfeier 1872 kein Gemeindevertreter eingeladen worden. Kein amtierender Rabbiner wurde als Kuratoriumsmitglied zugelassen, da keine der verschiedenen religiösen Richtungen Einfluß gewinnen sollte.[9]

Die Hochschule stand Studenten aller Konfessionen, Männern wie Frauen offen. Voraussetzung für die Zulassung war das Abitur. Neben dem Besuch der Hochschule mußten die Studenten ein Fach ihrer Wahl an einer Universität studieren.[10] Der Lehrplan beinhaltete im Gegensatz zum orthodoxen Rabbinerseminar auch

Studenten im Hörsaal der
Lehranstalt für die Wissenschaft
des Judentums, um 1935
Foto Abraham Pisarek

Studentenausweis von
Ernst Ludwig Ehrlich, 1940
Eingetragen ist der Zwangsname
Ernst Ludwig Israel Ehrlich,
unterschrieben ist der Ausweis
von Leo Israel Baeck.

Themen des zeitgenössischen Judentums, Ethik, Religionsphilosphie und vergleichende Religionsgeschichte. Für die angehenden Rabbiner war die Teilnahme an dem Unterrichtsfach „Jüdische Predigt" obligatorisch. Um zu üben, wurden sie als Prediger in den Berliner Synagogen eingesetzt. Die Mehrzahl derjenigen Studenten, die in Westeuropa aufgewachsen waren, verzichteten auf das Rabbinerexamen und machten den Abschluß als Prediger oder akademischer Religionslehrer.[11]

Nur wenige Studenten kamen aus begüterten Familien. Mittellose Hörer wurden aus dem Stipendienfonds der Hochschule, durch Vermittlung von Freitischen oder durch Angebote von Preisarbeiten unterstützt.[12] Auch die Jüdische Gemeinde und die Bne Briss-Logen vergaben Stipendien.

Zahlreiche renommierte Wissenschaftler haben an der Hochschule gelehrt. Die ersten Dozenten nach der Eröffnung im Jahr 1872 waren David Cassel, Abraham Geiger, Israel Lewy und Heymann Steinthal.

Die Hochschule war zunächst An der Spandauer Brücke 8 untergebracht. Am 1.4.1874 zog sie in das Gebäude des „Brudervereins für gegenseitige Unterstützung" Unter den Linden 4a. Die drei gemieteten Räume waren in einem desolaten Zustand. Im Oktober 1892 zog die Hochschule erneut um, in die Lindenstraße

48/52. Hier wurden die Räume bald zu eng, und so war man froh, als am 22.10.1907 ein eigenes Haus in der Artilleriestraße 14 (heute Tucholskystraße 9) bezogen werden konnte. Die Hochschule verfügte über eine bedeutende Bibliothek. Beim Umzug in die Artilleriestraße umfaßte sie ca. 21.000 Bände und 115 Handschriften.[13] Die Zahl der Studenten stieg bis 1932 auf 155 an, darunter waren 23 Frauen.[14]

1941 mußte das Gebäude in der Artilleriestraße aufgegeben werden. Die Vorlesungen wurden zunächst in der Meinekestraße 10 und, bis zur Schließung der Hochschule am 30.6.1942, im ehemaligen Rabbinerseminar in der Artilleriestraße 31 gehalten.

Regina Rahmlow

Anmerkungen

1 Immanuel Wolf, „Der Begriff Wissenschaft des Judenthums", in: Zeitschrift für die Wissenschaft des Judenthums, Hildesheim, New York 1976 (Reprint der Ausgabe von 1823).

2 Abraham Geiger, „Die Gründung einer jüdisch-theologischen Fakultät", in: Wissenschaftliche Zeitschrift für jüdische Theologie, II (1836), S. 1–21.

3 Heinz-Herman Völker, „Die Hochschule für die Wissenschaft des Judentums 1869–1900", in: Trumah 2. Zeitschrift der Hochschule für Jüdische Studien Heidelberg, Wiesbaden 1990, S. 24f.

4 Ismar Elbogen und Johann Höniger, Festschrift zur Einweihung des eigenen Heims, Berlin 1907, S. 8f., 37.

5 Ebd., S. 67.

6 Brandenburgisches Landeshauptarchiv, Potsdam, Rep. 30 C Tit 148 B, Nr. 3123.

7 Ebd., Nr. 3124.

8 Elbogen und Höniger, a.a.O., S. 14.

9 Ebd, S. 16.

10 Die jüdische Presse, 19.4.1872, S. 128.

11 Elbogen und Höniger, a.a.O., S. 50.

12 Ebd., S. 58.

13 Ebd., S. 56f.

14 Jörg H. Fehrs, Von der Heidereutergasse zum Roseneck. Jüdische Schulen in Berlin 1712–1942, hrsg. von der Arbeitsgruppe Pädagogisches Museum e.V., Berlin 1993, S. 217f.

Rabbinerseminar für das orthodoxe Judentum

1869 wurde in Berlin die orthodoxe „Israelitische Synagogen-Gemeinde (Adass Jisroel) zu Berlin" als privater Religionsverein gegründet. Bis zur Verabschiedung des Preußischen „Austrittsgesetzes" von 1876 gehörten die Mitglieder der Gemeinde Adass Jisroel gleichzeitig der Jüdischen Gemeinde zu Berlin an, obwohl sie deren liberale Richtung ablehnten. Denn bis 1876 war in Preußen nur jeweils eine örtliche Gemeinde zugelassen, und der Austritt aus dieser Einheitsgemeinde war nur bei gleichzeitigem Austritt aus dem Judentum möglich. Die Gemeinde Adass Jisroel wurde im September 1885, nach Beilegung einiger interner Meinungsverschiedenheiten, neben der Jüdischen Gemeinde zu Berlin als gleichberechtigt anerkannt.[1]

Esriel Hildesheimer (1820–1899), Rabbiner und geistiges Oberhaupt der Adass Jisroel, hatte sein Kommen nach Berlin an die Bedingung geknüpft, hier eine Rabbinerschule leiten zu können. Am 22.10.1873 wurde das „Rabbiner-Seminar für das orthodoxe Judenthum zu Berlin" durch Esriel Hildesheimer als eine selbständige Institution eröffnet. In den Satzungen des Jahres 1908 hieß es unter § 1: „Der Zweck des Seminars ist: die mündliche und schriftliche Lehre, wie sie in der Bibel, im Talmud, in dessen Kommentaren und jüdischen Kodices niedergelegt ist, sowie die damit in Zusammenhang stehenden religiös-wissenschaftlichen und profanen Lehrgegenstande, zum Zwecke der Heranbildung von Rabbinern und zur Verbreitung dieser Wissensgegenstände unter jüdischen Jünglingen überhaupt, zu lehren und auf die sittlich-religiöse Bildung der Hörer zu wirken."[2]

Das Rabbinerseminar war zunächst in der Gipsstraße 12a untergebracht, wo sich seit 1873 auch die Synagoge und das Ritualbad (Mikwe) der Gemeinde Adass Jisroel befanden. 1903/04 errichtete die Gemeinde in der Artilleriestraße 31 (heute Tucholskystraße 40) nach einem Entwurf von Johann Höniger ein neues Ge-

meindezentrum. Die im Hinterhaus gelegene Synagoge wurde am 4.9.1904 eingeweiht. Im Vorderhaus waren das Rabbinerseminar, die Mikwe, eine Talmud-Thora-Schule für Knaben und Verwaltungsräume untergebracht.

Die Studenten des Rabbinerseminars absolvierten – wie die Studenten der Hochschule für die Wissenschaft des Judentums – neben ihrer Ausbildung zum Rabbiner ein Studium an der Berliner Universität. Mehrere Hundert ordentliche und außerordentliche Hörer haben das Rabbinerseminar in den Jahren 1873 bis 1938 besucht. Viele von ihnen waren nach ihrer Ausbildung als Rabbiner oder Lehrer tätig.[3] Das Rabbinerseminar mußte im November 1938 seinen Betrieb einstellen.

Das Hinterhaus, das Synagogengebäude, wurde während des Zweiten Weltkrieges durch Bomben zerstört und 1967 abgerissen. Das Vorderhaus blieb erhalten. Heute hat hier die „Israelitische Synagogen-Gemeinde (Adass Jisroel) zu Berlin" ihren Sitz.

Regina Rahmlow

Anmerkungen

1 Zur Gemeinde Adass Jisroel und zum Rabbinerseminar siehe: Adass Jisroel. Die Jüdische Gemeinde in Berlin (1869–1942). Vernichtet und vergessen, hrsg. von Mario Offenberg, Berlin 1986.

2 Zit. nach: ebd., S. 58.

3 Ernst Lowenthal, „Das Rabbiner-Seminar zu Berlin", in: Emuna, 1974, S. 105f.

Einrichtungen der Jüdischen Logen Bne Briss [1]

1843 gründeten deutsch-jüdische Einwanderer in New York die erste jüdische Loge. Sie wurde „B'nai B'rith" (Söhne des Bundes)[2] genannt. Dieser Gründung folgten bald weitere. Der „Unabhängige Orden Bne Briss" (abgekürzt U.O.B.B.; in Amerika „Independant Order B'nai B'rith", I.O.B.B.) wurde bald in sieben Distrikte gegliedert. Nach längeren Verhandlungen mit der Ordensbehörde in New York entstand 1882 der Distrikt VIII in Deutschland. Am 20.3.1882 wurde in Berlin die „Deutsche Reichsloge Bne Briss" ins Leben gerufen.

In Deutschland waren damals jüdische Logen noch völlig unbekannt. Die wenigen Männer, die für die jüdischen Logen eintraten, forderten 1882 in der „Vossischen Zeitung" „achtbare jüdische Männer", wie es hieß, zum Beitritt auf. Schon Ende des Jahres 1882 zählte die Reichsloge 100 Mitglieder. In den folgenden Jahren kam es in ganz Deutschland zu Logenbildungen des Ordens Bne Briss. Allein in Berlin wurden bis 1930 neun Logen gegründet.

Die Ziele des Ordens waren, „den geistigen und sittlichen Charakter der Stammesgenossen zu stärken, ihnen die reinen Grundgedanken der Menschenliebe einzuprägen, Wissenschaft und Kunst zu unterstützen, die Not der Armen und Dürftigen zu lindern, die Kranken zu besuchen und zu pflegen, den Opfern der Verfolgung zu Hilfe zu kommen und ihnen in allen Lagen hilfreich beizustehen."[3] Durch die finanzielle Hilfe der jüdischen Logen entstanden viele soziale Einrichtungen. Darunter war auch das jüdische Arbeitsamt des 1896 gegründeten „Vereins für Arbeitsnachweis". Viele der Hilfesuchenden, die sich an den Verein wandten, waren wegen ihrer Zugehörigkeit zum Judentum in die Arbeitslosigkeit geraten. In den meisten Fällen gelang es dem Verein, ihnen Stellen zu vermitteln. Die Geschäftsstelle des Vereins und die Stellenvermittlung waren in der Rosenthaler Straße 34/35 untergebracht.[4]

Schon bald nach der Gründung der ersten jüdischen Loge in New York wurde die Frage aufgeworfen, ob Frauen als gleichberechtigte Mitglieder aufgenommen werden sollten. In Deutschland setzte sich die Meinung durch, daß der Orden Männern vorbehalten sein sollte. Die Ehefrauen der Logenmitglieder schlossen sich daraufhin in Schwesternvereinen zusammen. Vor allem ihrer Mitarbeit war es zu verdanken, daß die sozialen Einrichtungen der Logen auch gut funktionierten. Am 1.2.1913 eröffnete der Schwesternverband des U.O.B.B. in einem Seitenflügel des Hauses Brunnenstraße 41 ein Heim für ledige Mütter mit ihren Säuglingen. Das Heim kümmerte sich auch, wenn es notwendig war, um die Unterbringung der Säuglinge in jüdischen Familien. Ab 1917 wurden in diesem Heim Lehrgänge für Säuglings- und Wochenpflege durchgeführt.[5]

Besonders hervorzuheben ist die Einrichtung der Toynbee-Halle. Sie entstand 1903 auf Initiative des Justizrates Albert Joachim. Vorbild für diese Institution waren die Einrichtungen des Sozialreformers Arnold Toynbee (1852–1883) in England. Die Toynbee-Halle bot an zwei Abenden in der Woche populär-wissenschaftliche Vorträge an. Nach einer Erfrischungspause folgten künstlerische Darbietungen. Anfangs befand sich die Toynbee-Halle in der Kaiserstraße 10. Die Räume konn-

Gedenkbuch
für verstorbene Logenbrüder

Gedenkschrein
für verstorbene Logenbrüder
Entwurf von Jacob Plessner

ten bald die große Zahl der Besucher nicht mehr aufnehmen. So mietete die Loge die ehemalige Synagoge
der Gemeinde Adass Jisroel in der Gipsstraße 12 a. Nach
baulichen Veränderungen wurde die Halle am 1.11.
1909 eröffnet.[6]

Die Berliner Bne Briss-Logen beteiligten sich auch
an der Gründung des „Gesamtarchivs der deutschen
Juden". Darüber hinaus unterstützten sie die wissenschaftlichen Einrichtungen der Jüdischen Gemeinde, wie
auch besonders in den Jahren der Weltwirtschaftskrise
die Kulturschaffenden des Ordens. So wurde beispielsweise eine Wanderausstellung organisiert, in der die
Künstler des Ordens ihre Werke zeigen konnten. Die

Großloge für Deutschland ließ in den zwanziger Jahren
ein Gedenkbuch (Memorbuch genannt) für ihre verstorbenen Mitglieder anlegen und dies künstlerisch gestalten. Den Schrein zur Aufbewahrung dieses Buches entwarf Jacob Plessner.[7]

1914 stellte Moritz Manheimer der Großloge
einen Geldbetrag zur Verfügung, aus dessen Zinsen
jährlich vier Preise für die beste Bearbeitung von Themen ausgesetzt wurden, in denen „Menschenliebe, Gerechtigkeit und Duldsamkeit als die Grundpfeiler der
menschlichen Gesellschaft" behandelt werden sollten,
wie es in dem ersten Preisausschreiben hieß. Bewerben
konnten sich Angehörige aller Konfessionen.[8]

GEDENKBUCH UND GEDENKSCHREIN
FÜR VERSTORBENE LOGENBRÜDER.

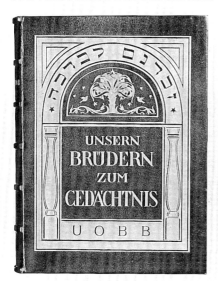

Das Gedenkbuch. Golddeckel in Lederprägung, ruht auf einem mit Samt aus-

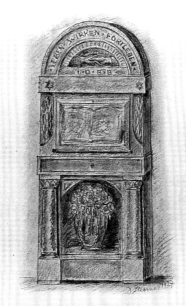

geschlagenen Untersatz innerhalb des Gedenkschreins unter einer Glasplatte, die auf-
zuklappen ist. — Einzelblätter sind auf Pergament mit ornamentaler Umrahmung
ausgeführt; beides nach Entwürfen von Joseph Budko. »Die Beleuchtung ist durch
elektrisches Innenseitenlicht in Aussicht genommen.« Der Gedenkschrein nach dem
Entwurf von Br. Jacob Plessner ist 2 m hoch, durchweg in dunkel gebeizter Eiche
ausgeführt, in der Mitte befindet sich ein verschließbares Schubfach.

Die Kosten des Gedenkbuches (Mark 100.—) und des Gedenkschreins (Mark 575.—) belaufen sich auf Mark 675.—.
Bei Bestellungen bis Ende April würde sich infolge einer bereits getroffenen Vereinbarung der Preis des Schreins
um Mark 110.— ermäßigen, also die Gesamtkosten nur Mark 565.— betragen.

Anzeige in der Zeitung
„Die jüdische Presse", 1.5.1914

Der Großloge für Deutschland, Berlin, Kleiststraße 12, sind von einem langjährigen Mitgliede zur Errichtung einer **Moritz-Manheimer-Stiftung** die Mittel überwiesen worden, auf Grund deren alljährlich ein

Preisausschreiben

für die besten Bearbeitungen

eines philanthropischen Themas

erlassen wird, in welchem

„Menschenliebe, Gerechtigkeit und Duldsamkeit als die Grundpfeiler der menschlichen Gesellschaft"

behandelt werden sollen. — Für die besten Bearbeitungen werden vier Preise ausgesetzt, und zwar ein erster Preis von M. 2000, ein zweiter Preis von M. 1000, ein dritter und ein vierter Preis von je M. 500.

Ist eine Ablösung des Wertes der vier besten Arbeiten nicht auszusprechen, so sollen die M. 4000 in vier Preise von M. 1000 zerlegt und die vier als best befundenen Arbeiten gleichmäßig zugesprochen werden.

Die Bewerbung steht Angehörigen aller Bekenntnisse offen; die Form der Darstellung bleibt dem Verfasser überlassen.

Die Jury besteht aus vier Mitgliedern: Herrn Geh. Justizrat Dr. Eugen Fuchs, Herrn Geh. Regierungsrat Dr. Graf von Baudissin, Professor an der Universität Berlin, Herrn Stadtverordneten-Vorsteher Michelet und Herrn Geh. Justizrat Timendorfer, sämtlich in Berlin. Die ausgeschriebenen Preise sollen alljährlich spätestens im Monat Dezember, erstmalig im Dezember 1914, von der Jury zugesprochen und spätestens am 2. Januar des darauffolgenden Jahres ausgezahlt werden.

Die Schriften sollen den Umfang von **drei Bogen** tunlichst **nicht** überschreiten.

Das Urheberrecht an den preisgekrönten Schriften ist der Großloge zu übertragen.

Die Arbeiten sind in einem verschlossenen Umschlag mit einem Kennwort versehen an das **Büro der Großloge für Deutschland, Berlin W, Kleiststraße 12,** zu senden und müssen spätestens am 1. Oktober 1914 vorliegen. In einem einliegenden gleichfalls geschlossenen, das gleiche Kennwort außen tragenden Umschlag ist der Name des Verfassers mitzuteilen.

Großloge für Deutschland VIII U. O. B. B.

Timendorfer.   Goldschmidt.

Im Jahre 1933 wurden zum letzten Mal Preisträger ermittelt. 1937 wurde die „Deutsche Reichsloge Bne Briss" von der Gestapo aufgelöst.

Regina Rahmlow

Anmerkungen

1 „Bne Briss" war die Schreibweise des deutschen Distrikts.

2 „B'nai B'rith" war die amerikanische Schreibweise.

3 Zit. nach: Encyclopaedia Judaica, Bd. 4, Berlin 1928, S. 879.

4 Festschrift zur Feier des Zwanzigjährigen Bestehens des U.O.B.B., hrsg. von der Großloge für Deutschland, 20. März 1902, S. 59; Bericht des Arbeitsnachweises des U.O.B.B. für das Jahr 1898, S. 9.

5 Jüdisch-liberale Zeitung, 18.3.1928; Gemeindeblatt der Jüdischen Gemeinde zu Berlin, 3.12.1926.

6 Bericht über das vierte Betriebsjahr (14. Oktober 1907 bis Ende März 1908) der Jüdischen Toynbeehalle der Berliner Bnei-Briss-Logen; Jahresbericht der Jüdischen Toynbee-Halle der Berliner Bnei Briss-Logen über das fünfte Betriebsjahr (19. Oktober 1908 bis Ende März 1909), S. 3f.

7 Zum 50jährigen Bestehen des Ordens Bne Briss in Deutschland, 1933, S. 75ff.

8 Ebd., S. 73 ff.; Jüdisch-liberale Zeitung, 1.5.1914.

Baruch Auerbach'sche Waisen-Erziehungsanstalten

Im Oktober 1829 wurde Baruch Auerbach (1795–1864) von den Ältesten und Vorstehern der Berliner Jüdischen Gemeinde gebeten, die Leitung der Gemeinde-Knabenschule zu übernehmen. Er trat sein Amt unter der Bedingung an, die Schule nach seinen eigenen pädagogischen Ansichten einrichten und gestalten zu dürfen. Die Schule war für die Kinder mittelloser Familien der Jüdischen Gemeinde bestimmt. Sie sollten beim „Eintritt in das bürgerliche Leben" in der Lage sein, ihren Lebensunterhalt durch Berufe zu verdienen, die ihren Fähigkeiten entsprachen.[1] Zum größten Teil waren die Schüler Waisenkinder. Es konnten aber auch Kinder Aufnahme finden, deren Eltern sich wegen ihrer großen Armut nicht um die Erziehung ihrer Kinder kümmern konnten.

Angesichts der Not, in der sich einige Kinder seiner Schule befanden, entschloß sich Baruch Auerbach, ein Waisenhaus zu gründen. In Berlin gab es damals noch kein jüdisches Waisenhaus. Nur wenige jüdische Kinder wurden in die städtischen Waisenhäuser aufgenommen. Baruch Auerbach wollte einen Ort schaffen, an dem sich die Kinder wohlfühlten: „Waisenkinder sind keine armen Kinder, denen man blos Obdach und Brot zu reichen hat, sondern Waisenkinder sind elternlose Kinder, die vor allem elterliche Liebe, ein Mutter- und ein Vaterherz bedürfen, darum muß das Waisenhaus, wenn es seinem Zweck entsprechen soll, ein Elternhaus für Waisen sein."[2] Er war auch der Ansicht, daß ein gut geführtes Waisenhaus besser für die Kinder sei als eine Unterbringung in Pflegefamilien, wo die Kinder oftmals als Dienstboten ausgenutzt wurden.

Am 30.4.1833 eröffnete Baruch Auerbach in zwei Hinterstuben des Hauses Rosenstraße 12, in dem sich auch die Gemeinde-Knabenschule befand, das erste jüdische Waisenhaus für Knaben. Auerbach besaß keinerlei Vermögen. Von seinen finanziellen Nöten zeugt sein

Gesänge

zur

Jahresfeier

der Eröffnung

des Waisen-Erziehungs-Instituts.

Geordnet

von

Baruch Auerbach.

Musik von Carl Schauer,

Gesanglehrer der hiesigen jüdischen Gemeindeschule.

Die Feier findet Mittwoch den 7ten Mai im Hörsaale der jüd. Gemeindeschule (Rosenstr. No. 12) Vormittags präcise 11 Uhr Statt.

Berlin 1834.

Jahresbericht, in dem er die Anfangsschwierigkeiten schildert: „Als die Handwerker mit der Einrichtung für die ersten 4 Waisenkinder beschäftigt waren, rief mich der Maler aus dem Unterricht und eröffnete mir, daß er die 5 Thaler für die von ihm geleistete Arbeit haben wolle, da er selbst in Nöthen sei." Auerbach hatte das Geld nicht, beschwichtigte den Mann und bestellte ihn abends in seine Wohnung. Den Unterricht setzte er mit banger Sorge fort, da er die 5 Taler auch zu Hause nicht hatte. Wie groß war seine Freude und Dankbarkeit, als er zu Hause einen Brief eines unbekannten Wohltäters vorfand mit 5 Talern und dem Wunsch, diese für das Wohlergehen der Waisen zu verwenden. Baruch Auerbach sah dies als ein Zeichen an, daß Gott seinem Vorhaben wohlgesonnen sei und die Herzen der Menschen sich für die Waisen öffnen würden.[3] Sein Vertrauen war gerechtfertigt. Bei seinem Tode betrug das Gesamtvermögen der inzwischen zwei Anstalten (für Jungen und Mädchen) 300.000 Taler und ein schuldenfreies Grundstück.[4]

Von der Jüdischen Gemeinde war das Waisenhaus unabhängig. Es finanzierte sich selbst. Baruch Auerbach verstand es, die Menschen von seiner Idee zu begeistern. 1843 berichtete er von der großzügigen Spende

197

Aufstellung der Ehrenmütter im
Jahresbericht des Waisenhauses
von 1838

Schlafsaal der Jungen im
Auerbach'schen Waisenhaus,
Schönhauser Allee 162, 1897

von 5.000 Talern: „... was dieser großen, jeder Anerkennung würdigen Gabe einen ganz besonderen Werth
verleiht, ist, daß sie nicht von überreicher Hand, nicht
vom Überfluß gespendet, (...) sondern von seinem
durch seiner Hände Arbeit mühsam erworbenen Eigen-
thum gereicht, daß sie nicht nach seinem Tode erst, wo
deren Genuß ohnehin für ihn verloren war, bei seinem
Leben schon erfolgt."[5] Diese Spende war der Grundstock des Mädchen-Waisenhauses, das 1844 eröffnet
wurde.

Die Ehrenmütter
und ihre Wirksamkeit.

Die würdigen Ehrenmütter

Frau Sara Levy geborene Itzig,
[Vorsitzerinn.]

(Ferner nach alphabetischer Ordnung:)

Frau Susette Alifeld   geborene   Aron Beer,

Henriette Arnoldt   -   Borchardt,
(Hofagentinn.)

Amalia Beer   -   Liepmann Meier Wulff,
(Dame des Luisen-Ordens.)

Betty Beer   -   Meyer,

- Doris Beer   -   Schlesinger,

- Veilchen Benda   -   Sachs,

- Betty Borchardt   -   Saling,

- Bertha Hellborn   -   Heymann,

- Betty Lassar   -   Valentin,

- Helene Muhr   -   Joel,

Es war ein Grundprinzip der Anstalt, die Kinder
als Persönlichkeiten zu betrachten. Das äußerte sich
schon in der Bekleidung. In vielen Waisenhäusern wurden die Kinder in den vergangenen Jahrhunderten auch
in dieser Hinsicht wie Sträflinge behandelt. Da keines
der Kinder bevorzugt werden sollte, trugen die Kinder
des Auerbach'schen Waisenhauses eine einheitliche Kleidung, doch sie hatte freundliche Farben und einen
Schnitt, der sich nicht von der Mode der bürgerlichen

Umwelt unterschied.[6] Eine wesentliche Rolle im Ablauf
des Waisenhausgeschehens spielten die sog. Ehrenmütter. Ihre Aufgabe war es, den Kindern „mütterliche Liebe" zu geben. Jede Ehrenmutter hatte mehrere Kinder zu
betreuen, die durch das Los bestimmt wurden. Sie war
verantwortlich für den Ankauf von Lebensmitteln, für
die Bekleidung der Kinder und für ihre Bettwäsche. Bei
seinem Eintritt in die Anstalten erhielt jeder Zögling ein
auf seinen Namen lautendes Sparbuch, das ihm bei der
Entlassung ausgehändigt wurde. 1861 wurde ein Aus-
steuerfonds zur Verheiratung der Waisenmädchen ange-
legt. So konnte die Anstalt den Mädchen bei ihrer Verheiratung ein beträchtliches Guthaben auszahlen.[7]

Viele Bitten um Aufnahme von Waisen mußten ab-
geschlagen werden, da nicht genügend Plätze vorhanden waren. 1852 kaufte die Anstalt ein Privathaus in der
Oranienburger Straße 38. Nach einigen baulichen Veränderungen konnte es 1858 bezogen werden. 1874
wurden hier 50 Jungen und 20 Mädchen betreut.[8] Doch
auch dieses Haus wurde bald zu klein, und man plante
den Bau eines neuen Hauses. Ein geeignetes Grundstück
fand sich in der Schönhauser Allee 162. Am 8.10.1897
wurde das neue Waisenhaus unter Anwesenheit des
Bürgermeisters von Berlin und mehrerer Stadtverordne-
ter feierlich eingeweiht.[9]

Jungen mit Torarolle während
eines Jugendgottesdienstes im
Auerbach'schen Waisenhaus,
Schönhauser Allee 162, um 1935
Foto Abraham Pisarek

Abb. unten:
Mädchenabteilung des
Auerbach'schen Waisenhauses,
Schönhauser Allee 162, um 1935
Foto Abraham Pisarek

Seit August 1942 führten die Baruch Auerbach'-schen Waisen-Erziehungsanstalten den Namen „Kinderheim Schönhauser Allee 162". Am 31.12.1942 wurde das Heim geschlossen. Die Kinder und ihre Erzieher wurden nach Riga und von dort in die Vernichtungslager deportiert. Die im Krieg zerstörten Gebäude des Waisenhauses wurden nach 1945 abgerissen, an ihrer Stelle wurden Wohnhäuser errichtet.[10]

Regina Rahmlow

Anmerkungen

1 Jahresbericht der Gemeindeschule, Berlin 1830.

2 Erster Jahresbericht über das Waisen-Erziehungs-Institut, Berlin 1834, S. 2f.; Dreiundzwanzigster Bericht über die Waisen-Erziehungs-Anstalt für Knaben, Berlin 1856, S. 2.

3 Achtzehnter Jahresbericht über die Waisen-Erziehungs-Anstalt für Knaben, Berlin 1851, S. 20f.

4 S. Wininger, Jüdische Nationalbiographie, Neudeln/Lichtenstein 1979 (Reprint der Ausgabe von 1929).

5 Zehnter Jahresbericht über das Waisen-Erziehungs-Institut, Berlin 1843, S. 31.

6 Dritter Jahresbericht über das Waisen-Erziehungs-Institut, Berlin 1836, S. 42f.

7 Neunundsiebzigster Jahresbericht über die Waisen-Erziehungs-Anstalten für Knaben und Mädchen, Berlin 1912, S. 40, 44.

8 Fünfundvierzigster Jahresbericht über die Waisen-Erziehungs-Anstalten für Knaben und Mädchen, Berlin 1878, S. 12.

9 Der Gemeindebote. Beilage zur Allgemeinen Zeitung des Judentums, 8.10.1897.

10 Jörg H. Fehrs, Von der Heidereutergasse zum Roseneck. Jüdische Schulen in Berlin 1712–1942, hrsg. von der Arbeitsgruppe Pädagogisches Museum e.V., Berlin 1993, S. 156f.

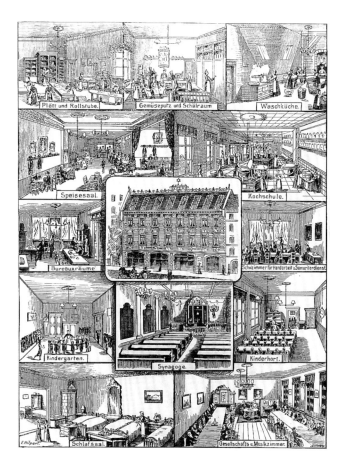

Rundbrief des Israelitischen Heimathauses mit Ansichten seiner Wohlfahrtseinrichtungen, 1899/1900

Israelitisches Heimathaus und Volksküche

„In den weiten, einfach aber sauber und freundlich eingerichteten Räumen hatte sich eine größere geladene Gesellschaft eingefunden, indeß die Köchinnen an ihren ungeheuren Kesseln ihres Amtes walteten und die den Kreisen der Gesellschaft angehörenden Ehrendamen an den Anrichte- und Büffet-Tafeln, ihres Dienstes gewärtig, standen", so hieß es in der „Allgemeinen Zeitung des Judentums" zur Eröffnung der Israelitischen Volksküche in der Klosterstraße 99 am 30.11.1891.[1] Gründer und Leiter der Volksküche war Hermann Abraham (1847–1932), der in Berlin durch die Einrichtung von Kindervolksküchen sowie von Soldatenspeisungen während des Ersten Weltkrieges als „Volksküchen-Abraham" bekannt wurde. Den Anstoß zur Gründung der Israelitischen Volksküche gab die Not der russisch-jüdischen Emigranten, die in den achtziger und neunziger Jahren des 19. Jahrhunderts auf der Flucht vor Pogromen nach Berlin kamen. Sie konnten nun umsonst oder für wenige Pfennige eine den jüdischen Speisevorschriften entsprechend zubereitete (koschere) Mahlzeit erhalten. Ganze Scharen unbemittelter Leute, so hieß es, strömten seit Eröffnung der Küche Tag für Tag in die Klosterstraße.[2]

Am 4.1.1896 bezog die Volksküche ein neues, größeres Haus in der Gormannstraße 3. Ihr wurden nun ein Mädchen- und ein Altersheim sowie 1898 eine Koch- und Haushaltungsschule angegliedert. Das Mädchenheim bot jungen Frauen, die zur Arbeit oder Ausbildung in die Hauptstadt gekommen waren, billige Unterkunft. Um 1910 war dem sog. Heimathaus auch eine „Abteilung für Männer" in der Grenadierstraße 15 angeschlossen. Träger der Einrichtung war seit 1901 der Verein „Israelitisches Heimathaus und Volksküche". Zu ihrer Finanzierung hat Hermann Abraham, der sehr vermögend war, nicht unwesentlich beigetragen.[3]

In den ersten Jahren wurde die Volksküche von Juden und Christen gleichermaßen frequentiert. „Der zahlreiche Besuch auch nichtjüdischer Gäste", schrieb die „Allgemeine Zeitung des Judentums" am 10.2.1893, „wirkt gleichzeitig versöhnend auf die großen Massen, und die Saat, die hier ausgestreut wird, wird sicherlich einst gute Früchte tragen." Seit 1898 waren (aus Kapazitätsgründen) nur noch jüdische Gäste zugelassen. In demselben Jahr zog die Volksküche vorübergehend in die Weinmeisterstraße 1b, um für die Koch- und Haushaltungsschule Platz zu schaffen.[4] Neben den Flüchtlingen aus Osteuropa gehörten Arbeitslose und ihre Familien, Kinder, die zu Hause kein warmes Essen erhielten, Obdachlose und Kranke, mittellose Studenten und Künstler zu den Gästen. 1931 waren es 500 Personen täglich.[5]

Die Israelitische Volksküche war noch Anfang der vierziger Jahre in Betrieb. Zu ihren Aufgaben gehörte nun auch die Versorgung der jüdischen Arbeiter in den Fabriken, denen es verboten war, in den Werkskantinen

Küchen- und Hauspersonal
des Altersheims des Israelitischen Heimathauses, um 1935
Foto Hans Casparius

zu essen. Nachdem im Oktober 1941 auf Befehl der Gestapo in der Synagoge Levetzowstraße ein Deporta- tionssammellager eingerichtet wurde, war die Volks- küche auch für die Belieferung der Lagerinsassen zu- ständig. Jizchak Schwersenz, der damals als Küchenhel- fer in der Gormannstraße arbeitete, erinnert sich: „Wenn das Eintopfgericht und die Margarinestullen für einen 'Transport' vorbereitet wurden, war es beklemmend still. Wir arbeiteten dann auch nachts, und am Morgen fuhr ich mit dem Lieferwagen zur Synagoge."[6]

Maren Krüger

Israelitischer Volkskindergarten
und Hort, Gipsstraße 3, 1935
Foto Abraham Pisarek

Der „Israelitische Volkskinder- garten und Hort" war zunächst der Israelitischen Volksküche in der Gormannstraße 3 angeglie- dert. Träger der Einrichtung wurde 1893 der Verein „Erster Israelitischer Volkskindergarten und Hort". Im Oktober 1910 bezog die Institution ein neuer- bautes Haus in der Gipsstraße 3. 1936 wurden dort 220 Kinder betreut, die „allerärmsten Kinder des Berliner Zentrums", wie es in einem Zeitungsbericht hieß. Kindergarten und Hort wurden zum 1.1.1942 geschlossen. Die Kinder kamen aus der Gipsstraße in das Auerbach'sche Waisenhaus in der Schönhauser Allee 162.

Anmerkungen

1 Der Gemeindebote. Beilage zur Allgemeinen Zeitung des Judentums, 4.12.1891.

2 Ebd., 10.2.1893; Die jüdische Presse, 29.11.1901, S. 499; Israelitisches Familienblatt. Ausgabe für Groß-Berlin, 16.8.1934, S. 11.

3 Der Gemeindebote. Beilage zur Allgemeinen Zeitung des Judentums, 24.5.1895; Betriebs-Übersicht der Wohlfahrts-Einrichtungen des „Vereins Israelitisches Heimathaus und Volksküche E.V." während des Geschäftsjahres 1910, Stiftung „Neue Synagoge Berlin – Centrum Judaicum"/Bundesarchiv, Abteilungen Potsdam (Depositum), 75 A Be 2, Nr. 298, ohne Pag.

4 Berliner Vereinsbote, 2.9.1898.

5 Israelitisches Familienblatt. Ausgabe für Groß-Berlin, 5.3.1931.

6 Jizchak Schwersenz, Die versteckte Gruppe, Berlin 1988, S. 85f.

Auguststraße 17

In der Auguststraße 17 steht eines von mehreren Häusern in der Umgebung der Neuen Synagoge, in denen über einige Jahrzehnte wechselnde jüdische Einrichtungen untergebracht waren. Am 4.7.1895 eröffnete der „Verein für jüdische Krankenpflegerinnen" dort ein Schwesternheim. Durch einen Garten war es mit dem Jüdischen Krankenhaus verbunden, der Arbeits- und Ausbildungsstätte der Schwestern. Mit der Eröffnung des neuen Krankenhauses in der Exerzierstraße (heute Iranische Straße) im Jahr 1914 wurde auch das Schwesternheim dorthin verlegt.[1]

Verein für jüdische Krankenpflegerinnen zu Berlin.
Gebildete Mädchen und Frauen aus achtbaren Familien im Alter von 20–35 Jahren, welche sich dem Beruf der Krankenpflege widmen wollen, können in nächster Zeit bei uns als Schülerinnen eintreten. Meldungen sind an den Vorstand oder an die Oberin, Fräulein Rose Blau, Auguststraße 17, I (Schwesternheim), zu richten.
**Der Vorstand
des Vereins für jüdische Krankenpflegerinnen.**

1917–1920 hatte der Jüdische Volksverein in der Auguststaße 17 seinen Sitz. Er unterhielt seit Beginn des Jahrhunderts mehrere Herbergen für russisch-jüdische Flüchtlinge, von denen sich eine seit 1911 in der Auguststraße 20 befand. 1914 fanden hier 2.923 Durchreisende vorübergehend Aufnahme. Sie wurde, wie die anderen Herbergen des Jüdischen Volksvereins auch, gegen Ende des Ersten Weltkrieges aufgelöst.[2]

Seit 1920 hatten im Haus weitere Institutionen ihre Büros, deren Aufgabe die Flüchtlingsfürsorge war, etwa der Verband der Ostjuden (gegr. 1920) und das Arbeiterfürsorgeamt der jüdischen Organisationen Deutschlands (gegr. 1918). Sie berieten die Flüchtlinge, die während des Ersten Weltkrieges und danach in großer Zahl nach Berlin gekommen waren, in Rechtsfragen und bemühten sich, ihnen Unterkünfte und Arbeitsstellen zu vermitteln. Da die Mehrzahl der Flüchtlinge nicht die Absicht hatte, in Deutschland zu bleiben, organisierten sie auch deren Weiterwanderung.[3]

Als seit 1924 die Zahl der Flüchtlinge zurückging und viele Deutschland bereits wieder verlassen hatten, begannen die Einrichtungen der Flüchtlingsfürsorge, auch die einheimische Bevölkerung zu betreuen. Viele waren infolge der Inflation in Not geraten und auf Unterstützung angewiesen. Die Gründung der „Arbeitsgemeinschaft der jüdischen Arbeitsnachweise" im Jahr 1923 hob die bisherige Trennung der Arbeitsvermittlung für deutsche und ausländische Arbeitskräfte auf. Sie war dem Arbeiterfürsorgeamt unterstellt und ebenfalls in der Auguststraße 17 untergebracht. Eine ihrer Aufgaben war die Vermittlung von sabbatfreien Arbeitsstellen an religiöse Arbeitnehmer. Notwendig war sie vor allem, weil viele Arbeitgeber keine Juden einstellten.

Schlafraum der Herberge
des Jüdischen Volksvereins,
Auguststraße 20, 1913
(retouchiert)

Abb. unten:
Herberge des Jüdischen
Volksvereins, Auguststraße 20,
um 1913

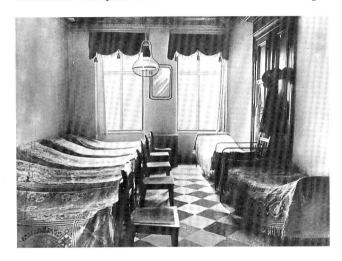

So war die jüdische Bevölkerung von den Folgen der Weltwirtschaftskrise Ende der zwanziger Jahre besonders hart betroffen. Im Jahr 1929 waren 11.543 Erwerbslose beim Jüdischen Arbeitsnachweis in Berlin ge- meldet. 5.896 von ihnen konnte der Arbeitsnachweis eine neue Stelle, vorwiegend bei jüdischen Arbeitgebern, vermitteln.[4] Die Abteilung für kaufmännisches Personal, Hausangestellte und Angehörige der freien Berufe zog 1931 in das Vorderhaus der Synagoge Lindenstraße. Die Abteilung für gewerbliche Arbeitskräfte, Berufsberatung und Lehrstellenvermittlung blieb bis Januar 1933 in der Auguststraße 17. Dann zog sie in das Verwaltungsgebäude der Jüdischen Gemeinde in der Rosenstraße 2–4. 1929 war die Arbeitsgemeinschaft der jüdischen Arbeitsnachweise als Abteilung Arbeits- und Berufsfürsorge in das Wohlfahrtsamt der Gemeinde integriert worden.

Im zweiten und dritten Stock des Hauses befand sich seit 1933 ein Zufluchtsheim der Jüdischen Gemeinde, das Frauen und Mädchen, die obdachlos geworden waren, vorübergehend Unterkunft gewährte. 1936 wurde es in „Frauen- und Mädchenheim" umbenannt. Damals lebten dort 21 Frauen zwischen 14 und 83 Jahren. Leiterin des Heims war Regina Auerbach. Ihr Ehemann, Hans Auerbach, leitete das Wohlfahrtsamt Mitte der Jüdischen Gemeinde, das im ersten Stock des Hauses untergebracht war. In der streng rituell geführten Küche des Heims bildete Frau Auerbach junge Mädchen aus, die einen hauswirtschaftlichen Beruf ergreifen wollten.[5]

Am 1.4.1935 eröffnete die Jüdische Gemeinde im vierten Stock des Hauses – in einem der „grauen alten häßlichen Häuser in der schmalen Auguststraße", wie es in einem Zeitungsbericht hieß – eine Vorlehre für Mädchen.[6] Nach Hitlers „Machtergreifung" wurden in vielen Städten Kurse, Lehrwerkstätten und Ausbildungslager eingerichtet, die junge Juden auf handwerkliche, land- und hauswirtschaftliche Berufe vorbereiteten. Eine praktische Berufsausbildung vergrößerte die Chance, in einem Einwanderungsland Aufnahme zu finden und dort eine neue Existenz aufzubauen. Außerdem wurde es zunehmend schwerer, in einem nichtjüdischen Betrieb eine Lehrstelle zu finden. Für die Betreuung und Ausbildung von Jugendlichen zwischen der Schulentlassung (im all-

Kochunterricht in der Mädchen-
Vorlehre, Auguststraße 17, 1935
Foto Abraham Pisarek

Abb. unten:
Wäsche in der Mädchen-
Vorlehre, 1935
Foto Abraham Pisarek

1935 nahmen 26 Mädchen im Alter von 14 bis 15 Jahren an der Vorlehre teil. Die meisten entschieden sich nach Beendigung des halbjährigen Kursus für eine Arbeit im Haushalt oder für den Beruf der Kindergärtnerin.

Maren Krüger

Anmerkungen

1 Der Gemeindebote. Beilage zur Allgemeinen Zeitung des Judentums, 12.7.1895; zur Auguststraße 17 siehe auch Regina Scheer, Ahawah. Das vergessene Haus, Berlin und Weimar 1992, S. 94–108.

2 Zum Jüdischen Volksheim siehe: Der Gemeindebote. Beilage zur Allgemeinen Zeitung des Judentums, 15.6.1906.

3 Trude Maurer, Ostjuden in Deutschland 1918–1933, Hamburg 1986, S. 508ff.; S. Adler-Rudel, Ostjuden in Deutschland 1880–1940, Tübingen 1959.

4 „Verwaltungbericht des Vorstandes der Jüdischen Gemeinde zu Berlin 1926–1930", in: Gemeindeblatt der Jüdischen Gemeinde zu Berlin, November 1930 (Sondernummer), S. 32.

5 Israelitisches Familienblatt. Ausgabe für Groß-Berlin, 26.5.1936, 27.8.1936.

6 Ebd., 20.2.1936; zur Vorlehre siehe außerdem: ebd., 18.7.1935; Gemeindeblatt der Jüdischen Gemeinde zu Berlin, 8.9.1935, S. 4.

gemeinen mit 14 Jahren) und dem Beginn einer Lehre in einem jüdischen Ausbildungsbetrieb (mit 15 Jahren) wurde die Vorlehre geschaffen. Ihr Ziel war es, den Jugendlichen durch eine Kombination von praktischem und theoretischem Unterricht die Berufsentscheidung zu erleichtern. Die Mädchen-Vorlehre war vorwiegend hauswirtschaftlich orientiert: Die Mädchen lernten Putzen, Waschen, Plätten, Nähen, Kochen und Säuglingspflege. Darüber hinaus erhielten sie Unterricht in Werken, Sport, Deutsch, Rechnen und Judentumskunde.

Broschüre des Kinderheims „Ahawah" anläßlich seines zehnjährigen Bestehens

Auguststraße 14/15

Von 1861 bis 1914 war die Auguststraße 14/15 Sitz des Krankenhauses der Jüdischen Gemeinde.[1] Nach dem Ersten Weltkrieg wurde das Haus, wie die benachbarte Auguststraße 17, ein Zentrum der Ostjudenfürsorge. Im Hinterhaus war das „Jüdische Kinder-Flüchtlingsheim" untergebracht, das Flüchtlingskinder sowie Mütter mit Säuglingen aufnahm. Es war aus der „Jüdischen Kindervolksküche" hervorgegangen, die im September 1914 in der Alten Schönhauser Straße 10 eröffnet worden war. Die Kinder blieben meist für einige Wochen oder Monate in der Auguststraße. Da sie nur jiddisch sprachen, konnten sie keine Schule besuchen und wurden im Heim unterrichtet. 1922 wurde das Jüdische Kinder-Flüchtlingsheim in „Ahawah" Jüdische Kinder- und Jugendheime umbenannt (Ahawah heißt Liebe). Mitte der zwanziger Jahre verlor es den Charakter eines Flüchtlingsheims: Die meisten Kinder kamen nun aufgrund schwieriger wirtschaftlicher und sozialer Verhältnisse ins Heim und blieben bis zur Schulentlassung. Der Anteil der „Ostjuden" unter ihnen war nach wie vor groß. Die Jüngsten der rund hundert Heiminsassen waren drei Jahre alt. Die Erziehungsmethoden waren von den sozialistisch-zionistischen Überzeugungen geprägt, die viele der Erzieher teilten. Jedem jüngeren Kind wurde ein älteres als „Vater" oder „Mutter" zur Seite gestellt. Es gab einen Kinderrat, der über das Leben im Heim mitbestimmte und eine von den Kindern produzierte Zeitung mit dem Titel „Chajjenu" (Unser Leben). In einem selbstverwalteten Laden konnten die Kinder von ihrem Taschengeld Seife, Schnürsenkel und Haarspangen kaufen. Der Sabbat und die jüdischen Feste wurden gefeiert. Um die Älteren allmählich auf das Verlassen des Heims vorzubereiten, waren dem Kinderheim ein Mädchenheim für die schulentlassenen Mädchen und (bis 1931) ein Lehrlingsheim für die Jungen angeschlossen.[2]

Im Vorderhaus der Auguststraße 14/15 befanden sich eine Tagesstätte für Säuglinge und Kleinkinder und eine ärztliche Beratungsstelle der 1920 gegründeten Jüdischen Kinderhilfe.[3] 1925 eröffnete der Jüdische Frauenbund im Haus ein Studentinnenheim. Es verfügte über zehn Betten und nahm bald auch andere in der Berufsausbildung stehende Frauen auf.[4] In demselben Jahr zog eine Koch- und Haushaltungsschule ein. Sie nutzte die ehemalige Küche des Jüdischen Krankenhauses für ihre Kochkurse. Bald nach ihrer Eröffnung wurde die Schule von der Jüdischen Gemeinde übernommen.[5] Seit 1931 konnten im Erwerbslosenheim arbeitslose junge Männer ihre Freizeit verbringen und Fortbildungskurse belegen. 1932 kamen 100 Personen täglich.[6] In der Schulspeisung, die die Jüdische Gemeinde 1933 im

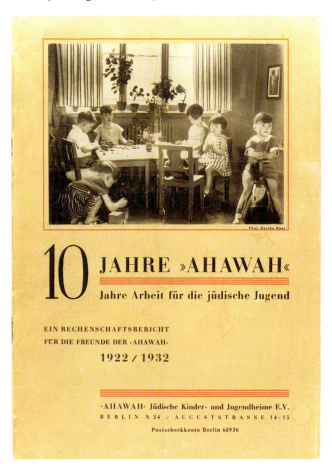

10 JAHRE »AHAWAH«

Jahre Arbeit für die jüdische Jugend

EIN RECHENSCHAFTSBERICHT FÜR DIE FREUNDE DER »AHAWAH«

1922 / 1932

»AHAWAH« Jüdische Kinder- und Jugendheime E.V.
BERLIN N 24 / AUGUSTSTRASSE 14-15
Postscheckkonto Berlin 68936

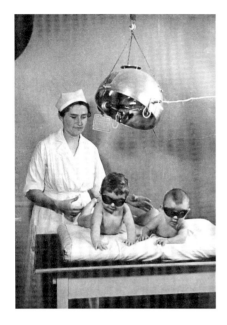

zur Verfügung gestellt, um dort eine Zweiganstalt zu errichten.

1934 kam die erste Gruppe von 12- bis 15jährigen aus der Auguststraße nach Palästina. Weitere Gruppen von Kindern und Jugendlichen folgten ihnen. In dem neuen Heim hatten sie die Möglichkeit, eine landwirtschaftliche Ausbildung zu absolvieren.[8] Die letzten Kinder verließen das Kinderheim Ahawah 1939; sie emigrierten nach England. Die Tagesstätte für Kinder und Säuglinge im Vorderhaus der Auguststraße 14/15 bestand bis Dezember 1942.

Im September 1942 wurden dort noch 45 Kinder betreut, deren Eltern zur Zwangsarbeit verpflichtet waren.[9] Das Hinterhaus war in den Jahren 1942 und 1943 ein Deportationssammellager, in dem vorwiegend alte Leute eingesperrt waren. Im Mai 1943 wurden die letzten von ihnen nach Theresienstadt deportiert.[10]

Maren Krüger

Haus eröffnet hatte, erhielten 300 Kinder ein warmes Mittagessen. Sie kamen aus der benachbarten Mädchenvolksschule, aus der Jüdischen Mittelschule in der Großen Hamburger Straße und aus den städtischen Schulen der Umgebung.[7] 1934 zogen außerdem einige Klassen der III. Volksschule der Jüdischen Gemeinde ein, deren Schulhaus in der Rykestraße zu eng geworden war.

Das Kinderheim Ahawah schloß sich 1934 der Arbeitsgemeinschaft für Kinder und Jugend-Alijah an, einer Organisation, die Kinder und Jugendliche ohne ihre Eltern nach Palästina brachte. Der Keren Kajemet Lejisrael, der Jüdische Nationalfonds, dessen Aufgabe der Bodenerwerb in Palästina und die Besiedlung des Landes mit jüdischen Einwanderern war, hatte dem Heim ein Stück Land in der Nähe der Küstenstadt Haifa

Anmerkungen

1 Zum Jüdischen Krankenhaus siehe: Zerstörte Fortschritte.
Das Jüdische Krankenhaus in Berlin, hrsg. von Dagmar Hartung-von Doetinchem und Rolf Wienau, Berlin 1989.

2 10 Jahre „Ahawah". Ein Rechenschaftsbericht für die Freunde der „Ahawah" 1922/32, Berlin 1932; Regina Scheer, Ahawah.
Das vergessene Haus, Berlin und Weimar 1992.

3 C.-V.-Zeitung, 26.10.1933.

4 Israelitisches Familienblatt. Ausgabe für Groß-Berlin, 17.12.1936.

5 Ebd., 9.10.1930.

6 Ebd., 22.10.1931, 11.2.1932, S. 11.

7 Ebd., 27.6.1935, S. 10.

8 „Die Ahawah geht nach Palästina", in: ebd., 20.9.1933, S. 9.

9 Bundesarchiv, Abteilungen Potsdam, 75 C Re 1, Nr. 759, Bl. 62, 68.

10 Scheer, a.a.O., S. 203–206.

Abb. linke Seite unten:
Purimfeier im Kinderheim
„Ahawah", 1939
Foto Abraham Pisarek

Abb. links unten:
Auf dem Schulhof der
Mädchenvolksschule, um 1935
Foto Abraham Pisarek

Erste Klasse der Mädchen-
volksschule mit der Lehrerin
Frau Rotschild, 1938

Mädchenvolksschule

Die Jüdische Gemeinde eröffnete am 1.4.1927 zwei Volksschulen für jüdische Kinder: eine Knabenschule in den Räumen der Knabenmittelschule in der Großen Hamburger Straße 27 und eine Mädchenschule in der Mädchenmittelschule Kaiserstraße 29/30.[1] Die Knabenschule zog 1930 in die Kaiserstraße (nach dem Auszug der Mädchenmittelschule). Die Mädchenschule wurde 1929 vorübergehend in die Linienstraße 19 verlegt. Am 31.8.1930 bezog sie ein neues Schulhaus in der Auguststraße 11–13, das der Gemeindebaumeister Alexander Beer entworfen hatte. „Schon jetzt kann man feststellen, daß die Fassade des neuen Hauses ein Schmuck für die etwas abgelegene Auguststraße werden wird. Die breiten und hohen Fenster lassen erkennen, daß für Luft und Licht reichlich gesorgt wird, und die roten Klinker, die mit farbigen, glasierten Steinen durchsetzt sind, wirken recht lebhaft", hieß es im „Israelitischen Familienblatt" kurz vor der Einweihung.[2] Das

moderne Schulhaus verfügte über einen 200 Quadratmeter großen Dachgarten, der von den Klassen in den oberen Stockwerken als Pausenhof, für „Luft- und Sonnenbäder" genutzt wurde. Am Ende des Schulhofes, auf dem Grundstück der angrenzenden Neuen Synagoge legte die Jüdische Gemeinde einen Garten an. Für die Mädchen, die in den engen Straßen und Häusern der Umgebung wohnten, sollte die Schule auch ein Ort der Erholung sein. Im Jahr 1932 betrug die Zahl der Schülerinnen 441. 1937 waren es 869, und oft saßen mehr als 40 Mädchen in einer Klasse. Viele Eltern hatten sich erst nach 1933 entschlossen, ihre Kinder auf eine jüdische Schule zu schicken, um sie vor den Schikanen und Hänseleien zu schützen, denen sie in den allgemeinen Schulen ausgesetzt waren. Die Mädchenvolksschule wurde, wie alle jüdischen Schulen in Deutschland, am 30.6. 1942 geschlossen.

Maren Krüger

Anmerkungen

1 Zur Mädchenvolksschule siehe: Jörg H. Fehrs, Von der Heidereutergasse zum Roseneck. Jüdische Schulen in Berlin 1712–1942, hrsg. von der Arbeitsgruppe Pädagogisches Museum e.V., Berlin 1993, S. 258–262.

2 Israelitisches Familienblatt. Ausgabe für Groß-Berlin, 7.8.1930.

Anzeige in der Zeitung
„Die jüdische Presse", 6.9.1894

Abb. unten:
Anzeige im „Gemeindeblatt
der Jüdischen Gemeinde zu
Berlin", 6.11.1925

Gemeindeverwaltung

Sitzung
der Repräsentanten-Versammlung
der jüdischen Gemeinde.
Sonntag, den 9. September cr.
Vorm: 11 Uhr
im Sitzungssaale Oranienburgerstrasse 30 II.

Die Jüdische Gemeinde zu Berlin hatte 1933 rund 170.000 Mitglieder und 1.500 Angestellte. Die Hauptverwaltung war im Nebengebäude der Neuen Synagoge in der Oranienburger Straße 28/29 untergebracht. Die Gemeinde hatte im Sommer 1890 beschlossen, auf dem Grundstück Oranienburger Straße 29 ein Verwaltungsgebäude zu errichten, „welches sich architektonisch an die Synagoge gefällig anschließt."[1] 1910 kam das Haus Nr. 28 hinzu. Ein zweites Verwaltungsgebäude befand sich seit 1906 in der Rosenstraße 2–4 neben der Alten Synagoge in der Heidereutergasse. Hier hatten außer-

dem einige Vereine, die von der Gemeinde subventioniert wurden, ihre Geschäftsstellen. Nach der Verlegung des Hospitals aus der Oranienburger Straße 31 in das Krankenhaus in der Exerzierstraße im Jahr 1932 nutzte die Gemeinde auch einen Teil dieses Gebäudes für Verwaltungszwecke.

Die Jüdische Gemeinde war ähnlich der Stadtgemeinde organisiert. Alle drei oder vier Jahre wählten ihre Mitglieder die Repräsentanten. (Seit 1925 waren auch die Frauen wahlberechtigt.) Die Repräsentantenversammlung wählte dann den Gemeindevorstand, der ihre Beschlüsse ausführte und die Gemeinde nach außen hin vertrat. Die Sitzungen der Repräsentantenversammlung fanden in dem im Gebäude der Neuen Synagoge gelegenen Repräsentantensaal statt: „In dem riesigen Raum, von dessen Wänden die Ölgemälde verblichener Gemeinde-Koryphäen auf die Versammelten niederblickten, befand sich eine große hufeisenförmige Tafel, zu deren beiden Seiten die Repräsentanten ihre Plätze einnahmen. In der Mitte, etwas erhöht, saß der Vorsitzende der Versammlung, rechts von ihm die Orthodoxen (sie nannten sich offiziell Konservative) und daran anschließend die Zionisten, links von ihm die Liberalen. Dort, wo die offene Seite des Hufeisens war, befand sich ein langer Tisch, an dem die Mitglieder des Gemeindevorstandes ihren Platz hatten. (...) Die Sitzungen waren öffentlich. Rund um den Saal, in erheblicher Höhe, befand sich eine Empore, auf der stets eine Anzahl von Zuhörern anwesend war."[2]

Die Protokolle der Sitzungen wurden seit 1911 im „Gemeindeblatt der Jüdischen Gemeinde zu Berlin" publiziert. Es war das „wichtigste Mittel, um den Kontakt mit den Gemeindemitgliedern herzustellen", wie es 1930 im Verwaltungsbericht des Gemeindevorstandes hieß. Das Gemeindeblatt informierte außerdem über die Gottesdienste und alle anderen Veranstaltungen der Gemeinde, es enthielt Beiträge über jüdische Geschichte und Kultur. Die Redaktion des Blattes befand sich in der Oranienburger Straße 29.

Mitarbeiter des Steuerbüros
der Jüdischen Gemeinde
im Repräsentantensaal,
September 1938

Anzeige in der Zeitschrift
„Kulturbundbühne", Juni 1937

Für die verschiedenen Arbeitsbereiche der Gemeinde waren Kommissionen zuständig, die sich aus Mitgliedern des Vorstandes, aus Repräsentanten und Gemeindemitgliedern zusammensetzten. Die wichtigsten Kommissionen waren das Wohlfahrtsamt, der Schul- und Talmud-Thora-Vorstand, die Kaschruthkommission und die Synagogenvorstände. Die Gemeindearbeit wurde in erster Linie durch Steuern finanziert. 1926 betrug der Steuersatz in der Regel 15 Prozent der Reichseinkommenssteuer des vorhergehenden Jahres. Ein Drittel der Steuern gab die Gemeinde 1926 für das Wohlfahrtswesen aus. Seit der Inflation hatte es gegenüber den religiösen und kulturellen Aufgaben immer größere Bedeutung gewonnen. Vor allem seit Beginn der nationalsozialistischen Herrschaft waren die Flure des Wohlfahrtsamtes in der Rosenstraße 2–4 von Antragstellern überfüllt.[3]

Am 28.3.1938 entzog das „Gesetz über die Rechtsverhältnisse der jüdischen Kultusgemeinden" den jüdischen Gemeinden in Deutschland den Status einer Körperschaft des öffentlichen Rechts. Zur Zahlung von Steuern konnten sie ihre Mitglieder nun nicht mehr verpflichten. Die „Jüdische Gemeinde zu Berlin e.V." (seit dem 1.12.1939 hatte sie den Status eines eingetragenen Vereins) wurde im April 1941 in „Jüdische Kultusvereinigung" umbenannt. Im Januar 1943 wurde sie zwangsweise in die „Reichsvereinigung der Juden in Deutschland" eingegliedert.[4]

Das Verwaltungsgebäude in der Rosenstraße 2–4 war im März 1943 Schauplatz eines besonderen Ereignisses: Als die Gestapo dort (im Rahmen der sog. Fabrikaktion) jüdische Männer inhaftierte, die mit nichtjüdischen Frauen verheiratet waren, demonstrierten die Ehefrauen mehrere Tage lang vor dem Haus, bis die Gestapo ihre Männer wieder freiließ. Die Gemeindeverwaltung in der Oranienburger Straße war bis Juni 1943 tätig. Seit Beginn der Deportationen im Oktober 1941 hatte die Gestapo sie gezwungen, an deren Durchführung mitzuwirken. Am 10.6.1943 wurde die Jüdische Gemeinde, wie die Reichsvereinigung auch, aufgelöst.

Maren Krüger

Das handgemalte Schild
stammt aus der unmittelbaren
Nachkriegszeit

Eingang zur „Jüdischen Lesehalle
und Bibliothek", Oranienburger
Straße 28, 1905

Anmerkungen

1 Der Gemeindebote. Beilage zur Allgemeinen Zeitung des Judentums, 4.7.1890.

2 Alexander Szanto, zit. nach Monika Richarz (Hrsg.), Bürger auf Widerruf. Lebenszeugnisse deutscher Juden 1780–1945, München 1989, S. 424f.

3 Zur Gemeindeverwaltung siehe z.B.: Statut für die jüdische Gemeinde zu Berlin, Berlin 1860; „Die Gemeinde – und Du?", in: Gemeindeblatt der Jüdischen Gemeinde zu Berlin, 3.12.1926; „Verwaltungsbericht des Vorstandes der Jüdischen Gemeinde zu Berlin 1926–1930", in: Gemeindeblatt der Jüdischen Gemeinde zu Berlin, November 1930 (Sondernummer); Jüdisches Jahrbuch für Groß-Berlin auf das Jahr 1926, Berlin 1926.

4 Landesarchiv Berlin, Rep. 42, Acc. 2147, Nr. 28006, Bl. 1, 61, 94.

Lesehalle und Bibliothek

Gegen Ende des 19. Jahrhunderts entstanden in Berlin wie in anderen Städten Einrichtungen, die die Verbreitung von Kenntnissen über das Judentum zum Ziel hatten, etwa die Vereine für jüdische Geschichte und Literatur, jüdische Bibliotheken und Lesehallen. Diese Gründungen standen sowohl mit der Entstehung des Zionismus und einem wachsenden Interesse für jüdische Kultur in Zusammenhang als auch mit dem Anwachsen des Antisemitismus: „Gibt es eine wirksamere Waffe gegen die Feinde und Widersacher der Juden, als die Schätze der grossen jüdischen Geschichte und Literatur?" hieß es 1908 in einem Beitrag über die Berliner „Jüdische Lesehalle und Bibliothek" in der Zeitschrift „Ost und West".[1]

Die Initiative zur Gründung einer jüdischen Bibliothek in Berlin ging von russisch-jüdischen Studenten aus, die zu den ersten gehörten, die sich den Ideen des

Lesesaal der „Jüdischen Lesehalle
und Bibliothek", 1905

Schild der Hauptbibliothek
der Jüdischen Gemeinde
in der Oranienburger Straße,
hergestellt um 1920
Metall, emailliert

Zionismus gegenüber aufgeschlossen zeigten. An der Gründung des „Vereins Jüdische Lesehalle und Bibliothek" im Jahr 1894 waren dann eine ganze Reihe (zionistischer und nicht-zionistischer) Organisationen beteiligt. 1895 eröffnete der Verein in zwei Räumen in Cassels Hotel (Burgstraße 16) eine Bibliothek und eine Lesehalle, in der jüdische Zeitungen aus aller Welt auslagen. Im Restaurant des Hotels erhielten die Besucher „einen kräftigen Mittagstisch zu besonders wohlfeilen Bedingungen."[2] Die Räume wurden bald zu eng. 1897 zog der Verein in den rechten Seitenflügel des Hauses Oranienburger Straße 28, 1903 bezog er größere Räume im Vorderhaus.[3] Zu den Besuchern gehörten „jüngere und ältere Gelehrte, Rabbiner, Schriftsteller, Redakteure, Lehrer, Studenten, Ärzte, Kaufleute, Handwerker, Schüler, Kaufmannslehrlinge, Maler, Schriftsetzer, Buchdrucker, Kassenboten, Beamte, Zigarettenarbeiter etc. (...) sowie zahlreiche Damen."[4]

1898 beschloß die Repräsentantenversammlung der Jüdischen Gemeinde, eine eigene Bibliothek zu gründen. Im „Berliner Vereinsboten" hieß es zu dieser Entscheidung: „Ein in privaten Händen liegendes Unternehmen, mögen auch seine Begründer und Leiter noch so unermüdlich thätig sein, kann niemals das erwirken und eine solche Höhe erreichen, wie eine Bibliothek, die von der Gesamtheit der jüdischen Gemeinde installiert und unterhalten wird."[5]

Am 3.2.1902 wurde die Bibliothek der Jüdischen Gemeinde in der Oranienburger Straße 60/63 eröffnet.[6] 1910 zog sie in das Verwaltungsgebäude der Gemeinde in die Oranienburger Straße 28/29. Die Jüdische Lesehalle und Bibliothek befand sich seit 1908 in der Oranienburger Straße 58. 1920 übernahm die Jüdische Gemeinde ihre Büchersammlung und brachte sie als Zweigbibliothek im Nebengebäude der Synagoge Fasanenstraße in Charlottenburg unter.[7] Um auch die Bedürfnisse der jüdischen Bevölkerung in den Außenbezirken der Stadt zu befriedigen, richtete die Gemeinde Ende der zwanziger Jahre sieben weitere Zweigbibliotheken ein. Die Hauptbibliothek in der Oranienburger Straße

Bibliothek
der
jüd. Gemeinde
Geöffnet
Sonnabend, Mittwoch, Freitag
u. an den staatlich gebotenen Feiertagen
von 10 – 2 Uhr
Montag, Dienstag, Donnerstag
u. vom 1. Oktober – 31. März auch Sonnabend
von 6–9 Uhr Abends.

In der Hauptbibliothek
der Jüdischen Gemeinde,
um 1935
Foto Abraham Pisarek

verfügte 1933 über 60.000 Bände und 600 Handschriften. Palästina-Bücher und Hebräisch-Lehrbücher waren nun die gefragteste Lektüre.[8] Die Gemeindebibliothek mußte nach dem Novemberpogrom aufgelöst werden. Seit 1977 ist in der Oranienburger Straße 28 wieder eine Bibliothek der Jüdischen Gemeinde untergebracht.

Maren Krüger

Anmerkungen

1 Josef Lin, „Die Berliner Jüdische Lesehalle in ihrem neuen Heim",
in: Ost und West, 1908, S. 684–690.

2 Der Gemeindebote. Beilage zur Allgemeinen Zeitung des Judentums,
25.1.1895.

3 Jüdische Lesehalle und Bibliothek. Rückblick auf das erste Jahrzehnt
der Lesehalle 1895–1905.

4 Der Gemeindebote. Beilage zur Allgemeinen Zeitung des Judentums,
5.2.1904.

5 Berliner Vereinsbote, 22.4.1898.

6 Ludwig Geiger, „Die Bibliothek der jüdischen Gemeinde",
in: Allgemeine Zeitung des Judentums, 28.2.1902, S. 101–103.

7 Jüdisches Jahrbuch für Groß-Berlin auf das Jahr 1926, Berlin 1926,
S. 152.

8 „Ein Gang durch die Bibliothek der Berliner Gemeinde",
in: Israelitisches Familienblatt. Ausgabe für Groß-Berlin, 19.10.1933,
S. 9.

Büro der Jüdischen Winterhilfe,
Rosenstraße 2–4, nach 1935
Foto Abraham Pisarek

Jüdische Winterhilfe

Einen wesentlichen Anteil an der Linderung der materiellen Not der Juden unter nationalsozialistischer Herrschaft hatte die Jüdische Winterhilfe.[1] Sie wurde im Oktober 1935, unmittelbar nach dem Ausschluß der Juden aus dem „Winterhilfswerk des Deutschen Volkes", ins Leben gerufen. Ihre Leitung übernahm die „Zentralwohlfahrtsstelle der deutschen Juden", für ihre Durchführung in den einzelnen Städten waren die jüdischen Gemeinden zuständig. Die Jüdische Winterhilfe der Jüdischen Gemeinde zu Berlin hatte ihren Sitz in der Rosenstraße 2–4.

Ihre Organisation war mit der des „Winterhilfswerks des Deutschen Volkes" weitgehend identisch. Die Bedürftigen erhielten Pfundpakete, die Pfunde von Lebensmitteln enthielten, Lebensmittelscheine, die sie auch gegen Genußmittel eintauschen konnten, Kartoffeln und Kohlen. Im Winter 1935/36 befanden sich die Ausgabestellen für den Bezirk Mitte im Vorraum der Neuen Synagoge und im Keller der Augustraße 16, später in der Augustraße 17. Die Kleiderkammer der Jüdischen Gemeinde in der Choriner Straße 26 verteilte in Zusammenarbeit mit der Winterhilfe Kleidung und

Schuhe, die Israelitische Volksküche in der Gormann-straße 3 gab kostenlos Essen aus. Die „Seelische Winter-hilfe" arrangierte Konzerte und Filmvorführungen, Kin-dernachmittage und Chanukkafeiern. Nach dem Ende des Winters fiel die Betreuung der Bedürftigen wieder dem Wohlfahrtsamt der Jüdischen Gemeinde zu.

Die Einnahmen der Jüdischen Winterhilfe setzten sich aus Spenden zusammen: Erwerbstätige zahlten in den Wintermonaten (Oktober bis März) 10 Prozent ihrer Steuern. In Synagogen und auf Friedhöfen führten frei-willige Helferinnen Büchsensammlungen durch, in jüdi-schen Haushalten sammelten sie Pfund- und Eintopf-spenden. Im Januar 1937 nahmen in Berlin 30.000 Per-sonen die Leistungen der Jüdischen Winterhilfe in Anspruch. Ihnen standen 150 Angestellte und 5.000 ehrenamtliche Mitarbeiter gegenüber.

Im Juli 1939 wurde das gesamte jüdische Wohl-fahrtswesen zwangsweise der „Reichsvereinigung der Juden in Deutschland" unterstellt. Noch bis zum Ende des Winters 1941/42 führte die Jüdische Winterhilfe ihre Arbeit im Rahmen der Abteilung Fürsorge der Reichs-vereinigung fort. Im Winter 1941/42 betreute sie in Ber-lin noch 5.000 Personen.[2]

Maren Krüger

Anmerkungen

1 Zur Jüdischen Winterhilfe siehe: „Die jüdische Winterhilfe",
in: Jüdische Wohlfahrtspflege und Sozialpolitik, Jg. 5 (1935);
„Die Hoffnung von Tausenden", in: C.-V.-Zeitung, 28.1.1937;
„Dienst an der Gemeinschaft", in: Israelitisches Familienblatt.
Ausgabe für Groß-Berlin, 28.11.1935.

2 Bundesarchiv, Abteilungen Potsdam, 75 C Re 1, Nr. 759, Bl. 38.

Jüdische Wirtschaftshilfe

Die mit der Herrschaft der Nationalsozialisten einsetzenden Maßnahmen gegen Juden zielten in erster Linie auf ihre Verdrängung aus dem Wirtschaftsleben. Die jüdischen Beamten und viele Angestellte wurden entlassen, jüdische Geschäfte wurden boykottiert und schließlich zwangsverkauft. Im März 1933 riefen der Preußische Landesverband jüdischer Gemeinden und die Jüdische Gemeinde zu Berlin die „Zentralstelle für Jüdische Wirtschaftshilfe" mit Sitz in der Oranienburger Straße 31 ins Leben. In allen größeren Gemeinden rich-tete sie Zweigstellen ein. Durch Beratung und Rechts-hilfe, durch die Vergabe von Darlehen an Gewerbetrei-

Ausstellung zur „Ersten Alijah",
der ersten Einwanderungswelle
nach Palästina, in der Jugend-
Alijah-Schule, 1936
Foto Herbert Sonnenfeld

bende, durch Stellenvermittlung und Berufsumschichtung versuchte sie, der wachsenden Arbeitslosigkeit
entgegenzuwirken.[1]

Alexander Szanto, der von 1933 bis 1939 in der
Jüdischen Wirtschaftshilfe tätig war, schreibt in seinen
Erinnerungen: „In den ersten Monaten, als Tausende und
Abertausende von Rat- und Hilfesuchenden vom frühen
Morgen bis zum Abend das Gebäude förmlich bestürm-
ten, waren die Verhältnisse sehr arg. Es ging zu wie in
einem Bienenkorb, in den Zimmern und Korridoren war
ein ununterbrochener Schwarm von aufgeregten Menschen, die Treppen waren von ihnen überflutet, oft war
es schwierig, von einer Etage in die andere zu gelangen."[2]

Bis 1940 führte die Jüdische Wirtschaftshilfe ihre
Arbeit fort. Alexander Szanto kehrte im Dezember 1939
in seine Geburtsstadt Budapest zurück. 1956 ging er
von dort nach England, wo er 1972 starb.

Maren Krüger

Jugend-Alijah-Schule

Alijah bedeutet „Aufstieg" und bezeichnet die
Einwanderung nach Palästina. Die Jugend-Alijah war
eine von vielen Institutionen und Initiativen, die nach
Hitlers Machtantritt zur Förderung der Auswanderung
ins Leben gerufen wurden. Sie ermöglichte Jugendlichen
zwischen 15 und 17 Jahren, ohne Begleitung ihrer Eltern
nach Palästina zu emigrieren. Zuvor wurden sie in Aus-
bildungslagern auf dem Land oder in der Jugend-Alijah-
Schule in Berlin auf das Leben in Palästina vorbereitet.

Anmerkungen

1 „Ein Blick in die Beratungsstelle", in: Israelitisches Familienblatt.
Ausgabe für Groß-Berlin, 24.5.1933, S. 9; Alexander Szanto,
„Economic Aid in the Nazi Era. The work of the Berlin Wirtschaftshilfe",
in: Leo Baeck Institute Year Book, 4 (1959), S. 208–219.

2 Ders., „Im Dienste der Gemeinde 1923–1939" (London 1968),
Leo Baeck Institute New York, Memoirensammlung, M.E. 838, S. 120.

In einem Warteraum der
Auswanderungsberatung,
Oranienburger Straße 31,
1933/34
Foto Abraham Pisarek

Die Jugend-Alijah-Schule (auch Mittleren-Schule genannt) wurde 1935 von der „Jüdischen Jugendhilfe" gegründet.[1] Sie war in den Räumen des Jugendheims der Jüdischen Gemeinde in der Oranienburger Straße 31 (Parterre), das im Januar 1933 eröffnet worden war, untergebracht. Im Jahr 1936 besuchten die Schule 180 Jugendliche zwischen 14 und 17 Jahren. Zum Lehrplan gehörten, neben den üblichen Fächern, jüdische Geschichte und Literatur, Bibel-, Palästinakunde und Hebräisch. Für die fortgeschrittenen Schüler fand der Unterricht in allen Fächern in hebräischer Sprache statt. Nachmittags wurden Sport- und Werkunterricht erteilt. Manche Schüler besuchten die Jugend-Alijah-Schule nur für wenige Monate, bevor sie nach Palästina gingen. Andere warteten lange auf ihr Einwanderungszertifikat und blieben für ein oder eineinhalb Jahre. Die auswärtigen Schüler wohnten in nahegelegenen Wohnheimen, wo sie, wie in der Schule auch, auf das Leben in der Gemeinschaft vorbereitet wurden, das sie in den Siedlungen in Palästina erwartete.

Nach dem Novemberpogrom wurde die Jugend-Alijah-Schule vorübergehend geschlossen. Im Mai 1939 konnte sie ihre Arbeit wiederaufnehmen. Die Klassen waren auf die Häuser Choriner Straße 74 und (im Bezirk Tiergarten) Siegmundshof 11 verteilt. Nachdem das Schulhaus in der Choriner Straße im Frühsommer 1941 durch Bomben beschädigt worden war, bezog die Schule Räume in der Lehranstalt für die Wissenschaft des Judentums in der Artilleriestraße 14 (heute Tucholskystraße 9). Im Herbst desselben Jahres wurde die Jugend-Alijah-Schule von den nationalsozialistischen Behörden endgültig geschlossen.

Maren Krüger

Anmerkung

1 Zur Jugend-Alijah-Schule siehe: Israelitisches Familienblatt. Ausgabe für Groß-Berlin, 12.3.1936, 29.10.1936, 7.1.1937; Jizchak Schwersenz, Die versteckte Gruppe, Berlin 1988, S. 63–82; Schreiben von Zwi P. Dobkowsky, Tel Aviv, 30.10.1994.

In der Oranienburger Straße 31 befand sich 1933/34 eine Auswanderungsberatung des Hilfsvereins der deutschen Juden. Der Hilfsverein beriet die Auswanderer über Einwanderungs- und Devisenbestimmungen, er half bei der Beschaffung der notwendigen Dokumente und bei der Finanzierung der Schiffspassage. Für die Betreuung der Auswanderung nach Palästina war eine eigene Institution geschaffen worden, das Palästina-Amt mit Sitz in der Meinekestraße 10 in Charlottenburg. Vor allem nach dem Novemberpogrom kam es von nationalsozialistischer Seite zu einem massiven Auswanderungsdruck: Die Auswanderung der Juden sei, so hieß es nun, „mit allen Mitteln zu fördern". Fast alle Länder der Welt standen jedoch der Zuwanderung von Ausländern, insbesondere wenn sie mittellos waren, ablehnend gegenüber. Im Oktober 1941 wurde den Juden die Auswanderung von der nationalsozialistischen Regierung verboten.

J — Liste der am 17. August 1942 vom Altersheim Brunnenstr. 41 abgewanderten Personen.

Nr.	Name	Vorname	Geb.
1.	Badmann	David Israel	18.5.69
2.	Bendit	Henriette Sara	5.8.66
3.	Cohn	Alexander Israel	26.4.65
4.	"	Alma Sara	30.1.80
5.	"	Hannchen	7.9.66
6.	"	Hermann Israel	4.12.68
7.	"	Jeanette Sara	17.12.71
8.	"	Johanna	12.10.62
9.	Deutsch	Isidor	13.3.73
10.	"	Gisela	16.9.74
11.	Eisner	Ida	22.4.54
12.	Elkan	Hugo Israel	20.1.67
13.	"	Clara Sara	4.6.68
14.	Ephraim	Rosalie	15.12.58
15.	Glaser	Salo	2.10.63
16.	"	Klara	24.12.77
17.	Hozauer	Franka	2.9.63
18.	Hildesmann	Aurelie	21.1.65
19.	Grünberg	Adelina	19.9.64
20.	Hartmann	Mata	2.5.67
21.	Heidn-Heimer	Heinrich Israel	5.4.66
22.	Heiser	Isaak	8.1.72
23.	Himmelweit	Mathilde Sara	1.2.65
24.	Israel	Else	25.7.69
25.	Israelski	Sally	15.3.68
26.	"	Eva	31.3.71
27.	Kirschner	Minna	27.3.63
28.	Landsberg	Jenny	5.10.72
29.	Levy	Anna	24.8.71
30.	Lewin	Cäcilie	31.1.65
31.	"	Rosa	7.5.67
32.	Lüft	Eline	16.3.61
33.	Märkel	Jenny	14.11.72
34.	Mathias	Karoline	2.11.54
35.	Meyer	Recha	23.2.63
36.	Oppenheimer	Siegmund Israel	28.1.65
37.	Philipp	Mathilde Sara	30.11.60
38.	Preuss	Julius Israel	11.1.65
39.	"	Nathalie Sara	17.2.70
40.	Silbermann	Emma	7.2.66
41.	Rector	Berta	12.11.68
42.	Rosenstein	Elsbeth	6.6.67
43.	"	Selma	24.6.70
44.	Salinger	Elise	20.4.65
45.	Schück	Minna	9.6.59
46.	Simon	Martha	23.2.68
47.	Stern	Salo	19.6.59
48.	Strauss	Hannchen	14.6.62
49.	Trost	Hermann Israel	31.12.70
50.	Unger	Reichel Sara	24.11.66
51.	Weyl	Fanny	12.3.61
52.	Wolff	Johanna	21.1.59
53.	"	Rosa	10.2.59

31. Aug. 1942

Jüd. Kultusvereinigung zu Berlin e.V.
Altersheim (Minna-Schwarz-Heim)
Berlin N 4, Brunnenstr. 41
Tel. 44 21 61

Liste der am 17.8.1942
aus dem Minna-Schwarz-Heim,
Brunnenstraße 41, deportierten
Juden

1908 eröffnete der Frauen-Verein der Berliner Logen U.O.B.B. in der Brunnenstraße 41 ein Entbindungsheim. Die Initiatorin der Anstalt, Minna Schwarz, erweiterte es bald zu einem Mütter- und Säuglingsheim.
1932 wurde ein Stockwerk des Hauses in ein Altersheim mit dem Namen Minna-Schwarz-Heim umgewandelt.

In den Akten der „Reichsvereinigung der Juden in Deutschland" im Bundesarchiv in Potsdam sind zwei Listen mit den Namen der am 17.8. und 14.9.1942 aus dem Minna-Schwarz-Heim deportierten Personen erhalten.

Das Umfeld der
Neuen Synagoge 1995

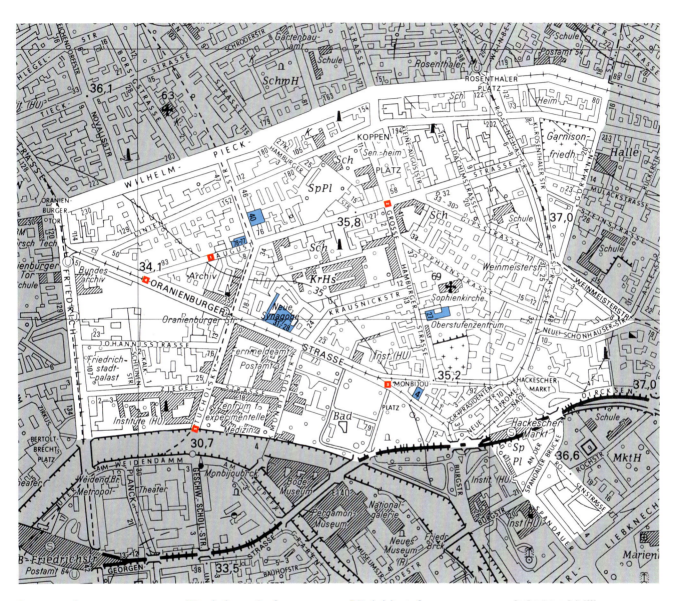

1 Auguststraße
Haus-Nr. 77/78
▪ „Kolbo", koschere Lebensmittel,
Weine und Ritualien

2 Große Hamburger Straße
Haus-Nr. 27
▪ Oberschule der Jüdischen Gemeinde
zu Berlin

3 Monbijouplatz
Haus-Nr. 4
▪ Jüdischer Kulturverein Berlin

4 Oranienburger Straße
Haus-Nr. 28–31
▪ „Oren", Restaurant und Café,
israelische Küche
▪ Verwaltungsgebäude der Jüdischen
Gemeinde zu Berlin und Stiftung „Neue
Synagoge Berlin – Centrum Judaicum"
▪ Bibliothek der Jüdischen Gemeinde
(Zweigstelle)
▪ Jüdische Galerie
▪ Zweigstelle der Zentralwohlfahrts-
stelle der Juden in Deutschland
▪ Zentralrat der Juden in Deutschland,
Geschäftsstelle Berlin

5 Tucholskystraße
Haus-Nr. 40
▪ „Israelitische Synagogen-Gemeinde
(Adass Jisroel) zu Berlin",
Gemeindezentrum und Synagoge
▪ „BETH-CAFE", koscher

Grundlage: Karte von Berlin 1992,
Maßstab 1:10 000
Blatt 423.
Senatsverwaltung für Bau- und Wohnungswesen V,
Vermessungswesen
Druck: Institut für Angewandte Geodäsie,
Außenstelle Berlin
Hier verwendeter Ausschnitt, Maßstab 1:2500
Idee und Konzept: Gerd Heinemann
Copyright der bearbeiteten Fassung MD Berlin 1995

Das Jüdische Museum
in der Oranienburger Straße
1933–1938

Moritz Stern, Direktor der Bibliothek der Jüdischen Gemeinde

D er aus Berlin stammende Jurist und Journalist
James Yaakov Rosenthal (geb. 1905) erinnert sich
in einem Bericht, den er im Juni 1980 unter der Überschrift „'Letzte Post' – Museumsweihe 1933" verfaßt
hat[1] und der später im „Nachrichtenblatt des Verbandes
der Jüdischen Gemeinden in der DDR" erschienen ist[2],
an die Eröffnung des Berliner Jüdischen Museums am
24.1.1933.

Rosenthal war zu jener Zeit jüngster Mitarbeiter
der Jüdischen Telegraphen-Agentur (J.T.A.) und in dieser
Eigenschaft bei der Eröffnungsfeier anwesend. J.T.A.
veröffentlichte am 26.1.1933 über dieses wichtige Ereignis einen längeren Bericht, der in seinen wesentlichen Passagen von James Yaakov Rosenthal stammt,
und es ist beeindruckend zu sehen, wie dieser Bericht
und seine aus der Erinnerung geschriebene Reportage
selbst in kleinsten Details übereinstimmen.

Bevor das Berliner Jüdische Museum eingeweiht
wurde, das sich im ersten Stock des einstmals von Moritz und Bertha Manheimer gestifteten Hauses Oranienburger Straße 31 befand, waren eine Reihe von Vorar-
beiten nötig.

Das Institut, das unter der Leitung von Dr. Karl
Schwarz (1885–1962) stand, ist aus der einstigen
Kunstsammlung der Jüdischen Gemeinde hervorgegangen. Ihren Grundstock bildete die Sammlung des Dresdner Juweliers Albert Wolf (1841–1907). Über Einzelheiten seines Lebens wissen wir sehr wenig; auch hat sich
kein Bild des Juweliers erhalten. Im Jerusalemer „Archiv
für die Geschichte des Jüdischen Volkes" wird ein Brief
von Salli Kirschstein, auf den später eingegangen wird,
verwahrt, der uns gewisse Informationen über Albert
Wolf liefert.[3] Kirschstein hat – wohl im Zusammenhang
mit der Arbeit an seinem Buch über jüdische Graphiker[4]
– versucht, den Dresdner Sammler betreffende biographische Angaben zusammenzustellen. Aus diesem
Grunde wandte er sich am 20.3.1916 an einen Herrn
Marcus und bat ihn, auf einem vorbereiteten Formular,
eine Reihe von Fragen zu beantworten. Demnach wurde

Albert Wolf am 16.3.1841 in Dresden als Sohn von Ludwig Wolf und seiner aus Postelberg in Böhmen stammenden Ehefrau Fanny geb. Bacher geboren. Er wuchs
in einem jüdisch-traditionellen Elternhaus auf, „lernte
Hebräisch und etwas Talmud". Albert Wolf war verheiratet; seine Frau, eine geborene Frenkel, stammte aus
Nordhausen am Harz. Aus der Ehe gingen zwei Kinder,
eine Tochter und ein Sohn, hervor.

Bereits Wolfs Vater betrieb ein Kunst-, Antiquitä-
ten- und Juwelengeschäft in Dresden. Vermutlich dadurch und durch seinen eigenen Beruf angeregt, kam er
auf den Gedanken, jüdische Altertümer zu suchen und

Salli Kirschstein,
Judaica-Sammler und Förderer
des Jüdischen Museums

zu sammeln. Wolf, der in Dresden als „Gemeinde-Verordneter und Synagogenvorstand" fungierte, „war stets begeisterter Jude, ohne orthodox zu sein".

Albert Wolf verstarb am 15./16.2.1907 in Dresden. Die von ihm jahrzehntelang zusammengebrachten Judaica vermachte er testamentarisch der Berliner Jüdischen Gemeinde. Offenbar sind sie bereits zu seinen Lebzeiten nach Berlin gekommen. „Der Gemeindebote", die Beilage der „Allgemeinen Zeitung des Judentums", hatte schon am 3.3.1905 berichtet: „Der große Umfang, den die Sammlung von Albert Wolf hat, die allein für sich schon ein ziemlich großes und bedeutendes Museum repräsentiert, erheischt dringend eine baldige und dringende Lösung der Lokalfrage."

Zwar hatte der Oberbibliothekar und Direktor der Berliner Gemeindebibliothek, Moritz Stern (1864–1939), am Grabe Wolfs 1907 feierlich für sich und seine Nachfolger gelobt, das „anvertraute Gut zu bewahren, es zu hegen und pflegen, damit es in immer erhöhtem Glanze für alle Zeiten erstrahle", aber dennoch sollte es noch einmal zehn Jahre dauern, bis am 18.2.1917 die „Kunstsammlung der jüdischen Gemeinde zu Berlin (Wolf'sche Stiftung)", die im dritten Stock des ersten Verwaltungsgebäudes der Gemeinde (Oranienburger Straße 29) neben der Gemeindebibliothek untergebracht war, der Öffentlichkeit übergeben wurde. Warum die in Kisten verpackte Erbschaft erst nach zehn Jahren ausgestellt wurde, kann heute nicht mehr geklärt werden. Raummangel dürfte nur *ein* Grund gewesen sein. Die Sammlung wurde Oberbibliothekar Stern unterstellt.

Insgesamt gab es im Laufe der Jahre 1917 bis 1927 vier Ausstellungen. Im großen und ganzen aber führte die Sammlung ein Schattendasein; es fehlte an Platz und Geld. Erst als Karl Schwarz an der Kunstsammlung im Oktober 1927 angestellt wurde, änderte sich das Bild allmählich. Während Stern besonders die wissenschaftliche Erschließung der Bestände förderte, war Schwarz mehr auf die werbende Wirkung des Museums bedacht. Auch für den Ausbau der von Stern noch 1926 geschaffenen Abteilung für moderne Kunst setzte er sich ein. Als Moritz Stern im Jahre 1930 sein 25. Amtsjubiläum beging, übergab er Schwarz die Leitung der Sammlung. Leider war es im Jahre 1926 nicht gelungen, die Kollektion des bereits erwähnten Berliner Sammlers Salli Kirschstein zu erwerben. Er verkaufte sie in die Vereinigten Staaten, an das Hebrew Union College in Cincinnati. Salli Kirschstein (1869 Kolmar/Provinz Posen – 1935 Berlin) kam als Siebzehnjähriger nach Berlin und gründete vier Jahre später ein eigenes Unternehmen, die Textilfirma Cohn & Kirschstein in der Rosenstraße 17. Noch bevor er volljährig wurde, begann er, Judaica zu sammeln – Ritualien und Zeugnisse des Kultus und der

Salli Kirschstein,
Anfang der dreißiger Jahre

Eröffnung des Jüdischen
Museums am 24.1.1933
Am Rednerpult Karl Schwarz,
vorn rechts Aron Sandler,
zweiter von links James Yaakov
Rosenthal

Kultur –, damals „viel verlacht und verspöttelt", wie er selbst in einem Bericht über seine Sammlung sagt.[5]

Kirschstein interessierte sich also bereits für jüdische Kunst, als es diesen Begriff noch kaum gab, nämlich gegen Ende des vorigen Jahrhunderts. Er besuchte in jenen Jahren oft das Berliner Museum für Völkerkunde und erinnerte sich später daran: „Die Vielseitigkeit und vor allem die Ursprünglichkeit des dort Gebotenen zog mich an; die Völker in ihrer Wesensart, die Zeiten in der Vielfältigkeit der Formen und Farben fesselten mich (...) Damals entstand in mir der Wunsch, nein, der Wille: ein Museum für jüdische Volkskunde muß geschaffen werden, um unser selbst willen, um unserer Vergangenheit den Platz unter den Völkern zu sichern, der ihr gebührt."[6]

Salli Kirschstein war es, der in einem 1928 erschienenen Artikel empfahl, die Kunstsammlung zu einem wirklichen Museum auszubauen.[7] Er hatte bereits 1908 die Anregung gegeben, eine Gesellschaft der Freunde eines künftigen Jüdischen Museums ins Leben zu rufen. Doch erst am 28.11.1929 konnte „Der Jüdische Museumsverein" gegründet werden.

Ziele und Aufgaben dieses Vereins sind in einer gedruckten Satzung festgelegt. In der Einladung zur Gründungsversammlung, die im Hotel Kaiserhof stattfand, präzisierten die Herren des Gründungsausschusses die Aufgaben des Vereins weitgehend: „Die jüdische Kultur früherer Zeiten und der Gegenwart ist in ihren wichtigsten Dokumenten so gut wie unerschlossen. Diese Schätze zu heben und zu bewahren, sie der Allgemeinheit zugänglich zu machen und so eine empfindliche Lücke in unserem Geistesleben auszufüllen, ist die Aufgabe des jüdischen Museumsvereins."[8]

300 Teilnehmer dieser Versammlung bekundeten ihr Interesse an einem künftigen Jüdischen Museum. Max Liebermann, Präsident der Akademie der Künste, nahm unter allgemeinem Beifall die Wahl zum Ehrenvorsitzenden an. Als einer der Beisitzer fungierte der Schriftsteller Arnold Zweig.

Es scheint eine Reihe von Schwierigkeiten gegeben zu haben, bis die Kunstsammlung im Jahre 1932 in „Jüdisches Museum (Sammlung der Jüdischen Gemeinde zu Berlin)" umbenannt wurde. Wenig später bezog das Museum sein neues Domizil, das vorher von Gemeindebaumeister Alexander Beer umgebaut worden war.

Die feierliche Eröffnung des Museums fand, wie schon erwähnt, am 24.1.1933 statt. James Yaakov Rosenthal erinnert sich fast 50 Jahre später: „Wer dieser Einweihung, die eine wahre 'Weihe' war und ausstrahlte,

Blick in die Räume des
Jüdischen Museums, um 1935
Foto Abraham Pisarek

Einladungskarte zur Eröffnung
des Jüdischen Museums am
24.1.1933

an jenem, durch das Folgende für immer denkwürdigen Nachmittag beiwohnte, trägt diesen (...) Akt für immer im Herzen. Denn es war der letzte bedeutsame, noch einigermaßen unbeschwerte, gleichsam abendscheinbesonnte jüdische Gesamtkulturakt in der damaligen Reichshauptstadt (...) Da war noch einmal alles versammelt – zu jüdischem Tun und Bekennen –, was Klang und Rang im jüdischen wie im allgemeinen Geistes- und Kunstleben hatte."[9] Max Liebermann schenkte dem Institut ein Selbstporträt, das erst wenige Tage zuvor fertig geworden war. Dadurch wurde die Gemäldesamm-

Der Vorstand der Jüdischen Gemeinde zu Berlin

gibt sich die Ehre, zu der Dienstag, den 24. Januar 1933, 17½ Uhr, in den

neuen Räumen (Oranienburger Straße 31, im ersten Stock) stattfindenden

ERÖFFNUNG DES JÜDISCHEN MUSEUMS

ergebenst einzuladen.

Gefl. Antwort bis zum 22. 1. an das Sekretariat der Jüdischen Gemeinde, Oranienburger Str. 29, erbeten.

Abb. rechte Seite:
Eingangshalle des Jüdischen
Museums, 1933. In der Mitte
die Skulptur „David" von Arnold
Zadikow, links das Gemälde „Der
Prophet" von Jakob Steinhardt,
im Hintergrund rechts das Ge-
mälde „Jeremias" von Lesser Ury

Erna Stein im Jüdischen Museum,
um 1934

lung wesentlich bereichert. „Immer wieder", erinnert sich Rosenthal, „wandten sich Blicke und Sinn von den Weihereden zum schönsten Museumsschmuck: Liebermanns neuestem Selbstporträt, in dessen Nähe er saß."[10]

Sechs Tage nachdem das neue Museum, von jüdischer und nichtjüdischer Presse gefeiert, der Öffentlichkeit übergeben worden war, entstand durch die Ernennung Hitlers zum Reichskanzler eine völlig veränderte

Situation. Das Jüdische Museum war in mehrfacher Hinsicht betroffen. Einerseits erhielt es durch den Ausschluß der Juden aus dem deutschen Kulturbetrieb, die sich nun der eigenen Kultur stärker zuwandten, einen Auftrieb, andererseits aber war es Schikanen ausgesetzt, und der Druck wurde zunehmend stärker. Schon im Mai 1933 emigrierte Karl Schwarz und übernahm die Leitung des Städtischen Museums in Tel Aviv.

In den nächsten Jahren leitete Erna Stein (1903–1983) die Geschicke des Museums, bis sie im Mai 1935 ebenfalls nach Palästina auswanderte. Mit dem Namen Erna Stein, der seit 1934 Dr. Irmgard Schüler (geb. 1907) als Assistentin zur Seite stand, sind eine Reihe von Aktivitäten verbunden, von denen die Spiro-Meidner-Ausstellung, die zu Ehren des 60. Geburtstages

von Eugen Spiro und des 50. von Ludwig Meidner stattfand, erwähnt sei. Dr. med. Aron Sandler, Vorstandsmitglied der Berliner Jüdischen Gemeinde und Dezernent für das Museum, konstatierte in seiner Eröffnungsansprache: „In anderen Zeiten wären die Mitbegründer der Sezession und die Vorkämpfer des Expressionismus anders gefeiert worden."[11]

Die Ausstellung war – und das ist von der Kunstgeschichtsschreibung vergessen worden – die letzte dieser beiden Maler in Deutschland vor ihrer Emigration.

Meidner geriet vollkommen in Vergessenheit. „Irgendwie", schreibt Hans Tramer, „hatte sich nämlich in den Köpfen der Kunstfreunde die Annahme festgesetzt, daß sich Meidner nicht mehr unter den Lebenden befindet, und auf diese Weise passierte es sogar dem gelehrten Professor Dr. Ernst Scheyer aus Detroit, daß er in seiner großen Rede 'Der Beitrag des Judentums zur modernen Kunst' im Rahmen der Ausstellung 'Synagoga' in der Städtischen Kunsthalle Recklinghausen vom 3.11.1960 bis 15.1.1961 von Ludwig Meidner als einem derjenigen jüdischen Künstler sprach, der dem Barbarismus des Naziregimes zum Opfer gefallen sei. Da aber, in einer Atempause des Redners, erhob sich inmitten der Zuhörer ein etwas dicklicher, kleiner alter Mann mit einem Käppchen auf dem haarlosen Haupt und sagte schüchtern: 'Hier – ich bin Meidner!'"[12]

Am 1.5.1935 übernahm der aus Breslau stammende Kunsthistoriker Prof. Dr. Franz Landsberger (1883–1964) die Direktionsgeschäfte. Ihm ging es darum, „durch private Zuwendungen eine Erweiterung des Museums möglich" zu machen. „Nicht an die Fortziehenden allein" wollte sich der neue Direktor wenden, „sondern auch an die jüdischen Gemeinden, die jetzt aufgelöst werden müssen, ihr Urkundenmaterial, ihre Kultgeräte dürften dem Museum wertvolle Bereicherung bringen."[13] Wenn wir die Entwicklung des Museums in

den folgenden Jahren betrachten, in einer Zeit, in der sich die Bedingungen für die deutschen Juden immer mehr verschlechterten, so können wir feststellen, daß für diese Institution dieselbe Maxime galt wie für so viele Gemeindeeinrichtungen. Ismar Elbogen formulierte sie in dem von ihm im Jahre 1937 nach langjähriger Pause herausgegebenen „Jahrbuch für jüdische Geschichte und Literatur" folgendermaßen: „Wir stehen neuen Kulturaufgaben gegenüber (...) Man ist versucht an das Bibelwort zu denken 'Leben und Tod lege ich vor Dich – wähle das Leben!'."[14]

Vom Januar 1936 bis zum März 1938 veranstaltete das Museum allein 14 Sonderausstellungen; zu vielen erschienen Kataloge. Die wichtigsten Ausstellungen in der Geschichte des Museums waren die Don Jizchaq Abrabanel- und die Akiba Eger-Ausstellung, die 1937 stattfanden. Ihre Organisatorin war die Kunsthistorikerin Rahel Wischnitzer-Bernstein.

Beide Ausstellungen folgten derselben konzeptionellen Leitlinie: Sie galten bedeutenden Persönlichkeiten der jüdischen Geschichte, die den Ehrentitel Gaon (Fürst) trugen. Dennoch führten sie den Besucher in verschiedene Welten. Die eine Ausstellung zeigte den

sefardischen Kulturkreis und war dem Weltmann Abrabanel (geb. 1437) gewidmet, der in die große Politik eingegriffen hatte; die andere, dem 100. Todestag des vornehmlich in Posen wirkenden Rabbiners Akiba Eger geltend, führte in die vergleichsweise enge Welt des aschkenasischen Judentums. Die Einheit in der kulturellen Mannigfaltigkeit wurde durch die beabsichtigte Vorbildwirkung bestimmt, denn die beiden Großen waren durchdrungen von tiefster Religiosität; sie hatten sich mit all ihren Kräften für die jüdische Gemeinschaft eingesetzt.

Das Jahr 1937 brachte dem Museum eine Reihe wichtiger Neuerwerbungen, darunter „Sabbat Nachmittag" von Moritz Daniel Oppenheim. Unbeirrbar weiterarbeitend, plante Landsberger für die Zeit nach der Sommerpause 1938 neue Ausstellungen. Noch im Oktober jenes Jahres rief das Museum dazu auf, für eine Schau, die dem 75. Todestag des Berliner Rabbiners Michael Sachs (im Januar 1939) gewidmet sein sollte, Material zur Verfügung zu stellen. Zu dieser Ausstellung ist es, ebenso wie zu der von Landsberger vorgesehenen Schau „Jüdische Künstler erleben die Bibel", nicht mehr gekommen. Zum letztenmal, und zwar am 6.11.1938,

Selbstbildnis von
Max Liebermann, 1933

stellte der Direktor des Berliner Jüdischen Museums Schenkungen von Kultgeräten in Form eines Artikels im Gemeindeblatt vor. „Aus der Fülle der Gaben", die dem Museum zukamen, wählte Landsberger die wichtigsten für seinen Aufsatz aus.

Der Novemberpogrom setzte dem Museum, wie den meisten jüdischen Organisationen, ein jähes Ende. Die Bestände sind zum größten Teil verlorengegangen. Lediglich die Bildersammlung, die heute über die ganze Welt verstreut ist, hat überdauert. Über dieses Wunder hat Franz Landsberger im Dezember 1946 in der Emigrantenzeitschrift „Aufbau" berichtet.[15] Zu den damals aufgefundenen Bildern gehörte auch das erwähnte Liebermannsche Selbstporträt, das der Maler dem Museum zur Eröffnung geschenkt hatte. Während viele Bilder in den Nachkriegsjahren in die Verfügungsgewalt von jüdischen Nachfolgeorganisationen kamen und sich daher heute z.B. in israelischen und amerikanischen Museen befinden, galt das Selbstporträt von Max Liebermann als verschollen. Vollkommen unbemerkt von den Berliner Fachleuten, wurde es auf einer Auktion der „Villa Grisebach" am 29.11.1991 zum Verkauf angeboten, aber von niemandem ersteigert, so daß es an den Einlieferer – einen Privatsammler aus Tel Aviv – zurückging.[16] Ein Jahr später erschien es im Katalog von Sotheby (Tel Aviv) und wurde dort versteigert.[17] Wo sich das Bild befindet, konnte bisher nicht ermittelt werden.

Jakob Steinhardt (1881–1968) konnte noch erleben, daß sein 1913 entstandenes Frühwerk „Der Prophet", das er für verschollen hielt, in den sechziger Jahren auftauchte. Mit diesem wichtigen Werk, das Herwarth Walden Anlaß war, für den Künstler 1914 eine Monatsausstellung im „Sturm" zu arrangieren, war Steinhardt der künstlerische Durchbruch gelungen. Die Jüdische Gemeinde kaufte es für ihre Kunstsammlung an; später fand es in der Eingangshalle des Jüdischen Museums seinen Platz. Nach dem Novemberpogrom wurde es gestohlen; es soll in die Villa von Goebbels in Schwanenwerder am Wannsee geraten sein.[18] Die Jüdische Ge-

meinde Berlin (West) konnte das in einem kleinen oberbayerischen Ort aufgetauchte Bild Ende 1965 für 3.000 DM erwerben.[19] Seitdem hängt es im Gemeindehaus in der Fasanenstraße und ist nun in unserer Ausstellung zu sehen.

Es wird kaum möglich sein, die Geschichte jedes Kunstwerks, das einstmals zum Bestand des Berliner Jüdischen Museums gehörte, zu schildern. Doch muß alles getan werden, möglichst viele Spuren zu sichern. Es ist erstaunlich, wie oft das, trotz aller Widrigkeiten, bei zähem Bemühen und durch die Gunst des Zufalls gelingt.

Diese Darstellung sollte dazu dienen, sich einer Institution der Berliner Jüdischen Gemeinde zu erinnern, die den Verhältnissen, solange es ging, widerstand. Das Museum wirkte durch seine Leistungen auf den Gebieten der Traditions- und Kunstpflege belehrend und vermittelte Anregungen; das Bemühen dieser Institution war darauf gerichtet, Lebensmut und Widerstandswillen der Gemeinschaft zu stärken.

Verzeichnis der Ausstellungen der Kunstsammlung und des Museums

Die Monatsangabe bezieht sich auf das jeweilige Eröffnungsdatum

1917
Februar: Eröffnung der Kunstsammlung der jüdischen Gemeinde zu Berlin (Wolf'sche Stiftung)

1920
Eröffnung der zweiten Ausstellung der Kunstsammlung

1925
Eröffnung der dritten Ausstellung der Kunstsammlung

1927
Eröffnung der vierten Ausstellung der Kunstsammlung

1929 und **1930**
Ausstellungen von Kinderzeichnungen in der Kunstsammlung

1933
24. Januar: Eröffnung des Jüdischen Museums

1934
April: Spiro-Meidner-Ausstellung
Oktober: Porträt-Ausstellung

1935
März: Maimonides-Ausstellung
Mai: Frühjahrsausstellung jüdischer Künstler
September: Emil Pottner - Ephraim Mose Lilien-Ausstellung
Dezember: Ausstellung jemenitischen Schmucks; Chanukka-Ausstellung (Altjüdisches Kultgerät aus Privatbesitz)

1936
Januar: Jüdische Künstler stellen aus (Henry Happ und Peter Fingesten)
Februar: Max Liebermann-Gedächtnisausstellung
April: Reichsausstellung jüdischer Künstler
September: Gedächtnisausstellung Max Fabian
November: Sonderschau im Eingangsraum (Zeugen aus dem Biedermeier) Unsere Ahnen

Titelblatt des Kataloges der Ausstellung „Unsere Ahnen" im Jüdischen Museum, 1936

1937
Januar: Ausstellung von Neuerwerbungen
März: Das Jüdische Plakat
April: Frühjahrsausstellung Berliner jüdischer Künstler
Juni: Gedenkausstellung Don Jizchaq Abrabanel
Oktober: Ernst und Alexander Oppler-Ausstellung
Dezember: Gedenkausstellung Rabbi Akiba Eger Hundert Jahre jüdische Kunst aus Berliner Besitz

1938
März: Aus kleinen jüdischen Gemeinden, Ausstellung von Kultgegenständen

Hermann Simon

Anmerkungen

1 Brief von James Yaakov Rosenthal, 9.6.1980.

2 Ders., „'Letzte Post' – Museumsweihe 1933", in: Nachrichtenblatt des Verbandes der Jüdischen Gemeinden in der DDR, Dresden, Dezember 1982, S. 9f.

3 The Central Archives for the History of the Jewish People Jerusalem, P 17/107.

4 Salli Kirschstein, Jüdische Graphiker aus der Zeit von 1625–1825, Berlin 1918.

5 Vgl. Hermann Simon, „Ein leidenschaftlicher Judaica-Sammler: Salli Kirschstein", in: Gerhard Hentrich – Der Verleger (Festschrift für Gerhard Hentrich zum 70. Geburtstag), hrsg. von Werner Buchwald und Hermann Simon, Berlin 1994, S. 223–232.

6 Zit. nach Hermann Simon, „Zur Erinnerung an den 50. Jahrestag der Eröffnung des Berliner Jüdischen Museums in der Oranienburger Straße", in: Nachrichtenblatt des Verbandes der Jüdischen Gemeinden in der DDR, Dresden, März 1983, S. 4.

7 Salli Kirschstein, „Wie hindern wir den Untergang alter jüdischer Kulturgüter", in: Jüdisches Jahrbuch für Groß-Berlin 1928, S. 88–95.

8 Einladung zur Gründungsversammlung des Jüdischen Museums-vereins Berlin, o.O., o.J. [1929].

9 Brief von James Yaakov Rosenthal, a.a.O.

10 Ebd.

11 Jüdisch-liberale Zeitung, 24.4.1934.

12 Hans Tramer, „Das Judenproblem im Leben und Werk Ludwig Meidners", in: Bulletin des Leo Baeck Instituts, Nr. 53/54, Tel Aviv 1977/78, S. 125.

13 C.-V.-Zeitung, 6.6.1935, 2. Beiblatt.

14 Ismar Elbogen, „Zum Geleit", in: Jahrbuch für jüdische Geschichte und Literatur, Berlin 1937, S. 8.

15 Franz Landsberger, „Ein wiedergefundener Schatz: Die Bilder des Berliner Jüdischen Museums gerettet", in: Aufbau, New York, 27.12.1946, S. 19.

16 Villa Grisebach, Auktionen Nr. 21 (29.11.1991), Nr. 7. Das Bildnis ist falsch datiert, und zwar „um 1925/30". Als Provenienz ist angege-ben: „Privatsammlung, Tel Aviv".

17 Sotheby's Nineteenth and Twentieth Century Paintings, Drawings and Sculpture, Tel Aviv, 20.10.1992, Nr. 16. Die Datierung entspricht der bei Grisebach; eine Provenienz ist nicht angegeben.

18 Vgl. Haim Mass, „Das Gemälde", in: Neueste Nachrichten, Jedioth Chadashoth, Tel Aviv, 3.12.1965.

19 Vgl. Jerusalem Post, 1.12.1965; Heino Eggers, „Odyssee eines Bildes. Zweimal behielt 'Der Prophet' recht", in: Telegraf, Berlin, 14.11.1965.

Das Gesamtarchiv der deutschen Juden

Am 1.10.1905 wurde das Gesamtarchiv der deutschen Juden, das erste wissenschaftliche jüdische Archiv in Deutschland, in der Lützowstraße 15 in Berlin-Tiergarten eröffnet.[1] Die Anregung hierzu ging von dem Historiker und Archivar Ezechiel Zivier[2] aus. Im Winter 1903 hatte er den Vorschlag zur Einrichtung eines „Allgemeinen Archivs für die Juden Deutschlands" in einer Sitzung der Lessing-Loge Breslau des U.O.B.B.[3] erstmals öffentlich geäußert, um „eine Zentrale zu schaffen, wohin jede Gemeinde, eine jede jüdische Körperschaft ihre älteren Akten und Dokumente, die für die laufenden Geschäfte nicht mehr von Belang sind, zur weiteren Aufbe-

wahrung und Nutzbarmachung für geschichtliche und andere Forschungen abgeben könnte".[4]

Die Großloge für Deutschland des U.O.B.B. griff, gemeinsam mit dem Deutsch-Israelitischen Gemeindebund (DIGB)[5], diese Idee auf und bildete eine Archivkommission zur Gründung des geplanten Archivs, die im September 1904 erstmals zusammentrat.[6] Als erster Schritt war eine Erfassung der in Frage kommenden jüdischen Gemeinden und der historisch wertvollen Archivmaterialien dieser Gemeinden geplant – aus diesem Grunde unternahm Zivier 1904 eine „Informationsreise" durch mehrere süddeutsche Gemeinden und veröffent-

Der Leiter des Gesamtarchivs
der deutschen Juden, Jacob
Jacobsohn, um 1935
Foto Abraham Pisarek

Akten im Gesamtarchiv der
deutschen Juden, um 1935
Foto Abraham Pisarek

Das Gesamtarchiv sollte vor allem zwei Aufgaben erfüllen: neben der Sammlung, Sicherung, Bearbeitung und Auswertung der historischen Akten der jüdischen Gemeinden, Organisationen und Vereine Deutschlands an einer zentralen Stelle wollte das Archiv auch einen Überblick über Quellen zur Geschichte der Juden in den staatlichen Archiven zusammenstellen, um eine umfassende Erforschung der Geschichte der Juden in Deutschland zu ermöglichen.

lichte einen Überblick über das dort vorhandene Archivmaterial. Er beklagte aber auch, daß vieles bereits „durch mangelndes Interesse, durch Sorglosigkeit und nicht sachgemäße Behandlung und Aufbewahrung der alten Schriftstücke verlorengegangen" sei.[7]

In gewissem Sinne war das Gesamtarchiv eine Nachfolgeeinrichtung der – nur wenige Jahre bestehenden – „Historischen Kommission für die Geschichte der Juden in Deutschland" beim DIGB, die sich unter anderem die systematische Erfassung, Sammlung und Edition bzw. Auswertung von Quellen zur jüdischen Geschichte zur Aufgabe gestellt hatte und zu diesem Zweck Archivrecherchen veranlaßte.[8]

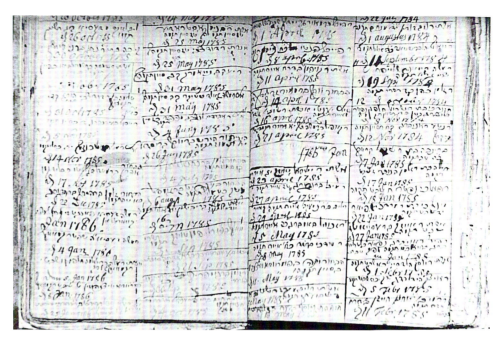

Namen-, Trau- und Sterberegister der Berliner Jüdischen Gemeinde, 1751–1813
In der Mitte links die Eintragung über den Tod von Moses Mendelssohn vom 4.1.1786
Foto Abraham Pisarek

Erster Leiter des Archivs war der Historiker Dr. Eugen Täubler [9], der am Preußischen Geheimen Staatsarchiv in Berlin-Dahlem für die Tätigkeit als Archivar ausgebildet worden war. Er blieb am Gesamtarchiv, bis er 1919 die Leitung des Forschungsinstituts der neugegründeten „Akademie für die Wissenschaft des Judentums" übernahm.

Zur Verwaltung des Gesamtarchivs wurde ein Kuratorium geschaffen, dem der Vorsitzende des DIGB, der Präsident der Großloge für Deutschland des U.O.B.B., Vertreter der Großgemeinden, Archivare und bekannte Wissenschaftler angehörten. Erster Vorsitzender des Kuratoriums war der damalige Vorsitzende des DIGB, der Historiker Martin Philippson. [10]

Die Abgabe der Gemeindeakten an das Gesamtarchiv beruhte auf Freiwilligkeit; daher appellierte das Archiv wiederholt an die jüdischen Gemeinden, sich mit ihm in Verbindung zu setzen, bevor Akten vernichtet würden. [11] Auf zahlreichen Reisen waren Täubler, Zivier und andere bestrebt, die Gemeinden von der Notwendigkeit einer Deponierung ihrer historischen Aktenbestände im Gesamtarchiv zu überzeugen.

Bis zum Mai 1907 waren aus 88 jüdischen Gemeinden Akten eingetroffen [12], der erste Geschäftsbericht aus dem Jahr 1908 verzeichnete bereits Archivalien aus 178 Gemeinden, dazu kamen Akten des DIGB und zahlreiche Spenden von Privatpersonen. [13] Die Mehrzahl der Gemeindeakten wurde dem Gesamtarchiv auf der Grundlage von Depositalverträgen übergeben.

Im Jahr 1908 erschien das erste Heft der „Mitteilungen des Gesamtarchivs der deutschen Juden". [14] Eines der Hauptziele war die Veröffentlichung der Tätigkeit und der Bestände des Archivs, um dazu beizutragen, „dem Namen 'Gesamtarchiv der deutschen Juden', welcher noch immer mehr ein Programm als eine Tatsache zum Ausdruck bringt, den Inhalt der Tatsächlichkeit zu verschaffen". [15]

Neben den Tätigkeitsberichten und Akteninventaren einzelner jüdischer Gemeinden [16] wurden in den „Mitteilungen" auch wissenschaftliche Beiträge zur allgemeinen Geschichte der Juden in Deutschland sowie Spezialinventare über Quellen zur Geschichte der Juden, die sich in Staats- und Stadtarchiven befanden, veröffentlicht. Die ersten fünf Bände enthielten darüber hinaus Spezialbibliographien mit Neuerscheinungen zur Geschichte der Juden in Deutschland.

In einigen Ländern und preußischen Provinzen gab es „Vertrauensleute", die die Sammeltätigkeit des Archivs unterstützten. Dazu gehörte etwa der Rabbiner Aron Heppner [17], der seit 1905 Archivalien aus zahlreichen kleinen Gemeinden in der damaligen preußischen Provinz Posen dem Gesamtarchiv übermittelte [18], oder der ehemalige Gemeinderegistrator der Berliner Gemeinde Isidor Süßmann [19], der vor allem Materialien jüdischer Vereine, Stiftungen usw. zusammentrug. [20]

Die in der Lützowstraße gemieteten Räume waren unzureichend und von Beginn an als Provisorium gedacht. Im März 1910 zog das Gesamtarchiv in eigens dafür eingerichtete Räume im neugebauten Verwaltungsgebäude der Jüdischen Gemeinde zu Berlin in der

Torarollen aus einer aufgelösten
Synagoge in Pommern im
Berliner Gesamtarchiv, um 1935
Foto Abraham Pisarek

Oranienburger Straße 28/29, wo auch die Gemeindebibliothek ihren Sitz hatte.[21] Die Räume wurden unentgeltlich von der Berliner Jüdischen Gemeinde zur Verfügung gestellt, die zugleich ihr eigenes Gemeindearchiv dem Gesamtarchiv angegliedert hatte.[22] Am 28.12.1910 wurde das Archiv an seinem neuen Sitz feierlich eröffnet.[23]

Zu diesem Zeitpunkt hatten 273 Gemeinden dem Gesamtarchiv Archivalien übergeben.[24] Die Mehrzahl dieser Materialien stammte aus dem 18. und 19. Jahr-

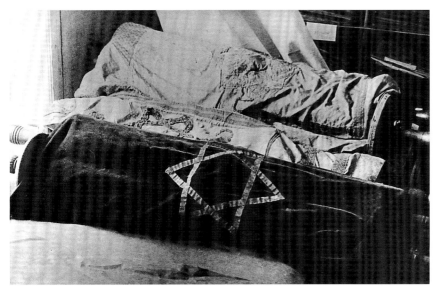

hundert, da bei den meisten Gemeinden keine ältere und meist auch keine geschlossene Überlieferung vorhanden war. Neben dem „Gemeindearchiv" unterhielt das Gesamtarchiv als weitere Abteilungen eine Sammlung von Urkundenregesten zur Geschichte der Juden in Deutschland, ein „Vereinsarchiv" für Dokumente jüdischer Vereine, Stiftungen usw., eine Abteilung für familiengeschichtliches Material und eine Präsenzbibliothek zur Geschichte der Juden in Deutschland.[25]

Nach dem Weggang Täublers wurde 1920 Jacob Jacobson[26] neuer Leiter des Archivs. Während der Inflationszeit war aufgrund finanzieller Schwierigkeiten die

Weiterarbeit des Archivs nur in geringem Umfang möglich. Finanziell unterstützt wurde das Gesamtarchiv vom DIGB, von der Großloge für Deutschland des U.O.B.B.[27], der Berliner Jüdischen Gemeinde sowie dem Preußischen Landesverband jüdischer Gemeinden.[28]

Bis zum Jahr 1926 hatte das Gesamtarchiv Akten aus 344 jüdischen Gemeinden übernommen, daneben Materialien jüdischer Organisationen und private Spenden.[29] Allerdings überwogen bei den Gemeindebeständen die Archivalien kleinerer jüdischer Gemeinden. Berlin blieb die einzige Großgemeinde, die ihre Akten dem Gesamtarchiv übergab. Andere größere Gemeinden hatten oft ihre eigenen Archive, z.B. Breslau[30], Frankfurt am Main, Hamburg[31], München, Königsberg[32].

Neben wissenschaftlichen und administrativen Zwecken diente das Archiv auch für genealogische Nachforschungen. Das Gesamtarchiv arbeitete mit der Gesellschaft für jüdische Familienforschung (gegründet 1924) zusammen; sowohl Jacobson als auch das Gesamtarchiv als Institution waren dort Mitglieder[33].

Nach 1933 – und verstärkt nach dem Erlaß der „Nürnberger Rassengesetze" im September 1935 – wurde das Gesamtarchiv aufgrund seines umfangreichen genealogischen Materials immer mehr zur Auskunftsstelle für Personenstandsnachweise[34], die zur Erstellung sogenannter „Abstammungsnachweise" benötigt wurden. Andererseits wuchs – nicht zuletzt angesichts des zunehmenden äußeren Drucks auf die jüdische Gemeinschaft – auch unter den deutschen Juden selbst das Interesse an ihrer eigenen (Familien-) Geschichte, an der Erkundung ihrer jüdischen Herkunft. Somit wurde das Gesamtarchiv zu einem Zentrum der familiengeschichtlichen Forschung.[35]

Besucher im Gesamtarchiv der
deutschen Juden, um 1935
Foto Abraham Pisarek

Aus diesen Gründen, und um die Dokumente angesichts der wachsenden Bedrohung
und Vertreibung der jüdischen Bevölkerung zu
erhalten und an einem Ort zu konzentrieren,
bemühte sich Jacobson ab 1933 verstärkt, die
noch bei Gemeinden oder Privatpersonen vorhandenen Personenstandsregister, Mohelbü-
cher (Beschneidungsbücher), Friedhofsver-
zeichnisse u.a.m. zu erfassen und möglichst
auch zu übernehmen bzw. Abschriften zu fertigen. Mehrfach erschienen Aufrufe in jüdischen Zeitungen, entsprechendes Material dem Gesamtarchiv zu-
kommen zu lassen. Noch vor dem Machtantritt der
Nationalsozialisten begann eine erneute Umfrage des
Gesamtarchivs unter den jüdischen Gemeinden sowie
den Stadt- und Kommunalverwaltungen, welche für die
Geschichte der Juden relevanten Materialien, vor allem
genealogisch wichtige, wie z.B. Personenstandsregister,
sich in ihrem Besitz befänden und welche jüdischen
Friedhöfe vorhanden seien.[36]

Jacobson selbst unternahm zahlreiche Reisen, um
die Gemeinden und Gemeindeverbände von der Notwendigkeit der Abgabe ihrer Akten und Register an das
Gesamtarchiv zu überzeugen und Absprachen über die
Übergabe von Archivgut, die Erfassung von Friedhöfen
u.a.m. zu treffen.[37] Anläßlich des 30jährigen Bestehens
des Gesamtarchivs stellte er fest: „Die Neugestaltung
des Lebens in Deutschland, und parallel damit das An-
schwellen des bereits wach gerufenen familiengeschichtlichen Interesses stellten das Gesamtarchiv vor
die Bewährungsprobe. Es darf wohl gesagt werden, daß
diese Probe bestanden und in einem entscheidenden
Augenblick die Existenzberechtigung des Gesamtarchivs vor aller Welt dargetan wurde. (...) Wir stehen mitten in einem Prozeß der Verkleinerung und Auflösung
jüdischer Gemeinden Deutschlands. Wenn jetzt nicht
zugegriffen wird, geht mit diesen Gemeinden auch das
geschichtliche Material zugrunde, das in ihren Akten
und Registern, in den Briefen und Familienpapieren ih-

rer alteingesessenen Mitglieder, in den Wimpelbändern
ihrer Synagogen, in den Protokollbüchern ihrer Vereine,
in den Inschriften ihrer Friedhöfe niedergelegt ist."[38]

Nach dem Novemberpogrom 1938 wurden die
Bestände des Gesamtarchivs beschlagnahmt. Jacobson
durfte das Archiv erst nach einigen Wochen wieder betreten.[39] Ab 1939 wurden die Bestände des Gesamtarchivs vom Reichssippenamt[40] genutzt, das in der Oranienburger Straße 28 – vor allem in den Räumen der beschlagnahmten Gemeindebibliothek – seine „Zentralstelle für jüdische Personenstandsregister" einrichtete
und dort immer mehr Raum beanspruchte.[41] Jacobson
selbst wurde an der geplanten Emigration gehindert
und war gezwungen, für das Reichssippenamt zu arbeiten.[42] Am 19. Mai 1943 wurde er nach Theresienstadt
deportiert. Offiziell blieb das Gesamtarchiv (bis 1943)
weiter als Abteilung der Jüdischen Gemeinde Berlin bestehen, seine Mitarbeiter wurden von der Gemeinde
bzw. der Reichsvereinigung bezahlt.[43]

Die genealogischen Unterlagen des Gesamt-
chivs wurden zusammen mit anderen vom Reichssippenamt gesammelten jüdischen Personenstandsregi-
stern während des Krieges nach Rathsfeld (Thüringen)
ausgelagert und im Auftrag des Amtes verfilmt. Dort
sind sie 1945 vermutlich vernichtet worden. Mikrofilme
dieser Register befinden sich heute in den zuständigen
Staatsarchiven der alten Bundesländer, für die Gemeinden auf dem Gebiet der neuen Bundesländer und in den
ehemaligen ostdeutschen Gebieten im Bundesarchiv,

Abteilungen Potsdam. Daneben gibt es diese Filme auch im Jüdischen Museum Frankfurt am Main.

Die historischen Aktenbestände des Gesamtarchivs kamen vermutlich 1943 in das Preußische Geheime Staatsarchiv in Berlin-Dahlem[44], wurden von dort später ausgelagert und gelangten nach Kriegsende nach Merseburg. Diese Bestände wurden 1950 an die Jüdische Gemeinde zu Berlin übergeben, nachdem sie vorher durch den Kantor der Leipziger jüdischen Gemeinde, Werner Sander, summarisch erfaßt worden waren. Ein Teil dieser Akten kam Anfang der fünfziger Jahre nach Jerusalem, in die heutigen Central Archives for the History of the Jewish People.[45] Ein anderer, kleiner Teil gelangte 1972 mit dem Nachlaß Jacob Jacobsons in das Archiv des Leo Baeck Instituts in New York.

Die in Berlin verbliebenen Akten, die zum Teil in einem schlechten Erhaltungszustand waren, wurden 1958 als Depositum im Deutschen Zentralarchiv in Potsdam[46] eingelagert. Bei den dort vorgenommenen Erschließungsarbeiten wurden fünf Bestandsgruppen gebildet: jüdische Gemeinden, übergemeindliche Verwaltungsorgane (z.B. Landrabbinate, Gemeindeverbände), Organisationen und Vereinigungen, Nachlässe, Sammlungen. Dabei ist die erste Gruppe mit Akten aus fast 400 jüdischen Gemeinden die bei weitem umfangreichste. Die Gemeindebestände spiegeln vor allem die Organisation der internen Gemeindeverwaltung wider, zeigen Aufgabenbereiche der Gemeinden (Statut, Vorstand und Repräsentanten, Steuern und Finanzen, Grundstücke und Bauten, Kultus, Schulen, Wohlfahrtswesen usw.). Zugeordnet wurden auch die Akten jüdischer Vereine und Stiftungen (Wohltätigkeitsvereine, religiöse Vereine usw.). Diese Bestände können seit einigen Jahren im Bundesarchiv – nach Abstimmung mit dem Centrum Judaicum – benutzt werden und sollen in naher Zukunft an das Archiv des Centrum Judaicum übergeben werden.

Barbara Welker

Anmerkungen

1 „Mitteilung über das Gesamtarchiv der deutschen Juden", in: Monatsschrift für Geschichte und Wissenschaft des Judentums (im folgenden: MGWJ), 50 (1906), S. 246 f.; „Bericht über die Tätigkeit des Gesamtarchivs der deutschen Juden", in: Mitteilungen des Gesamtarchivs der deutschen Juden (im folgenden: MittGA), 3 (1911/12), S. 55–84, S. 59. In anderen Quellen, so auch im ersten Heft der „Mitteilungen", wird der Oktober 1906 als Eröffnungsdatum genannt.

2 Ezechiel Zivier (1868 Wielun/Posen–1925 Breslau) war Archivar des Fürsten Pleß (Schlesien); vgl. den Nachruf von Ismar Elbogen in: MittGA, 6 (1926), S. 112 f.

3 Der Unabhängige Orden Bne Briss („Söhne des Bundes") wurde 1843 in den USA gegründet zur Förderung humanitärer und wohltätiger Ziele, Förderung von Kunst und Wissenschaft usw. In Deutschland wurde die erste Loge 1882 gegründet, die Großloge für Deutschland bestand seit 1885, die Gründung der Lessing-Loge in Breslau erfolgte ebenfalls 1885. Siehe hierzu das Kapitel „Einrichtungen der Jüdischen Logen Bne Briss" auf S. 194 ff.

4 Ezechiel Zivier, „Eine archivalische Informationsreise", in: MGWJ, 49 (1905), S. 209–254, S. 209.

5 Der Deutsch-Israelitische Gemeindebund wurde 1869 in Leipzig gegründet als Zusammenschluß der jüdischen Gemeinden in Deutschland zur Unterstützung vor allem des Erziehungs- und Wohltätigkeitswesens und finanzschwacher Gemeinden. Seit 1882 war der Sitz in Berlin.

6 Zivier, a.a.O., S. 209f.

7 Ebd., S. 251.

8 1885 gegründet, löste sich die Kommission aufgrund innerer Kontroversen Mitte der neunziger Jahre wieder auf. Sie gab 1887–1892 die erste „Zeitschrift für die Geschichte der Juden in Deutschland" sowie mehrere wichtige Quellenpublikationen heraus.

9 Eugen Täubler (1879 Gostyn/Posen–1953 Cincinnati) hatte an der Universität Berlin sowie am Rabbinerseminar und an der Lehranstalt (der späteren Hochschule) für die Wissenschaft des Judentums studiert. Zu Täubler und seiner Tätigkeit am Gesamtarchiv und an der Akademie für die Wissenschaft des Judentums siehe unter anderem: Selma Stern-Täubler, „Einleitung: Eugen Täubler und die Wissenschaft des Judentums", in: Eugen Täubler, Aufsätze zur Problematik jüdischer Geschichtsschreibung 1908–1950, hrsg. und eingeleitet von Selma Stern-Täubler, Tübingen 1977 (Schriftenreihe wissenschaftlicher Abhandlungen des Leo Baeck Instituts, 36), S. VII–XXIV.

10 Prof. Martin Philippson (1846 Magdeburg–1916 Berlin), Sohn des Rabbiners Ludwig Philippson, des Begründers der „Allgemeinen Zeitung des Judentums", war 1896–1912 Vorsitzender des DIGB.

11 So beispielsweise in der „Mitteilung über das Gesamtarchiv der deutschen Juden", in: MGWJ, 50 (1906).

12 „Bericht über die Tätigkeit des Gesamtarchivs der deutschen Juden", in: MittGA, 3 (1911/12), S. 60.

13 „Geschäftsbericht", in: MittGA, 1 (1908/09), S. 45f. Allerdings waren darunter nur wenige komplette Überlieferungen einer Gemeinde, überwiegend handelte es sich um Akten aus kleineren Gemeinden, von denen einige zu diesem Zeitpunkt nicht mehr existierten; ebd.

14 Insgesamt erschienen sechs Bände der Mitteilungen, anfangs jeweils in zwei Heften: Bd. 1 (1908/09) – Bd. 6 (1926). Um 1936/37 war die Herausgabe eines weiteren Bandes geplant, der jedoch nicht mehr erscheinen konnte; vgl. dazu Jacob Jacobson, Bericht über die Tätigkeit des Gesamtarchivs der Juden in Deutschland, 12.11.1936, Stiftung „Neue Synagoge Berlin – Centrum Judaicum", Archiv, Nachlaß Wilhelm Graetz, ohne Pag.; Bernhard Brilling, „Das jüdische Archivwesen in Deutschland", in: Der Archivar, 13 (1960), Sp. 271–290, Sp. 280.

15 Eugen Täubler, „Zur Einführung", in: MittGA, 1 (1908/09), S. 1–8, S.8; wieder abgedruckt unter dem Titel: „Der Beginn der Arbeit des 'Gesamtarchivs der deutschen Juden' und seine Probleme" in: Täubler, Aufsätze zur Problematik jüdischer Geschichtsschreibung, a.a.O., S. 1–8.

16 Veröffentlicht wurden die Inventare der (zum Teil nur fragmentarisch überlieferten) Aktenbestände der jüdischen Gemeinden Aurich, Beverungen, Bielefeld, Bromberg, Burgsteinfurt, Krotoschin (Posen), Landsberg/Warthe, Neuenkirchen (Westf.), Soest, Stettin, Thorn, Walldorf/Werra, Wandsbek.

17 Dr. Aron Heppner (1865 Pleschen/Posen–1938 Breslau) studierte am Rabbinerseminar in Berlin und war 1890–1920 Rabbiner in Koschmin/Posen. Ab 1924 war er Archivar der jüdischen Gemeinde Breslau; vgl. dazu Brilling, a.a.O., Sp. 282 f.

18 „Bericht über die Tätigkeit des Gesamtarchivs der deutschen Juden", in: MittGA, 3 (1911/12), S. 61, 84; „Bericht über das Jahr 1913", in: MittGA, 4 (1913), S.187; „Geschäftsbericht", in: MittGA, 6 (1926), S. 114–122, S.121.

19 In den Berichten des Gesamtarchivs wird er als J. Süßmann-Pankow erwähnt. Das „Verzeichnis der wahlfähigen Mitglieder der jüdischen Gemeinde zu Berlin im Jahre 1913" enthält einen Isidor Süßmann, pens[ionierter] Beamter, Pankow, Eintrachtstraße 4. Die Beisetzungskartei des jüdischen Friedhofs in Berlin-Weißensee verzeichnet ihn unter dieser Adresse als Sussmann, Isidor, Bürovorsteher, geboren 1835, verstorben 1920.

20 „Bericht über das Jahr 1913", in: MittGA, 4 (1913), S. 187.

21 „Bericht über die Tätigkeit des Gesamtarchivs der deutschen Juden", in: MittGA, 3 (1911/12), S. 55.

22 Der Gemeindebote. Beilage zur Allgemeinen Zeitung des Judentums, 6.1.1911.

23 Ebd.; „Bericht über die Tätigkeit des Gesamtarchivs der deutschen Juden", in: MittGA, 3 (1911/12), S. 56 f. Anwesend war bei dieser Feier neben den Mitgliedern des Kuratoriums, Vertretern der Großloge für Deutschland des U.O.B.B., des DIGB, der Berliner und anderer jüdischer Gemeinden und bekannten Gelehrten (wie z.B. Hermann Cohen) auch der Generaldirektor der Preußischen Staatsarchive, Prof. Reinhold Koser.

24 „Bericht über die Tätigkeit des Gesamtarchivs der deutschen Juden", in: MittGA, 3 (1911/12), S. 81–83.

25 Ebd., S. 76f.

26 Dr. Jacob Jacobson (1888 Schrimm/Posen–1968 Bad Neuenahr), Sohn eines Rabbiners, studierte Klassische Philologie, Geschichte, Germanistik. In den Jahren 1910/11 war er bereits als wissenschaftliche Hilfskraft am Gesamtarchiv tätig gewesen. Er war – neben seinen Forschungen zur Geschichte der Juden in Preußen – vor allem an der Zusammentragung familiengeschichtlicher Dokumente interessiert. Die von ihm erfaßten Materialien über Berlin veröffentlichte er später in den Bänden „Jüdische Trauungen in Berlin 1723–1759", Berlin 1938; „Die Judenbürgerbücher der Stadt Berlin 1809–1851. Mit Ergänzungen für die Jahre 1791–1809", Berlin 1962 und „Jüdische Trauungen in Berlin 1759–1813. Mit Ergänzungen für die Jahre von 1723 bis 1759", Berlin 1968. Bis zu seiner Deportation 1943 blieb sein Name mit der weiteren Geschichte des Gesamtarchivs verbunden. 1945 ging er nach England, wohin seine Familie bereits 1939 emigriert war. Zu seiner Biographie vgl. die Nachrufe von Stefi Jersch-Wenzel, „Zum Tode Jacob Jacobsons", in: Jahrbuch für die Geschichte Mittel- und Ostdeutschlands, Bd. 18 (1969), S. 698–704 und von Bernhard Brilling, in: Der Archivar, 22 (1969), Sp. 234–236.

27 Die Loge hat das Gesamtarchiv bis 1930 mitfinanziert und verwaltet; vgl. J.R. Schindler, „Das Gesamtarchiv der deutschen Juden", in: Der Orden Bne Briss. Mitteilungen der Großloge für Deutschland VIII U.O.B.B., Nr. 7/8 (Juli/August) 1935, S. 63–65.

28 „Geschäftsbericht", in: MittGA, 6 (1926), S. 114–122, S. 115. Zum 1922 gegründeten Preußischen Landesverband siehe Max P. Birnbaum, Staat und Synagoge 1918–1938. Eine Geschichte des Preußischen Landesverbandes jüdischer Gemeinden (1918–1938), Tübingen 1981 (Schriftenreihe wissenschaftlicher Abhandlungen des Leo Baeck Instituts, 38).

29 „Geschäftsbericht", in: MittGA, 6 (1926), S. 116–121.

30 Das Archiv der jüdischen Gemeinde Breslau wurde seit 1924 von Aron Heppner (siehe oben) eingerichtet und geleitet, durch die Übernahme von Akten weiterer jüdischer Gemeinden in Schlesien entwickelte es sich später zum „Schlesisch-Jüdischen Provinzialarchiv"; Bernhard Brilling, „Das Archiv der Breslauer Jüdischen Gemeinde (Das Schlesisch-jüdische Provinzialarchiv). Seine Geschichte und seine Bestände", in: Jahrbuch der Schlesischen Friedrich-Wilhelms-Universität zu Breslau, Bd.18 (1973), S. 258–284.

31 Die Hamburger Gemeindeakten befinden sich heute im dortigen Staatsarchiv.

32 Die Gemeinde Königsberg hatte ihre Akten zunächst im Gesamtarchiv deponiert, sie jedoch 1928 zurückgeholt und später im

Königsberger Staatsarchiv deponiert. Von dort wurden sie im Zweiten Weltkrieg ausgelagert, nach Kriegsende gelangten sie in die Central Archives for the History of the Jewish People in Israel; Brilling, Das jüdische Archivwesen in Deutschland", a.a.O., Sp. 284 f.

33 Mitgliederliste, in: Jüdische Familienforschung, 1. Jg., Nr. 2 (Mai 1925), S. 43.

34 Schindler, a.a.O., S. 64.

35 Jacob Jacobson, „50 [sic!] Jahre Gesamtarchiv", in: Gemeindeblatt der Jüdischen Gemeinde zu Berlin, 3.11.1935, S.2f.

36 Ein Teil der eingegangenen Antwortschreiben befindet sich heute im Archiv der Stiftung „Neue Synagoge Berlin – Centrum Judaicum".

37 Siehe z.B. Jacobson, Bericht über die Tätigkeit des Gesamtarchivs der Juden in Deutschland (wie Anm. 14), Stiftung „Neue Synagoge Berlin – Centrum Judaicum", Archiv, Nachlaß Wilhelm Graetz, ohne Pag.; ders., Reisebericht, 16.6.1937, ebd.

38 Jacobson, „50 Jahre Gesamtarchiv", a.a.O. Zu diesem Zeitpunkt befanden sich Akten aus etwa 400 jüdischen Gemeinden im Archiv, das sich jetzt Gesamtarchiv der Juden in Deutschland nennen mußte.

39 In seinen 1965 notierten Erinnerungen an diese Jahre berichtet er, das Gesamtarchiv sei einige Wochen später wieder freigegeben worden, nachdem er auf Wunsch des Gemeindevorsitzenden Heinrich Stahl (1868–1942) beim Reichssippenamt vorstellig geworden sei; Jacob Jacobson, „Bruchstücke 1939–1945", Leo Baeck Institute New York, Memoirensammlung, M.E. 560, Bl. 2; teilweise abgedruckt in: Monika Richarz (Hrsg.), Jüdisches Leben in Deutschland, Bd. 3: Selbstzeugnisse zur Sozialgeschichte 1918–1945, Stuttgart 1982, S. 401–412.

40 Dem Reichsministerium des Innern nachgeordnete Behörde; aus der ursprünglichen Dienststelle des „Sachverständigen für Rasseforschung beim Reichsministerium des Innern" entstand 1935 die „Reichsstelle für Sippenforschung", ab 1940 „Reichssippenamt". Das Amt sollte genealogische Quellen erfassen und sichern und diente als maßgebliche Auskunfts- und Gutachtenstelle für die Prüfung der „arischen Abstammung".

41 Jacobson, „Bruchstücke 1939–1945", a.a.O., Bl. 2, Bl. 22; Richarz, a.a.O., S. 401 f., S. 411, Anm. 3.

42 Jacobson, „Bruchstücke 1939–1945", a.a.O., Bl. 2.

43 Vgl. Mitarbeiterverzeichnis vom 1.9.1941 der Reichsvereinigung der Juden in Deutschland, Kopie im Archiv der Stiftung „Neue Synagoge Berlin – Centrum Judaicum". Die Reichsvereinigung der Juden in Deutschland wurde im Juli 1939 aus der Reichsvertretung der Juden in Deutschland gebildet als Zwangsverband für alle „Nichtarier" und alle jüdischen Einrichtungen; zu ihrer Geschichte siehe Esriel Hildesheimer, Jüdische Selbstverwaltung unter dem NS-Regime. Der Existenzkampf der Reichsvertretung und Reichsvereinigung der Juden in Deutschland, Tübingen 1994 (Schriftenreihe wissenschaftlicher Abhandlungen des Leo Baeck Instituts, 50).

44 Jacobson erinnerte sich 1965, daß „Boten des Geheimen Staatsarchivs" die Aktenbestände abholten, was für ihn ein deutliches Zeichen für das bevorstehende Ende des Gesamtarchivs war; ders., „Bruchstücke 1939–1945", a.a.O., Bl. 23. Frau L. Clemens, Berlin, erinnert sich, daß ihr Vater, der bei der „Fabrikaktion" am 27.2.1943 verhaftet und im Sammellager in der Rosenstraße festgehalten wurde, nach einigen Tagen in die Oranienburger Straße abkommandiert wurde, um dort Akten für eine Auslagerung zu verpacken; Anlage zum Schreiben vom 29.11.1994.

45 Siehe hierzu Daniel J. Cohen, „Jewish Records from Germany in the Jewish Historical General Archives in Jerusalem", in: Leo Baeck Institute Year Book, 1 (1956), S. 331–345.

46 Das spätere Zentrale Staatsarchiv der DDR, seit 1990 zum Bundesarchiv gehörend.

Aus
heutiger
Sicht

Harry S. Rowe[*]
Erinnerungen an die Neue Synagoge

Ich wurde als Harry Siegfried Rosenthal am 28. Oktober 1924 in Ludwigslust geboren. Als ich etwa zwei Jahre alt war, zogen meine Eltern, Fritz und Dorothea Rosenthal, nach Berlin.[1] Meine Großmutter, Ernestine Daniel[2], lebte damals in der Krausnickstraße 6. Meine Eltern zogen schließlich in die Krausnickstraße 4.

Die prägenden frühen Jahre verbrachte ich in unmittelbarer Nachbarschaft der Synagoge bzw. in ihr selbst.

Ich hatte als Kind die Vorstellung, die Synagoge gehöre mir. Sie war immer ein Faktor in meinem Leben. Zunächst unter religiösem Gesichtspunkt, später wurde sie zu einem Hort der Sicherheit. Mein Vater, der bei Hermann Tietz angestellt gewesen war, hatte seinen Arbeitsplatz verloren; er war von 1933 bis 1938 arbeitslos und wurde nach der Kristallnacht als Hauswart [der Synagoge] angestellt.

Ich erinnere mich, wie ich als Kind zu den Gottesdiensten am Freitagabend, am Sonnabend, zum Oneg Schabbat und zu den Feiertagen in die Synagoge ging. Anfang der dreißiger Jahre überließen Gemeindemitglieder, die aus Deutschland emigrierten, ihre Plätze meinen Eltern. Der Platz meines Vaters befand sich im letz-

ten Drittel des Hauptschiffs auf der linken Seite, der meiner Mutter in der Mitte der Empore, jenem Teil also, der mittlerweile wieder restauriert worden ist. Als kleiner Junge brauchte ich glücklicherweise keine Karte, zudem war der Platz neben dem meines Vaters nie besetzt. Diese Sitzplatzordnung galt nur für die Feiertage.[3]

Sonst saßen das ganze Jahr über die Männer auf der einen, die Frauen auf der anderen Seite, wobei ich mich nicht mehr entsinne, wie die Seitenaufteilung war.[4] Ich erinnere mich, hier auch Konzerte besucht zu haben. Es war ein großartiger Anblick, wenn Kantor Gollanin[5] hinter dem Toraschrein hervortrat und langsam die Stufen zur Bima [erhöhtes Podium an der Ostseite der Synagoge vor dem Toraschrein mit Vorbeterpult] hinabging. Während die Rabbiner sich bei den Gottesdiensten abwechselten, amtierte Herr Gollanin ständig in dieser Synagoge. Rabbiner Joachim Prinz kam nur sehr selten. Aufgrund seines blendenden Aussehens und seines Charismas galt er als Liebling der Frauen. Ich glaube, er predigte lieber in der Fasanenstraße. Er landete schließlich irgendwo in New Jersey.[6]

Um auf Kantor Gollanin zurückzukommen: Er hatte eine ganz wunderbare Stimme, außerdem sah er sehr fein aus, hatte weißes Haar und war hoch gewachsen, und wenn er zusammen mit dem Chor, begleitet von der Orgel, sang, war das – auch für mich kleines Kind – ganz einfach herrlich. Der Oberschammes [Schammes: Synagogendiener] war Herr Schnapp, der bis zum bitteren Ende blieb. Er wohnte irgendwo in der Großen Hamburger Straße gegenüber dem Altersheim.[7] Es gab noch einen anderen Schammes, den Assistenten von Herrn Schnapp, dessen Name mir entfallen ist, ein guter und vornehmer Mann. Auch er blieb bis zum Ende. Ich erinnere mich, daß am Freitagabend, nachdem der Kantor Kiddusch gemacht hatte [Segen über Wein sprechen], die Kinder nach vorne zur Bima gingen und einen

Manuskript des Bar Mizwa-
Vortrages von Harry Rosenthal,
1937
Es ist üblich, daß der Bar Mizwa
nach dem Gottesdienst während
der anschließenden Familienfeier
einen religiösen Vortrag hält.

Schluck Wein aus dem großen Kidduschbecher trinken durften – es war natürlich süßer Wein. In den späten dreißiger Jahren wurde dieser Brauch geändert: Der zweite Schammes goß den Wein in kleine Silberbecher, und jedes Kind trank aus einem eigenen. Wie war das köstlich! Zu Sukkot [Laubhüttenfest] wurde eine große Sukka [Laubhütte] im Hof der Synagoge aufgebaut. Sofern das Wetter günstig war, quetschten wir uns alle nach dem Gottesdienst hinein. Das Dach war offen, aus immergrünen Zweigen gebildet, und ihr Geruch zusammen mit dem der verschiedenen Früchte, die an den Wänden hingen, war einfach himmlisch. Besonders für ein Kind aus der [ärmlichen] Nachbarschaft. [Am 9. 10.]

1937 wurde ich Bar Mizwa[8] in „meiner Synagoge". Ich erinnere mich, daß ich die Haftara [Abschnitt aus den prophetischen Büchern, der Bezug auf den Tora-Abschnitt hat] und den Tora-Abschnitt lernte. Leider weiß ich nicht mehr, wie der Rabbiner hieß, sein Name hörte sich holländisch an.[9] Auch ihn kannte ich persönlich. Meine Mutter und ich gingen zu ihm in die Wohnung, wo er meine Hebräisch-Kenntnisse prüfte. Nach meiner Bar Mizwa mußte ich noch eine Zeit an seinem Unterricht teilnehmen: Ich glaube, ich ging sechs Wochen lang nach den normalen Schulstunden in der Mittelschule in der Großen Hamburger Straße zu ihm. Zu dieser Zeit waren meine Großmutter und der Rest der

Die Ruine des Ostturms der
Neuen Synagoge, 1988
Hier wurde 1988 ein Papier-
Konvolut gefunden, das u.a. die
hier abgebildeten Karten und
Briefe an den Bar Mizwa Harry
Rosenthal enthielt.

Glückwunschkarte für Harry
Rosenthal zur Bar Mizwa, 1937

Karte von Hertha Samuel für
Harry Rosenthal zur Bar Mizwa,
1937

„Herzlichen Glückwunsch zur
Konfirmation sendet Gertrud
Gerst"
Karte für Harry Rosenthal zur Bar
Mizwa, 1937

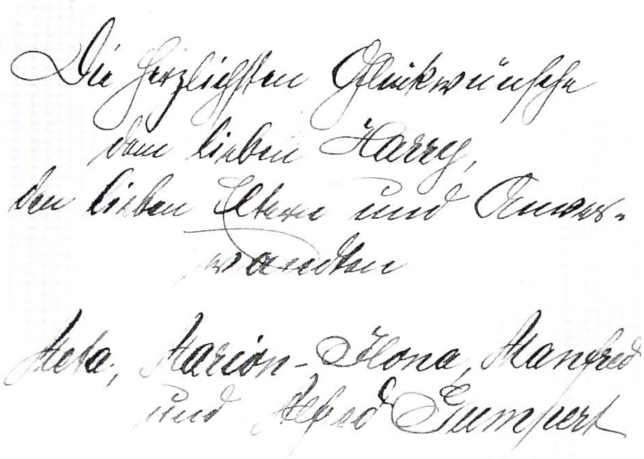

*Die herzlichsten Glückwünsche
dem lieben Harry,
den lieben Eltern und Anver-
wandter*

Glückwunschkarte von Familie
Gumpert für Harry Rosenthal zur
Bar Mizwa, 1937

*Heta, Marion-Ilona, Manfred
und Alfred Gumpert*

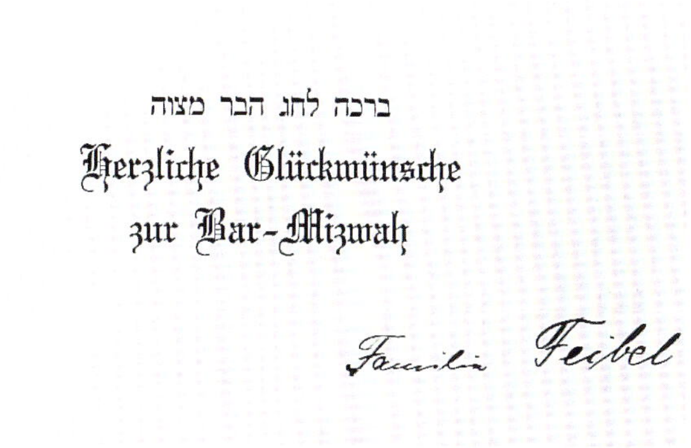

ברכה לחג הבר מצוה

**Herzliche Glückwünsche
zur Bar-Mizwah**

Familie Feibel

Glückwunschkarte von
Familie Feibel für Harry
Rosenthal zur Bar Mizwa,
1937

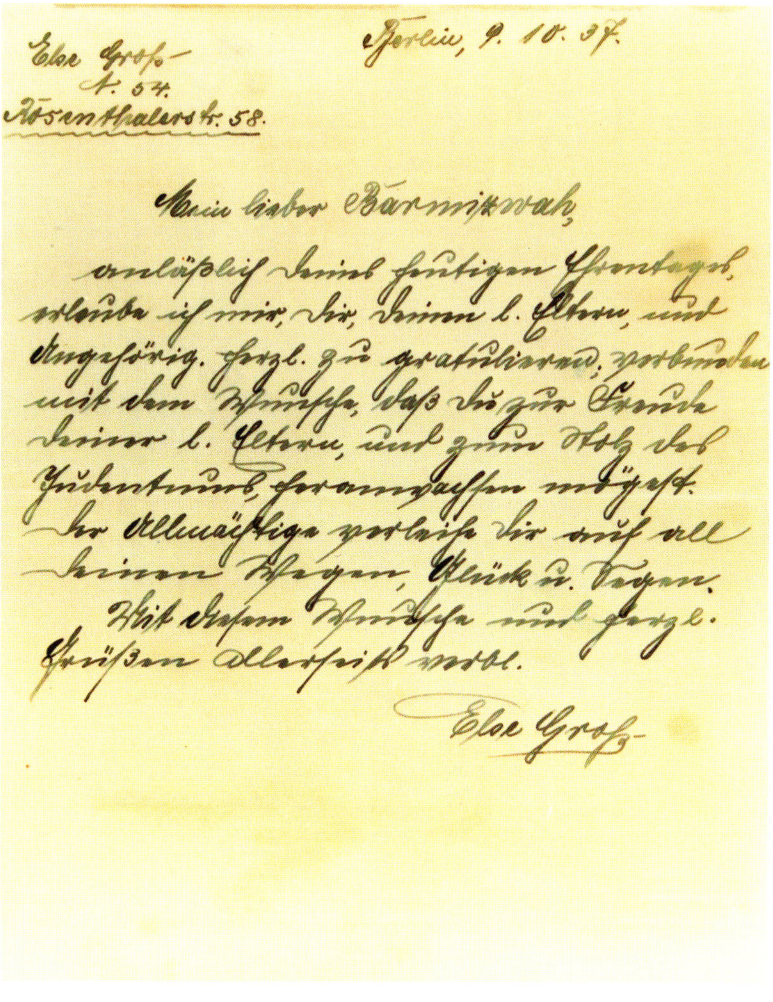

*Else Groß
N. 54.
Rosenthalerstr. 58.*

Berlin, 9. 10. 37.

*Mein lieber Barmizwah,

anläßlich deines heutigen Ehrentages,
erlaube ich mir, dir, deinen l. Eltern, und
Angehörig. herzl. zu gratulieren, verbunden
mit dem Wunsche, daß du zur Freude
deiner l. Eltern, und zum Stolz des
Judentums, heranwachsen mögest.
Der Allmächtige verleih dir auch all
seinen Segen, Glück u. Segen.
Mit diesem Wunsche und herzl.
Grüßen allerseits verbl.

Else Groß*

Brief von Else Groß an Harry
Rosenthal zur Bar Mizwa,
9.10.1937

Familie nach Moabit, Eyke-von-Repkow-Platz, umgezogen, nur meine Eltern und ich waren in der Krausnickstraße geblieben. Dann kam der 9. November 1938, die Kristallnacht. Ich erinnere mich, daß jemand zu uns kam und berichtete, daß die Nazis alle Synagogen in Brand steckten, jüdische Geschäfte verwüsteten und eine große Anzahl Juden verhafteten. Ich weiß noch, wie meine Mutter zu meinem Vater und mir sagte: „Geht nicht raus auf die Straße, bleibt zu Hause." Wir dachten, wir wären sicher, wenn wir in der Wohnung blieben. Wir fühlten uns völlig verloren und verlassen: Da lebten wir in einer großen Stadt mit Millionen Einwohnern und wußten nicht von einem Augenblick zum nächsten, was draußen vor sich ging. Nach ein oder zwei Tagen beschloß mein Vater, sich herauszuwagen, um zu sehen, was los war, kam zurück und berichtete, daß die Synagoge anscheinend unversehrt geblieben sei, aber der Rest der Stadt ein Bild der Verwüstung biete. Viele Männer aus unserem Freundes- und Familienkreis wurden verhaftet und nach Sachsenhausen gebracht. Wir hatten großes Glück, mein Vater wurde nicht verhaftet. Der Bruder meiner Mutter hingegen, Max Daniel, wurde nach Sachsenhausen verschleppt. Seiner Frau gelang es, mit ihrem Sohn nach England zu fliehen, und er hoffte, sie dort bald wiederzutreffen. – Mein Vater kannte den Portier des Hauses Oranienburger Straße 29, ein Mitglied der Jüdischen Gemeinde. Er hieß Lewin und wohnte mit seiner Frau und seinem Sohn Heinz in der Parterrewohnung.[10] Wenn man in das Gebäude kam, war die Wohnung links, die Treppe und die Portiersloge befanden sich rechts. Ich bin mir nicht mehr sicher, ob es einen Aufzug gab. Jedenfalls sorgte Herr Lewin dafür, daß mein Vater die freie Hauswartsstelle der Synagoge übernehmen konnte. Der bisherige Hauswart war nicht jüdisch gewesen und durfte nicht mehr bei Juden arbeiten. Es war für uns ein unverhofftes Glück, denn all die Jahre von 1933 bis 1938 war mein Vater arbeitslos. Ich glaube, wir zogen entweder Ende 1938 oder Anfang 1939 in die Wohnung. Das erste, was mein Vater mir

einschärfte, war, daß ich unter gar keinen Umständen über die Schäden in der Synagoge reden dürfe. „Wir werden das reparieren und die Schäden beheben und im übrigen so tun, als sei nichts geschehen." Freilich war der Schaden im Vergleich zu anderen Synagogen gering. Aber als ich zum ersten Mal [nach den Pogromen] die Synagoge betreten durfte, war ich schwer schockiert: Gebetbücher waren überall verstreut, Torarollen lagen offen auf dem Boden, überall Gebetmäntel wie übriggebliebene Dekorationen einer großen Neujahrsparty. Und überdies hatten die Nazis noch auf allem, was uns heilig war, ihre Notdurft verrichtet. In dem Raum, der unmittelbar vor dem Eingang zur Hauptsynagoge lag, war rechts an der Wand immer eine ständige Chuppa [Traubaldachin] aufgestellt, deren Vorhänge nun zerfetzt herabhingen. In der Mitte des Raums hatten die Schweinehunde versucht, Feuer zu legen. Der Fußboden war versengt. Es gab einen Kreis von Säulen, die die Decke trugen. Man hatte offenbar mit Holzknüppeln auf einige von ihnen eingeschlagen und sie beschädigt. Ich glaube, es war ein Architekt, der uns sagte, daß, hätten sie [die Nazis] eine der vier tragenden Säulen getroffen, die ganze Decke über ihnen zusammengestürzt wäre – schade, daß das nicht passierte. Wenn ich mich richtig erinnere, ging es dann in erster Linie darum, die Spuren der Verwüstung zu beseitigen und zu malern, was mehr notdürftige Übermalung war als sonst was.[11]

Im Hof, rechts neben dem Kellereingang, stand die Hütte von Senta, einem abgerichteten Wachhund. Es dauerte eine ganze Weile, bis sie uns alle akzeptiert hatte, aber nachdem wir dort eingezogen waren, wurde sie meine beste Freundin. Übrigens war sie eines der ersten Opfer der Nazis: Ich weiß nicht mehr genau, in welchem Jahr das war, aber ich erinnere mich, daß mein Vater sie irgendwohin bringen mußte, wo sie getötet wurde.[12] Nebenbei sei bemerkt, daß ich mir nach meiner Übersiedlung in die Vereinigten Staaten [im Sommer 1946] einen Deutschen Schäferhund zulegte, der den in den Staaten recht ungebräuchlichen Namen Senta erhielt.

Die Orgel der Neuen Synagoge,
um 1935
Foto Abraham Pisarek

Ungefähr im Frühjahr 1939 wurde die Synagoge für Gottesdienste wieder geöffnet.[13] Was mich betraf – und es gilt noch bis heute – hatte ich für Religion nichts mehr übrig. Meine Mutter meldete mich in einer Berufsschule an, die von der Jüdischen Gemeinde betrieben wurde. Am Wochenende und nach der Schule hatte ich Zeit, die Synagoge zu erforschen. Wie ich schon bemerkte, befand sich hinter der Bima eine Tür, die auf einen Korridor ging. Von hier aus führten Türen zu verschiedenen Räumen, denen des Rabbiners, des Kantors und des Schammes. Genau gegenüber der „Bima-Tür" befand sich eine große Metalltür zum Tresor. Hier wurden die silbernen Kidduschbecher, Torakronen, Torazei-

ger und andere Wertgegenstände aufbewahrt. Wenn ich mich recht entsinne, drang der Mob nicht hierher vor. Natürlich stahlen sie aus dem Toraschrein mit seinen Holztüren und dem Toravorhang einiges oder sogar alles Silber. So seltsam es sich auch anhören mag: Meines Erachtens wurde die Orgel nicht beschädigt. Obwohl es mir verboten war, bin ich doch immer zur Empore hochgeschlichen und habe auf der Orgel herumgespielt. Sie war bekanntlich eine der größten in Deutschland. Man mußte zunächst den Motor anstellen, um die Bälge für die Luftzufuhr der Orgel in Betrieb zu setzen. Sie hatte, glaube ich, vier Manuale [Tastaturen] und ein Pedal [für die tiefen Bässe]. Außerdem gab es noch hinten auf der zweiten Empore eine weitere Gruppe von Orgelpfeifen, die gespielt werden konnten.[14] Der Klang war großartig. Es gibt kein Instrument auf der Welt, das die Orgel nicht nachahmen könnte. Ich konnte nicht spielen, aber immerhin brachte ich eine einfache Melodie zustande; mitunter, wenn ich es zu weit trieb, kam mein Vater und unterbrach mich. An verschiedenen Stellen befanden sich kleinere Harmonien, die ich alle ausprobierte.

Im hinteren Teil des Gebäudes befand sich im Keller unter den Räumen des Rabbiners eine kleine Betstube. Wenn mich mein Gedächtnis nicht täuscht, wurde sie eine Zeitlang von einer kleinen Gruppe orthodoxer Juden genutzt.[15] Später wurde die [Neue] Synagoge geschlossen und als Lagerraum zweckentfremdet. Die Wehrmacht stellte einige Soldaten als Wache hier ab. Zum Schluß wurde ein alter Mann als Wachtmeister eingesetzt. Dieser Teil des Gebäudes schloß sich direkt an die Mauer des St. Hedwig-Krankenhauses an.

Eine steile Wendeltreppe führte auf eine Plattform und von dort auf den Dachboden, der sich über die gesamte Breite der Synagoge erstreckte. Ein schmaler Gang über den Balken war gerade breit genug, daß man dort gehen konnte. Rechts und links waren große Lichtschächte [in der Decke der Synagoge], die, glaube ich, elektrisch beleuchtet wurden. Da oben stand auch ein Gipsmodell der Synagoge, das das gesamte Gebäude

Fritz Rosenthal (links) mit dem
Hausmeister des Hauses
Oranienburger Straße 31 und
Max Daniel (rechts) im Hof der
Neuen Synagoge, 1940/41

bis in die kleinsten Einzelheiten zeigte. Im Innern der Hauptkuppel befand sich ein Stahlgerüst mit einer großen Fahnenstange. Bevor die Nazis zur Macht kamen, dürfte hier die [Reichs]fahne aufgezogen worden sein. Zu meiner Zeit nutzten die Tauben sie beim Flug in die Kuppel oder Abflug von ihr. Um in die beiden kleinen Seitentürme zu gelangen, sind wir auf dem Dach am Fundament der Kuppel vorbeigelaufen, stiegen durch Dachluken ein und von dort weiter hinunter, um von dort in die kleinen Türme hochzuklettern.

Wenn ich mich richtig erinnere, befand sich in der Mitte des Repräsentantensaals ein mit grünem Filz bezogener Tisch, auf dem Leselampen standen. Ich bin mir nicht mehr sicher, ob der Tisch rund oder sechseckig war. Auch kann ich mich beim besten Willen leider nicht mehr genau erinnern, ob in der Mitte eine Öffnung war oder nicht.

Ende 1939 oder Anfang 1940 zog der Bruder meiner Mutter, Max Daniel, zu uns, der aus Sachsenhausen freigekommen war, nachdem er versichert hatte, daß er entweder nach England oder Shanghai emigrieren werde. Er blieb bei uns und arbeitete bei Siemens, bis er im Frühjahr 1942 oder 1943 verhaftet und in den Osten deportiert wurde.[16]

Bei meinem Besuch der Synagoge [im Sommer 1994] stellte ich fest, daß die Rekonstruktion unserer Wohnung nicht ihrem ursprünglichen Aussehen entspricht. Folgende Umbauten waren vorgenommen worden, die den Charakter und die Funktion der ehemaligen Wohnung veränderten: Sie diente ursprünglich als Portiersloge. Wenn man den ersten Raum von der Haupteingangshalle betrat, befand sich links eine kleine Wendeltreppe, über die man in ein Zimmer gelangte, das die Län-

ge der kleinen Wohnung darunter einnahm und unter der Treppe im Treppenhaus endete, die zur Empore führte. Dieser Raum hatte ein Fenster zur Straße. Es war übrigens das Schlafzimmer meiner Eltern. Gegenüber der Eingangstür war eine andere Tür, durch die man über zwei, drei Stufen in das Seitentreppenhaus gelangte. Im ersten Raum war ein grüner Kachelofen, der die ganze Wohnung beheizte. Dahinter lagen zwei kleinere Zimmer mit einer Tür zum Hof. Links war die Küche. In der Wohnung gab es keine Toilette. Wir hatten ein voll eingerichtetes Badezimmer mit einer Badewanne und einem Holzbadeofen auf dem ersten Absatz der Treppe, die zur Empore führte. Dieser Raum stieß an das Haus Oranienburger Straße 29, und tatsächlich ging das Badezimmerfenster in den dazugehörigen Hof. Sonst – und später, wenn wir nicht die Tür zur Eingangshalle öffnen durften –, benutzten wir eine kleine Toilette mit der Tür zum Hof des Hauses Oranienburger Straße 31. Im Hof, direkt vor dem Küchenfenster, hatte unser Vorgänger einen Holzverschlag gebaut, so eine Art Laube. Im Sommer konnte man dort sitzen, essen und sich ent-

Harry Rosenthal (rechts mit
Brille) beim ersten Sederabend
in Berlin nach Kriegsende,
Frühjahr 1946

spannen. Der ganze Hof war von einem Zaun mit einem großen zweiflügeligen Eisentor umgeben, der uns vom Haus Nr. 31 trennte.[17] Der Hof zog sich bis zum Krankenhaus hin und bog links ab. Es gab noch ein Holztor, das auf den Schulhof [der Jüdischen Mädchenschule in der Auguststraße] führte. Dieses Tor, zu dem wir den Schlüssel hatten, war gewöhnlich verschlossen, während das Eisentor zwar zu, aber nicht abgeschlossen war. Der Hauswart des Hauses Oranienburger Straße 31 wohnte im obersten Stockwerk; er hatte eine hübsche Wohnung. Wie er hieß, weiß ich nicht mehr.[18] Aber ich habe noch ein Foto, auf dem mein Vater, mein Onkel und der Hauswart von Nummer 31 zu sehen sind. Die Aufnahme ist ungefähr 1941 oder 1942 im Hof der Oranienburger Straße 31 gemacht worden.

Ich bin kein Schriftsteller und schreibe eben so gut ich kann. Ich bin von Gefühlen überwältigt und von Erinnerungen an die guten wie auch die schlimmen Zeiten. Viele Jahre hindurch war das alles tief in meinem Innersten begraben. Ich hatte von diesen Einladungen gehört, Berlin zu besuchen. Lange Jahre wäre es mir nicht im Traum eingefallen, eine solche Einladung anzunehmen, geschweige, um eine zu ersuchen. Nun bin ich aber doch froh, daß ich zurückgekommen bin.

Ich möchte noch hinzufügen, daß meine Eltern und ich am 7. Mai 1943 verhaftet und zehn Tage später nach Theresienstadt deportiert wurden. Meine Eltern wurden beide im Oktober 1944 in Auschwitz ermordet.

Bis zu unserer Verhaftung 1943 habe ich nicht bemerkt, daß irgendwelche Ein- oder Umbauten in der Synagoge vorgenommen wurden. Ich kam nach Kriegsende [im Juni] 1945 [nachdem ich Theresienstadt und später Birkenau überlebt hatte] zur Synagoge zurück.

Ich bin mit der Aufzeichnung meiner Autobiographie und der Geschichte meiner Familie in Deutschland beinahe fertig. Ich schreibe sie hauptsächlich für meine

Kinder und Enkel sowie das Holocaust Museum in Washington. Wenn man die Geschichte meines Lebens liest, soll sich die Welt erinnern. Mein Bemühen ist es, daß die Leser mit der Zahl „Sechs Millionen" Namen und Gesichter, wirkliche Menschen verbinden.

Übersetzung: Eva Maria Thimme
Bearbeitung und Anmerkungen: Hermann Simon

Harry Rowe, der Sohn des letzten Portiers der Neuen Synagoge, kehrte im Sommer 1994 im Rahmen des Besuchsprogramms des Berliner Senats erstmals nach seiner im Sommer 1946 erfolgten Auswanderung in die einstige Heimatstadt zurück. Während dieses Besuchs besichtigte er auch die Neue Synagoge. Auf Bitten der Mitarbeiter der Stiftung „Neue Synagoge Berlin – Centrum Judaicum" schrieb er seine Erinnerungen an dieses Gotteshaus nieder.

Anmerkungen

1 Fritz Rosenthal, geb. 16.8.1898 in Ludwigslust, deportiert mit dem 87. Alterstransport vom 7.5.1943 nach Theresienstadt, später in Auschwitz ermordet; Dorothea Rosenthal geb. Daniel, geb. 7.5.1891 in Hohensalza, deportiert mit dem 87. Alterstransport vom 7.5.1943 nach Theresienstadt, später in Auschwitz ermordet.

2 Ernestine Daniel geb. Kwaskowski, geb. 12.5.1865, gest. 7.1.1940, ist auf dem Friedhof der Jüdischen Gemeinde in Berlin-Weißensee beerdigt.

3 Karten wurden nur zu den Hohen Feiertagen benötigt. Allerdings konnte der Inhaber seinen Platz auch sonst beanspruchen.

4 Die Frauen saßen, in Richtung Toraschrein gesehen, rechts, die Männer links.

5 Leo Gollanin (Chaim Leb-Leo Goldberg) (5.1.1872 – 3.4.1948), einer der bekanntesten Berliner Kantoren. Vgl. den Nachruf in: Der Weg, 16.4.1948, S. 10. Gollanin gehörte zu jenen Juden, die, durch eine „arische" Ehefrau geschützt, in Berlin überlebt haben. Über seine Frau Ida geb. Schadillow machte er auf dem Fragebogen zur Anerkennung als Opfer des Faschismus am 29.10.1945 folgende Angaben: „Meine Ehefrau (...) arischer Abstammung, aber jüdischer Religion hat während der ganzen Nazizeit mit mir gelebt und gelitten und mir treu zur Seite gestanden." Stiftung „Neue Synagoge Berlin – Centrum Judaicum", Archiv Bestand 4.1. (OdF-Akten), Nr. 508.

6 Rabbiner Joachim Prinz (10.5.1902 – 30.9.1988) gilt als „eine der profiliertesten Persönlichkeiten des Judentums in zwei Ländern", d.h. in Deutschland und in den USA. Siehe den Nachruf „Ein Leben für die Menschenrechte", in: Aufbau, New York, 17.10.1988, S. 1f.

7 Julian Schnapp, geb. 12.8.1872 in Posen, deportiert mit dem 72. Alterstransport vom 5.11.1942 nach Theresienstadt und dort am 28.2.1943 umgekommen. Er lebte bis zu seiner Deportation in der Großen Hamburger Straße 15–16. Rabbiner Georg Salzberger erinnert sich: Ich „sehe noch den Schammes zum Kiddusch in strammer, soldatischer Haltung mit dem Becher in der Hand neben ihm [d.h. den Kantor] postieren". Siehe Georg Salzberger, „Erinnerungen an Berlin", in: Gegenwart im Rückblick, Festgabe für die Jüdische Gemeinde zu Berlin 25 Jahre nach dem Neubeginn, hrsg. von Herbert A. Strauss und Kurt R. Grossmann, Heidelberg 1970, S. 249.

8 Bar Mizwa: „Sohn der Pflicht". Bezeichnung für einen Knaben, der mit Beendigung des 13. Lebensjahres in religiöser Hinsicht als volljährig gilt. In übertragenem Sinn wird die damit verbundene Zeremonie so bezeichnet.

9 Es handelt sich um Rabbiner Werner van der Zyl (1902–1984), ein „vorbildlicher Repräsentant besten deutschen Judentums, auch wenn er mehr als die Hälfte seines Lebens im anglo-amerikanischen Bereich verbracht hat". Siehe den Nachruf „In memoriam Werner van der Zyl" von E. G. Lowenthal, in: Aufbau, New York, 27.4.1984.

10 Siegfried Lewin, geb. 23.7.1886, deportiert mit dem 89. Alterstransport vom 19.5.1943 nach Theresienstadt, später in Auschwitz ermordet; Florentine Lewin geb. Abramczik, geb. 31.8.1883 in Gnesen (Posen), deportiert mit dem 89. Alterstransport vom 19.5.1943 nach Theresienstadt, später in Auschwitz ermordet; Heinz Lewin, geb. 10.11.1926 in Berlin, deportiert mit dem 89. Alterstransport vom 19.5.1943 nach Theresienstadt. Das weitere Schicksal ist ungeklärt.

11 In einem Bericht aus dem Jahr 1991 über eine in der Eingangshalle angelegte restauratorische Musterachse hielten die Restauratoren Thomas Tapp und Konrad Wargowske folgendes fest: „Im Bereich der Musterachse wurde an Bauteilen, die noch Farbfassung aufwiesen, die Übermalung entfernt. Diese letzten Anstriche waren in nur sehr schwach gebundener Leimfarbe aufgebracht worden. Vermutlich stammt diese Fassung von einer Renovierung nach der Pogromnacht am 9./10. November 1938 (...) Rußähnliche und festere Schmutzschichten wurden mit einer Reinigungspaste (...) angelöst und danach mit Wasser entfernt." Siehe den „Restaurierungsbericht zu den Musterachsen in den Räumen 1.0 Vorhalle; 1.2. Vestibül Männer; Tr. 1 Haupttreppenhaus; 3.0. Repräsentantensaal", Bl. 7, Bauleitung Stiftung „Neue Synagoge Berlin – Centrum Judaicum".

12 Nach einer Anordnung vom 15.2.1942 war Juden das Halten von Haustieren verboten.

13 Zu Pessach 1939 (3. April abends) konnte wieder Gottesdienst abgehalten werden.

14 Wie der beste Kenner der Orgel der Neuen Synagoge, Hans Hirschberg (London), in Briefen vom 4. und 19.12.94 mitteilt, meint der Verfasser das „Fernwerk" (4. Manual), das oberhalb der zweiten Frauenempore angebracht war. „Das Fernwerk hatte hauptsächlich sanfte Register, oft für Solo-Partien bzw. Klänge, die von weither kamen, zumal dieses Werk in einem Schwellkasten stand und dadurch crescendo- und decrescendo-Wirkungen hervorgerufen werden konnten, z.B. vor der Predigt während der Rabbiner zur Kanzel trat oder bei stiller Andacht." Siehe hierzu auch den Beitrag von Hans Hirschberg in diesem Band.

15 Es handelt sich hierbei wohl um die frühere Chewras Schass. Sinasohn teilt uns hierzu mit: Der allgemein Schass Chewra genannte Minjan „befand sich in einem Gebäude der Jüdischen Gemeinde Oranienburger Str. 32, siedelte später in das Hofgebäude Oranienburger Str. 30 um". Siehe M. M. Sinasohn, Die Berliner Privatsynagogen und ihre Rabbiner 1671–1971. Zur Erinnerung an das 300 jährige Bestehen der Jüdischen Gemeinde zu Berlin, Jerusalem 1971, S. 27. Chewras Schass wurde 1938 aufgelöst. Siehe hierzu das Kapitel „Talmud-Verein Chewras Schass" auf S. 171 f. in diesem Band.

16 Max Daniel, geb. 4.5.1888 in Hohensalza, deportiert mit dem 34. Transport vom 4.3.1943 nach Auschwitz und dort ermordet.

17 Kurz nach Kriegsende hat der Verfasser dieses Eisentor noch gesehen; der Verbleib ist unbekannt.

18 Es handelt sich möglicherweise um Max Nathan, geb. 24.8.1892 in Gerswalde (Brandenburg), deportiert mit dem 52. Alterstransport vom 28.8.1942 nach Theresienstadt und dort umgekommen.

Der Polizei-Oberleutnant
Wilhelm Krützfeld

Reviervorsteher Wilhelm
Krützfeld im 16. Revier am
Hackeschen Markt, 1940

Die nachfolgende Rede wurde anläßlich der festlichen Umbenennung der Landespolizeischule Schleswig-Holstein in „Landespolizeischule Wilhelm Krützfeld" am 9. November 1993 von Heinz Knobloch gehalten. Für weitere Informationen wird auf den von ihm verfaßten Band „Der beherzte Reviervorsteher" (Berlin 1990) verwiesen. Der Druck erfolgt mit freundlicher Genehmigung des Autors.

V erdiente Ehrung wird heute einem Menschen zuteil, der seinem Lebensberuf, Polizist zu sein, Ehre machte. Besonders in jener Nacht, die zu den verhängnisvollen in der deutschen Geschichte gehört. Oft ver-

harmlosend „Kristallnacht" genannt, muß sie jedoch als Pogromnacht bezeichnet werden. Denn allein in Berlin wurden die meisten der über 3.700 jüdischen Einzelhandelsgeschäfte zertrümmert und geplündert, über zehntausend Juden festgenommen und die meisten der vierzehn großen Synagogen weitgehend zerstört. Nur die größte und schönste nicht, die Neue Synagoge in der Oranienburger Straße.

Denn der zuständige Reviervorsteher kam mit einem Trupp vom Innendienst herbeigerannt und verjagte mit vorgehaltener Pistole die SA-Männer – die waren selbstverständlich nicht in brauner Uniform am Tatort, sondern im sogenannten Räuberzivil erschienen und hatten in den Vorräumen Feuer gelegt, Gebetbü-

cher auf die Straße geworfen und wollten ihr Zerstörungswerk fortsetzen. Der Reviervorsteher, soviel wissen wir, alarmierte gleichzeitig die Feuerwehr. Die kam und löschte – ein geradezu einzigartiger Vorfall in jener Nacht, in der in Deutschland die Feuerwehr einsatzbereit den Bränden zuschauen mußte, solange nur jüdische Gebäude brannten.

Schon Wochen zuvor hatte man diese Aktion behördlich vorbereitet. Nach dem Alphabet waren alle Juden auf ihre zuständigen Polizeireviere bestellt worden mit der Aufforderung, alle in ihrem Besitz befindlichen Waffen mitzubringen. Nur der Termin für den Pogrom war noch offen. Aber auf den Polizeirevieren wußte man bereits davon ...

In der Oranienburger Straße 89, unweit von Synagoge und Polizeirevier, wohnte damals der jüdische Schneider Sigmund Hirschberg mit seiner Frau Gertrud und seinem Sohn Hans, der heute in London lebt. Seiner Schilderung ist zu verdanken, was wir heute wissen:

Eines Abends Ende Oktober 1938 kam ein Ehepaar zu Hirschbergs, um einen Damenmantel anfertigen zu lassen. Es war der Vorsteher des nahegelegenen Polizeireviers 16 mit seiner Frau. Selbstverständlich erschien er nicht in Uniform.

Hirschbergs Sohn erinnert sich: „Ich höre noch, wie er sich von uns verabschiedete: 'Herr Hirschberg, Sie brauchen sich nicht zu sorgen. Wenn wir Verhaftungslisten bekommen sollten, dann rufe ich Sie an, und Sie verreisen dann eben von vier Uhr früh bis ungefähr neun Uhr mit der S-Bahn. Haben Sie keine Angst, Herr Hirschberg, ich warne Sie rechtzeitig.'"

Soweit das Zitat. Ich behaupte, daß beide Männer sich schon kannten, und gehe so weit, daß der bestellte Mantel etwas bemänteln sollte. Denn ein andermal kam der Reviervorsteher mit seiner Schwiegertochter Hildegard, die heute unter uns sitzt, zu Hirschbergs. Sie blieb im Nebenzimmer, hörte nicht die Unterhaltung der beiden Männer. Das ist doch merkwürdig...

Wilhelm Krützfeld an seinem
40jährigen Dienstjubiläum,
14.10.1940

Es gibt, um in amtlicher Sprache zu reden, mancherlei Indizien dafür, daß jener Reviervorsteher sich gegen die Verfolgung jüdischer Menschen wehrte. Auf seine Art. Und mutig.

Am Abend des 10. November, so berichtet Hans Hirschberg, kam der Anruf. Tagelang fuhr er mit dem Vater in aller Herrgottsfrühe S-Bahn. Sie stiegen pausenlos um und entgingen so einer eventuellen Verhaftung.

Was diese Bedrohung angeht: Am Nachmittag des 10. November bekam der Rabbiner Malvin Warschauer, einer der großen Kanzelredner seiner Zeit,

einen Telefonanruf: „Hier ist Ihr Polizeirevier! Herr Doktor, die Gestapo ist auf dem Weg, Sie zu verhaften! Verlassen Sie sofort Ihr Haus!"

Malvin Warschauer war Rabbiner an der Neuen Synagoge. Er konnte nach England flüchten und hat seine Wohnung nie wieder betreten.

1988 schrieb sein Sohn aus London an die Ostberliner Jüdische Gemeinde – und er konnte nichts wissen von meiner Spurensuche und von Hirschberg –, zeitlebens habe sein Vater immer wieder gesagt: „Ich verdanke mein Leben einem deutschen Polizisten!" Es gibt noch mehr solcher Begebenheiten.

Berta und Wilhelm Krützfeld mit
ihren Söhnen Artur und Walter
am Tage der silbernen Hochzeit,
9.10.1933

*Einmal sind es in den Pogromtagen ein Unter-
offizier der Wehrmacht und ein Wachtmeister der
Schutzpolizei, die – es folgt ein Zitat aus dem „Deutsch-
landbericht" der Sozialdemokratischen Partei im Exil –
„zwei ältere jüdische Frauen mit ihren sechs oder
sieben Kindern vor dem Partei-Mob beschützten und sie
schließlich in Sicherheit brachten". In der Münzstraße.
Deren Hälfte gehört zum Revier 16, von dem hier
immer wieder die Rede ist.*

*In dessen Nähe gab es die Buchdruckerei von
Theodor Görner. 1944 wurde er wegen „Judenbe-
günstigung" verhaftet. Sein Andenken als „Unbesunge-
ner Held" ehrten überlebende Juden im Jerusalemer
Ehrenhain Yad Vashem. Görners Tochter weiß zu berichten, daß ihr Vater sich täglich auf dem Polizeirevier am Hackeschen Markt melden mußte; dort hatte
er „Freunde, die ihm bei seinen guten Taten mit echten
Stempeln für Fluchtausweise" für Berliner Juden halfen.*

*Immer wieder das Revier 16 am Hackeschen
Markt in Berlin. Heute ist dort eine Grünanlage.
Bald wird sie bebaut sein. Dann ist alles Vergangenheit. Wen interessiert noch, was dort getan und unterlassen wurde? Denn auch das Nicht-Tun, das Nicht-
Mitmachen gehört manchmal zum Menschsein und
Menschbleiben. Nicht nur der Reviervorsteher, sondern
auch einige seiner Untergebenen, die man Mitstreiter
nennen muß, haben sich ihre Menschlichkeit durch Tun
und Unterlassen bewahrt. Auch ihnen – wir kennen
nur die Namen Willi Steuck und Trischak – gilt unser
Gedenken.*

*Noch immer ist der Name des Reviervorstehers
nicht genannt. Wer kannte ihn?*

*Als ich vor genau zehn Jahren im Katalog der
Ausstellung „Synagogen in Berlin" die Schilderung
von Hans Hirschberg über die Rettung der Synagoge
las, fehlte der Name des Mannes, von dem die Rede
war. Der Vater Hirschbergs konnte sich nicht mehr
genau erinnern, als er nach Kriegsende aus der Emigration heimgekehrt war nach Berlin. Der Revier-*

*vorsteher galt als tot. Hausbewohner rund um den
Hackeschen Markt erzählten, der Reviervorsteher sei
bei Kriegsende von der SS ermordet worden. Eine
durchaus glaubhafte Nachricht. Sie betraf aber, wie
mittlerweile bekannt, andere Polizisten aus dem Revier
16, die Ende April 1945 den Krieg beenden wollten.*

*Als ich im Ausstellungskatalog von der Tat des
unbekannt Gebliebenen gelesen hatte, beschloß ich, ihn
zu suchen. Ihn zu finden. Viele Fragen. Viele Briefe.
In alle Richtungen.*

*Es gibt viele Archive. Und meist geben sie Aus-
kunft. Auch unsereinem. Aber wenigstens einen Namen*

muß man dort anbieten können. Oder ein Geburtsdatum. Eine Adresse. Einen Friedhof. Doch ich hatte
nichts außer meinem Respekt für den Unbekannten,
für sein Verhalten und meiner Verwunderung darüber,
warum erst 1983 davon zu lesen stand in dem Katalog
einer Ausstellung, die nicht unbedingt zehntausend
Besucher anzieht würde.

Warum stand nichts in den Geschichtsbüchern?
In Ost und in West. Warum war die Rettung der größ-
ten Berliner Synagoge den Historikern entgangen?
In West und in Ost?

Etwa so, wie Sie nach Übeltätern suchen, forschte ich nach jemand wegen einer guten Tat. Und nach
Irrwegen mancher Art beschloß ich, diesem unbekannten Mann, der nicht vergessen werden darf, diesem
guten Deutschen, einen papiernen Gedenkstein zu
setzen.

Damals hatte ich wöchentlich eine Zeitungsru-
brik in einer DDR-Wochenzeitung mit 1,3 Millionen Auf-
lage und beschrieb alles so, wie ich es Ihnen hier vortrage, und nannte am Schluß den unbekannten Reviervorsteher unseren „Bruder Namenlos".

Wenige Tage nach Erscheinen der Zeitung rief
mich sein Berliner Sohn an: „Das war mein Vater!"

Und daher kann jetzt endlich sein Name genannt werden: Wilhelm Krützfeld.

Geboren 1880 in Horndorf in Schleswig-Holstein.
Achtundzwanzigjährig trat er 1908 in den Dienst der
Berliner Schutzpolizei. Er stieg auf zum Polizeiinspek-
tor und wurde Reviervorsteher. Später hieß das Revier-
oberleutnant.

Wilhelm Krützfeld hat sich in den Nachkriegsjahren nie wegen der Rettung der prächtigsten Berliner
Synagoge gerühmt oder gar dafür Anerkennung erwartet. Auch seine Angehörigen maßen seinem Verhalten in jenem November keine erwähnenswerte Bedeutung bei. Es war für sie einfach selbstverständlich,
wie sich ihr Vater als Polizeibeamter verhalten hatte.
Das sei betont.

Aber der Reviervorsteher bekam Ärger. Gleich
anderntags befahl ihn der Berliner Polizeipräsident
Graf Helldorf zum Rapport. Wie er es wagen konnte,
sich der Empörung des deutschen Volkes entgegenzustellen! Warum er den gesunden Volkswillen behindert
habe! Krützfeld kommt kaum zu Wort. Bei solcher Hor-
de könne man wohl kaum vom spontanen Volkswillen
sprechen, entgegnet er. Außerdem sei gerade diese
Synagoge als Kulturgut seit jeher unter Polizeischutz.
All das läßt der Polizeipräsident nicht gelten. Unter
Drohungen wirft er Krützfeld hinaus. Aber ohne Be-
strafung!

Also war solche Zivilcourage im Amt damals
möglich!

Später, nach Kriegsbeginn, wurde der Revier-
oberleutnant Wilhelm Krützfeld versetzt und reichte
1942 aus angeblich gesundheitlichen Gründen seine
Pensionierung ein. Die bewahrte ihn davor, die Deportationen der Berliner Juden polizeilich sichern zu
müssen, deren erste Sammelstelle in der Großen Hamburger Straße lag. Im Bereich des Polizeireviers 16.

Das Kriegsende überlebte Wilhelm Krützfeld in
seiner Heimat Schleswig-Holstein und kehrte schon
Ende 1945 aus seinem Berlin bei Horndorf zurück in
die Großstadt Berlin seines Berufs- und Beamtenlebens.

Das sei betont: Er kam aus der Britischen Be-
satzungszone in den Russischen Sektor von Berlin.
Das bedeutet: Er konnte sich getrost sehen lassen dort
an seinem Hackeschen Markt. An seiner ehemaligen
Arbeitsstelle. Jeder konnte das nicht.

1960 veröffentlichte der Berliner Landesrabbiner Martin Riesenburger seine Erinnerungen. Darunter
über jene Novembernacht: „Da schossen Feuergarben
aus unseren Synagogen empor. Doch: Welch ein Wunder – als der Morgen aufzog, da glühte noch in einer
einzigen Synagoge Berlins, in dem gewaltigen, von
Brand und Rauch umgebenen Tempel in der Oranienburger Straße, vor der zerstörten Heiligen Lade das
Ewige Licht."

Pensionierungsbescheid
für Wilhelm Krützfeld vom
1.11.1943

Riesenburger nannte sein Buch „Das Licht verlöschte nicht". Es verlöschte nicht, weil Krützfeld kam.

Und da unser Leben, unsere Geschichte aus Einzelheiten besteht, sei mitgeteilt, daß am 8. November 1989 die Ostberliner Zeitungen melden konnten, bei Enttrümmerungsarbeiten in der im November 1943 durch Fliegerbomben ruinierten Synagoge sei beim Entfernen einer Betondecke die Ewige Lampe entdeckt und geborgen worden.

Ihr Licht war erst erloschen, als die Synagoge der deutschen Wehrmacht als Lagerraum diente.

Künftig wird die Lampe in der ständigen Ausstellung des Centrum Judaicum ihre Geschichte erzählen.

Im Namen
des
Führers
versetze ich
den
Revier-Oberleutnant der Schutzpolizei
Wilhelm Krützfeld
auf seinen Antrag in den Ruhestand.
Ich spreche ihm für seine dem Deutschen Volke geleisteten treuen Dienste den Dank des Führers aus.

Berlin, den 1. November 1943.

für den Reichsminister des Innern
für den Polizeipräsidenten

~~Generalmajor~~ Generalleutnant der Polizei
und Kommandeur der Schutzpolizei

Meine Geschichte über Wilhelm Krützfeld ist gleich zu Ende. Sie beginnt heute neu in seiner Heimat. Denn aus ihr hat er sein Gespür für Recht und Unrecht, seine ihm anerzogene Achtung vor allen Mitmenschen mitgebracht und bewahrt und behauptet in der deutschen Hauptstadt. Und hat seinen ohne Zivilcourage undenkbaren Beamtenmut nie verloren.

Dieser Mann war zeitlebens parteilos.

Und wenn Sie demnächst gefragt werden, warum Ihre Landespolizeischule gerade diesen Namen trägt, dann können Sie davon erzählen.

Zu DDR-Zeiten noch hatte ich mich um das Grab des beherzten Reviervorstehers bemüht, damit es, auf einem evangelischen Friedhof in Ostberlin gelegen, nicht eingeebnet werden würde, denn die Liegefrist war abgelaufen. Daß es Denkmalschutz bekäme. Das gelang. Aber mitten in der Wende. Und somit ungültig. Daher brauchte der Revieroberleutnant Wilhelm Krützfeld im Grabe nunmehr neuen Beistand von den neuen Vorgesetzten.

Er bekam ihn. Am 31. Oktober 1991, als sein Todestag sich jährte, ehrte der damalige Berliner Polizeipräsident Georg Schertz den Revieroberleutnant Wilhelm Krützfeld an seinem und dem Grab seiner Frau Berta durch eine Ehrenformation und eine Kranzniederlegung, an der sich mit Ansprache und Kranz die Berliner Jüdische Gemeinde beteiligte, vertreten durch Dr. Hermann Simon, den Direktor der Stiftung Centrum Judaicum Neue Synagoge Berlin, jenes 1866 in Anwesenheit Bismarcks und des damaligen Polizeipräsidenten eingeweihten Bauwerks, das Wilhelm Krützfeld 1938 vor schwerem Schaden bewahrt hat.

Dr. Simon sagte damals: Der beherzte Reviervorsteher repräsentiert „jene Bürger unserer Stadt Berlin, von denen man sagen möchte: Ach, hätte es doch mehr Wilhelm Krützfelds gegeben!"

Seit 1992 hat Wilhelm Krützfeld ein Ehrengrab des Senats von Berlin.

Berta und Wilhelm Krützfeld
in Berlin, Dezember 1950

Polizeipräsident Schertz betonte damals die Hochachtung, mit der die Berliner Polizei Krützfelds gedenken müsse. Und machte – so wörtlich – Krützfelds Verhalten „unseren jungen Beamten und Beamtinnen zum Vorbild". Er sprach auch von seiner Besorgnis über die gegenwärtige Entwicklung, die Tätlichkeiten gegen Ausländer.

Sie ehren mich, den Berliner Schriftsteller, damit, daß ich Ihnen in dieser Feierstunde das Leben Ihres Landsmannes, eines ehrenwerten Deutschen, nahebringen darf. Ich könnte das mit einem dichterischen Bild beenden. Doch lieber nutze ich die Sätze, die Berlins Polizeipräsident Georg Schertz 1991 am Grabe von Wilhelm Krützfeld sagte. Denn seine Worte mahnen auch unsereinen zu anhaltender Zivilcourage in diesem neuen Deutschland.

Mit den Worten des Berliner Polizeipräsidenten: "Der Reviervorsteher Polizeioberleutnant Wilhelm Krützfeld hat in der Einsamkeit eigener Entscheidung, die heute kaum vorstellbar ist, seinem Anstand, seinem Gewissen Raum gegeben und ist dem Unrecht, das er erkannte, entgegengetreten. Sein Bild gehört in das lebendige Bewußtsein unserer Polizei. Der moralische, aber auch dienstliche Auftrag, seinem Verhalten zu entsprechen, ist ein dauerndes Gebot."

Jüdisches
Leben
heute

22 ausgewählte Fotografien
von Michael Kerstgens

Warum hat mich das jüdische Leben interessiert? Warum habe ich mich über Monate mit Synagogen, Beschneidungen oder Bar Mizwa-Feiern beschäftigt? Warum ich als Nichtjude? Es ist ganz einfach und doch kompliziert. Ich will mich auf das Einfache beschränken, denke aber, daß die komplizierten Fragen, die mit diesem Thema zusammenhängen, für jeden in Deutschland aufgewachsenen Nichtjuden nachvollziehbar sind.

Um zu erklären, warum ich mir ein Bild vom jüdischen Leben machen wollte, will ich von einer Begebenheit erzählen, die mir bei meinen Recherchen zu dieser Reportage widerfahren ist: Ein Lehrer einer Berliner Schule kam ins Jugendzentrum der Jüdischen Gemeinde und fragte, ob man nicht einen Juden kenne, der Schülern einer zehnten Klasse etwas über die Nazis und den Holocaust erzählen könne. Er sagte, seine Schüler hätten „noch keinen echten Juden gesehen".

Ich will nichts weiter über diesen Lehrer sagen, von dem man allerdings eine etwas differenziertere Anfrage hätte erwarten können. Zumal ich der Meinung bin, daß es falsch ist, von Juden zu erwarten, uns Nichtjuden etwas über die Nazizeit mitzuteilen. Andererseits bin ich sicher, dieser Lehrer hat sich nur unglücklich ausgedrückt. Trotzdem sagt diese kleine Begebenheit sehr viel aus über unser Verhältnis zum Judentum und über unseren Umgang mit dem Holocaust. Stimmt das Bild, das uns vom heutigen Judentum in Deutschland vermittelt wird? Haben wir überhaupt ein Bild? Welches Bild haben wir von den Repräsentanten der Juden? Mein Interesse war es nicht, das Bild des ewig Leidenden zu zeigen, das unsere Medien gerne als Bild des heutigen Judentums in Deutschland präsentieren. Mich hat vielmehr die Gesamtheit jüdischen Lebens interessiert, fokussiert auf Berlin, die größte jüdische Gemeinde in Deutschland. Gerade die Berliner Gemeinde wurde zum Brennpunkt jüdischen Lebens in einer Phase der Neuorientierung nach dem Tode Heinz Galinskis und nach dem Zusammentreffen der beiden Gemeinden Ost und West.

In dieser schwierigen Zeit kommt der Zuzug Tausender russischer Juden aus der ehemaligen UdSSR hinzu.

Während der Arbeit an meiner Reportage durfte ich Gast sein. Ich mußte lernen. Über mich, über die Generation der Väter, die der Täter und über die Opfer. Man lud mich auf Hochzeiten ein, auf Bälle und in die Familien. Und man erlaubte mir zu fotografieren, mir ein Bild zu machen. Denn daran fehlt es. Ein Bild über gesellschaftliches Leben der Juden, über die Gegenwart jüdischen Lebens im heutigen Deutschland.

Ich hoffe, daß meine Fotos etwas darüber zeigen und vermitteln können, denn die Wirklichkeit ist keine fixe Größe, sondern abhängig vom Wissen und von dem Bild, das wir uns über unsere Geschichte und die Welt machen.

Michael Kerstgens
Februar 1995

Die Neue Synagoge in
Berlin-Mitte, 1992

Brit Mila (Beschneidung)
in der Synagoge Joachimstaler
Straße, Berlin-Charlottenburg
mit Dr. Adler aus Zürich, 1992

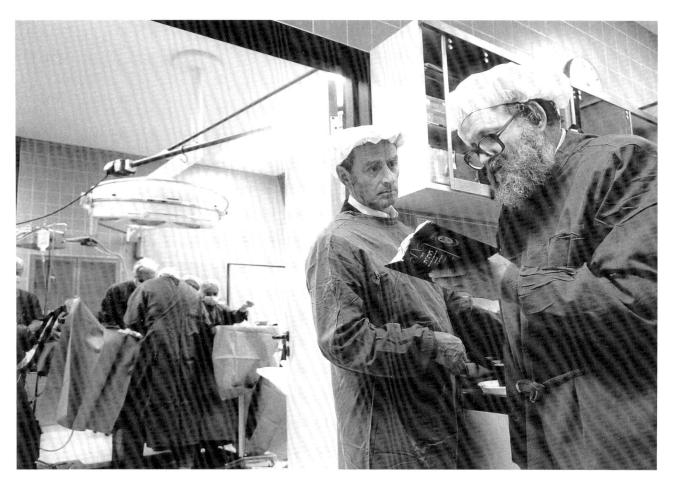

Brit Mila im Jüdischen Krankenhaus in der Iranischen Straße,
Berlin-Wedding, 25.8.1992

Sabbatmahl nach dem Besuch
der Synagoge in einer Berliner
Familie, 1992

Sabbat in einer Berliner Familie,
1992

Sabbatmahl in einer
Berliner Familie, 1992

Makkabi-Sportfest in Berlin, 1992

Am Rande des Makkabi-Sport-
festes in Berlin, 1992:
Piotr Olev (links), Schauspieler
aus der ehemaligen Sowjetunion,
diskutiert mit einem Bekannten
über die Einflüsse jüdischer
Emigranten auf Kunst und Literatur in Deutschland.

Demonstration nach einem
Bombenattentat auf das
Mahnmal auf der Putlitz-Brücke,
Berlin-Tiergarten, 1992

Der israelische Ministerpräsident
Jitzchak Rabin in der Gedenkstätte des ehemaligen
Konzentrationslagers Sachsenhausen, 1992
Es war der erste Besuch eines
israelischen Ministerpräsidenten
in einem ehemaligen Konzentrationslager.

Martin Friedländer (rechts)
mit Ron Kohls im Archiv
des Jüdischen Friedhofs in
Berlin-Weißensee, 1992

Martin Friedländer auf
dem Jüdischen Friedhof in
Berlin-Weißensee, 1992

In der Jüdischen Grundschule
in der Bleibtreustraße,
Berlin-Charlottenburg, 1992

Vorbereitung auf die Bar Mizwa
mit Herrn Tichauer in der
Synagoge Pestalozzistraße,
Berlin-Charlottenburg, 1992

Bar Mizwa-Unterricht im
Gemeindehaus in der Fasanenstraße, Berlin-Charlottenburg,
1992

Bat Mizwa-Feier in den Räumen
der Synagoge Pestalozzistraße,
1992

Russisch-jüdische Hochzeit in
der Synagoge Pestalozzistraße,
1992

Brautjungfer bei einer russisch-
jüdischen Hochzeit in der
Synagoge Pestalozzistraße, 1992

Abb. linke Seite:
Bat Mizwa (Einsegnung der
Mädchen) in der Synagoge
Pestalozzistraße mit Rabbiner
Stein, 1992

Chanukka-Ball im Berliner
Hotel Interconti, 1992

Makkabi-Ball in den
CCC-Filmstudios von
Arthur Brauner, 1992

Anhang

Veranstaltungen in der Synagoge

Einführung

Am 5.9.1866 wurde die Neue Synagoge der Berliner Jüdischen Gemeinde in der Oranienburger Straße feierlich eingeweiht. Anwesend waren, wie die „Allgemeine Zeitung des Judentums" am 25.9.1866 stolz aufzählte, „Graf Bismarck, Minister v. d. Heydt, Feldmarschall Wrangel, Polizeipräsident v. Bernuth und Oberbürgermeister Seidel". Für die nationalbewußten und patriotisch gesinnten Berliner Juden war dies von großer Bedeutung. In den folgenden Jahrzehnten fanden an nationalen Gedenk- und Ehrentagen der Kaiser und anderer prominenter Deutscher Gottesdienste in den Gemeindesynagogen statt. Der Befreiungskriege und des Sieges bei Sedan gedachten die Berliner Juden ebenso wie der Regierungsjubiläen, Geburts-, Hochzeits- und Todestage der Hohenzollern. Graf von Moltke wurde an seinem 90. Geburtstag geehrt, und noch 1934 wurde eine Trauerfeier für Reichspräsident von Hindenburg abgehalten. Für diese Anlässe nutzte die Jüdische Gemeinde in erster Linie die Neue Synagoge, die größte und repräsentativste der Berliner Gemeindesynagogen.

Andere Veranstaltungen, die neben den üblichen Gottesdiensten in der Neuen Synagoge durchgeführt wurden, dienten karitativen Zwecken, etwa die Konzerte zugunsten der „Nothleidenden in Oberschlesien" (1879), zugunsten der „Nationalstiftung für die im Kriege Gefallenen" (1914) und des „Wohlfahrts- und Jugendamtes der Jüdischen Gemeinde" (1930). Das zuletzt genannte Konzert fand durch die Mitwirkung des bekannten Opernsängers Hermann Jadlowker und Albert Einsteins (Violine) große Beachtung und allgemeine Würdigung.

Nach der Machtübernahme der Nationalsozialisten war die jüdische Bevölkerung durch ihre zunehmende Entrechtung und soziale Ausgrenzung immer mehr auf die eigene Gemeinschaft angewiesen. Sie entwickelte eine Vielzahl von Aktivitäten. Die Gemeindeleitung war bemüht, eine bewußte Hinwendung zum Judentum anzuregen und die Kenntnisse der jüdischen Religion zu vertiefen. In der Neuen Synagoge fand im August 1934 ein Gemeindeabend statt, der unter dem Motto „Der Weg zum Judentum" stand. Zahlreiche Vortragsreihen der folgenden Jahre thematisierten die religiösen Schriften und Bräuche.

Um der kulturellen Isolation entgegenzuwirken, wurde im Rahmen der Jüdischen Winterhilfe eine „seelische Winterhilfe" initiiert. Sie organisierte vor allem Konzertveranstaltungen in den Synagogen und anderen Gemeindeeinrichtungen. In der Neuen Synagoge kamen darüber hinaus mehrere Oratorien zur Aufführung, die begeisterte Aufnahme fanden und stets bis zum letzten Platz ausverkauft waren.

Ein zunehmend wichtiger werdender Inhalt vieler Veranstaltungen war die Auswanderung. Ein Gemeindeabend in der Neuen Synagoge, der sich im November 1935 diesem Thema widmete, mußte aufgrund der großen Nachfrage mehrmals wiederholt werden. Die vermutlich letzte Veranstaltung, die in der Neuen Synagoge stattfand, war das Abschlußkonzert der Jüdischen Winterhilfe im April 1940.

271

Chronologische Übersicht

5. September 1866
Feierliche Einweihung der Neuen Synagoge.

17. Oktober 1868
Gedächtnisfeier anläßlich des 100. Geburtstages des Philanthropen und Erziehers Israel Jacobson.

25. April 1869
Geistliches Konzert zugunsten der notleidenden Juden in Rußland.

22. Januar 1870
Antrittspredigt von Rabbiner Abraham Geiger.

11. Februar 1870
Brand in der Neuen Synagoge, eine Wandmalerei und mehrere Scheiben wurden zerstört.

18. Juni 1871
Dankgottesdienste für die Gründung des Kaiserreiches in allen Gotteshäusern der Stadt.

10. September 1871
Feier anläßlich des 200jährigen Bestehens der Berliner Jüdischen Gemeinde in der Alten und in der Neuen Synagoge.

31. März 1872
Totenfeier für den Abgeordneten Dr. Kosch.

26. Oktober 1874
Totenfeier für Rabbiner Abraham Geiger.

9. Juni 1876
Besuch und Besichtigung der Synagoge durch den türkischen Botschafter Edhem Pascha.

15. November 1877
Erste Probebeleuchtung der Synagoge mit elektrischem Licht.

18. Mai 1878
Dankgottesdienste in allen Synagogen Berlins anläßlich der Rettung des Kaisers nach dem Attentat am 12. Mai.

7. Juni 1878
Erneute Dank- und Bittgottesdienste anläßlich der Rettung des Kaisers.

7. April 1879
Feier zum 50jährigen Jubiläum von Rabbiner Joseph Aub.

30. Dezember 1879
Konzert zugunsten der Betroffenen des „Notstandes in Oberschlesien" in Anwesenheit der kaiserlichen Familie.

24. Mai 1880
Trauerfeier für Rabbiner Joseph Aub.

18. Februar 1882
Gedenkfeier für den Dichter Berthold Auerbach.

15. Februar 1883
Trauerfeier für den Geheimen Kommerzienrat Stadtrat Meyer Magnus.

3. Juni 1884
Treffen von 55 Rabbinern im Trausaal zur Vorbereitung der fünften Rabbinerversammlung.

3. Januar 1886
Festgottesdienste in der Alten und Neuen Synagoge anläßlich des 25jährigen Regierungsjubiläums des Kaisers.

4. Januar 1886
Gedächtnisfeier für den Philosophen Moses Mendelssohn.

21.März 1886
Trauerfeier für den Gelehrten Leopold Zunz.

14. September 1886
Trauerfeier für den Industriellen Ludwig Löwe.

31. Mai 1887
Einsegnung von Konfirmandinnen durch Rabbiner Siegmund Maybaum.

16. März 1888
Trauergottesdienste in allen jüdischen Gemeinden anläßlich des Todes Kaiser Wilhelms I.

Juni 1888
Trauergottesdienste anläßlich des Todes Kaiser Friedrichs III. (am 15. Juni) in allen jüdischen Gemeinden.

19. April 1890
Gastpredigt von Rabbiner Blumenstein aus Luxemburg.

8. Juni 1890
Einsegnung von Konfirmandinnen durch Rabbiner Siegmund Maybaum.

14. Juni 1890
Gastpredigt von Rabbiner Joseph Stier aus Steinamanger in Ungarn.

28. Juni 1890
Gastpredigt von Rabbiner Neumann aus Groß Kanisza in Ungarn.

9. September 1890
Trauung des Theaterkritikers und Redakteurs des „Berliner Börsen-Courier" Isidor Landau mit Louise Löwenthal.

26. Oktober 1890
Ehrung Graf Moltkes zu dessen 90. Geburtstag im Rahmen des Sabbatgottesdienstes.

27. Dezember 1890
Feier zum 25jährigen Jubiläum von
Musikdirektor Louis Lewandowski.

9. Januar 1891
Amtseinführung von Rabbiner
Joseph Stier.

10. Januar 1891
Antrittspredigt von Rabbiner
Joseph Stier.

28. Juni 1891
Einsegnung von Konfirmandinnen
durch Rabbiner Siegmund Maybaum.

6. September 1891
Verzicht auf eine Feier zum 25jährigen
Bestehen der Synagoge auf Grund
der bevorstehenden Einweihung der
Synagoge in der Lindenstraße.

1. Januar 1893
Amtsantritt von Chorleiter Albert
Kellermann als Nachfolger des pensio-
nierten Louis Lewandowski.

17. Juni 1894
Einsegnung von Konfirmandinnen
durch Rabbiner Siegmund Maybaum.

11. August 1894
Gedenkfeier anläßlich des 100. Geburtstages des Gelehrten Leopold Zunz.

29. März 1895
Abendgottesdienst zur Prüfung der
Klangwirkung eines gemischten Chores
in der Neuen Synagoge.

1. September 1895
Festgottesdienst aus Anlaß des 25jähri-
gen Jahrestages des Sieges bei Sedan.

18. Januar 1896
Feier anläßlich des 15jährigen Jahrestages der Reichsgründung.

24. Mai 1896
Einsegnung von Konfirmandinnen
durch Rabbiner Samson Weisse.

21. März 1897
Gedenkgottesdienst anläßlich des
100. Geburtstages Kaiser Wilhelms I.

30. Mai 1897
Einsegnungsfeier durch Rabbiner
Samson Weisse.

18. März 1898
Erster Freitagabend-Gottesdienst mit
Predigt, die Predigt hielt Rabbiner
Joseph Stier.

21. Mai 1899
Einsegnung von Konfirmandinnen
durch Rabbiner Adolf Rosenzweig.

3. April 1900
Fortbildungskurs für jüdische Kantoren
im Chorzimmer der Neuen Synagoge.

20. Mai 1900
Einsegnung von Konfirmandinnen
durch Rabbiner Adolf Rosenzweig.

7. Juli 1900
Amtseinführung von Rabbiner
Louis Blumenthal.

19. Januar 1901
Festgottesdienst anläßlich der 200jähri-
gen Feier der Erhebung Preußens zum
Königreich.

24. November 1901
Konzert des Chordirigenten der Neuen
Synagoge Albert Kellermann zugunsten
des Israelitischen Volkskindergartens.

12. März 1903
Trauerfeier für den Justizrat Siegmund
Meyer.

10. Dezember 1905
Trauergottesdienst anläßlich der
Pogrome in Rußland.

24. Februar 1906
Gebete anläßlich der silbernen Hochzeit
des Kaiserpaares und der Hochzeit des
Prinzen Eitel Friedrich im Rahmen des
regulären Gottesdienstes.

1. April 1906
Festgottesdienst anläßlich der
200-Jahrfeier der Krankenpflege in der
Jüdischen Gemeinde zu Berlin.

18. Mai 1906
Feier anläßlich des 25jährigen Amts-
jubiläums von Rabbiner Siegmund
Maybaum.

16. August 1907
Amtseinführung von Rabbiner
Samson Hochfeld.

24. Mai 1910
Festgottesdienst aus Anlaß des
100. Geburtstages von Abraham Geiger.

23. April 1911
Einsegnung von Konfirmandinnen
durch Rabbiner Malvin Warschauer.

27. April 1911
Trauerfeier für Rabbiner
Rudolf Ungerleider.

1. November 1911
Festgottesdienst anläßlich der Haupt-
versammlung des Verbandes der
deutschen Juden.

10. März 1912
Feier aus Anlaß des 100. Jahrestages der
Emanzipation der preußischen Juden.

14. April 1912
Einsegnung von Konfirmandinnen
durch Rabbiner Juda Bergmann.

11. Oktober 1912
Festgottesdienst aus Anlaß des 25jähri-
gem Amtsjubiläums von Rabbiner
Adolf Rosenzweig.

November 1912
Einrichtung eines zweiten Abendgottesdienstes an jedem dritten Freitag.

27. Dezember 1912
Amtseinführung der Rabbiner Leo Baeck
und Julius Lewkowitz.

10. März 1913
Festgottesdienste in den Gemeindesynagogen anläßlich der Jahrhundertfeier
zur Erinnerung an die Befreiungskriege.

14. Juni 1913
Festgottesdienste in den Berliner
Synagogen zur Feier des 25jährigen
Regierungsjubiläums des Kaisers.

5. August 1914
Allgemeiner „Bettag" in allen Gottes-
häusern in Deutschland anläßlich des
Kriegsausbruchs.

5. Dezember 1914
Konzert zugunsten der „Nationalstiftung für die Hinterbliebenen der
im Kriege Gefallenen".

27. Januar 1915
Festgottesdienste in den Berliner
Synagogen anläßlich des Geburtstages
des Kaisers.

24. Januar 1915
Trauerfeier für den Vorsitzenden der
Repräsentantenversammlung und
Stadtverordneten Louis Sachs.

2. Dezember 1915
Feier anläßlich der diamantenen Hochzeit des Mitgliedes der Repräsentantenversammlung Moritz Manheimer und
seiner Frau Bertha.

27. Januar 1916
Festgottesdienst anläßlich des
Geburtstages des Kaisers.

9. September 1916
Feier anläßlich des 50jährigen
Bestehens der Synagoge.

1.Januar 1918
25jähriges Amtsjubiläum des
Chorleiters der Neuen Synagoge
Albert Kellermann.

15. August 1918
Trauergottesdienst für den Vorsitzenden
des Vorstandes der Berliner Jüdischen

Gemeinde Kommerzienrat
Heinrich Eisner.

23. August 1918
Trauerfeier für Rabbiner
Adolf Rosenzweig.

10. Dezember 1918
Goldenes Doktorjubiläum von Rabbiner
Siegmund Maybaum.

4. August 1919
Trauerfeier für Rabbiner
Siegmund Maybaum.

29. April 1921
Gedenkfeier anläßlich des 100. Geburtstages des Komponisten und Chordirigenten Louis Lewandowski.

8. April 1922
Gründung des „Vereins der Besucher
der Neuen Synagoge" im Repräsentantensaal der Jüdischen Gemeinde.

2. Januar 1925
Feier anläßlich des 25jährigen Amtsjubiläums von Rabbiner Malvin Warschauer.

1. Juli 1925
25jähriges Amtsjubiläum von Rabbiner
Louis Blumenthal, auf seinen Wunsch
hin wird von einer Feier abgesehen.

18. Oktober 1925
Einsegnung von Konfirmandinnen.

13. März 1927
Gedenkgottesdienst für die Gefallenen
des Weltkrieges am Volkstrauertag.

23. Oktober 1927
Einsegnung von Konfirmandinnen.

5. Februar 1928
Gedächtnisfeier des „Vereins Neue
Synagoge" für den Chordirigenten
Albert Kellermann.

9. Juli 1929
Trauerfeier für den Leiter der Altersversorgungsanstalten und des Hospitals
der Jüdischen Gemeinde Leopold Badt.

10. August 1929
Gedenkfeier in allen Berliner Synagogen
anläßlich des 10jährigen Bestehens der
Reichsverfassung.

7. September 1929
Festpredigten in allen Synagogen
anläßlich des 200. Geburtstages von
Moses Mendelssohn.

29. Januar 1930
Synagogenkonzert zugunsten des
Wohlfahrts- und Jugendamtes mit
Kammersänger Hermann Jadlowker,
Albert Einstein und Alfred Lewandowski
(Violine).

16. März 1930
Gedenkgottesdienst für die Gefallenen
des Weltkrieges am Volkstrauertag.

19. November 1930
Konzert der Vereinigung Berliner Syn-
agogenchöre: Händels Judas Maccabäus
mit Hermann Jadlowker.

1. März 1931
Gedenkgottesdienst für die Gefallenen
des Weltkrieges am Volkstrauertag.

Februar 1931
Trauerfeier für Eugen Caspary, den
ersten Leiter der Zentralwohlfahrtsstelle
der deutschen Juden.

12. März 1933
Gedenkgottesdienst für die Gefallenen
des Weltkrieges am Volkstrauertag.

16. Dezember 1933
Chanukka-Feier des „Vereins Neue
Synagoge".

Januar 1934
Konzert mit Ludwig Altmann (Orgel)
und Martha Frost (Klavier), Morgen-
stern-Rezitation mit Leni Steinberg.

25. Februar 1934
Gedenkgottesdienst für die Gefallenen
des Weltkrieges.

6. März 1934
Aufführung des Oratoriums „Elias" von
Felix Mendelssohn-Bartholdy.

15., 22. und 29. März 1934
Seder-Kurse zur Vermittlung der
Kenntnis des Sedergebens mit Rabbiner
Manfred Swarsensky.

24. März 1934
Vortrag von Rabbiner Malvin
Warschauer über „Religiöse Gebräuche
im jüdischen Hause".

9. Mai 1934
Vortrag von Rabbiner Manfred Swarsensky „Gedanken in der Sephirazeit",
mit Gesang von Oberkantor Leo
Gollanin.

25. Juni 1934
Aufführung des Oratoriums „Awodass
hakodesch" von Ernest Bloch.

12. August 1934
Trauerfeier für Reichspräsident von
Hindenburg.

30. August 1934
Gemeindeabend unter dem Motto
„Der Weg zum Judentum".

**21. November und 3. Dezember
1934**
Aufführung von „Balak und Bilam",

Biblische Szene für Chor und
Streichorchester von Hugo Adler.

25. Dezember 1934
Aufführung des Oratoriums „Samson"
von Händel durch die Jüdische
Chorvereinigung und die Jüdische
Orchestervereinigung mit dem
Dirigenten Leo Kopf.

29. Dezember 1934
Vortrag von Rabbiner Joachim Prinz
„Wir lesen zusammen Bibel" mit Gesang
und Orgelspiel.

9. Februar 1935
Konzertveranstaltung „Freude im
Winter" mit Gesang, Orgel- und Klavier-
stücken und Rezitationen.

1. März 1935
Erste Sabbatfeier für die Jugend im
Anschluß an den Abendgottesdienst.

17. März 1935
Gedenkgottesdienst für die Gefallenen
des Weltkrieges.

31. März 1935
Maimonides-Feier aus Anlaß des
800. Geburtstages des Philosophen
Moses Maimonides.

10. April 1935
Festakt anläßlich des 10jährigen
Bestehens der Hebräischen Universität
Jerusalem.

11. November 1935
Gemeindeabend unter dem Motto
„Auswanderung".

November 1935 bis Januar 1936
Vortragsabende der Rabbiner Louis
Blumenthal, Manfred Swarsensky,
Malvin Warschauer und Max Weyl im
Trausaal zu dem Thema „Aus der Welt
des Talmud", mit musikalischer Umrah-
mung von Oberkantor Leo Gollanin.

20. November 1935
Konzert zugunsten der Jüdischen
Winterhilfe: Aufführung des Oratoriums
„Zerstörung Jerusalems" von Ferdinand
Hiller unter der Leitung von Leo Kopf.

25. Januar 1936
Vortrag von Rabbinerin Regina Jonas
über religiöse Gebräuche im jüdischen
Leben, mit musikalischer Umrahmung
von Oberkantor Leo Gollanin.

21. Januar 1936
Konzert des Orchesters des Jüdischen
Kulturbundes für Schüler.

27. Januar 1936
Konzert der Jüdischen Winterhilfe mit

der Jüdischen Chor- und Orchestervereinigung unter der Leitung von Leo Kopf.

1. Februar 1936
Festgottesdienst anläßlich des 70. Geburtstages von Rabbiner Louis Blumenthal.

15. Februar 1936
Vom Synagogenvorstand organisierte Feierstunde zur Stärkung des Zusammengehörigkeitsgefühls der Gemeindemitglieder.

22. Februar 1936
Konzert der Jüdischen Winterhilfe mit Gesang, Orgel und Klavierstücken und Rezitationen.

29. Februar und 21. März 1936
Vorträge der Rabbiner Max Weyl und Werner van der Zyl zu dem Thema „Aus der Welt des Talmud", mit musikalischer Umrahmung von Oberkantor Leo Gollanin.

15. März 1936
Gedenkgottesdienst für die Gefallenen des Weltkrieges.

19. und 26. März, 2. April 1936
Seder-Kurse zur Anleitung im Sedergeben mit Rabbiner Werner van der Zyl.

4. April 1936
Oneg Schabbat für Erwachsene und Kinder mit einer Ansprache von Rabbiner Wolfgang Hirsch.

25. April, 5. Mai und 23. Mai 1936
Vorträge der Rabbiner Hermann M. Sänger, Werner van der Zyl und Max Nußbaum zu dem Thema „Sprüche der Väter", mit musikalischer Umrahmung von Oberkantor Leo Gollanin.

20. September 1936
Gefallenenfeier des Landesverbandes des Reichsbundes jüdischer Frontsoldaten.

24. Oktober 1936
Uraufführung der Freitag-Abend-Liturgie von Jacob Weinberg.

17. Oktober, 7., 14. und 28. November, 19. Dezember 1936
Vorträge der Rabbiner Ignaz Maybaum, Louis Blumenthal, Manfred Swarsensky, Malvin Warschauer, Max Weyl und Werner van der Zyl zu dem Thema „Unsere Psalmen", mit musikalischer Umrahmung der Oberkantoren Gollanin, Ahlbeck, Davidsohn, Friedmann, Neumann und Peissachowitz.

9. und 23. Januar, 6., 20. und 27. Februar 1937
Weitere „Psalmenabende" der Rabbiner Werner van der Zyl, Manfred Swarsensky, Malvin Warschauer, Max Weyl und der Rabbinerin Regina Jonas.

21. Februar 1937
Gedenkgottesdienst für die Gefallenen des Weltkrieges.

6. März 1937
Konzert der Jüdischen Winterhilfe mit Gesang, Orgel- und Klavierstücken und Rezitationen.

9. März 1937
Aufführung des Oratoriums „Elias" von Felix Mendelssohn-Bartholdy.

3. und 17. März 1937
Seder-Kurse zur Anleitung im Sedergeben mit Rabbiner Werner van der Zyl.

3. April 1937
Sinfoniekonzert des Orchesters des Kulturbundes.

26. September 1937
Aufführung von „B'reschith", des „Schöpfungshymnus für Soli, gemischten Chor, Orchester und Orgel" von Oskar Guttmann und Weihe einer neuen Torarolle.

8. Oktober 1937
Feier anläßlich des 25jährigen Amtsjubiläums des Vorstandsmitgliedes Hugo Blankenburg im Anschluß an den Abendgottesdienst.

16. Oktober 1937
Vortrag von Rabbiner Max Weyl „Über das Wesen der jüdischen Prophetie", mit musikalischer Umrahmung von Oberkantor Gollanin.

30. Oktober, 13. November, 11. Dezember 1937
Vorträge der Rabbiner Louis Blumenthal, Werner van der Zyl und Alfred Jospe über Kapitel des Buches „Jesaja", mit musikalischer Umrahmung der Oberkantoren Gollanin, Ahlbeck und Davidsohn.

27. November 1937
Gedenkfeier für den Bankier und Philanthropen Felix M. Warburg.

25. Dezember 1937
Sabbat-Ausgangsfeier.

8. und 22. Januar 1938
Vorträge der Rabbiner Alfred Jospe und Max Weyl über Kapitel des Buches „Jeremia", mit musikalischer

Umrahmung der Oberkantoren Gollanin und Davidsohn.

19. Februar 1938
Zweite Sabbat-Ausgangsfeier, mit einer Ansprache von Rabbinerin Regina Jonas.

26. Februar 1938
Konzert der Jüdischen Winterhilfe mit dem Orchester der Künstlerhilfe der Jüdischen Gemeinde und Rezitationen.

9. März 1938
Aufführung des Oratoriums „Josua" von Händel.

13. März 1938
Gedenkgottesdienst für die Gefallenen des Weltkrieges, mit einer Predigt von Rabbiner Werner van der Zyl.

30. März, 6. und 13. April 1938
Seder-Kurse zur Anleitung im Sedergeben mit Rabbiner Werner van der Zyl.

24. April 1938
Aufführung des Oratoriums „Saul" von Händel anläßlich des 25jährigen Bestehens des Kurt Singer'schen Chors.

22. Juli 1938
Gedenken des Todestages Theodor Herzls im Rahmen des Gottesdienstes in allen Gemeindesynagogen.

20. September 1938
Werbeveranstaltung für den Jüdischen Kulturbund mit dem Opernchor des Kulturbundes.

18. und 22. Oktober 1938
Jugendfeiern.

31. März 1940
Abschlußkonzert der Jüdischen Winterhilfe.

5. April 1940
Meldung im „Jüdischen Nachrichtenblatt": „Neue Synagoge. In der Neuen Synagoge wird bis auf weiteres kein Gottesdienst abgehalten. Die Plätzeinhaber werden hierdurch augefordert, ihre Gebetutensilien bis Montag, den 8. April, mittags 12 Uhr, aus den Pulten herauszunehmen. Kultusverwaltung".

Angelika Heider

Personenregister

Autorinnen und Autoren

Gabriel E. Alexander
Leiter des historischen Forschungs-
zentrums beim Research Institute
for the History of the Keren Kayemeth
Leisrael, Land and Settlement,
Jerusalem.

Robert Graefrath
Dipl.-Ing. Arch., Brandenburgisches
Landesamt für Denkmalpflege.

Harold Hammer-Schenk
Professor am Kunsthistorischen Institut
der Freien Universität Berlin.

Angelika Heider
Historikerin. Lebt und arbeitet als
freiberufliche Wissenschaftlerin in
Berlin.

Gerd Heinemann
Wissenschaftlicher Mitarbeiter des
Museumspädagogischen Dienstes
Berlin.

Hans Hirschberg
Studierte Orgelspiel und Chorleitung
an der Hochschule für Musik in Berlin.
Lebt in London.

Birgit Jerke
Wissenschaftliche Mitarbeiterin
der Stiftung „Neue Synagoge Berlin –
Centrum Judaicum".

Michael Kerstgens
Freiberuflicher Fotograf.
Lebt in Mühlheim an der Ruhr.

Heinz Knobloch
Freier Schriftsteller und Publizist.
Lebt in Berlin.

Maren Krüger
Judaistin. Lebt und arbeitet als
freiberufliche Wissenschaftlerin in
Berlin.

Regina Rahmlow
Historikerin. Lebt und arbeitet als
freiberufliche Wissenschaftlerin in
Berlin.

Harry S. Rowe
Lebt in Delray Beach/Florida.

Chana C. Schütz
Wissenschaftliche Mitarbeiterin
der Stiftung „Neue Synagoge Berlin –
Centrum Judaicum".

Hermann Simon
Direktor der Stiftung „Neue Synagoge
Berlin – Centrum Judaicum".

Annette Weber
Wissenschaftliche Mitarbeiterin
des Jüdischen Museums der Stadt
Frankfurt am Main.

Barbara Welker
Wissenschaftliche Archivarin
der Stiftung „Neue Synagoge Berlin –
Centrum Judaicum".

Abbildungsnachweis

Institutionen und Privatbesitz

Berlinische Galerie,
Photographische Sammlung, Berlin
Seite 45, 72, 73

Bildarchiv Abraham Pisarek, Berlin
Seite 19, 21, 24, 27, 28, 57, 69, 76
links, 90, 91 links, 96 links, 97 rechts,
99, 101, 103, 106, 108, 117 unten,
124, 125, 138 rechts, 156 unten, 157,
169 unten, 170 rechts, 173, 174, 175
rechts oben, 190, 191 links, 193 (2),
199 (2), 201 rechts, 202 links, 204 (2),
206 links oben, links unten, 207 links,
212 (2), 215, 223, 227, 228 (2), 229,
230, 231, 241, 271

Bildarchiv Foto Marburg
Seite 18, 26

Bildarchiv Preußischer Kulturbesitz,
Berlin
Seite 55

Brandenburgisches Landeshauptarchiv,
Potsdam
Seite 182

Bundesarchiv, Abteilungen Potsdam
Seite 216 (2)

Privatbesitz Ernst Ludwig Ehrlich,
Riehen/Schweiz
Seite 191 rechts

Archiv Thomas Friedrich, Berlin
Seite 178 links oben, 197 rechts

Gedenkstätte Terezin, Archiv
Seite 151

Privatbesitz Alfred Goodman, München
Seite 109

Privatbesitz Klaus Herrmann, Montreal
Seite 170

© Archiv Hans Hirschberg, London
Seite 61, 126

Privatbesitz Gisela Jacobius, Berlin
Seite 206

Privatbesitz Alisa Jaffa, London
Seite 105

Jüdische Gemeinde zu Berlin
Seite 16

Jüdisches Museum im Berlin Museum,
Berlin
Seite 17 links, 47, 131, 138 links,
156 oben, 214
(Aufnahmen Hans-Joachim Bartsch)

Privatbesitz Hans-Werner Klünner,
Berlin
Seite 65

Privatbesitz Paul Knoblauch, Ostfildern
Seite 15 unten

Privatbesitz Otmar Kränzlein, Berlin
Seite 20

Privatbesitz Artur Krützfeld, Berlin
Seite 245 (2), 246, 247, 249

Privatbesitz Walter Krützfeld, Hamburg
Seite 250

Landesarchiv Berlin
Seite 68 links

Landesarchiv Berlin –
Außenstelle Breite Straße
Seite 14, 185

Landesbildstelle Berlin
Seite 34

Leo Baeck Institute New York
Seite 122, 139

Märkisches Museum Berlin
Seite 13, 107 unten

Meßbildstelle, Berlin
Seite 74 links, 76 rechts oben, 79 links,
82 links unten, 88 unten

Privatbesitz, Berlin
Seite 205

Privatbesitz Harry S. Rowe,
Delray Beach/USA
Seite 236 (2), 242, 243

Privatbesitz Hermann Simon, Berlin
Seite 107 oben, 110, 133, 222, 225

Staatliche Museen zu Berlin –
Kunstbibliothek
Seite 78 links, 155

Staatsbibliothek zu Berlin –
Preußischer Kulturbesitz
Seite 15 oben, 175 rechts unten, 176,
177 oben

Stadtarchiv Hannover
Seite 50

Stadtbibliothek Berlin
Seite 197 links, 198 (2)

Stiftung Archiv der Akademie der
Künste, Berlin
Seite 209 rechts

Stiftung „Neue Synagoge Berlin –
Centrum Judaicum"
Seite 22, 29 (2), 30, 32, 33 (2), 68
rechts, 74 unten, 89 rechts oben,
rechts Mitte, 92 (4), 93 (2), 94 (3), 127,
129 oben, 137 rechts, 148 links oben,
170 oben, 178 rechts oben, unten, 180
unten, 184 rechts unten, 186 rechts,
195 (2), 201 links, 203 (2), 207 rechts,
209 links, 210 links, 219, 220, 224,
237 (2), 238 rechts (3), 239 (3)

Stiftung „Neue Synagoge Berlin –
Centrum Judaicum"/Bundesarchiv,
Abteilungen Potsdam (Depositum)
Seite 111 oben, 146, 147, 148 rechts
oben, unten, 150, 171, 200, 221 oben

Technische Universität Berlin,
Plansammlung
Seite 17 rechts, 54 (2)

Privatbesitz Roselotte Winterfeldt,
Yonkers/USA
Seite 188–189

Zentrum für die Aufbewahrung histo-
risch-dokumentarischer Sammlungen,
Moskau
Seite 134, 135 (2)

Publikationen

Allgemeine Bauzeitung, 1847
Seite 52 links oben

Allgemeine Bauzeitung, 1885
Seite 52 rechts unten

Gemeindeblatt der Jüdischen Gemeinde
zu Berlin, 17.11.1934
Seite 60 (2)

Gemeindeblatt der Jüdischen Gemeinde
zu Berlin, 9.8.1936
Seite 111 unten, 116 links, 121

Etty Hirschfeld, Die Altersheime und
das Hospital der Jüdischen Gemeinde
zu Berlin, Berlin 1935 (Stadtbibliothek
Berlin)
Seite 184 links oben, links unten,
rechts oben

M. Holzman, Geschichte der Jüdischen
Lehrer-Bildungsanstalt in Berlin,
Berlin 1909
Seite 186 links

Israelitisches Familienblatt, 1929
Seite 123

Israelitisches Familienblatt, Beilage
„Aus alter und neuer Zeit", 20.2.1930
Seite 23

Israelitisches Familienblatt, Beilage
„Aus alter und neuer Zeit", 3 (1933)
(Privatbesitz Hermann Simon, Berlin)
Seite 220 rechts, 221 unten

Jüdische Lesehalle und Bibliothek,
Rückblick auf das erste Jahrzehnt,
1895–1905, Berlin 1905 (Märkisches
Museum Berlin)
Seite 210 rechts, 211 links

Ludwig Klasen, Grundriß-Vorbilder
von Gebäuden aller Art, Abteilung 11:
Grundriß-Vorbilder von Gebäuden für
kirchliche Zwecke, Leipzig 1889
Seite 51

Ernst G. Lowenthal (Hrsg.), Bewährung
im Untergang. Ein Gedenkbuch,
Stuttgart 1965
Seite 115, 117 oben, 120

Die Neue Synagoge in Berlin entworfen
und ausgeführt von Eduard Knoblauch,
vollendet von August Stüler, hrsg. von
G. Knoblauch und F. Hollin, Berlin 1867
(Reprint 1992)
Seite 46 (2), 49, 53, 66, 67

J. Stern, Moritz Stern. Bibliographie
seiner Schriften und Aufsätze,
Jerusalem 1939
Seite 218

Wiener Bauindustrie Zeitung, 1892
Seite 52 links unten

Zeitschrift für Bauwesen, 1866
Seite 52 rechts oben, 70 links

Fotografen

Margit Billeb, Berlin
Seite 81 Mitte oben, rechts oben,
89 links (3), rechts unten
sowie Reproduktionen

Wolfgang Gregor, Berlin
Seite 85

Friedhelm Hoffmann, Berlin
Seite 73, 75, 76 rechts unten, 77 (3),
78 rechts, 79 rechts, 80 (2), 81 links,
Mitte unten, rechts unten, 82 Mitte
oben, rechts oben, rechts unten, 86 (3),
87 (3), 90 unten (3), 91 rechts, 95
rechts, 96 rechts, 97 links, 137 links,
181, 211 rechts

Andreas Kämper, Berlin
Seite 71

Michael Kerstgens,
Mühlheim an der Ruhr
Seite 253, 254, 255, 256 (2), 257, 258
(2), 259, 260, 261 (2), 262 (2), 263,
264 (2), 265 (2), 266 (2), 267

Günter Krawutschke, Blankenfelde
Seite 10, 35 (2), 37, 38, 39, 63 (2),
69 rechts, 70 rechts, 84 links, Mitte,
88 oben

Thomas Tapp, Berlin
Seite 84 rechts

Wolfgang Wandelt, Berlin
Seite 129 unten

Ausstellungsimpressum

„Tuet auf die Pforten"
Die Neue Synagoge 1866 ▪ 1995

Ständige Ausstellung der
Stiftung „Neue Synagoge Berlin –
Centrum Judaicum"

Realisation
Stiftung „Neue Synagoge Berlin –
Centrum Judaicum"
Museumspädagogischer Dienst Berlin
(MD Berlin)

Projektleitung
Hermann Simon

Konzeption, Recherche und Texte
Oliver Bätz (MD Berlin)
Gerd Heinemann (MD Berlin)
Birgit Jerke
Maren Krüger
Regina Rahmlow
Chana C. Schütz
Hermann Simon

Redaktion
Oliver Bätz (MD Berlin)
Gerd Heinemann (MD Berlin)
Maren Krüger

Übersetzung
Michael Bätz, London

Ausstellungsarchitektur und Gestaltung
Georg von Wilcken (MD Berlin)
Mitarbeit: Michael Sippel, Petra Müller

Klanginstallation
Frank Fiedler

Reproduktionen
Margit Billeb

Ausstellungsbauten
Bel-Tec Ausstattungen GmbH, Berlin

Beleuchtungssystem
Symex GmbH, Hilden

*Produktionsleitung
und Gesamtkoordination*
Oliver Bätz (MD Berlin)

Ausstellungsaufbau
Bel-Tec Ausstattungen GmbH, Berlin
sowie
Vivien Heinz
Jutta Klemm (Koordination)
Philippe Moraut
Petra Müller
Konstantin Münz (Koordination)
Stefan Palm
Heike Rath
Heinrich Siebert
Michael Sippel

Wir danken der Stiftung
Deutsche Klassenlotterie Berlin
für die finanzielle Unterstützung.

Eröffnung der Ausstellung:
7. Mai 1995

Liste der Leihgeber

Bundesarchiv, Abteilungen Potsdam
Deutsches Historisches Museum, Berlin
Eva Dunzendorfer, Frankfurt am Main
Ernst Ludwig Ehrlich, Riehen/Schweiz
Familie Fabian, London und
Victoria/Australien
Thomas Friedrich, Berlin
Ruth Gross, Berlin
Ursula Herzberg, Berlin
Hans Hirschberg, London
Jüdische Gemeinde zu Berlin
Jüdische Gemeinde zu Berlin,
Bibliothek Oranienburger Straße
Jüdisches Museum im Berlin Museum
Edward H. Knoblauch, Syracuse/USA
Paul Knoblauch, Ostfildern
Artur Krützfeld, Berlin
Walter Krützfeld, Hamburg
Landesarchiv Berlin
Märkisches Museum Berlin
Hermann Simon, Berlin
Marie Simon, Berlin
Staatsbibliothek zu Berlin – Preußischer
Kulturbesitz

Besonderer Dank an:

Anneliese Abrahamson, Marl
Eveline Alex, Berlin
Heinz Alexander, Edenvale/Republik
Südafrika
Emmy Altman, San Francisco
Jacques Werner Baumgarten,
Rio de Janeiro
Rainer Berger, Berlin
Bernhard Bick, Fair Lawn/USA
Hannelore Bolz, Berlin
Annette Bossmann, Berlin
Ursula Cosmann, Berlin
Hans Czihak, Berlin
Zwi P. Dobkowsky, Tel Aviv
Gisela Freydank, Berlin
Arcady Fried, Berlin
Ludwig Fried, Basel
Alfred Goodman, München
Ruth Gross, Berlin
Mechthild Hahner, Frankfurt am Main
Gisela Jacobius, Berlin
Alisa Jaffa, London
Eva Jospe, Washington
Irene Kaufmann, Heidelberg
Renate Kirchner, Berlin
Heidrun Klein, Berlin
Hans-Werner Klünner, Berlin
Paul Knoblauch, Ostfildern
Klaudia Kuras, Berlin
Bernhard Leisering, Berlin
Rolf Lichtenstein, Berlin
Dagobert Liers, Berlin
Regina Mahlke, Berlin
Monika Marschel, Berlin
Andreas Matschenz, Berlin
Rita Meyhöfer, Berlin
Beate Moser, Berlin
Margit Mozzillo, Berlin
Franz Mühlenberg, Berlin
Peter Mühlfriedl, Berlin
Konstantin Münz, Berlin
Esther Dorothea Niehoff, Emsdetten
Mordechai Przybilski, Paderborn
Helmut Radicke, Berlin
Harry S. Rowe, Delray Beach/USA
Elchanan Scheftelowitz, Jerusalem
Rosemarie Scholz, Berlin
Silke Schröder, Berlin
Diana Schulle, Berlin
Ulrich Schulze-Marmeling, Berlin
Michael Spengler, Berlin
Michael Stade, Berlin
Thomas Tapp, Berlin

Aram Ter-Akopow, Berlin
Sabine Thomasius, Berlin
Martina Voigt, Berlin
Karl-Friedrich Vollprecht, Berlin
Barbara Welker, Berlin
Rose Winterfeldt, Yonkers/USA

Schließlich möchten wir ganz besonders allen Spenderinnen und Spendern danken, die den Wiederaufbau möglich gemacht haben.
Dank geht auch an die beteiligten Firmen und an die Bauleitung der Stiftung „Neue Synagoge Berlin – Centrum Judaicum".